经贸名家经典规划教材

国际技术贸易

（第四版）

International Technology Transfer

王玉清　赵承璧　主编

对外经济贸易大学出版社
中国·北京

图书在版编目（CIP）数据

国际技术贸易/王玉清等主编．—4版．—北京：对外经济贸易大学出版社，2013（2018.1重印）
经贸名家经典规划教材
ISBN 978-7-5663-0913-6

Ⅰ.①国… Ⅱ.①王… Ⅲ.①国际贸易-技术贸易-高等学校-教材 Ⅳ.①F746.17

中国版本图书馆CIP数据核字（2013）第259995号

国际技术贸易（第四版）
International Technology Transfer

王玉清 赵承璧 **主编**
责任编辑：郭华良 张俊娟

对 外 经 济 贸 易 大 学 出 版 社
北京市朝阳区惠新东街10号 邮政编码：100029
邮购电话：010-64492338 发行部电话：010-64492342
网址：http://www.uibep.com E-mail：uibep@126.com

三河市少明印务有限公司印装 新华书店经销
成品尺寸：185mm×260mm 23印张 532千字
2013年12月北京第4版 2018年1月第3次印刷

ISBN 978-7-5663-0913-6
印数：4 001－5 000册 定价：42.00元

编者的话

为适应我国改革开放和引进国外先进技术的需要，1984 年，外经贸部人事局教育处主持并组织编写了《国际技术贸易》统编教材。当时参与编写的教师有：王玉清（北京对外贸易学院）、叶京生、汪学培（上海对外贸易学院）、陈林光（广州对外贸易学院）和赵承璧、徐景林（东北财经大学）。经过上述几位教师的努力，终于编写出当时结构完整、内容充实、业务实用的《国际技术贸易》教材。其后，该教材经过广泛使用和总结使用效果，根据国内外的新情况、新法规、新国际惯例修订过两次。在第一版基础上，推出了第二版、第三版，直至现在已历时近 30 年。在此期间，该教材被全国很多高校、中等职业学校、外经贸业务部门、大型国有企业、政府主管机构、培训机构等广泛采用，深受广大读者好评。

自从全球金融危机、欧债危机爆发以来，国内外政治、经济、法律、贸易、投资、知识产权环境发生了新的深刻变化，对此，我们经过一段时间酝酿，认为修订《国际技术贸易（第三版）》教材的时机已经成熟。因此，我们编写了该教材的第四版，以飨读者。编写的原则：

第一，教材贯彻国家“十一五”五年发展规划和“十二五”五年发展规划确立的国家发展战略。

《中共中央关于制定“十一五”规划的建议》指出：“要深入实施科教兴国战略和人才强国战略，把增强自创新能力作为科学技术发展的战略重点和调整产业结构、转变增长方式的中心环节，大力提高原始创新能力、集成创新能力和引进消化吸收再创新能力。”（2005 年 10 月 11 日通过）

《中共中央关于制定国民经济和社会发展第十二个五年规划的建议》也指出：“推动发展主要依靠科技进步、劳动者素质提高、管理创新转变，加快建设创新型国家。”（2010 年 10 月 18 日通过）

据此，我们认为，修订《国际技术贸易》教材，贯彻国家发展战略十分必要。因为国际技术贸易不仅仅是一种贸易方式，而且是国家科技、经济发展的关键环节，例如技术引进对我国企业升级、产业结构调整、科技政策制定、提高自主创新能力和实现创新型国家目标，都能发挥非常重要的作用。

第二，教材反映国内外技术贸易环境、国家重点地区的政策环境、市场环境和知识产权环境。

全球金融危机、欧债危机导致各国的经济都遭受了不同程度的打击，各国为了从经济衰退的泥沼中挣脱出来，都采取了各种各样的保护主义措施，如技术性贸易壁垒措施、卫生标准措施、环境保护措施、知识产权保护措施、反倾销措施等等。这些措施是一把双刃剑，不但破坏了正常国际贸易秩序，而且也延迟了各国经济复苏进程。

纵观当前形势，这种环境对有形商品贸易和服务贸易影响较大，对国际技术贸易似乎并未产生影响。反而对新兴工业化国家引进技术提供了机遇。因为在经济不景气的情况下，各国产品出口下降，中小企业资金周转困难，濒临破产的企业增加，致使它们急需国外企业出资支持，甚至出让技术，以求生存。例如，瑞典的沃尔沃（VOLVO）、萨博（SAAB）公司将其新能源汽车技术整体转让给中国企业。这就告诉我们，应该抓紧时机利用这个难逢的机遇，以国际技术贸易为杠杆，寻找机会兼并外国技术型企业，或以参股方式，分享国外企业的技术成果，引进国外先进技术，通过消化吸收再创新，以缩小我国与工业发达国家的综合技术差距，减少我国对国外技术的依存度。

第三，教材充分阐明国际技术贸易与知识产权的关系。

知识产权与国际技术贸易是密不可分的。知识产权是国际技术贸易的基础，国际技术贸易是体现知识产权价值的手段。因此，在国际技术贸易涉及知识产权技术的时候，我们必须将有关知识产权法律知识阐述清楚。但是，又要将其内容控制在国际技术贸易所需要的程度，避免影响教材的重点内容。

第四，要进一步提高教材的现实性、实用性、可操作性，紧紧围绕国际技术贸易的业务实践展开，使读者学以致用。

我们的教材内容以我国有关法律、法规和我国加入或参加的国际知识产权公约、条约为规范，以业务实践知识为主体，通过国际技术贸易的各个业务环节，将教材全部内容贯穿起来，给读者提供一个完整国际技术贸易路线图。另外，在涉及有关法律、法规时，我们坚持使用最新的法律法规，如已修订或正在修订的法律法规及其实施细则，以及其他相关知识产权法律的最新规定，以保证教材的现实性、实用性。

最后，在教材修订过程中，编者参考了商务部、科技部、国家知识产权局等权威部门的有关资料，以及国内外知名专家、学者的专著、论文和网上信息等研究成果，对我们修订和提高教材质量帮助很大。在此，我们对相关的编者一并表示衷心感谢。

同时，我们在修订教材过程中，因教材内容涉及知识和信息面十分广泛，取材或理解上难免有不当或疏漏之处，敬请读者批评指正！

编　者

2013 年 10 月

目　　录

第一篇　国际技术贸易综述

第二篇　知识产权为对象的国际技术贸易合同

第三篇　知识产权贸易合同的一般性条款

第四篇　国际技术服务、技术咨询与国际经济技术合作合同

第五篇　中国的技术进口和技术出口贸易工作

第一篇
Part One

国际技术贸易综述

Introduction to International Technology Transfer

第一章　国际技术贸易概论

学习目标导言

冷战结束之后，国际环境发生了巨大变化，主要表现在：第一，和平与发展成为世界主流，各国的主要精力都转向经济建设；第二，全球经济一体化、区域经济一体化加深，国际经济技术合作成为主旋律；第三，科学技术迅猛发展，技术成果大量涌现。据有关资料，现在每5~8年涌现的技术成果，就比20世纪50至60年代翻一番。以信息技术、生物技术、环境技术为代表的第四次产业革命步伐加快。在这种背景下，国家之间的竞争已从产品的竞争，发展到技术的竞争、创意的竞争。这种环境促使我国技术贸易的结构也从一般工业技术向更高层次的软件、信息化、网络化技术转变。这些技术已逐步应用于人们生产生活的各个方面，大大改变了人们的思维方式、行为方式。也为我国经济、科技的高速发展，为建立创新型国家奠定了坚实基础。

“十一五”以来，中国的技术进出口工作取得了巨大进展，技术进出口总额增加，速度加快，软件技术在技术进出口总额中的比重显著提高，技术来源国和技术出口市场不断扩大，从事技术进出口的经营企业多元化，其中有国有企业、集体企业、民营企业、外资企业等。在这种形势下，国家就需要更多的人了解国际技术贸易，学习国际技术贸易知识，从事技术进出口工作，以提高我国自主创新能力，转变经济增长方式，促进科技成果产业化和商品化，扩大国际经济技术合作。在国际环境对我们国家有利的情况下，我们应积极开展技术进出口工作。利用最近10年至20年的机遇期，彻底改变国家经济增长方式。优化产业结构，提高科学技术水平，增强产品国际市场竞争力，以全面稳妥实现党的十八大提出的战略目标。

重点难点提示

国际技术贸易的概念及其要件；技术贸易的对象——“技术”的概念、特点和分类；国际技术贸易方式、国际技术市场的概念与特点；国际技术贸易与其他业务的关系：与国际商品贸易的关系、与外国直接投资的关系、与知识产权的关系。

第一节　国际技术贸易概述

一、国际技术贸易的概念及要件

国际技术贸易（International Technology Transfer，或 International Technology Trade），是商品经济发展到一定阶段的产物，是随着商品经济扩展、深化逐步形成的现代贸易方式之一。为了深入领会国际技术贸易的概念、要件，需了解国际技术贸易的演变过程。

人类发展的历史长河经历了各种经济发展阶段，除原始社会外，还经历了农业经济、工业经济、商品经济、知识经济等阶段。不同阶段产生不同的技术，不同的技术标志着不同经济发展阶段。不同发展阶段产生不同的技术扩散方式。国际技术贸易的演变就具有时代的特征，其演变的规律基本上是，技术转移—技术转让—技术贸易。

（一）技术转移

1. 技术转移的概念

技术转移（Shift of Technology），是指技术地理位置的变化，既可以是技术在一个国家境内不同地区的地理位置变化，也可以是技术跨越国境的地理位置变化。技术转移一般是技术所有者将较成熟的技术直接转移给本国技术受方，或者直接转移给境外的技术受方。因此，人们将这种技术转移称为“水平转移”或“横向转移”（Lateral Shift of Technology）。

2. 技术转移的特点

（1）一般不带有贸易条件。多以人为载体，技术借助人的移动而移动。

（2）技术转移源于地球上有限资源和需求之间的矛盾形成的技术自然转移机制。

（3）技术转移多是非人为或有意识的行为，如技术人员到工作条件、生活条件更优越地区或国家谋生，或为躲避战乱移居他地或他国，其本身便无意识地成为技术转移的载体。我国古代的四大发明都是以人为载体，将技术转移到中东、欧洲，乃至世界。发展中国家的技术人员到工业发达国家工作和生活，即所谓“技术移民”，又称“技术反向转移”（Reverse Shift of Technology）。

（二）技术转让

1. 技术转让的概念

技术转让（Technology Transfer），是指人们根据不同地区或国家的生产力水平、经济基础、劳动力素质等因素，人为或有意识地，按一定条件在本国、本地区间或国家间转移技术的行为。

2. 技术转让的特点

（1）技术转让是人为或有意识的行为，称为“人为机制”（Artificial Mechanism）。

（2）技术转让是有条件的转让。

（3）技术转让大多是“纵向（垂直）转让”（Vertical Transfer of Technology），具体表现是：技术先进国家向技术发展滞后的发展中国家转让；基础研究成果向应用领域转让；应用领域成果向生产领域转让；科研机构的成果向企业转让等。

这种转让是因为，到了商品经济时代，人们认识到技术在产品中的价值。产品中的技术含量和先进程度越高，产品的市场竞争力就越强，技术的价值也越高。例如，英国古典经济学家亚当·斯密指出，以知识为基础的发明技术具有价值。另外，随着商品经济的进一步发展，机器、设备越来越复杂，其中涉及的技术也非单一技术，而是多种技术的结合。因此，技术不得不脱离机器、设备或产品，成为独立交易的特殊商品。

3. 技术转让的类型

按转让是否附加商业条件，技术转让分为两种：

（1）有偿转让（Technology Transfer with Pay），是指技术所有者或权利人按一般商业条件，将其拥有的技术或技术权利转让给技术受方的行为。

（2）无偿转让（Technology Transfer without Pay），是指拥有技术的人或技术权利人（法人、经济组织、企业或个人）出于某种目的，不谋求技术对价，将技术转让给技术受方的行为。例如，赠与、经济技术援助、科技合作与交流、企业间技术考察、专业研讨会等都属于无偿转让技术。另外一种情况，机器、设备的购买者购买产品数量多、金额大，卖者往往无偿提供技术，或者将技术的价值包含在产品的价格中。这种转让获得者未直接为技术本身支付对价，也可以称“无偿转让”。

（三）技术贸易

1. 技术贸易的概念

技术贸易（Technology Transfer Transactions or Technology Trade），又称“有偿技术转让”，是指技术所有者或权利人，按一般商业条件，将其拥有的技术或权利转让或许可给受让人或被许可方的行为。

2. 技术贸易的类型

根据交易当事人所处地域、技术是否跨越国境，将技术贸易分为国内技术贸易和国际技术贸易。

（1）国内技术贸易（Internal Technology Transfer Transactions），是指同处一国境内的当事人（法人、经济组织或个人）按一般商业条件在该国境内转让技术或许可技术使用权的行为。

（2）国际技术贸易（International Technology Transfer Transactions），是指分处不同国家的当事人（法人、经济组织）按一般商业条件，将技术跨越国境转让或许可他国受让人或被许可方的行为。

3. 国际技术贸易要具备的三个要件

（1）国际技术贸易的“国际性”标准。在20世纪80年代，联合国贸易和发展会议制定《联合国国际技术转让行动守则》的讨论中，工业发达国家和发展中国家对技术转移的国际化标准是有分歧的。但是，经过激烈讨论，最终大多数国家还是赞同“技术跨越国境的转移属于国际技术转移”。也就是说，许可或转让的技术必须“跨越国境”。

（2）交易当事人应分别处于不同国家。在上述《守则》的讨论中，有些发展中国家认为，“技术转移的双方当事人可以处于同一国家，只要一方是外国实体的分公司、子公司，或其直接或间接受外国实体控制，就属于国际技术转移。”这种意见未得到采纳，因为处在一个国家境内的，不管受外国资本控制，还是国内资本控制的公司、企业，都属该国的公司企业，它们的技术转让或许可行为都得受该国法律的管辖，它们的交易行为不具有国际性。因此，国内企业与外国投资企业在本国境内进行的技术转让或许可交易，就应当属于国内技术贸易，分处不同国家的当事人进行的技术转让或许可交易，受不同国家的法律管辖，就属于国际技术贸易，与当事人的国籍无关，与哪国资本控制无关。

（3）许可方或受让方进行的技术转让或许可交易，必须“按一般商业条件，支付许可或转让技术的对价”。企业的垄断价或跨国公司的内部议价，都不属于一般商业条件，也与国际技术贸易当事人地位平等原则不符。

二、区分国内技术贸易与国际技术贸易的原因

以我国为例，两种贸易的区别主要表现在三方面：

（一）适用的法律不同

国内技术贸易适用于国内法，如《中华人民共和国合同法》。国际技术贸易适用的法律比较多，除适用上述《合同法》外，还要适用国家主管机构制定的专门法律、法规，如《中华人民共和国对外贸易法》、《中华人民共和国技术进出口管理条例》，以及外国当事人国家的法律，中国缔结或加入的有关国际公约、条约和国际惯例。

（二）对技术贸易经营者的资格要求不同

国内技术贸易，根据《中华人民共和国合同法》规定，经营者可以是自然人、法人、其他组织，应当具有相应的民事权利和民事行为能力。从事国际技术贸易的经营者，除了要具备上述条件外，还必须向外经贸主管部门办理备案登记手续。否则，国家主管部门将不允许其从事国际技术贸易。

（三）对技术项目的管理不同

国内技术贸易中，国家主管部门对许可或转让的技术项目未规定审查程序。而对技术引进和出口的项目，国家主管部门规定了严格审查程序，如外交、外贸政策审查，贸易审查，技术审查等。

第二节 国际技术贸易的对象

国际技术贸易的对象，笼统地说就是“技术”（Technology）。但是，哪些技术可以作为“技术贸易的对象”？我们必须明确技术的概念、特点和分类，弄清“技术”的涵义、范围，并将其“特定化”（Specialty）。否则，当事人就无从确定国际技术贸易的具体“对象”（Object）是什么。

一、技术的概念

技术概念比较笼统，平时用得十分广泛，很多事务都可以称为“技术”。从法律上讲，“技术”一词不具有法律概念的条件，加之技术又没有有形的物质实体，因此，在不同的法律环境中，赋予“技术”的概念就多种多样。学术界、官方机构、国际组织都给技术下过定义。现将比较有代表性的定义列举如下，供读者参考。

（一）从广义上理解

我们可以将技术理解为自然、经济、文化、历史和科学发展的标志。它涉及技术在人类各个发展时期的作用，例如，以工具为代表，从古代的石器、铁器、手工工具到现代的大机器、微电子、计算机等，每一种工具都代表了人类技术发展的一个历史时期，成为人类技术史的标记。

（二）联合国工业发展组织的定义

联合国工业发展组织（United Nations Industrial Development Organization，简称“UNIDC”）将“技术”定义为：“技术是制造一种或多种产品以及为此目的而建立一个企业、工厂时所需的知识、经验和技能的总和。”“技术不仅是一件具体的事务，而且也包括硬件和软件中包含的知识。”

（三）联合国《国际技术转让行动守则（草案）》的定义

联合国《国际技术转让行动守则（草案）》的规定，“技术转让，是指转让制造一项产品、应用一项工艺或提供一项服务的系统知识。”

（四）外国学者给“技术”下的定义

例如，法国唯物主义者狄德罗给技术下的定义是，“技术是为了同一目标而共同协作完成的各种工具和规则的体系。”

（五）世界知识产权组织的定义

世界知识产权组织（World Intellectual Property Organization，简称 WIPO）《供发展中国家使用的许可证贸易手册》（Licensing Guide for Developing Countries，WIPO 1977 年版）给技术下的定义：

“技术是指制造一种产品的系统知识，所采用的一种工艺，或提供的一项服务，不论这种知识是否反映在一项发明、一项外观设计、一项实用新型或者一种植物新品种中，或者反映在技术情报或技能中，或者反映在专家为设计、安装、开办或维修一个工厂，或为管理一个工商业企业或其活动而提供的服务或协助等方面。”

从国际技术贸易角度看，上述“技术”定义是迄今最完整、最切合实际的定义。现将该“技术”定义简化为：

（1）制造一种产品的系统知识；

（2）采用一种工艺方法的系统知识；

（3）为设计、安装、开办、维修，或为管理工厂、工商业企业或其活动提供服务的系统知识。也可以说，技术是从产品设计一直到销售整个过程中的系统知识。

二、技术的特点

为了进一步明确“技术”的含义和范围，我们将技术的特点归纳如下：

（一）技术属于知识范畴，但不是所有的知识都是技术。只有用于生产或有助于生产活动的知识才属于技术的范畴

技术属于知识的范畴，是因为技术是人类智力劳动成果，是在生产或促进生产的实践中创造的知识和经验，其与人类其他劳动成果一样，具有价值和使用价值。但是，人们又不能将技术与其他劳动成果混为一谈，也不能将智力劳动成果中的技术知识与其他知识混为一谈。也就是说，人们不能把所有智力劳动成果都称为“技术”。

例如，在知识体系中，有很多知识，但与技术关系最密切的是科学知识。因此，人们经常将科学与技术相提并论，这是因为科学和技术紧密联系，在一定条件下，相互作用，彼此促进，螺旋式发展。但是，“科学”与“技术”是有着重要区别的。科学侧重

对客观存在的物质及其运动规律的认识，进化论者达尔文指出：“科学就是整理事实，以便从中得出普遍的规律和结论。”通俗地说，科学是认识客观世界的知识，科学的任务是回答“是什么”和“为什么”；技术是改造客观世界的知识，技术的任务是解决“做什么”和“怎么做”。经济合作与发展组织（OECD）区分科学和技术，采取了以下方法：

（1）Know what（知道是什么）；

（2）Know why（知道为什么）；

（3）Know how（知道怎么做）；

（4）Know who（知道谁会做）。

并明确指出，知道“是什么”和“为什么”是科学知识；知道“怎么做”和知道“谁会做”是技术知识。

（二）技术是生产力，但技术是间接（潜在）的生产力

中国领导人曾多次强调“科学技术是第一生产力”，并要求国家有关部门和企业重视科学技术的作用，但是，值得注意的是，科学、技术都不是直接的现实的生产力。因为直接的、现实的生产力必须体现在现实产品上。而科学、技术必须通过转化、商品化、产业化才能生产出有竞争力的产品。它们之间的关系是：科学—技术—商品。即只有科学知识转化为技术，并利用技术结合一定的物质条件，才能制造出实际的商品并进入市场，实现其经济价值，才形成现实生产力。否则，技术的生产力作用是间接的（潜在的）。

1991 年，美国政府发表的《美国国家关键技术报告》清楚说明了技术形成现实生产力的过程。指出，“技术本身并不能保证经济繁荣和国家安全。技术的确能够对美国的国家利益做出重要贡献，但只有在我们学会将其更有效地应用，研制新型、高质量、成本有竞争力的产品时才能达到这一目标。”

（三）技术是商品，但它是一种特殊商品

技术是商品，因为技术和其他物质产品一样都是劳动的产物。所以，技术具有一般商品的属性，即具有价值、使用价值。但是，技术又有不同于一般商品的特殊性，具体表现在以下方面：

1. 技术价值不同，成为技术商品的可能性不同

技术都有生命周期，处于生命周期阶段不同，技术价值不同。例如，处于成熟期的技术，为使用者创造的经济效益最多，技术价值最高，最可能成为技术商品；处于衰老期的技术，属于即将被淘汰的技术，创造的经济效益相对较低，其技术价值较低。这种技术就会失去作为商品的地位，失去与他人交换的机会。即使勉强作为商品与他人交换，所得的对价也是比较低的。

2. 技术商品具有“私人占有性”

技术商品属于依法或采取保密措施由私人独占的商品，其他人如要使用，须通过支付代价或经允许才能获得技术使用权。一旦技术失去了“私人占有性”，例如被无限制地传播、扩散，成了一般人都了解的技术，那么该技术就失去了商品属性。

3. 技术商品具有选择性

技术不一定就是技术商品，例如，很有价值的科学技术成果如不进行适当开发，就很难成为技术商品。我国每年评选出科技进步奖的科技成果2万~3万项，而仅10%~15%付诸实施。也就是说，实施的成果有可能成为技术商品，绝大部分都成不了技术商品。

4. 技术不是对任何人都可以成为商品

技术不是对任何人都可以成为商品，对需要技术并具有实施条件的人才可能成为商品。对需要技术而不具备实施条件的人，技术对他就成不了商品。比如，某家企业非常需要制造飞机发动机的技术，但没有制造零部件的数控机床，没有适用的合金材料，即使勉强引进该技术，也起不了商品的作用，只能束之高阁。

三、技术的分类

对技术进行分类，是国际技术贸易的前提条件。根据需要，按不同标准，从不同角度将技术划分为以下几种类型：

（一）按贸易标准，确定技术是否具备贸易的条件

1. 依据所有权状况区分

技术可分为公有技术和私有技术。

（1）公有技术（Public Technology），是指不需要人们为技术本身支付代价即可获得的技术。公有技术有三种：① 过了法律保护期限的专利技术；② 解密或泄密的技术秘密；③ 通过非商业渠道（国际经济技术援助、科技交流、技术考察、技术座谈、专业技术书籍、刊物等）可以获得的技术。

（2）私有技术（Private Technology），是指人们必须为技术本身支付代价才能获得的技术。私有技术有两种：① 处于法律保护期内的技术（专利技术、商标、计算机软件、集成电路布图设计）；② 技术所有者通过保密措施占有的技术（技术秘密、商业秘密等）。就技术贸易而言，私有技术才是技术贸易对象，公有技术则不是技术贸易对象。

2. 依据技术的法律状态区分

技术可分为工业产权技术和非工业产权技术。

（1）工业产权技术（Industrial Property Technology），是指受工业产权法保护的技术，如专利技术、商标等。

（2）非工业产权技术（Non-Industrial Property Technology），是指没有专门法律保护的技术和不受工业产权法保护的技术，前者如技术秘密，后者如计算机软件、商业秘密和集成电路图设计等。

在国际技术贸易中，贸易对象如为工业产权技术，当事人各自的权利和义务必须符合工业产权法。贸易对象如为非工业产权技术，当事人可以自由协商各自承担的权利与义务，而不必受专门法律的约束。

3. 依据技术的表现形态区分

技术可分为软件技术和硬件技术。

（1）软件技术（Software），是指表现在纸面上的图纸、公式、配方、图表，以及头脑中的技术思想、经验或技能。

（2）硬件技术（Hardware），是指作为软件技术实施手段的有形物，如机器设备、测试仪器等。值得注意的是，机器设备、测试仪器只有与软件技术结合，作为软件技术实施手段时，才能称为硬件技术。如其与实施软件技术无关，就只能是一般商品。

值得注意的是，划分软件技术和硬件技术的目的有两方面：

第一，软件技术与硬件技术的作用不同。从技术引进方的角度考察，软件技术有助于提高引进方的技术水平，并在引进技术的基础上，通过消化、吸收、创新，实现技术上的赶超，甚至技术上的跨越。硬件技术一般只能供引进者使用，学会使用硬件技术的方法，对提高引进者技术水平作用有限。

第二，反映国家技术引进政策导向。在技术引进中，软、硬件技术的比例反映一个国家技术引进政策导向。如一个国家政策导向侧重在硬件技术上，甚至将成套设备、关键设备、整条生产线购买，或者将其与硬件技术混淆，会导致该国家长期对国外技术的依赖，影响自主开发能力的提高。

（二）按技术先进标准区分

目前有两种常用分类法：

1. 日本分类法

（1）未来技术，是指正在开发尚未脱离实验室阶段的技术。如：约瑟夫森超导元件、立体集成电路元件、超导技术、生物工程、纳米技术等。

（2）尖端技术，是指少数国家或企业掌握的技术。如：核聚变、超大规模集成电路、光通信、人工智能机器人、非晶金属材料、新工业陶瓷、智能性高分子、航空航天技术等。

（3）应用技术，是指企业大规模使用的成熟产业化技术，如数控机床、机器人等。

（4）改良提高技术，是指对现有技术的进一步完善，如自动化、节能化、信息化技术等。

（5）管理技术，是指不直接用于生产但有助于生产的技术。如企业管理、生产管理、产品质量管理、营销管理等。

2. 中国对技术的分类

（1）按技术产生年代或技术相当于国外某一年代的水平，如20世纪70年代初、70年代末、80年代初、80年代末、90年代初等时期。技术产生的年代离现代越近，技术越先进。

（2）按我国技术出口需要，将技术划分为传统工艺技术、工业化技术、实验室技术。

实际上，技术的先进性很难把握，不同国家、不同机构为了不同目的，根据各自技术发展水平，确定技术先进性标准。例如，《中华人民共和国技术进出口管理条例》第7条规定："国家鼓励先进、适用的技术进口。"我们应该如何理解呢？一般的理解是：

技术先进性，是指技术主要性能指标、自动化程度、环境保护水平、人员操作方便性等综合技术性能，与原有技术相比，技术指标得到很大提升，技术进一步发展的空间广阔。

适用性，是指技术设备经过调试，人员经过培训，与使用技术的条件相匹配，顺利地生产出合格产品的过程。

（三）按国家鼓励技术进口政策标准区分

根据国家经济、科技发展目标，国家主管部门将技术分为高新技术、核心技术、关键技术和产业技术。

1. 高新技术（High and New Technology），是指国家目前认定的高新技术：

（1）微电子科学和电子信息技术；

（2）空间科学和航空航天技术；

（3）光电子科学和光机电一体化技术；

（4）生命科学和生物工程技术；

（5）材料科学和新材料技术；

（6）能源科学和新能源、高效节能技术；

（7）生态科学和环境保护技术；

（8）地球科学和海洋工程技术；

（9）基本物质科学和辐射技术；

（10）医药科学和生物医学工程技术；

（11）其他在传统产业基础上应用的新工艺、新技术。

2. 核心技术（Core Technology），是指一组长期处于核心地位，用户公认的技能、技术秘密和专利技术的集合体。它具有三个特点：

（1）价值性，“对用户看重的价值起重要作用”；

（2）独特性，独树一帜，为某家公司所独有，不易被竞争者模仿；

（3）延展性，具有衍生出一系列新产品或服务的能力或潜在能力。如日本佳能公司的照相技术，衍生出数码相机、复印机、打印机、扫描仪、传真机等。

3. 关键技术（Key Technology），是指产品中关键部件的制造技术，是整个产品的核心技术。如美国英特尔公司、ADM 公司的计算机中央处理器（CPU），它是电脑的心脏，缺了就无法工作。

4. 产业技术（Industrial Technology），是指企业广泛使用的成熟的产品制造技术，工艺技术，成套设备、生产线系统制造技术等。

第三节　国际技术贸易方式与国际技术市场

一、国际技术贸易方式

《中华人民共和国技术进出口管理条例》第 2 条规定，“技术进出口，是指从中华人民共和国境外向中华人民共和国境内，或者从中华人民共和国境内向中华人民共和国境外，通过贸易、投资或者经济技术合作方式转让技术的行为。”同时，条例又进一步说明，“前款规定的行为包括专利权转让、专利申请权转让、专利实施许可、技术秘密转让、技术服务和其他技术转移。”

据此，我们看出，国际技术贸易的方式主要是三类：

（一）知识产权和技术秘密的转让、许可贸易

工业产权转让或许可，是指涉及发明专利权、实用新型专利权、外观设计专利权，以及商标权的使用许可（单纯的商标权转让不属于技术贸易的范畴）。

非工业产权转让或许可，是指涉及提供或传授未公开过、未取得工业产权法保护的产品制造或者应用工艺方法（工艺流程、配方、质量控制）等方面的技术秘密。或者属于受其他知识产权法保护的经营信息、技术信息，如：《反不正当竞争法》保护的商业秘密；《著作权法》、《计算机软件保护条例》保护的计算机软件著作权的许可或转让；《集成电路布图设计保护条例》保护的集成电路布图设计专用权许可或转让等。

因此，工业产权或非工业产权转让、许可贸易可归纳为以下几种：

（1）专利有关的权利许可或转让；

（2）商标权有关的商标使用许可；

（3）技术秘密转让；

（4）商业秘密、未披露信息有关的专有权许可或转让；

（5）计算机软件有关的著作权许可或转让；

（6）集成电路布图设计有关的专有权许可或转让。

（二）技术服务与技术咨询

技术服务与技术咨询，是指技术服务或技术咨询机构（受托方），利用其技术知识为雇主（委托方）解决特定的技术课题，提供服务或者咨询，并获取一定报酬的知识性服务。技术课题十分广泛，如项目可行性研究、工程设计、招标任务书拟订与审核、工程项目监督指导、企业技术改造、生产工艺和产品改进、产品质量控制以及企业管理等。

（三）国际经济技术合作与其他技术转让方式

1. 直接投资

直接投资，是投资者通过新建、合资、独资、合作，或者购买现有企业的股票、股权来达到控制企业目的的一种投资方式。东道国规定，投资方除了投入现金外，还可以将工业产权或非工业产权等技术作为股金投资。例如，我国《中外合资经营企业法》规定：“合营企业各方可以现金、实物、工业产权等进行投资。”这样，投资就与技术转让结合起来了。这种方式的特点是：

（1）工业产权或非工业产权作为一种出资方式而存在，即“技术资本化”。

（2）投资双方不仅是一种共同经营关系，而且也是一种技术合作关系。

（3）投资方的收益是分享利润，在这种情况下，投资方一般都比较关心企业的技术实施情况、产品质量以及经济效益。

2. 国际合作生产

国际合作生产，是指不同国家的企业之间根据所签协议，在产品生产、销售上采取联合行动。在合作生产产品的过程中，由技术实力较强的一方通过提供技术资料、技术培训、技术指导等方式，逐步将有关产品生产技术传授给实力较弱的一方。因此，合作生产过程也是技术转让过程。

国际合作生产方式有：（1）双方分别生产不同的零部件，由一方组装成完整的产品出售；（2）双方分别生产对方所需的零部件，分别计价，各自组装成完整产品出售；（3）由技术较强的一方提供图纸、技术培训和技术指导，由技术较弱的一方进行产品制造，联合销售。

3. 国际工程承包

国际工程承包，是指承包人承担工程的技术和工程的实施工作，并按时、按质、按量完成工程与技术转让，发包人提供施工的必要条件，按时验收工程，并支付承包价款（其中包括技术使用费）的一种综合性国际经济技术合作方式。

国际工程承包方式可细分为：分项工程承包、交钥匙工程承包、产品到手工程承包等。

4. 与设备买卖相结合的技术贸易

技术贸易的客体主要是非物质形态的知识，即软件技术。但实际业务中，购买成套设备、整条生产线时，含工业产权转让或者许可、技术秘密转让或者技术服务，因此，包括上述任何一项内容的成套设备、生产线、关键设备的买卖，都归到技术贸易的范畴。

5. 补偿贸易

补偿贸易（Compensation Trade），是指一个国家的公司、企业、经济组织向另一个国家的公司、企业、经济组织提供技术、设备、技术服务，由后者用其加工产品，并将部分产品作为提供技术、设备、技术服务费用的补偿，故称补偿贸易。

6. 国际合作设计与合作开发

国际合作设计和国际合作开发分为政府主导型和企业主导型。政府主导型合作设计和合作开发不属于国际技术贸易范围。企业主导型国际合作设计和国际合作开发，是指不同国家的法人或自然人，在现有技术基础上，为了完善或扩大技术使用的深度和广度而进行的合作。合作的范围包括改进产品设计、制造工艺、材料配方等。企业主导型合作设计、合作开发的特点是，共同投资、共同参与、信息交换、成果及其知识产权共享，以及采取等价交换原则。

二、国际技术市场的概念与特点

（一）国际技术市场的概念

目前，人们对国际技术市场的认识还不统一。有人认为，国际技术市场同一般商品市场一样，是一种有固定场所的实体市场。也有人认为，国际技术市场是一种临时市场，如技术拍卖会、技术交易会等。

我们认为，1955 年太平洋经济合作理事会报告提出的概念比较确切，即关于“国际技术市场的概念，目前仍含糊不清，因为很难指出谁是市场中的主宰，其运作的主要原则和经营机制是什么。事实上，可以更准确地说，目前存在着一个多种技术市场，而不是一个整体市场。因为在该市场内，行业之间（如半导体和宇航业）存在天壤之别。尽管存在着差别，也存在某些共同点，即代表全球技术市场各部分不断发展的结构。”很显然，这里所指的市场结构并非是指实体场所，而是指一种买卖关系的组织结构。

因此，我们可以将国际技术市场理解为：技术市场是集技术开发、技术交易、技术消费、技术中介、技术信息交换等多功能的、按行业分割的有买卖关系的市场结构，是一种“虚拟的”市场。

（二）国际技术市场的特点

1. 技术研发活动从工业发达国家向发展中国家转移

经济全球化和区域经济一体化趋势的深化，导致国际技术研发过程由聚集转为分散，技术商品化和产品制造过程已不完全局限于少数工业化国家范围内，而是在很多国家同时进行并协调。过去，技术的研制开发主要集中在工业发达国家，现在逐步转移到亚洲、拉丁美洲等一些新兴工业化国家。例如，美国微软在印度、中国、以色列等国家设立研究院。一些产品，如苹果公司的 iPhone 智能手机、戴尔公司的计算机、波音公司的飞机都是全球厂商为其生产零部件。这种趋势促进整个国际技术市场的扩大，形成产品的价值链。客观上工业发达国家将一般技术的开发、产品组装、销售转移到新兴工业化国家。

2. 技术在其生命周期的早期就向海外转移

过去，工业发达国家直到技术到达成熟期或新一代技术出现时，企业才会将衰老期或不具备优势条件的技术向海外许可或转让。当今，由于世界科学技术飞速发展，技术更新速度加快，技术生命周期显著缩短。企业不得不考虑将其技术在早期向海外转移，以尽快收回研发成本。另外，企业为了抢占市场先机，不仅重视“技术竞争”，而且重视“时间竞争”。在技术研制完成初期，或者产品还不十分完善的情况下，将技术和产品向海外转移，而不等到技术或产品成熟之后。例如，微软 Windows 操作系统，大约 18 个月更新一次。为了抢占市场先机，明知产品存在漏洞也不以为然，边修补漏洞，边将产品推向市场。以达到增加销售量、回收研制成本的目的。

3. 国际技术转让方式不断拓宽

当前，跨越国境技术流动成为普遍的趋势，并日益扩大。在贸易的方式上，除延续传统知识产权的转让、许可贸易、技术服务、技术咨询等方式外，又出现许多同样重要的方式，如直接投资、并购、合作设计、合作开发、特种经营等。过去，只在发达国家大企业之间进行的国际技术贸易方式，例如交叉许可方式，现在也延伸到新兴工业化国家。

4. 企业获取技术的努力越来越集中在软件，而不是硬件上

当代国际技术贸易呈现“软化”的特点，即从过去购买整套工厂、成套设备带技术的模式，向单独转让技术本身转化，单独转让技术本身向获得系统一体化及相关的能

力转化。单个技术或设备已不适应企业发展的需要。因此，企业都力求获得软件技术，使关联的部门形成网络，支撑起整个技术体系的运作，构建自己的核心技术体系，抢占国际技术市场的制高点，以达到在技术上控制其他企业的目的。例如，美国微软公司和英特尔公司结成联盟，控制了80%~90%的计算机CPU技术，使得计算机硬件制造商、最终用户都不得不依赖它们。例如，为了在生产的计算机上预装Windows操作系统，中国计算机制造企业每年都不得不与其签订价值数十亿美元的许可合同。

5. 国家间技术发展不平衡，导致发展中国家技术分化趋势加快

在国际技术市场上，一些新兴工业化国家科技发展突飞猛进，在国际技术市场上发挥越来越重要作用，如亚洲的印度、新加坡、韩国、中国等，拉丁美洲的巴西、墨西哥、阿根廷等。它们经过多年技术引进，消化吸收创新，本身已积累了很多的技术资产，从而成为国际技术市场最为活跃的一极。在某些技术方面，与工业化国家的公司展开了全球性竞赛。这种竞赛不但没有影响国际技术贸易的发展，而且促使参与者越来越相互依赖，技术活动也越来越朝着一体化的趋势发展。

但是，大多数发展中国家技术发展仍然滞后，往往被排斥于全球经济与技术事务之外，在国际技术贸易中，它们还依赖世界上一些主要公司提供技术，甚至在技术贸易中受到不平等待遇。

6. “技术国家主义”趋势有所抬头

在分析了国际技术市场发展的积极方面同时，我们也不能忽略国际技术市场发展的消极方面，即“技术国家主义”，也就是技术保护主义。具体表现如下：

（1）某些技术大国将国际技术贸易政治化

美国、北约等国家或组织为了保护其战略利益，维护其全球霸权，或者为了达到某种政治、军事、外交的目的，经常动用技术出口管制手段、人权政策，威胁或使用技术出口管制作为制裁别国的工具，干涉别国的内政，迫使其他国家就范，服从美国的世界霸权。

（2）某些技术大国为了保护其知识产权，将国内法延伸至国际贸易领域

美国利用其《出口贸易法》301条款、特殊301条款、337条款等国内法，将保护知识产权的法律延伸到国际货物贸易，扣押他国的所谓“侵犯其知识产权”的产品，或者进行反倾销调查强行征收反倾销关税，或者发动专利战、商标战等，对所谓“保护知识产权”不力的国家进行制裁。这种做法不仅给有关国家造成很大经济损失，而且干扰了正常国际贸易活动。

（3）工业发达国家利用其主导的国际多边条约提高知识产权保护力度

发展中国家的经济技术发展水平大都低于工业发达国家，它们为了保护本国的弱小行业，往往在制定知识产权法方面比较滞后，工业发达国家则利用其本身的经济实力、技术实力，借国际组织之手，主导制定有利于工业化国家的多边公约，要求发展中国家提高知识产权保护标准和执法力度，而置发展中国家的利益于不顾。

7. 跨国公司仍是国际技术市场上的主导力量

在当今世界上，跨国公司成了国际经济活动的主要支配力量，它们不仅控制着世界大量财富，而且还掌握着世界80%以上的技术成果，在国际技术市场上，占有70%以

上的份额，成为国际技术市场的主要技术提供者。不仅如此，它们还熟练地利用国际公约，深入到新兴工业化国家内部，利用各种手段，明火执仗争夺新兴工业化国家的技术市场。尽管新兴工业化国家经过这些年的努力，掌握了不少技术资产，但仍不具有撼动跨国公司的技术力量。这就意味着，短期内跨国公司的技术垄断地位不会发生根本的改变，仍是国际技术市场上的主导者。

第四节 国际技术贸易与国际商品贸易的区别和联系

国际技术贸易有其本身的规律与业务做法，但它并非与其他贸易业务毫无关系。其与其他贸易业务的关系主要表现在三方面：与国际商品贸易的关系；与外国直接投资的关系；与知识产权的关系。本节介绍国际技术贸易与国际商品贸易的关系，国际技术贸易与外国直接投资和知识产权的关系在本章第五节、第六节分别介绍。

一、国际技术贸易与国际商品贸易的区别

国际技术贸易与国际商品贸易都是国际贸易的重要组成部分。在实际交易中，两者有时结合在一起进行，如在购买商品时，同时引进该商品的制造技术；反之，引进技术，同时购买实施技术所需的设备。尽管如此，它们仍然是两种不同的业务。为了突出国际技术贸易的特殊性，现将两者的区别介绍如下：

（一）贸易对象不同

（1）技术贸易对象是有形无物质实体的知识，没有固定形状，很难用某种度量衡制度表示其质量。而商品贸易对象是有形的物质，如零部件、机器设备等，看得见又摸得着，还可以用某种标准衡量其质量。

（2）同一技术贸易对象可以不经“再生产”多次“出售”（许可）。因为“出售”的仅仅是技术的使用权，并不是技术的所有权。商品贸易对象一经出售，商品的所有权随之转移，卖方无权再继续占有和使用，也不能将同一对象出售给其他买主。

（3）技术贸易对象会因使用而增值，技术不但不会因使用被消费掉，反而会因使用增值，提高使用效果。商品贸易对象一经使用就会被消费掉，或改变原有的性质和用途。

（二）贸易当事人的关系不同

（1）技术贸易的当事人是同行，因为只有同行才了解本行业的技术，非本行业的人不会了解，也无兴趣了解。商品贸易的当事人则不一定是同行，也不必是同行，因为商品购买者是使用者，一般不需要了解生产商品的技术。

（2）技术贸易当事人是既合作又竞争的关系。因为技术转让是长期的过程，双方缺乏通力合作，技术转让过程不可能顺利完成，这就决定双方必须在较长时间内密切合作。但是，双方又存在很大的矛盾，因为受方利用供方技术制造出产品后，一定会将产

品推向市场，在市场上与供方产品相竞争。或者受方学会技术后，将供方排挤出市场。因此，技术贸易当事人除了合作关系，又是竞争的关系。反观商品贸易当事人之间，则不存在上述性质的合作和竞争双重关系，商品生产者、销售者与消费者只是一次性买断或卖断关系，以后买卖双方是否再发生买卖关系并无约束。

（3）技术贸易供方研制技术与卖方生产商品的出发点不同。供方开发技术的出发点首先是为本企业使用，只有自身没有使用条件或者又开发出新一代技术，才将老一代技术转让给他人。商品贸易的卖方生产商品，不是为了自己吃、用，而是始终以销售获取利润为出发点。

（三）技术贸易所涉及的问题较商品贸易复杂，难度亦大

（1）技术本身具有隐蔽性，在交易过程中，供方不肯披露过多技术内容，受方也不可能真正了解所要获得的技术。

（2）技术贸易对象没有物质实体，难以用某种标准准确衡量其价值，技术的价值大多是估计的。

（3）技术贸易涉及的法律比较多，除涉及合同法等一般法律规范外，还涉及一些专门法律、法规，如知识产权法、税法、投资法、技术转让法，以及国际公约和国际惯例。商品贸易所涉及的法律相对较少。

（四）政府干预的程度不同

政府不仅对技术项目进行控制，而且对技术进出口的全过程进行控制。而对于一般商品贸易，政府干预的程度则相对较少。具体表现在：

（1）各国政府都对引进技术项目进行控制，强调引进技术的先进性、适用性。对出口的技术项目，制定了各种审查标准，实施分类管理，以推行本国的对外政策，保护本国技术储备和技术竞争优势，甚至将技术出口用于推行其政治、军事、外交政策的手段。

（2）政府还制定了一系列法律、法规和管理制度，对技术进出口过程进行监督，例如中国企业进口一项技术，要通过项目建议书编制、可行性研究、可行性研究报告审查、对外联系、合同签订，直至合同呈报政府主管部门，办理许可证或登记，政府部门都进行审查监督。

二、国际技术贸易与国际商品贸易的联系

国际技术贸易与国际商品贸易的区别已如上述，目的在于突出国际技术贸易的特有问题。但是，两者也并非毫无联系，其联系一般表现为内在联系，主要表现在以下几方面：

（一）商品在国际间的流动实际是各种形式技术的流动

商品是利用一定水平的技术生产、制造出来的，是技术的载体。因此，商品在国际间交换移动，技术也随之移动。而且经验证明，商品的技术含量越高，就越容易在国际间流动。例如商品的市场竞争力，表面上是价格高低，实质上是商品的技术含量多少。目前，国际上通常用产业“相对优势”地位理论解释商品在国际市场上的竞争力，即

国内某产业部门的技术相对优于其他国家，该产业部门的产品竞争力就强。反之，竞争力就弱。鉴于此，许多国家从事技术贸易的动力之一，就在于通过引进技术，加强本国处于“相对劣势”的产业部门，提高本国商品的技术含量，增加产品的附加值，增强本国产品在国际市场上的竞争力。

（二）国际技术贸易促进国家进出口商品结构优化

在相当长的时期内，发展中国家以出口初级产品、劳动密集型产品、凝结熟练劳动和生产经验的低级技术产品为主。工业发达国家则以出口技术密集型产品或高附加值产品为主。这种进出口商品结构大大恶化了发展中国家的贸易条件。例如，国际上一些知名经济学家认为，发展中国家的贸易条件确实存在恶化的趋势，导致发达国家与发展中国家利益的不平衡，抑制了发展中国家的经济发展。因此，发展中国家大多迫切需要引进国外先进技术，以优化本国进出口商品结构，改变在国际市场上的不利处境。近些年来，新加坡、韩国、巴西、墨西哥、印度和中国都从国外引进了大量技术，从而商品进出口结构发生了巨大变化。例如 2002 年，高技术产品出口在中国外贸出口中的比重仅为 20.8%，2011 年已提高到 28.9%。2002 年，工业制成品出口额占外贸出口总额的 91.2%，2011 年提高到 94.7%。

（三）技术贸易加速了国际贸易方式多样化

在当代，技术作为关键的生产要素，改变着各生产要素的重新配置，从而加速了产品从劳动密集型向资本密集型、技术密集型、知识密集型转变，形成了产业资本、人才资本和技术资本等各种生产要素的融合，也导致了各种贸易方式的结合，如并购、委托开发、直接投资、特许经营等国际经济技术合作方式。它们将各种生产要素有机结合起来，在全球范围内形成合作又竞争的关系，这不仅促进了技术在国际间的快速流动，也促进了国际商品贸易的健康发展。

（四）国际技术贸易成为疏通国际商品贸易渠道的手段

世界各国为了保护本国弱势产业和就业，都对商品进出口采取了不同形式的限制性措施，如关税措施、非关税措施（配额、补贴、反倾销、技术标准、卫生标准等），以阻止商品进口。很多商品出口大国为了打破这种进口的限制，就采取技术出口方式，利用技术在当地进行商品生产，来达到避开各种限制、扩大商品出口的目的。

（五）国际技术贸易与国际商品贸易互相渗透

全球经济一体化、区域经济一体化进程发展加速，使国际技术贸易与国际商品贸易的关系也逐渐密切起来，形成了国际商品贸易与国际技术贸易“你中有我，我中有你”的格局。也就是说，国际商品贸易不仅要求商品的数量、质量、包装要符合要求，还要求商品内在的技术，特别是知识产权技术要合法。这就促使商品生产者、销售者不得不通过国际技术贸易途径获取所需的技术。即使他们本身拥有一定数量的技术，也无法回避对其他企业的技术需求。结果是，国际商品贸易发展速度越快，对技术的需求越大。因此，国际技术贸易不仅促进了产品的创新，也促进了国际商品贸易快速健康发展。

第五节　国际技术贸易与外国直接投资的关系

多年以来，中国除直接引进国外先进技术外，还提出了“利用外资，引进技术”的战略方针，将吸收外国直接投资与引进技术结合起来，起到既弥补技术引进资金缺口，又起到直接引进技术的作用。两者结合的具体表现如下：

一、国际技术贸易与直接投资的直接联系

（一）直接投资（Foreign Direct Investment）简称“FDI”，是技术转让的一种重要方式

国际上，投资者主要以提供资金作为投资手段，有时也以技术、设备、技术服务等折合为当地货币作为投资手段，对此，中国《中外合资经营企业法》第5条明确规定，“合营企业各方可以现金、实物、工业产权等进行投资。”《外资企业法实施细则》第25条规定，“外国投资者可以用可自由兑换的外币出资，也可以用机器设备、工业产权技术、专有技术等作价出资。”《中外合作经营企业法》第8条规定，“中外合作者的投资或者提供的合作条件可以是现金、实物、土地使用权、工业产权、非专利技术和其他财产权利。”也就是说，具有财产权的有形物或技术都可以作为投资的资本，即将“技术资本化”。一言以蔽之，中国提倡“利用外资，引进技术”的目的，就是要通过外国直接投资（FDI），不仅解决吸引外国资金问题，还要达到直接引进技术、设备和技术服务等效果。

为此，我们给“技术资本化”（Capitalization of Technology）下一个定义，即技术资本化是指国外投资者将工业产权技术或非工业产权技术折合为东道国货币，建立独资企业、合资企业，或购买现有企业的股份或股权，以分享企业利润，进一步获得企业控制权的行为。

（二）直接投资方向与技术转让方向具有一致性

在中国，国家或企业新建项目或技术改造项目，为了技术起点高、产品具有市场竞争力，一般都考虑引进国外的先进技术，或者将引进技术与利用外资结合起来。这样，引进外资的企业也是引进国外技术的企业。反之，引进技术的企业，也是需要利用外资的企业。

二、国际技术贸易与直接投资的间接联系

过去，中国将直接投资作为技术引进资金缺口的补充。现在，将吸引外资作为引进技术的重要手段，让外资发挥直接引进技术的效应。其效应主要表现在以下方面：

（一）直接投资的技术扩散效应

外国直接投资的技术扩散效应（Technology Diffusion Effect），是指投资直接带来了

新技术、新设备、新技术标准和新的管理理念，直接带动了东道国生产力和生产水平的提升。这种技术扩散效应具体表现在：

（1）影响整个产业部门的发展，以及厂家和消费者的行为；

（2）影响东道国企业的技术选择、技术标准的选择；

（3）提高企业管理人员和工程技术人员素质；

（4）加速了技术信息的传递和东道国投资环境的改善。

这种效果并不是投资者的主动、有意识的行为，而是投资者客观上将技术扩散到东道国，起到了东道国企业直接引进技术的作用。

（二）直接投资的技术外溢效应

直接投资的技术外溢效应（Technological Diffusion Effect），又称技术波及效应，是指外国投资者以技术作为投资，带来先进技术、设备并建立新企业，改造老企业，这些企业在与当地上下游企业、人员、原材料供应商等合作配套过程中，无形中将其技术传授给了有关合作者。其具体表现如下：

（1）外资企业聘用了大量东道国管理人员、工程技术人员和工人，在为外企工作过程中，他们学会了外资企业的管理经验、技术知识和技能。当他们离开外资企业为本国企业效力时，就将所学的知识、掌握的经验和技能带给本国企业，促进了本国企业管理水平和技术水平的提高。

（2）外资企业生产运行过程中，必然要与当地的上、下游企业发生业务关系，这些企业间接地受到外资企业管理方式和技术标准的制约，迫使当地企业在管理和技术上与外资企业技术标准匹配。例如上海“大众”汽车，周围为其生产零部件的厂家60多个，还有50多家正在洽谈中。它们为“大众”汽车提供原材料、零部件，其标准都得按“大众”汽车的技术标准进行。客观上提高了当地企业的管理水平和技术水平。

（三）直接投资的技术创新效应

直接投资的技术创新效应（Technological Innovation Effect），是指外资企业不断进行新技术、新产品研制和开发，并将新产品投放市场，培植了一种社会技术创新思想和环境，带动当地企业思想观念的更新、行为方式的变革及技术创新精神的提升。

美国经济学家熊彼特的技术创新模仿与长波理论指出：技术“创新”就是建立一种新的生产函数。即实现生产要素和生产条件的一种从未有过的“新组合”，并引入生产体系。这种技术创新理论的基本思想是：“一项技术一旦在市场上取得成功，由于经济利益的驱使，必然吸引一大批追随者和模仿者进行投资，他们就会利用该技术所提供的机会，采用某种手段进行模仿，利用该技术的创新成果，直接进行产品生产或改造本企业生产技术、生产工艺。”随着外国直接投资的迅速增加，投资领域的不断扩大，技术创新效应会逐步显现出来，从而对东道国的企业、管理、人员思想意识产生长远的重大影响。外国直接投资的技术创新效应主要表现在下列几方面：

（1）促进东道国企业升级转型，优化资源配置，增强企业竞争力。

（2）在东道国投资新建、收购、参股、控股，为现有企业转变经营机制、理顺产权关系、进行股份制改造等方面，外国投资者起着重要示范作用。

（3）投资企业的竞争优势迫使东道国企业增加研发投入，加速技术成果商品化，并将产品迅速地投入市场，提高了产品竞争力。

（4）外国直接投资加速了国外技术与本地技术的融合。如微电子技术、计算机技术，其应用范围可以说是无限的，它打破了行业间的界限。促使企业针对本行业技术特点，结合本地条件加快吸收和融合，从而开拓出新的技术领域，开发出新的产品系列，推动产业向更高水平、更高层次发展。

第六节 国际技术贸易与知识产权的关系

一、知识产权的概念

知识产权概念有三种表述方法：

（一）定义法

知识产权（Intellectual Property）亦称智力成果权，是指“人们就其智力劳动创造的成果依法所享有的权利”。

知识产权的概念最早见于17世纪中叶，后来，比利时著名法学家皮卡第认为，知识产权是一种特殊的权利范畴，它根本不同于对物的所有权。他进一步指出，物的所有权原则上是永恒的，随着物的产生与毁灭而发生与终止；但知识产权却有限制。一定对象的产权在一定时间内有效，只能属于一个人（或一定范围的人共有），使用知识产权则不限人数，因它可以无限地再生。

定义法的优点是简单、明确，突出要点。但往往比较抽象，不易全面理解。1986年《中华人民共和国民法通则》才开始使用“知识产权”的概念。但没有给出“知识产权”定义。因此，目前使用的定义都是国内教材编者依据个人的理解给“知识产权”下的定义。

（二）综合列举法

《建立世界知识产权组织公约》以列举的形式给出了“知识产权”的范围：

（1）关于文学、艺术和科学作品的权利；

（2）关于表演艺术家演出、录音和广播的权利；

（3）关于在一切领域中因人的努力而产生发明的权利；

（4）关于科学发现的权利；

（5）关于工业品式样的权利；

（6）关于商品商标、服务商标、厂商名称和标记的权利；

（7）关于制止不正当竞争的权利；

（8）在工业、科学、文学或艺术领域里其他来自智力活动的权利。

（三）列举法

WTO《与贸易有关的知识产权协议》列举的知识产权范围：

（1）版权及相关权利；

（2）商标；

（3）地理标志；

（4）工业品外观设计；

（5）专利；

（6）集成电路布图设计；

（7）未披露信息的保护；

（8）许可协议中反竞争行为的控制。

综合列举法和列举法的优点是明确、具体，容易理解。特别是综合列举法还兼顾了未来知识产权的新形式、新发展，对未来的知识产权范围预留了空间。列举法规定的知识产权范围、内容明确肯定，但未给未来的新科学技术成果、新知识产权形式预留位置。

二、知识产权的类型

（一）按知识产权的性质划分

传统意义上的知识产权可分为两类，即工业产权和版权。但是，按《建立世界知识产权组织公约》和WTO《与贸易有关的知识产权协议》所列举的知识产权范围，知识产权应包括五种类型：

1. 工业产权（Industrial Property Right）

工业产权，是指工业领域（生产、农林、商业等领域）能够创造经济价值的智力成果依法享有的权利。如专利权、商标权。

2. 版权（著作权）（Literature Property Right）

版权（著作权），是指文学、艺术、科学作品的创作者、传播者的作品依法享有的权利。如文学作品、艺术作品、影视作品、音像作品等。

3. 非工业产权（Non-Industrial Property Right）

非工业产权，是指近代由于工业产权与著作权长期交叉渗透形成的，在工业上具有实用价值的作品，依据工业产权法之外的法律、法规享有的权利，如计算机软件、集成电路布图设计、未披露的信息。

4. 工商业标记权

工商业标记权（Industrial and Commercial Enterprise Mark），是指区别一家企业与另一家企业名称、一家企业经营与另一家企业经营产品的标记享有的权利。如厂商名称、地理标志、产品或服务的标记。

5. 其他知识产权

（1）关于制止不正当竞争的权利。

（2）在工业、科学、文学或艺术领域里其他来自智力活动的权利。

（3）许可协议中反竞争行为的控制。

值得特别注意的是，根据上述分类，我们必须指出，哪些知识产权属于“国际技术贸易的范围”，哪些知识产权不属于“国际技术贸易的范围”。毫无疑问，工业产权和非工业产权属于“国际技术贸易的范围”。也就是说，能够直接产生或间接产生经济效果的知识产权可以成为国际技术贸易的对象。著作权、工商业企业标记权一般不是国际技术贸易对象。但是，其他知识产权虽然不是国际技术贸易的对象，但对防止国际技术贸易中的不正当竞争行为，保护国际技术贸易的正常秩序，保护当事人的合法权益起着非常重要的作用。所以，这种权利也是需要保护的。

（二）按知识产权主体对其权利控制程度划分

知识产权分为“非自主知识产权”和“自主知识产权”。

1. 非自主知识产权的概念

非自主知识产权（Non-independent Intellectual Property Right），也就是“不自主知识产权”，是指法人、组织、个人通过知识产权权利人的许可，在约定时间、地点、范围条件下，依赖权利人的技术，在约定的期限内获得部分知识产权的使用、制造、销售权，或者在合作、合资中，对技术没有主导权和话语权，对技术、权利不具有处置的权利。

2. 自主知识产权的概念

自主知识产权（Proprietary Intellectual Property Rights），是与“不自主知识产权”相对应的概念，自主知识产权主体享有依法获得的专用权，以及掌握支撑该项权利的技术，可以不受任何人干涉，按自己的意愿，在法律授权的范围内，行使、控制、主导话语权和决策权。

自主知识产权的特点：

（1）主体本土化，即知识产权的主体为本国人，如中国的自主知识产权主体一定是中国的法人、组织、个人；

（2）权属域内化，权利由权利人本国知识产权机构授予；

（3）私权公权化，权利的行使不仅有利于权利人，而且有利于提高国家的核心竞争力、科技竞争力和国家的综合实力。

（4）权利的集成化，是指产权的内在性、技术的突破性、市场的领先性和知识资本的整合能力。

（5）知识的原创化，是指支撑权利的载体必须是以前未曾有过的智力成果已经商品化、产业化，其产品表现出极强的市场竞争力。

三、自主知识产权的重要性和认定标准

（一）自主知识产权的重要性

当今世界，国与国的竞争已不再是有形生产要素的竞争，而是无形的智力、人才、知识产权的竞争，哪些国家掌握的关键技术、核心技术的知识产权多，哪些国家就可以主导世界的经济命脉。因此，自主知识产权对企业、对国家的重要性怎么说都不为过，它是企业生存、发展的关键，国家经济发展、强盛的命脉，立于世界民族之林的保证。也就是说，国家拥有自主知识产权企业越多，国家越强盛。

以下我们对自主知识产权的重要性做些具体分析：

1. 自主知识产权的核心是自主创新

中国国家领导人胡锦涛、温家宝多次在技术创新大会等不同场合语重心长地指出，

只有拥有强大的创新能力，拥有自主的知识产权，才能提高我国的国际竞争力，才能享有受尊敬的国际地位和尊严。必须把增强自主创新能力作为国家战略，贯彻到现代化的各个方面，贯彻到各个产业、行业和地区，努力将我国建设成为具有国际影响的新型国家。必须加强原始创新、集成创新和在引进技术基础上的消化吸收创新领域掌握更多的自主知识产权，在科学前沿和战略高技术领域占有一席之地。

上述指示说明了一个重要道理，“只有拥有强大的创新能力，才能拥有自主的知识产权”，两者的关系是相辅相成的，“创新不但是一种行为，更是一种精神；知识产权不仅是一种规则，也是一种文化。”也就是说，创新成果是拥有自主的知识产权的基础和前提。自主知识产权是创新的保障，没有自主知识产权的创新成果，人人皆可无偿使用。只有拥有自主知识产权的创新成果才能独占使用，因此，我们要说明自主知识产权必须先说明“创新”。

（1）“创新”（Innovation），是指首创，是指发现和创造前所未有的思想或事物。揭示客观事物的本质特征和各种事物的内在联系，据此提出创造性的见解，即“创新思维”，其基本特征是：

① 批判和反思。对传统思维定式进行反思，以批判的眼光审视过去的思想、观念、事物，在肯定中否定，在否定中开拓进取。

② 应用与实践。以应用与实践为创新目标，创新成果必须从应用与实践中来，回到应用与实践中去进行检验。

③ 继承和超越。创新就是继承前人成果的精华，抛弃过时的思维定式，创造、超越前人的思想和事务。

（2）“自主创新”（Self-dependent Innovation）是指自己独立做主，不受他人支配或干涉。自主创新是一个广义词，它代表一种奋发向上的民族精神、自强不息的动力，以及崇尚创新、追求创新的中华民族复兴的主旋律。“自主创新”的内容比较广泛，其中包括：

① 解决社会经济发展迫切问题和发展瓶颈；

② 创新管理制度和改变不利于发展生产力的体制；

③ 营造良好的创新环境，制定和实施创新的鼓励措施，确立企业创新主体地位；

④ 开辟新市场，控制原材料来源；

⑤ 鼓励、支持重大科技创新，拥有自主知识产权的措施。

（3）“自主科技创新”（Self-dependent of Science and Technology Innovation），是指创新主体（企业、组织、个人）通过研发（R&D）活动，探索技术前沿，突破技术难关，掌握不易被他人模仿的产品制造关键技术、核心技术，或者通过引进技术并加以消化吸收创新，掌握比原有技术更先进、更有效、更具有经济效益，具有重大技术进步的关键技术、核心技术。因此，在2013年青年节与学生座谈时，习近平总书记指出，“自主创新的制高点在科技。”这里所指的应该是“自主科技创新”。

2. 自主知识产权与自主科技创新是企业生存、发展的关键

自主知识产权与自主科技创新是一种因果关系，因为自主创新的智力成果产生在先，依法获得的自主知识产权在后，自主知识产权对自主创新的智力成果起保护作用，

两者的结合才能创造巨大经济效益，保证企业生存发展，壮大国家经济实力。但是，其中哪个起决定性作用呢？

事实证明，自主科技创新是企业生存发展之根本，像树的根，自主知识产权是树的叶。树的根深，树叶才会茂盛。因此，在宣传上，我们应该大力提倡“自主科技创新”。因为，没有“自主科技创新”，就不会有“自主知识产权”。企业拥有自主科技知识产权，不等于高枕无忧，如果不注意技术的发展，放松自主科技创新斗志，自主知识产权也避免不了企业垮台的命运。美国百年老店柯达（Kodak）公司肯定不缺少“自主知识产权”，就因为没有继续“自主科技创新”，一夜之间破产。所以，企业缺乏“自主科技创新”，有“自主知识产权”也只能成为过眼云烟。在世界上，这种事例很多。

现在，中国是世界第二经济大国，但还不是经济强国。原因就在于，我国不是科技大国、科技强国。虽然中国在国内外每年申请专利的数量上名列前茅。但是，在境内，中国企业申请发明专利的数量仅占 19.9%；来自国外的专利申请中，发明专利申请量占 80% 以上。而且，在申请的专利种类上，中国企业专利申请主要是实用新型和外观设计，发明专利申请比例很少，技术成果也主要是中药、软饮料、食品、汉字输入法等方面，而来自国外的专利申请主要集中在高科技领域的技术发明。虽然中国出现了少数申请发明专利大户，如华为、中兴、海尔等，但从未申请过发明专利的企业则是大多数。这种局面说明，中国企业的“自主科技创新”能力不足，长此以往，对我国经济发展，增强国际竞争力十分不利。

3. 拥有“自主知识产权”的核心技术，是企业参与国际市场竞争的重要手段，是国际产业链分工中的前提条件

自主知识产权必须有核心技术、关键技术作为支撑，否则，自主知识产权就是空架子。如拥有计算机 CPU 核心技术的英特尔公司、拥有 Windows 操作系统的微软公司长盛不衰的秘密，就是紧跟技术的发展趋势和市场需求，自主创新。英特尔公司 CPU 技术的改进，从一核、双核到多核；微软公司的计算机操作系统从 Windows 2.0、3.0 到 Vista、XP、W7、W8。两家公司的税后利润都在 20% 至 40% 。而我们生产百万台电脑的企业，因不掌握核心技术，利润不到上述公司的三分之一。

此外，在国际分工中，中国企业从事来料加工、来件装配业务的比例很大，企业并没有从中学到真正的技术，只获得少量的加工费，工人付出超额的劳动，而所得更少。如苏州有的工厂组装一个几十美元的鼠标，加工费只有 3 至 4 美元。苹果公司的 iPhone 一上市就售价 1 000 多美元，中国企业组装只得到 8 美元。大部分利润都被知识产权权利人、原材料供应商、经销商拿去了。这种长期处于产业链低端的现象，就是中国大多数企业缺少创新产品和自主知识产权，缺少关键技术、核心技术的结果。

（二）自主知识产权的认定标准

1. 认定自主知识产权的主体

自主知识产权的主体应该是本国的法人、组织、个人。因为自主知识产权是立国之本，是国家增强国际竞争力的手段，只有拥有自主知识产权，国家才能享有国际地位和尊严。因此，只有属于本国主体的自主知识产权才能起到富民强国的作用。

2. 认定自主知识产权的客体

（1）客体的范围

客体的范围包括专利权（发明专利、实用新型专利、外观设计专利）、技术秘密权、计算机软件著作权（数据库、多媒体、网络产品）、集成电路布图设计专有权、商业秘密专有权。其中，最主要的是专利权。

（2）自主知识产权的认定标准

① 法人、组织、个人自主研究开发、设计、创作的，前所未有的原创性智力成果，被依法授予的、权利人独自享有的知识产权属于完整的自主知识产权。

② 国际合作研究成果，被授予的知识产权由所有参与者共同拥有，如可以分割使用，各参与者依据所做贡献，或所付出的创造性劳动，各自拥有的知识产权部分为自主知识产权。如果合作技术成果不能分割使用，共同拥有的知识产权可以通过交叉许可授予中国权利人行使共有知识产权，而技术使用不受干预，称为“准自主知识产权”。

③ 中国籍主体依法通过转让、赠与获得非中国籍权利人完整、独立不附加任何不合理条件的知识产权，为自主知识产权。不过，中国籍主体以这种方式获得的知识产权，往往缺少权利的技术支持，行使权利可能有局限性。

四、国际技术贸易与知识产权的联系

（一）国际技术贸易促进了知识产权制度的建立、发展和国际化进程

国际技术贸易与知识产权制度是相辅相成的。国际技术贸易的发展促使国际、国内知识产权制度的建立和完善。同时，国际、国内知识产权制度的建立和完善又促进了国际技术贸易的发展。理解这种相互作用，我们可以从国际技术发展的历程中找到答案。

第二次世界大战之后，战败国需要医治战争的创伤。新独立国家不仅要巩固政治上的独立，还要争取经济上的独立。在这种情况下，德国、日本凭借美国的马歇尔计划和过去比较深厚的技术和制度根底，大量引进美国的技术，出现了一段国际技术贸易的繁荣时期，使它们比较快地发展起来了。而新独立的国家既缺乏法制，又缺乏技术，各方面发展也比较缓慢，例如新中国建立初期，恢复生产、解决人民的衣食住行是主要问题。技术引进主要是购买成套设备、关键设备。知识产权问题未凸显出来。

但是，十一届三中全会确立“改革开放”方针之后，“利用外资，引进技术”蓬勃发展起来。在开放的形势下，国际技术贸易要求建立知识产权制度，国内科技发展要求建立知识产权制度，国外强烈要求我国建立知识产权制度。在三方面的压力下，建立知识产权制度提上日程，国家有关部门在 1983 年、1985 年、1991 年和 1993 年，颁布并实施了《商标法》、《专利法》、《著作权法》和《反不正当竞争法》。1985 年参加了《巴黎公约》，1992 年参加了《伯尔尼公约》和《世界版权公约》等。

经过几十年的实践，中国的知识产权制度建立起来了，知识产权法律不断完善。对

我国技术的发展、技术成果的保护发挥了巨大作用。同时，也促进了我国国际技术贸易的迅速发展，为我国引进国外先进技术，满足国内生产和人民生活需要发挥了重要作用。

（二）技术类知识产权是国际技术贸易的重要对象

在国际技术贸易中，技术受方有效地保护知识产权，能够减少技术供方转让技术的顾虑，提高其转让技术的积极性。反之，技术供方则不愿意转让技术，即使勉强转让，所收取的费用也相当高。经济合作和发展组织（OECD）有一项调查显示，“缺乏知识产权保护及政府许可政策一起，成为阻碍技术许可的主要因素。因为，公司对知识产权问题非常敏感。”例如，第二次世界大战以后，日本成功从国外引进大量技术，使日本节约了2/3技术研究开发时间，节约了90%技术开发经费。其中原因之一，就是日本较早地拥有较为完善的知识产权保护制度。

（三）国际技术贸易是知识产权价值体现的重要方式之一

知识产权是一个单位和个人的私权，如权利人不使用这项权利，就只具有象征性意义，权利人不可能获得任何经济回报，也不能对人类的科技进步发挥任何作用。因此，知识产权价值必须通过权利人自己使用，或者通过技术贸易转让他人使用，或者与他人合作共同使用，才能实现知识产权的价值，达到保护知识产权的根本目的。根据国家知识产权局的报告，2003年仅获得金奖的13项专利技术项目的实施，累计新增销售额就达715.87亿元，新增利润64.56亿元，出口创汇7.56亿美元。又如美国IBM公司，2000年仅对外知识产权转让和许可的收入就达17亿美元，占其总利润的21%。2011年第3季度，美国高通公司技术许可费用收入高达14.44亿美元。2010年，爱立信手机公司专利使用费收入达7.04亿美元。

（四）以知识产权为对象的技术贸易合同要受知识产权法的制约

技术贸易合同的标的，如为知识产权法保护的对象，合同当事人的权利和义务规定就不得超出知识产权法授予的权利范围、法定时间和地域性规定。超出权利范围的部分将不受法律保护。

练习题
EXERCISES

一、单项选择题

1. 在知识体系中，与技术知识关系最密切的知识是 （　　）

A. 文学知识　　B. 科学知识　　C. 法律知识　　D. 艺术知识

2. 硬件技术是指 （　　）

A. 机器设备、仪器

B. 高技术产品

C. 作为软件技术实施手段的机器设备、仪器

D. 与软件技术一起引进的机器设备、仪器

3. 当前，在国际技术市场上起主导作用的是 （　　）

A. 国家主管部门　B. 技术进口方　C. 技术中介机构　D. 跨国公司

4. 工业产权技术是指　（　）

A. 受知识产权法保护的技术　B. 受版权法保护的技术

C. 受工业产权法保护的技术　D. 受民法保护的技术

5. 国际技术贸易当事人的关系是　（　）

A. 竞争关系　B. 合作关系

C. 既合作又竞争的关系　D. 敌对关系

二、多项选择题

1. 公有技术是指　（　）

A. 过了法律保护期的技术　B. 通过正当渠道可以获得的技术

C. 私人控制的技术　D. 解密或泄密的技术

E. 同行业的人普遍了解的技术

2.《技术进出口管理条例》指的国际技术贸易方式是　（　）

A. 贸易　B. 投资　C. 国际经济合作　D. 技术拍卖

E. 国际经济技术合作

3. 技术具体是指　（　）

A. 制造产品的系统知识

B. 采用工艺方法的系统知识

C. 为设计、安装、开办、维修、管理工厂等提供服务的系统知识

D. 为满足人们生产生活需要的系统知识

E. 为提高人们知识水平的系统知识

4. 经济合作和发展组织区分“科学”、“技术”的方法是　（　）

A. Know what　B. Know why　C. Know how　D. Know who

E. Know which

5. 在国际技术贸易中，涉及专利的贸易有　（　）

A. 专利权转让　B. 专利申请权转让

C. 专利权许可　D. 专利申请权许可

E. 专利实施许可

三、名词解释题

1. 技术　2. 国际技术贸易　3. 技术资本化　4. 技术转让　5. 国际技术市场　6. 知识产权　7. 工业产权技术　8. 私有技术

四、简答题

1. 试述技术的特点。

2. 区分国际技术贸易与国内技术贸易的原因。

3. 外国直接投资产生哪些技术效应？

4. 国际技术贸易有哪些主要方式？

5. 国际技术贸易的“国际性”特征表现在哪几方面？

五、论述题

1. 试述国际技术市场的特点。
2. 试述国际技术贸易与国际商品贸易的区别。
3. 试述国际技术贸易与知识产权的关系。
4. 试述国际技术贸易与直接投资的关系。
5. 试述国际技术贸易与国际商品贸易的联系。

第二章　与国际技术贸易有关的国际知识产权公约、条约与惯例

学习目标导言

在国际贸易领域，与国际技术贸易有关的国际知识产权公约、条约与惯例最多。截止到目前，仅我国正式加入或缔结的公约、条约就达15个，它们是：《建立世界知识产权组织公约》、《保护工业产权巴黎公约》、《集成电路知识产权条约》、《商标国际注册马德里协定》、《商标国际注册马德里协定议定书》、《保护文学艺术作品的伯尔尼公约》、《世界版权公约》、《保护录音制品制作者防止未经许可复制其录音制品公约》、《专利合作条约》、《关于供商标注册用的商品和服务的国际分类尼斯协定》、《国际承认用于专利程序的微生物保存布达佩斯条约》、《工业品外观设计国际分类协定》、《国际专利分类斯特拉斯堡协定》、《保护植物新品种国际公约》、《与贸易有关的知识产权协议》。其他联合国专门机构制定或推荐的原则和规则，以及有关的国际惯例。

它们既是国际技术贸易的指导原则，又是国际技术贸易经营者必须遵循的国际法规。对于我们国家来讲：第一，我们必须遵循这些法规，利用这些法规；第二，我们必须积极参与这些公约、条约的制定，增加我国在公约、条约制定中的话语权，扩大我国在国际事务中的影响力；第三，在这些法规原则下，我们要积极参与国际竞争，扩大我国技术进出口市场，提高国家科学技术水平，建设创新型国家。

我们要转变思想，只要公约、条约对我国“利大于弊”就应积极参与，在其中发挥作用，与发展中国家合作，维护发展中国家利益。不要过多考虑公约、条约是谁主宰制定的，对哪类国家有利，我们要坚持独立自主原则，积极参与制定国际公约、规则，逐步使国内法与国际通行规则接轨。只有这样，我们才不会自我“边缘化”，进而“自我淘汰”。因此，我国企业不仅要认真学习研究这些公约、条约与惯例，而且要利用它们，正确处理与国际技术贸易有关的各种贸易问题，以及与之相关的知识产权事务，提高国际技术贸易经营者素质和企业的国际竞争力。

重点难点提示

国际公约、条约的概念、特点；国际惯例的概念与特点；国际惯例的种类；国际公约、条约与惯例的适用性、适用原则、适用方式。

第一节 国际公约、条约、惯例的概念、特点及适用性

一、国际公约、条约的概念与特点

（一）国际公约、条约的概念与特点

《维也纳条约法公约》（Vienna Convention on the Law of Treaties）和《关于国家和国际组织间或国际组织相互间条约法的维也纳公约》（The Vienna Convention on the Law of Treaties on National and International Organization or between International Organizations），规定“条约是指国际法主体之间按照国际法所缔结的确定其相互权利和义务关系的书面文件”。

《维也纳条约法公约》是联合国国际法委员会于1969年5月23日在维也纳召开外交会议通过的，于1980年1月27日生效。我国于1997年9月3日加入该公约。

《关于国家和国际组织间或国际组织相互间条约法的维也纳公约》是1986年3月21日通过的，目前尚未生效。

（二）国际公约、条约的特点

（1）缔结条约的主体必须是国际法主体，即国家、国际组织。在我国，国际条约由人大常委会、国家主席、国务院以国家名义签署，并经国家立法机构批准。国际条约一般分为“多边条约”和两国政府间的“双边条约”。

（2）缔约国享有的权利和承担的义务对等。但考虑到发展中国家的特殊需要，有的条约采取了“不对等”原则，如WTO《与贸易有关的知识产权协议》，对不同类型的发展中国家规定了特殊的优惠待遇。

（3）国际条约都采取书面形式。一般认为，条约是一种成文法。是正式的法律文件。

（4）国际条约对于缔约国具有约束力。条约生效后，签约各方必须善意履行，必须按条约的规定行使自己的权利，履行自己的义务，不得违反。《维也纳条约法公约》第26条明确规定：“凡有效之条约对各当事国有约束力，必须由各当事国善意履行。”《联合国宪章》第2条规定：“各会员国应一秉善意，履行其依本宪章所担负的义务。”

二、国际惯例概念、种类与特点

（一）国际惯例的一般概念

国际惯例（International Common Practices），是指在国际交往的各领域通过长期实践逐步形成的普遍使用的规则、通则、习惯和做法的总称。

国际惯例的形成是一个缓慢的过程，它要求惯例在某个领域中必须是被“反复”、“前后”、“一致”地采用。采用者至少在心理上认为其具有法律约束力。在适用性上，国际惯例有些不确定性，有时还会出现一些适用性困难和争议。

（二）国际惯例的种类

国际惯例可以从不同角度划分，就其起源划分，可分为如下两种：国际规则、通则和习惯做法。

1. 国际规则、通则的概念与特点

（1）国际规则、通则的概念

国际规则、通则（International Rules and Regulations），是国际组织为适应各领域国际交往的需要，根据有关领域当事人的要求，在调查研究的基础上，考虑各种不同法律制度，经国际外交会议达成共识，由国际组织推荐，供各国当事人自愿遵守的书面文件的总称。

（2）国际规则、通则的特点

① 国际规则、通则是公开的、普遍的，对任何当事人均无任何限制。

② 国际规则、通则的约束力产生于当事人的“明示选择”，即当事人明确选择的有关法律关系适用哪项规则。选择后，该规则对当事人具有约束力。即使当事人未明示选择，在当事人将争端提交仲裁机构或法院解决时，仲裁机构或法院往往也会援引有关规则或通则的规定，作为解决争端的依据，此时，规则、通则对当事人也具有约束力。

③ 国际规则、通则随各种国际交往领域的扩展不断修正和完善，并非一成不变。

2. 长期国际交往实践中形成习惯与做法的概念与特点

（1）国际习惯与做法的概念

国际习惯与做法（International Practices and Rules），是指国际交往长期实践形成的自愿遵守的行为规范。其中，有的是世界性的，有的是地区性的，一般无书面形式。

（2）国际习惯与做法的特点

① 习惯与做法必须确有相当多的人遵循的事实存在；

② 内容必须有明确的规范性和确定性；

③ 不得与有关国家的法律、法规和国际条约相抵触；

④ 在确定法律关系时，当事人须确认并引用。

三、国际公约、条约与惯例的适用性

世界各国对适用国际公约、条约与惯例有不同做法，以下仅就中国的做法加以说明。

（一）国际公约、条约与惯例在我国适用的基本原则

国际公约、条约与惯例在我国适用的规定，主要反映在《中华人民共和国民法通则》中。《通则》第 142 条第 2 款规定：“中华人民共和国缔结或参加的国际条约同中华人民共和国民事法律有不同规定的，适用国际条约的规定，但中华人民共和国声明保留的除外。”《通则》142 条第 3 款规定：“中华人民共和国法律和中华人民共和国缔结或加入的国际公约没有规定的，可以适用国际惯例。”

从上述两款规定中，我们可以归纳出中国国内法、国际条约和国际惯例的适用关系：

第一，在国内法中直接适用国际条约，即不需转化为国内法的直接适用方式，《维也纳条约法公约》第 27 条明文规定“各国不得以援引国内法规定为由而不履行条约”；

第二，将国际条约的有关内容在国内法中加以明确规定，这是直接适用国际条约与将国际条约内容转化为国内法相结合的方式。在实践中，这种方式比较好。因为国家既是国内法的制定者，又是国际条约制定的参与者。国家在制定国内法时，就应该考虑到我国加入或缔结的国际条约的有关规定，使两者相互渗透，相互补充。避免适用国内法和国际条约先后顺序的矛盾。

第三，国际惯例适用，是在国际公约和国内法对某项行为或事实均无规定的情况下，当事人可以选择适用法律的一种替代方式。因此，我们可以将三者适用顺序归纳为：国际公约—国内法—国际惯例。

（二）国际公约、条约与惯例的适用方式

（1）强制性适用，是指由国家主席根据全国人民代表大会批准签署的条约和重要协定，由国务院核准的具有条约性质的国际协议已转换成国内法，公约、条约适用是强制性的，签约国必须遵守，并履行公约、条约规定的权利和义务。

（2）选择性适用，是指国际惯例适用由当事人明示选择，并以契约方式加以规定。因此，此种方式也称契约式适用。国际贸易合同的法律适用多采用这种方式。

（3）限制性适用，适用国际公约、国际惯例，必须在其有效期内，必须符合其特定领域和地域。也就是说，在时间上，适用公约、条约必须在其有效期内；在范围上，适用公约、条约必须在其特定的领域内；在空间上，公约、条约适用缔约国的全部国土（特别行政区除外，如我国的香港和澳门）。

（4）国际公约、条约不能干涉签约国的主权、内政，如：不得违背有关国家的社会公共秩序和公共道德；不得适用国家缔结或加入国际公约时声明保留的规定。这也是当代国际法的一项基本原则。

四、国际公约、条约原则与国家利益的平衡

（一）国际公约、条约原则与国家利益的冲突

1. 国际公约、条约的全球化、趋同化削弱了国家的自主选择权

国际公约、条约的全球化、趋同化，是指世界各国普遍加入或参与缔结国际公约和条约，使本国法律与国际公约、条约的原则和标准的趋同化趋势。这一趋势在知识产权法领域特别明显。19 世纪以来，国际组织以及工业发达国家提议制定的知识产权公约、协定已达 30 多个。这些公约、条约涵盖了著作权、专利、商标、原产地名称、计算机软件、集成电路布图设计、商业秘密等广泛领域。特别是知识产权组织（WIPO）、联合国专门机构和世界贸易组织（WTO）等，不断推出国际公约、条约、协议、示范法，将世界大多数国家自愿或不自愿地卷入到知识产权法全球化进程中。在这个过程中，知识产权国际公约、条约成为打开各国国内法原则的一把钥匙，使各国只能顺应形势，紧跟国际公约、条约的知识产权范围、保护标准，至少也要参考这些标准并移植到国内法，或者修改本国法律，以符合国际公约、条约制定的最低标准。

本来，各主权国家加入或参与缔结国家公约、条约有自主选择权，但是，世界贸易组织（WTO）要求，组织内的各成员必须对全部协议和附件一篮子接受。其中《知识产权协议》（TRIPS）第35条进一步要求全体世贸组织成员为尚未达到生效标准的国际公约、条约，如对“集成电路布图设计公约”提供保护。这种要求使得发展中国家处于一种进退两难的局面。不服从世界贸易组织（WTO），不按照这些公约、条约的规定标准办事，难以融入世界经济发展的潮流，会被边缘化，甚至被排斥在国际经济、外交、知识产权事务之外。服从世贸组织，并承担原来未加入的国际公约、条约所确立的国际义务，又不情愿。

2. 国际公约、条约扩大了知识产权保护范围和保护标准，对发展中国家造成一定程度的损害

国际公约、条约扩大了知识产权保护范围和保护标准，超过了发展中国家的经济水平，损害了发展中国家的薄弱产业。对其已经捉襟见肘的经济造成很大冲击。发展中国家技术发展本来就落后于发达国家，准备通过引进技术发展本国的薄弱产业，但由于公约、条约保护范围和保护标准的扩大和提高，迫使发展中国家保护知识产权的法律更加严格，使得发展中国家增加了引进技术的成本，降低了发展中国家的竞争力。特别重要的一些领域，如化学制品（含农药、杀虫剂）、制药及其技术，是发展中国家的薄弱领域，参加公约之前可以通过仿制满足国内需要，减少技术使用费支出。加入国际公约、条约后，不但要受供方制约，还增加了技术使用费支出，恶化了发展中国家的国际收支。

3. 国际公约、条约比较多地保护了工业发达国家的利益

国际公约、条约实质上是各国国内法的延伸，是各种法律制度的折衷，是各种类型国家利益相互平衡的结果。各国之间本来经济技术基础差距很大，现在让所有国家承担国际公约、条约确定的相同义务，造成各国表面上平等，而实际上不平等的局面。这种局面对工业发达国家十分有利，具体表现在以下方面：

（1）它们可以借助国际公约、条约轻松地实现其国内法向国际法的延伸，将工业发达国家的国内法强加在发展中国家身上；

（2）跨国公司可以借国际公约、条约之便，将其意志渗透其中，保护了其利益在全球范围内的拓展，满足了其技术资产获得最大限度的经济回报。

而发展中国家因经济技术发展滞后，知识产权制度不完善，知识产权制度实施经验不足。在这种条件下，发展中国家在国际公约制定修改方面不但没有话语权，而且要承担与工业发达国家相同的义务，以致发展中国家不但很难享受到公约、条约的权利，反而增加了发展中国家的经济负担。

（二）中国加入或缔结国际公约、条约与国家利益的协调

当前，在区域经济一体化、全球经济一体化、双边经济技术合作趋势日益深入的情况下，各国加入或缔结双边的、多边的、区域的、全球的国际公约、条约与日俱增。我国作为一个发展中大国面临着经济结构调整、转变经济增长方式、发展国民经济、建设小康社会的艰巨任务。为了实现上述目标，我国参与到区域经济一体化、全球经济一体化、双边经济技术合作的大潮中是必然的选择。因此，我国加入或缔结双边的、多边

的、区域的、全球的国际公约、条约就是理所当然的。不过，我们在享受国际公约、条约的各种权利时，也要保护好国家利益，使国际公约、条约的原则与保护国家利益协调，达到优势互补、互利双赢。

1. 防止工业发达国家借国际公约、条约蚕食发展中国家的关键产业

在全球范围内，工业发达国家推行知识产权制度，已超出了知识产权保护本身，而是将知识产权保护转变为一种竞争手段，帮助其跨国公司在发展中国家扩展地盘和利益，具体表现在：

（1）在关键产业部门中大量申请专利，遏制发展中国家的产业发展；

（2）将知识产权保护与商品贸易联系起来，特别是美国大规模使用337条款，打击发展中国家的新兴企业；

（3）"借口对知识产权保护不力"，对发展中国家实施贸易制裁。如美国在外交方面，经常打"知识产权牌"、"技术牌"。如中美经济对话，美方每年都提出知识产权问题，指责我方执法不力，以此推行其政治、军事、外交政策，以维护其经济利益和战略地位。

（4）借口"低价倾销"，进行反倾销调查，扬言征收反倾销税，致使我国产品出口减少，如欧盟对我国光伏产品进行反倾销调查，致使我国光伏产品向欧盟出口减少1/2，迫使我国最大的光伏企业倒闭。

（5）在与东道国企业合资、合作中掠夺东道国的技术，打压东道国的商标。

因此，国际公约、条约表面上对所有国家一视同仁，其实，在平等、人道的口号下，隐蔽着陷阱。发展中国家不得不提高警惕。

2. 在制定和修改国际条约过程中，发展中国家应联合起来，维护共同利益

中国是一个发展中大国，在全球的影响力与日俱增，在制定和修改国际条约过程中，较小的发展中国家大都愿意与我们联合，争取更多的话语权，表达发展中国家的需要和意愿。例如，在2001年11月卡塔尔多哈第四次部长会议上，经过发展中国家的共同努力，通过了《关于TRIPS协议与公共健康的宣言》。其宗旨明确规定"让所有的人能够使用受法律保护的药品"。从而迫使发达国家的制药企业开放"专利药"，在发展中国家进行生产，给发展中国家很多病人提供了康复的机会。这就是发展中国家联合抗争的结果。现在，中国应在各种国际事务中联合其他发展中国家，增加中国的话语权，扩大中国的软实力。

3. 在制定、借鉴、修改本国法律时，法律保护范围、保护水平不要超过国际公约、条约的最低保护标准

保护知识产权的国际公约、条约都规定最低保护标准，对成员国和本国国民智力成果都给予最低限度的保护，但不反对各国按国内法给予高于最低限度的保护。因此，中国制定法律时，要坚持国际公约、条约的最低限度的保护原则，不要规定超过最低限度的保护原则，如中国《计算机软件保护条例》第30条曾规定了个人用户使用盗版软件的法律责任，这一规定就超过了TRIPS协议的最低限度的保护要求。现在，中国很多知识产权法正在或者准备修改，修改过程中一定要遵循国际公约、条约的最低限度的保护原则，但不要规定高于国际公约、条约的最低保护标准，以免束缚自己手脚，对本国产业发展造成不利影响。

第二节　与国际技术贸易有关的主要知识产权公约、条约

一、《保护工业产权巴黎公约》

（一）《保护工业产权巴黎公约》的背景

《保护工业产权巴黎公约》（Paris Convention for the Protection of Industrial Property），简称《巴黎公约》，于1833年3月20日签订，1884年7月7日生效。公约生效后共修改过6次，最后是1967年在瑞典斯德哥尔摩修订的文本。《巴黎公约》对全世界所有国家开放，只要自愿、直接向世界知识产权组织总干事提出申请，由总干事通知全体成员国，不经资格审查，3个月即可自动生效。

《巴黎公约》除公约本身外，还包括多项专门公约。如《专利合作条约》、《国际专利分类协定》、《商标国际注册马德里协定》、《商标注册条约》、《工业品外观设计国际保存海牙协定》等。根据规定，参加专门条约或协定须首先参加《巴黎公约》。因此，人们称《巴黎公约》是一个“母公约”。

截至2012年12月，已有172个国家参加，中国已于1985年3月19日正式加入《巴黎公约》，但根据我国不受国际法院管辖的立场，对该公约第28条第1款提出保留，不受其约束。

（二）《巴黎公约》的基本原则

1. 国民待遇原则

国民待遇原则（National Treatment Principle），一般是指在民事权利方面一个国家给予成员国国民，或者有长期住所或营业场所的非成员国公民和企业与本国公民和企业同等待遇。在《巴黎公约》框架内，国民待遇原则的含义是：

（1）国民，是指成员国本国国民、其他成员国国民和在一个本同盟成员国的领土内有永久住所或有真实的、有效的工商营业所的非本同盟成员国国民。

（2）在工业产权保护方面，同等待遇具体表现在以下方面：

① 在本同盟成员国内享有各该国法律现在或者今后给予该国国民的各种便利；

② 本公约所特别规定的各种权利不得遭受任何损害；

③ 只要遵守对该国国民适用的条件和手续，就应和该国国民享有同样的保护，并在他们的权利遭受任何侵害时，得到同样的法律救济。

以上原则实际是《巴黎公约》保护工业产权的最低标准。

2. 优先权原则

优先权原则（Principle of Priority Rights），是指可享有国民待遇的申请人或其权利继承人，已在一个本同盟成员国正式提出过一项发明专利、一项实用新型、一项工业品式样或者一项商标注册申请，在规定的期限内（优先权期），发明专利、实用新型为12个月，工业品式样、商标为6个月，如就同样内容再向本同盟其他成员国提出申请，则

后来申请应被认为是第一次申请。其提出日期应作为优先权的起算期。

优先权原则的目的，是为希望就相同发明、实用新型、工业品式样提出专利申请或者提出商标注册申请的国民提供方便，使他们有时间考虑和准备向其他成员国申请的手续，防止其他申请人抢先申请专利或注册。

值得注意的是，任何人要利用前一次的优先权，必须向拟再次申请的成员国机构声明，并提出优先权声明的日期和被请求国。

3. 专利、商标独立原则

专利、商标独立原则（Independent Principle of Patent and Trademark），是指“同一发明在不同国家所获得的专利权彼此无关”，“同一商标在不同国家所受的保护相互无关”。制定这一原则，是为了尊重各成员国的法律和实施惯例，同时也为了与国民待遇原则相一致。

专利、商标独立原则包括三方面含义：

（1）专利、商标权的获得条件、审查程序、授予权由各成员国国内法决定，互不相关；

（2）专利、商标权的撤销或宣告无效由各成员国自行决定，与其他成员国无关；

（3）专利、商标权保护的范围和条件，在满足《巴黎公约》最低保护标准的前提下，由各成员国自行决定，对其他成员国没有影响。

（三）与国际技术贸易有关的其他内容

1. 对专利、商标的临时性保护

在任何一个成员国领土内举办官方的或经官方认可的国际展览会，展出的商品中可以取得专利的发明、实用新型、工业品式样和商标，《公约》给予临时性保护，不允许展品所有者以外的第三者在一定的期限内申请工业产权。

2. 对专利的特殊保护

（1）成员国不得以本国法律禁止或限制出售某项专利产品或以某项专利方法制成的产品为由，拒绝核准专利或使专利失效。

（2）专利权人在任何成员国制造专利产品输入到核准专利的国家，不得导致该项专利的撤销。该规定的意思是，专利权人可以在任何成员国实施技术，并将产品输入到被授予专利的国家，该国不得以该物品未在该国生产而撤销其专利。

（3）对构成船只、飞机或车辆部件的专利发明，只要使用这些发明是专为该运输工具的需要，在该运输工具暂时或偶然进入其他成员国时，该成员国不认为是侵犯了专利权人的权利。

（4）对专利方法的保护延伸至以专利方法直接获得的产品。

3. 对商标的特殊保护

（1）对驰名商标的保护

《巴黎公约》未正面规定驰名商标的认定标准，也未正面规定驰名商标享有的特殊权利。但其从解决法律冲突的角度，突出了对驰名商标的特殊保护。《巴黎公约》第6条第2款规定，用于相同或类似商品上已在该国驰名的商标伪造、模仿或翻译，易于造成混淆，本同盟成员国都要按本国法律允许的职权，或应有关当事人的请求，拒绝或取消注册，并禁止使用。这些规定也适用于部分系伪造或模仿另一驰名商标易于造成混淆的商标。我国修订《商标法》时不仅将此规定并入其中，而且还明确规定了驰名商标的构成条件。

（2）禁止作为商标的标记和禁用的例外

《巴黎公约》要求，本同盟成员国对未经主管当局同意而将本同盟成员国的军事纹章、国旗或其他国徽，以及官方用以表明管制和保证的标记、检验印记，以及任何伪造纹章用作商标或商标的组成部分，采取适当措施，拒绝或使其注册无效并禁止使用。

此外，公约还要求，成员国应该将本国不允许作为商标使用的标记列出清单，经由本同盟国际局互相通知，或者以适当的方式公之于众。

二、《与贸易有关的知识产权协议》

（一）《与贸易有关的知识产权协议》的背景

《与贸易有关的知识产权协议》（Agreement on Trade-related Aspects of Intellectual Property Rights）英文简称“TRIPS”，（以下简称《知识产权协议》）。该协议是“关贸总协定”乌拉圭回合谈判首先由美国、瑞士提出的。经过发展中国家与工业发达国家的激烈争论，最终确认了美国的提议。之后又经过多次磋商，到1991年12月，时任关贸总协定总干事的邓克尔提出乌拉圭回合谈判最后草案，其中包括《与贸易（包括假冒商品贸易在内的）有关的知识产权协议》。在此基础上，各方相互作出妥协和共同努力，最后达成一致。在1994年4月15日马拉喀什部长会议上，各参加方签署，1995年1月1日正式生效，成为世界贸易组织的重要协定之一。2001年12月11日，中国成为世界贸易组织正式成员，《知识产权协议》同时对中国生效。截至2012年12月底，该协议有158个成员。

（二）《知识产权协议》的目的与宗旨

（1）减少对国际贸易的扭曲与阻碍；

（2）促进对知识产权国际范围内充分、有效的保护；

（3）确保知识产权的实施及程序不对合法贸易构成壁垒。

（三）《知识产权协议》的基本原则

1. 国民待遇原则

《知识产权协议》第3条，国民待遇原则（National Treatment Principle），是指“各成员在知识产权保护上，对其他成员之国民提供的待遇，不得低于其给予本国国民的待遇”。国民待遇原则是《保护工业产权巴黎公约》首次提出的，在《知识产权协议》中再次予以肯定。

2. 最惠国待遇原则

《知识产权协议》第4条，最惠国待遇原则（Most-favored Nation Treatment Principle），是指“在知识产权保护上，任何成员提供给其他成员国民的利益、优惠、特权或豁免，均应立即无条件地提供给所有其他成员国民”。这一原则是世界贸易组织将有形贸易原则引入到知识产权保护领域的重大发展，是以往所有国际知识产权公约没有先例的。

（四）《知识产权协议》的特点

1.《知识产权协议》涉及范围广，保护的标准高

现有国际公约中涉及范围最广的可算《巴黎公约》。但《巴黎公约》中只涉及专利、商标和制止不正当竞争等，而《知识产权协议》几乎涉及了现有知识产权的各个领域，有些是以往公约中从未涉及的领域。如在专利方面，将保护领域扩大到对药品、化工品的保护，对未披露信息的保护。工业品外观设计保护期至少为 10 年。专利的保护期应不早于自提交申请之日起的第 20 年年底等。

2. 将知识产权保护引入有形商品贸易领域

《知识产权协议》的原则是“本着减少对国际贸易的扭曲和阻碍的愿望，考虑到促进对知识产权充分有效保护的需要，以确保实施知识产权的措施及程序不构成对合法贸易的壁垒”。从以上原则来看，国际贸易和知识产权保护的原则与目标是完全相一致的。而且，从实践上来看，两者是相互补充的。主要表现在以下几方面：

（1）随着科学技术的发展，知识产权与商品贸易的联系日益紧密

国际贸易不仅仅是有形商品贸易，而且随着科学技术的迅猛发展，国际贸易范围扩大到服务贸易、国际投资和知识成果转让等无形贸易，以至原来关贸总协定管辖的范围已不适应当代国际贸易的发展变化。因此，将国际知识产权保护引入世界贸易组织的协议之中是形势发展的必然结果。

（2）国际贸易中的知识产权保护越来越重要

随着科学技术的发展，国际贸易商品结构也不断发生着变化，含有知识产权的高技术产品、高附加值的产品比重不断增加。在利益的驱使下，一些生产者为了盈利的目的，不尊重他人的知识产权，擅自冒用驰名商标、著名地理标志或者外观设计，或者制作盗版图书、音像制品、计算机软件等。致使国际贸易中假冒问题日益突出，严重损害了知识产权所有人的利益，也给有关国家和企业造成了巨大经济损失，严重影响了正常的国际贸易秩序。

（3）防止权利人对知识产权的滥用，导致对国际贸易的扭曲与阻力

《知识产权协议》一开头就明确指出，协议的目的是“期望减少国际贸易中的扭曲与阻力”。过去，国内法和国际公约比较强调对知识产权的保护，维护权利人的合法利益，而忽略了对权利人滥用权利的限制，从而造成权利人在权利许可中实施限制性商业做法，导致国际贸易的扭曲和阻力。《知识产权协议》就此问题专门列了一节——“协议许可中对限制竞争行为的控制”，要求成员对违背公共利益、有碍技术转让与传播的权利滥用行为进行限制，消除或减少权利滥用对国际贸易的不良影响。

3. 将知识产权保护与国际技术贸易联系起来，弥补了以往国际知识产权公约的不足

以往的国际知识产权公约主要侧重在对知识产权的正面保护，忽略了知识产权保护的目的。《知识产权协议》改变了以往的狭隘保护做法，将知识产权保护与国际技术贸易联系起来。如《知识产权协议》第 7 条明确指出“知识产权的保护与权利行使，目的应在于促进技术的革新、技术的转让与技术的传播，以有利于社会及经济福利的方式

去促进技术知识的生产者与使用者互利，并促进权利与义务的平衡”。这一原则突破了片面保护知识产权的做法，并通过国际技术贸易与知识产权保护的结合，将知识产权保护提高到更高、更现实的层次。

4.《知识产权协议》部分地考虑了发展中国家的特殊需要

对发展中国家的一些特殊安排反映在《知识产权协议》第 6 部分过渡性安排中。具体安排是，“如果一发展中国家成员有义务在本协议生效之日适用将产品专利保护扩大到其管辖范围内尚未予以保护的技术领域，则其可再推迟 5 年时间适用本协议第 2 部分第 5 节有关该技术领域的规定。”这样，发展中国家成员除按过渡安排第 2 款享受 4 年优惠期外，又可以再享受 5 年优惠期。对最不发达国家成员，可以从适用时间算起，给予 10 年优惠期。而且，到期还可以请求“知识产权理事会”适当延长这一期限。

5.《知识产权协议》的重要意义

（1）它是建立国际贸易新秩序过程中的一项新发展；

（2）它是国际知识产权保护领域的一项重要法典；

（3）它是国际技术贸易业务活动必须遵循的基本原则；

（4）它是各成员制定国内知识产权法律的指导方针；

（5）它是规范国际贸易行为和强化知识产权执法的重要依据。

（五）《知识产权协议》与国际技术贸易有关内容

1. 知识产权效力、范围和利用标准

知识产权效力、范围和利用标准的规定，主要在《知识产权协议》第二部分，其中涉及的知识产权（除地理标记外）与国际技术贸易的对象是重合的。现将两者的重合点介绍如下：

（1）版权及邻接权

版权及邻接权主要涉及计算机软件、数据库和文档。从性质上，计算机软件、数据库具有作品性，受版权法的保护。但是，计算机软件、数据库又具有技术性。因此，各国将计算机软件贸易归于国际技术贸易的范围。

（2）商标

商标，是重要的工业产权之一，属于工业产权法保护的范围，其虽不直接参加生产过程，但对生产起着重要促进作用。故其属于国际技术贸易的重要对象。

（3）工业品外观设计

工业品外观设计，是一种特殊的工业产权，作为工业产权之一，主要受专利权法保护，但根据《知识产权协议》规定也可以受版权法保护。如《知识产权协议》规定，“各成员可以自行通过外观设计法或版权法来履行该项义务。”

（4）专利

专利是重要的工业产权之一，受《专利法》保护。《知识产权协议》中对专利保护的客体、权利、使用等规定十分详细。

（5）集成电路布图设计

集成电路布图设计，从性质上，介于专利法和版权法保护对象之间，与计算机软件类似。集成电路布图设计贸易也属于国际技术贸易的范畴。

（6）未披露信息的保护

未披露信息，除包括商业秘密外，《知识产权协议》还将政府和呈送政府的数据和新型化学物质制造的药品、农用化学品的未公开的数据包括其中，并且规定了构成未披露信息的条件。并要求也应予以保护，以防不正当的商业使用。其中的商业秘密属于国际技术贸易的对象。

2. 知识产权的保护机制

《知识产权协议》除正面规定了知识产权的范围和保护标准，还制定和完善了各种保护机制，弥补了以往国际知识产权公约对知识产权保护的不足。其中的主要保护机制有：

（1）契约许可中对反竞争行为的控制

《知识产权协议》第40条，契约许可中对反竞争行为的控制，是指对可能对技术贸易产生消极影响并妨碍竞争，阻碍技术转让与传播的反竞争行为的控制。控制的措施应在顾及成员国的有关法律及条例的前提下，采取适当措施防止和控制这类活动。这类活动包括在许可行为或条件中加入某些限制性商业做法，如独占回授条款，禁止对知识产权的有效性提出异议，或者强迫性一揽子许可。

（2）诉前禁令

《知识产权协议》第50条，诉前禁令是指司法当局有权在开庭前，根据一方当事人的请求，采取临时措施，制止由海关放行的侵权商品进入其管辖的商业渠道。尤其是一旦有任何迟误，很可能给权利人造成不可弥补的损失，或在有关证据显然有被销毁危险的情况下，司法当局有权事先采取及时、有效的保护措施，以有效保护权利人的合法利益。

但是，司法当局采取这项措施是有条件的：要求申请人提供可以合法获得的证据；提供足以保护被告和防止申请人滥用权利的诉讼保证金，或提供与之相应的担保；在合理的期限内提起诉讼。否则，司法当局可以应被告的请求撤销或中止有关的临时措施，并责令申请人赔偿给被告造成的任何损失。

（3）边境保护

在符合《知识产权协议》有关规定的前提下，成员有合法理由怀疑假冒商标的商品和盗版商品进口权利的持有人，可以向主管的司法或行政当局提交书面申请，要求海关中止放行该商品进入自由流通。成员还可以提供相应的程序，就企图从其地域出口的侵权商品，要求海关中止放行。

三、《保护文学艺术作品的伯尔尼公约》

（一）《伯尔尼公约》背景

《保护文学艺术作品的伯尔尼公约》（Berne Convention for the Protection of Literary and Artistic Works），以下简称《伯尔尼公约》，是1884年至1886年间，经瑞士政府同意，一些国家代表在瑞士伯尔尼召开3次外交会议，讨论并发起缔结一项保护版权的国际公约。最后，由10个国家发起并缔结了《保护文学艺术作品的伯尔尼公约》。该公约于 1887 年 12 月生效。公约生效以来，进行过多次补充和修订，由此产生了多个公约文本，最近的文本是 1971 年巴黎文本。该公约是一项世界性的多边国际条约，其所制定的原则对世界各国制定国内法均有重要影响。截至 2012 年 12 月，已有 163 个国家加入该公约，中国 1992 年成为该公约的成员国。

（二）《伯尔尼公约》的宗旨

《伯尔尼公约》的宗旨是“为了以尽可能有效的统一方式保护作者就其文学艺术作品享有的权利”。

（三）《伯尔尼公约》的基本原则

1. 国民待遇原则（National Treatment Principle），《伯尔尼公约》的国民待遇原则包括两层含义：

（1）国民的范围

① 成员国的公民；

② 在成员国首次出版作品的非成员国的公民；

③ 在成员国国内有居所的非成员国的公民。

（2）待遇

① 各成员国依本国法已经为本国公民提供的版权保护；

② 其他成员国法律目前或今后为本国公民提供的版权保护；

③《伯尔尼公约》专门提供的特别保护，即公约的最低保护。

2. 自动保护原则

自动保护原则（Principle of Automatic Protection），是指享受国民待遇的成员国或非成员国公民的作品在成员国获得版权保护，“无须履行任何手续”（如注册、登记、缴纳费用等），也“不依赖于作品在来源国受到的保护”，就自动受到保护。

3. 独立保护原则

独立保护原则（Principle of Independent Protection），是指成员国可以按照本国的法律保护本国或非本国公民的作品，而不必顾及作品在其他成员国是否受保护。如《伯尔尼公约》第 5 条第 2 款规定，“除本公约的规定外，受保护的程度和为保护作者权利而提供的救济方式，完全适用提供保护国家的法律。”

4. 最低保护原则

最低保护原则（Minimum Protection Principle），是指成员国对享有国民待遇的本国、其他成员国和在成员国有居所的非成员国作者作品的保护，都不得低于公约规定的最低保护限度，最低保护标准包括：

（1）保护范围是“文学、科学和艺术领域内的一切成果，而不论其变现形式或表达方式如何”。

（2）保护的权利，包括作者应享有的精神权利和财产权利。

（3）保护期限，文学艺术作品保护期为作者有生之年加死后 50 年；电影作品为公开发行后 50 年，如尚未发行，自作品摄制完成后 50 年；匿名或假名作品为公众和发表的作品后 50 年；摄影作品或实用美术作品，保护期由成员国自行约定，但最低不得低于自作品完成后 25 年。

（四）与国际技术贸易有关的内容

《伯尔尼公约》中，涉及国际技术贸易的内容主要反映在对计算机软件及其文档的保护方面。《知识产权协议》第 10 条规定“无论以源代码或以目标代码表达的计算机程序，均应作为《伯尔尼公约》1971 年文本所指的文学作品给予保护。数据或其他材料的汇编，只要其内容的选择或安排构成智力创作，即应予保护”。

第三节 与国际技术贸易有关的其他知识产权公约、惯例

一、《专利合作条约》

（一）《专利合作条约》的背景

《专利合作条约》（Patent Cooperation Treaty）（简称《合作条约》），是美国于 1960 年首先倡议，其后经过多次国际会议商讨，于 1970 年 5 月在华盛顿召开的《巴黎公约》成员国外交会议上签订的，当时有 35 个国家在《专利合作条约》上签字，于 1978 年 1 月正式生效。该条约是一个程序性条约，是一个“封闭性”条约，即只有加入《巴黎公约》后，才可以加入的专门条约。中国于 1993 年加入《专利合作条约》，1994 年 1 月 1 日对中国生效。截至 2008 年 12 月 31 日，已有 139 个国家加入了该《专利合作条约》。

（二）《专利合作条约》的目的

《专利合作条约》序言明确了缔结该条约的目的：

（1）期望对科学和技术的进步做出贡献；

（2）期望对发明的法律保护更趋完备；

（3）期望简化在几个国家要求取得对发明的保护手续，并使之更加经济；

（4）期望便利并使公众加速获得记载新发明文件中的技术情报；

（5）期望通过提高发展中国家为保护发明而建立的国家或地区法律制度的效率的措施，来促进和加速这些国家的经济发展。

（三）与国际技术贸易有关的内容

与国际技术贸易有关的内容，主要是技术发明的国际申请。因为签订与专利有关的合同之前，发明在当事人双方国家获得有效专利是必要条件。《专利合作条约》正是为便利申请而缔结的。发明人进行专利国际申请时，应注意以下几点：

（1）在一个缔约国提出保护发明的申请，都可以按照《专利合作条约》的规定作为国际专利申请；

（2）国际申请应该使用规定的语言和形式，符合发明单一性的要求，按照规定缴纳费用；

（3）申请人可以是缔约国的任何居民或国民，非本缔约国居民或国民，应是《巴黎公约》缔约国的居民或国民。

（4）国际申请，应向规定的受理局（条约各成员国的专利局、欧洲专利公约成员国的各专利局或世界知识产权组织国际局）提出。《专利合作条约》指定的国际检索机构（澳大利亚、日本、美国、俄罗斯、奥地利或瑞典的专利局或者欧洲专利局），以及国际初审机构（澳大利亚、日本、俄罗斯、奥地利专利局或欧洲专利局）的审查通过后（申请人也可要求不进行国际初审），即可由各被指定国的专利局根据各国专利法分别进行审查，并决定是否批准授予专利。如批准授权，申请即在指定的成员国取得国际专利。国际专利与分别向有关国家申请取得的专利具有同等效力。

二、《商标国际注册马德里协定》

（一）历史背景

《商标国际注册马德里协定》（Madrid Agreement Concerning the International Registration of Marks），以下简称《马德里协定》，于1891年4月14日在西班牙马德里签订，以后经多次修订，1979年10月2日于斯德哥尔摩最后一次修订。1989年6月27日，又通过了《商标国际注册马德里协定议定书》及其实行细则，三者共同构成商标国际注册体系。《马德里协定》是《巴黎公约》之下，由世界知识产权组织管理的专门协定之一。到2007年初，已有57个国家加入该协定，加入《议定书》的国家72个。中国于1989年10月4日成为该协定的成员国。1995年12月1日加入《商标国际注册马德里协定议定书》。

（二）与国际技术贸易有关的内容

《马德里协定》是一个程序性的公约。目的是为商标国际注册提供便利，节省时间和费用。为此，在进行贸易之前，国际技术贸易或国际商品贸易当事人应特别注意商标的国际注册，防止国外不法商人抢注商标，造成不必要的损失。国际技术贸易或国际商品贸易当事人应充分利用《马德里协定》提供的商标注册便利，进行商标国际注册。商标国际注册应注意的问题如下：

1. 申请人

《马德里协定》第1条规定的申请人条件为：申请人应为缔约国国民；申请人在同盟国设有真实的、有效的工商业营业场所的非国民；在同盟国没有住所，但系特别同盟国国民；未参加本协定国家的国民，满足《巴黎公约》第3条所规定的条件者，与缔约国国民同样对待。

2. 国际注册

（1）必须采用《协定细则》所规定的格式，提供申请的具体项目与本国注册项目相符合的证明，在本国申请、注册的日期和号码及申请国际注册的日期。

（2）申请和取得商标国际注册的程序是：

第一步，申请人将商标向本国商标主管部门注册。

第二步，向本国商标主管部门提交“商标国际注册申请书”（不允许直接向世界知识产权组织国际局提交），同时向本国商标主管部门交纳注册费。

第三步，本国主管部门审查核实，确认国际申请的商标与其在国内已经获得注册的商标完全一致。然后，转呈设在瑞士日内瓦的世界知识产权组织国际局，申请国际注册。

第四步，国际局进行形式审查，经核准后，国际局即予以公告，并于3～4个月向商标国际注册人颁发国际注册证。

第五步，通知申请人指定要求保护的成员国，要求领土延伸。被要求领土延伸的成员国主管机构接到通知后，一年或十八个月内，根据本国法律进行审查并将结果通知国际局，如不声明不同意保护的理由，则这项国际注册就在该国生效，并且有与本国注册商标的同等效力。

三、联合国《国际技术转让行动守则（草案）》

（一）制定《国际技术转让行动守则（草案）》的历史背景

20世纪60年代以来，科学技术迅猛发展，科学技术成果在国际间的流动加快，其增长速度大大高于一般商品贸易的增长速度。但是，在科学技术成果国际流动中，工业发达国家占着支配地位。而且往往凭借其经济技术优势，使发展中国家处于不利地位，甚至损害发展中国家的利益。因此，许多发展中国家向联合国呼吁，要求制定一项关于规范国际技术转让行为的守则。这项提议很快就得到国际社会的响应。1974年5月，联合国大会第六次特别会议上通过决议，要求制定一项符合发展中国家需要的技术转让国际行动守则。从此，在“联合国贸易和发展会议”（UNCTAD，简称贸发会议）的主持下，制定守则的工作拉开了序幕。

1975年9月，联合国第七届特别会议上，又通过了发展与经济合作的第3362号决议。决议除了重申制定《国际技术转让行动守则》的要求外，还正式授权“贸发会议”主持《国际技术转让行动守则》的起草工作。

1976年11月至1978年7月，“贸发会议”组织了政府间《国际技术转让行动守则》专家组，专家组在日内瓦共举行了6次会议，专门讨论和拟订守则草案。在会上，各个国家集团意见分歧严重，在很多重要问题上持相反立场。虽经多次谈判，均无法达成一致。最后，“贸发会议”只好将经多次讨论修改的守则案文连同3个国家集团的案文一起，提交联合国关于《国际技术转让行动守则》的谈判大会，作为大会谈判的基础。

此后，联合国又举行了多次会议，直至1985年6月，各方终于就《国际技术转让行动守则（草案）》的大部分案文达成一致，但是，在一些重要问题上，分歧依然严重，最终导致谈判陷入僵局。

《国际技术转让行动守则（草案）》的谈判虽然未能完全成功，但联合国制定《国际技术转让行动守则》的行动仍然是积极的。特别是各方达成一致的守则案文，是一项具有里程碑意义的文件，对国际技术贸易发展和规范贸易当事人行为发挥着重要指导作用。为此，我们将其作为国际惯例介绍给大家。

（二）《国际技术转让行动守则（草案）》的主要内容

《国际技术转让行动守则（草案）》（Drafting Performance Code on International

Transfer of Technology)，以下简称《行动守则（草案)》，包括序言和10章条款。本节不准备逐项介绍其内容，仅将其核心内容介绍如下：

1. 序言

序言中有两项重要内容：

(1) 在技术转让方面，发达国家应给予发展中国家以特殊待遇，强调技术对发展中国家经济和社会发展起着关键作用。

(2) 谈判各方同意《行动守则（草案)》作为国际技术转让方面的指导性文件，作为有关当事人自愿采用的一项行为准则，而不是一项有约束力的国际公约。

2. 目标和基本原则

(1) 目标

总的目标是制定普遍、平等的标准，作为技术转让当事人之间和有关国家政府之间关系的基础。考虑到它们的合法利益，适当承认发展中国家实现其经济社会发展的目标。

(2) 基本原则

基本原则是上述目标的具体化。主要包括：

① 各国有权采取一切促进和管制技术转让的适当措施，考虑到所有有关当事人的合法利益，同时鼓励按照彼此同意的公平合理的条件进行技术转让。

② 各国主权和政治独立，主权平等。

③ 各国应在国际技术转让中进行合作，以促进世界的，尤其是发展中国家的经济增长。

④ 技术转让交易当事人的责任必须与不作为当事人的国家政府的责任明确划分。

⑤ 技术供方和受方必须相互得益，以便维持和增加技术的国际交流。

⑥ 促进和增加以彼此公平合理的条件取得技术的机会，特别是发展中国家的这种机会。

⑦ 确认国家法律给予工业产权的保护。

⑧ 技术供方在技术受方国家经营时，应尊重该国的主权和法律。适当地考虑该国所宣布的发展政策和优先次序，努力为受方国家的发展做出实际贡献。

3. 当事人各方的责任和义务

当事人各方的责任和义务，在《行动守则（草案)》中占有重要地位，它按谈判阶段和合同阶段，分别说明当事人彼此承担的责任和义务，特别是供方承担的责任和义务。

(1) 谈判阶段

《行动守则（草案)》要求当事人应考虑对方的要求，在技术、商业可能的范围内做到：

① 尽可能利用当地可得资源，包括人才、材料、技术、技艺资源和顾问服务在内的其他资源。

② 对所转让技术的应用和操作提供技术服务。

③ 根据受方要求，供方应在实际可能的范围内就所转让技术的各个环节提供资料，

以便受方做出充分的分项技术转让安排。

（2）合同阶段

《行动守则（草案）》要求在合同内应该规定下列条款和内容：

① 在一定时间或合同有效期内，当事人各方应可获得所转让技术的改进技术。

② 对技术转让中得自对方的商业秘密、技术秘密和其他所有重大机密资料保守秘密，并规定保密范围、时限和使用方法。

③ 规定争端的解决和法律适用条款。

④ 供方担保其技术符合技术转让合同所列的规格。

⑤ 供方担保，在遵照合同提供的具体操作规则适用的条件下，技术可适用于合同规定的货物制造。

⑥ 供方声明，在签订合同之日，绝不知道合同规定的技术会侵害第三方有效专利权或类似的发明。

⑦ 如果合同包括使用供方商标、商业名称或类似的商誉标志，受方承诺维持议定的产品质量水平，并承诺避免采取旨在或故意损害另一方商誉或名声的行为。

⑧ 应在合同中规定，供方已同意的技术性能指标，包括达到这些指标的要求，详细说明如何确定性能是否已达到标准，以及性能达不到标准的后果。

⑨ 供方承诺，将按合同规定，正确、完整、及时地提供合同规定的有关技术文件和其他数据。

⑩ 根据谈判结果适当地提供人员培训，提供附件、备件和部件。

⑪ 在合同中应规定，任何一方不履行合同所应负的赔偿责任，包括损失、损坏或伤害等。

从上面介绍的内容可以看出，联合国《国际技术转让行动守则（草案）》虽然不是一项有约束力的国际公约，但内容仍具有重要参考价值和指导作用。

练习题 EXERCISES

一、单项选择题

1. 根据中国《民法通则》，国际公约、条约适用的顺序是 （ ）

A. 国内法—国际公约—国际惯例　　B. 国际公约—国际惯例—国内法

C. 国际公约—国内法—国际惯例　　D. 国际惯例—国际公约—国内法

2. 国际知识产权公约保护范围最广的是 （ ）

A. 《保护工业产权巴黎公约》　　B. 《保护文学艺术作品的伯尔尼公约》

C. 《与贸易有关的知识产权协议》　　D. 《商标国际注册马德里协定》

3. 联合国《国际技术转让行动守则（草案）》的性质是 （ ）

A. 对各成员国有约束力的国际公约　　B. 对各成员国没有约束力的国际公约

C. 对各成员国没有约束力的国际惯例　　D. 对各成员国有约束力的国际惯例

4. 人们将哪个知识产权公约称为“母公约” （ ）

A. 《专利合作条约》　　B. 《伯尔尼公约》

C.《保护工业产权巴黎公约》 D.《与贸易有关的知识产权协议》

5. 专利权、商标权的授予、撤销、宣告无效由谁决定 ( )

A. 世界知识产权组织国际局 B. 国际公约执行机构

C. 授予专利权、商标权的成员国 D. 仲裁机构

二、多项选择题

1.《保护工业产权巴黎公约》制定了哪几项基本原则 ( )

A. 最惠国待遇原则 B. 国民待遇原则

C. 专利、商标独立原则 D. 最低保护原则

E. 优先权原则

2.《保护工业产权巴黎公约》国民待遇原则所指的“国民”是 ( )

A. 成员国本国国民 B. 其他成员国国民

C. 非成员国国民 D. 在成员国有永久住所的非成员国国民

E. 在成员国有工商业场所的非成员国国民

3.《与贸易有关的知识产权协议》保护范围新增哪几种 ( )

A. 专利 B. 工业品外观设计

C. 计算机软件 D. 集成电路布图设计

E. 未披露信息的保护

4. 程序性国际公约是指哪几个公约 ( )

A.《保护文学艺术作品的伯尔尼公约》 B.《保护工业产权巴黎公约》

C.《专利合作条约》 D.《商标国际注册马德里协定》

E.《世界版权公约》

5. 我国国际公约适用有哪几种方式 ( )

A. 自愿适用 B. 强制适用 C. 选择适用 D. 限制适用

E. 协商适用

三、名词解释题

1. 最惠国待遇 2. 国际惯例 3. 专利、商标独立原则 4. 自动保护原则

四、简答题

1. 简述国际公约、条约的特点。

2. 简述申请商标国际注册的程序。

3. 简述国际公约、条约适用的限制。

4. 简述国际规则、通则的特点。

5. 简述国际习惯与做法的特点。

五、论述题

试论《与贸易有关的知识产权协议》的特点。

第二篇
Part Two

知识产权为对象的国际技术贸易合同

International Technology Trade Contracts on Intellectual Property

第三章　知识产权为对象的国际技术贸易合同综述

学习目标导言

在国际技术贸易合同中，知识产权为对象的合同是最为典型的国际技术贸易合同，在技术转让交易中所占的比例最大。据有关资料统计，知识产权为对象的合同数量超过国际技术贸易合同总数的90%。

知识产权为对象的合同是比较复杂的合同，其不仅涉及当事人的权利义务，而且涉及当事人国家战略利益。而且，知识产权为对象的合同标的又具有很强的隐蔽性、法律性、时间性、地域性、知识性，这些特点往往导致当事人在处理合同各项条款上顾此失彼。因此，知识产权组织特别编写《供发展中国家使用的许可证贸易手册》，在强调技术在发展中国家经济社会发展中的重要地位的同时，还提出了发展中国家在谈判、拟定技术贸易合同各项条款过程中的原则和规则。联合国"贸发会议"组织制定的《国际技术转让行动守则（草案）》，不但对国际技术转让的基本原则、宗旨做了详细说明，并且对技术贸易各个环节可能遇到的问题提出了建议。《中华人民共和国对外贸易法》及《中华人民共和国技术进出口管理条例》第24条至第28条不但规定了国际技术贸易合同必须包括的条款，而且在与知识产权有关事物的处理方面，规定了明确的方针政策。对中国技术贸易经营者而言，这些文件都是重要指导方针，对我国开展技术进出口工作起着重要规范作用。

重点难点提示

国际技术贸易合同的类型、主体及特点；签订合同应注意的问题；合同的主体资格、对合同主体的称呼、特定称呼；按授权的程度，划分五种类型，即独占使用权、排他使用权、普通使用权、分许可使用权、交叉许可使用权；合同的一般结构，即首部、序文、定义、尾部各部分的内容及含义。

第一节　知识产权国际技术贸易合同的类型和主体

一、国际技术贸易合同的类型

根据2002年1月1日起施行的《中华人民共和国技术进出口管理条例》，该《条例》第2条规定，"本条例所称技术进出口，是指通过贸易、投资或者经济技术合作的方式转移技术的行为，前款规定的行为包括专利权转让、专利申请权转让、专利实施许可、技术秘密转让、技术服务和其他的技术转移。"

以此为依据，我们将国际技术贸易合同分为三大类：以知识产权为对象的国际技术贸易合同、技术服务与国际经济技术合作合同和直接投资合同。三类合同中，最主要的是国际技术贸易合同。

知识产权为对象的国际技术贸易合同，也称单纯技术贸易合同，是指以受知识产权法保护的技术性成果对象，或者没有专门法律保护的技术秘密，或者受其他知识产权法保护的权利为对象的合同。从技术形态的角度看，它们都属于软件技术，没有有形的物质实体，一般以书面文件形式体现权利，以某种技术为载体。按目前情况，这类国际技术贸易合同可以细分为以下几类：(1) 与专利有关的技术贸易合同，具体包括：① 专利实施许可合同；② 专利权转让合同；③ 专利申请许可合同；④ 专利申请权转让合同。(2) 技术秘密转让合同。(3) 商标使用许可合同。(4) 计算机软件著作权许可或转让合同。(5) 集成电路布图设计专有权许可或转让合同。(6) 商业秘密专有权许可或转让合同。

二、国际技术贸易合同的主体

(一) 合同主体的资格

根据《中华人民共和国对外贸易法》第 8 条规定：国际技术贸易合同的主体应该是“对外贸易经营者，是依法办理工商登记或者其他执业手续，依照本法和其他有关法律、行政法规的规定从事对外贸易经营活动的法人、其他组织或者个人”。

根据 WTO 国民待遇原则，对外贸易经营者中也包括外国投资企业、外国设在中国的公司、其他组织和外国人。对此，1995 年，最高人民法院颁布的《关于审理科技纠纷案件的规定》第 4 条规定，有一定组织机构和财产但不具备法人资格的组织，可以作为当事人订立技术合同，并作为该技术合同的主体参加诉讼。该条第 2 款规定，依法登记领取我国营业执照的中外合作经营企业、外资企业也可以作为该技术合同的主体。

对于外方合同的主体，应该调查清楚，切不可轻信。首先，调查是否是居住在外国的法人、其他组织或者个人，并依法具有订立合同的民事权利能力和民事行为能力。其次，为了防范合同风险，我方应该调查外方合同主体的资质，如企业规模、经营范围、资产负债、经营作风。最后，调查其技术专长、技术人员在员工中的比例、技术转让的经历等。以防受骗上当。

(二) 合同主体的一般称呼

在技术贸易交易过程中，合同主体的一般称呼，是根据当事人的地位与作用确定的。具体称呼方式有以下几种：

(1) 许可方 (Licensor) 和被许可方 (Licensee)，适用于工业产权或著作权的许可。

(2) 供方 (Supplier) 和受方 (Recipient)，适用于技术秘密转让。

(3) 买方 (Buyer) 和卖方 (Seller)。适用于货物的买卖，在技术贸易中不应使用。因为技术贸易主要是技术使用权的许可，而非技术所有权的买卖。

(4) 出口方 (Exporter) 和引进方 (Importer)。这种称呼是从一个国家的角度，将提供技术的一方称技术出口方，其所在国成为技术出口国；从国外进口技术的一方称为技术引进方，其所在国家称为技术引进国。

（5）转让方（Transferor）和受让方（Transferee）。这种称呼主要用于工业产权、著作权或其他知识产权的转让，如专利权转让、商标权转让、计算机软件著作权转让等。

（6）委托方（Trustier）和受托方（Trustee）。主要用于技术服务与技术咨询合同。

（三）合同主体的特定称呼

1. 合同主体称呼的特定化

对国际技术贸易合同当事人的上述称呼，属于一般称呼，并不是合同的正式语言。合同正式语言应当是，将合同当事人的一般称呼特定化，即使用合同当事人的法定名称、法定地址、通讯方式和号码，以明确合同权利、义务的承担者。

2. 合同主体特定称呼的简化方式

在国际技术贸易合同中，为避免多次重复合同的特定主体，通常在双方的法定名称、法定地址、通讯方式和号码之后，加一括号（简称甲方、乙方），或（Party A、Party B）。这种简化称呼适合各种类型的合同当事人。

第二节 知识产权国际技术贸易合同的特点及签订合同应注意的问题

一、知识产权国际技术贸易合同的特点

（一）知识产权国际技术贸易合同通常是技术使用权许可，而不是技术所有权的转让

技术使用权许可，通常是在合同规定的时间和地域范围内，按合同约定的条件，许可方许可被许可方某项技术使用权。按授权的程度可以分为：

（1）独占使用权（Exclusive License Right），是指许可方授予被许可方独家使用技术的权利。在合同有效期内，许可方自己也无权使用所许可的技术和销售该技术的产品，也不得将相同的使用权授予其他第三方。

（2）排他使用权（Sole License Right），是指许可方授予被许可方技术使用权的同时，自己保留使用权和销售产品的权利，但不得将相同内容的技术使用权授予第三方。

（3）普通使用权（Simple License Right），是指许可方授予被许可方技术使用权，自己仍保留使用权和销售产品的权利，同时还有权将相同的技术使用权授予第三方。

（4）交叉使用权（Cross License Right），是指许可方与被许可方将各自所拥有的技术及其使用权相互进行交换，彼此互为许可方和被许可方，交叉使用权一般是排他的。

（5）分许可使用权（Sub-license Right），是指许可方在授予被许可方普通技术使用权的同时，明确规定被许可方可以将获得的技术使用权授予其他第三方。这样就形成了至少三方关系和两种合同，即许可方与被许可方之间的合同（基本合同）、被许可方与

其他第三方之间的合同（分许可合同）。

值得注意的是：

① 被许可方的分许可权是在普通许可使用权基础上产生的；

② 在合同中许可方必须对分许可权做出明确规定，否则被许可方不得擅自行使这项权利。

③ 两种合同都是独立的合同，权利义务是独立的，互不联系。

（二）地域性

国际技术贸易合同具有明显的地域性，主要表现在两方面：

(1) 许可权利的有效性受相关法律管辖的地域限制，如专利权、商标权只在法律批准的国家、地区内有效。超过管辖的国家、地区无效。

(2) 被许可方产品销售地域受许可方限制，即被许可方不得将产品销售到约定的地域范围以外，被许可方如擅自超越约定地域销售产品，属于违约。

（三）长期性

合同有效期大多延续若干年，有的合同有效期可长达 5～6 年，甚至 10 多年。这是因为：

(1) 合同有效期必须要与合同标的的法律保护期相适应。

(2) 技术转让交易的实现，不是简单地交付，绝大多数需要通过“传授”来完成的，传授技术是一个较长的过程，合同有效期要和传授技术所需要的时间相协调。

（四）法律性

国际技术贸易合同有很强的法律性，主要表现在：

(1) 合同标的就是法律的产物，如专利权、商标权。

(2) 合同中的条款大多都以各种法律为依据，如合同法、税法、知识产权法等。

(3) 合同一般依法生效。有的需要到有关主管部门领取许可证，有的需要办理登记手续，取得登记证。否则，海关、税务、银行、外汇管理部门拒绝办理有关业务。

二、签订国际技术贸易合同应注意的问题

国际技术贸易合同的形式、内容不仅应符合各有关国家合同法的一般规定，而且应符合技术转让专门法律、法规的规定。因此，签订合同应注意以下问题：

（一）合同必须以正式书面形式订立

合同是当事人权利、义务、责任的具体规定，是合同履行的基本依据，是解决合同争端的重要证据。因此，我国合同法和技术转让法律、法规都要求国际技术贸易合同要以正式书面形式订立。所谓正式书面形式，一是在权威机构拟定的标准合同文本上，按当事人谈判取得的共识进行修改的合同；二是根据当事人谈判达成的共识，双方共同拟定的包括所有条款的书面合同。

（二）合同内容应完整、明确

合同中的条款很多，有些条款要根据法律、法规的要求拟订，有些根据契约自由原则由当事人双方独立拟订，但法律、法规明令的基本内容是不能遗漏的。如：

（1）技术主题、范围和必要的说明，其中涉及专利和商标的应当附具清单；
（2）预期达到的技术目标以及实现各项目标的期限和措施；
（3）报酬的构成和支付方式。

上述内容如遗漏任何一项，或者规定不明确，均属合同内容不完整，可能导致合同无效。

（三）合同应争取在平等互利的基础上签订

合同当事人双方的地位、权利义务应该是平等的。但是，在国际技术贸易中，技术实力强的一方往往借助技术上的优势，或以技术稀缺为借口，要求技术实力弱势一方接受某些限制性条件。如阻止被许可方对许可合同中的权利有效性提出异议、强制进行一揽子许可，或在许可合同中规定排他性返授条件等。这些限制性条件违反了平等原则，损害了国际技术贸易公平秩序。因此，当事人应当防止合同中出现上述反竞争条款。但有的情况下，技术实力弱势一方迫切需要技术，而不得不勉为其难地接受某些限制，这就导致当事人双方关系出现表面平等，而实质不平等的现象。因此，在合同谈判中，遇到上述情况，技术实力弱势一方应据理力争，尽可能争取取消限制或减少限制。

（四）合同使用文字应该准确，条款之间应严格一致

合同条款涉及一系列数据、指标和计算方法，软件和硬件供应，人员培训、技术指导等详细规定，对此当事人应该注意审查，防止遗漏和差错；合同文字应使用合同语言，措词清楚、准确达意，防止误解。此外，条款之间、合同主体与附件之间应保持严格一致，防止出现矛盾，导致理解上的分歧。

第三节　知识产权国际技术贸易合同的一般结构

由于国际技术贸易对象不同，合同结构也不同。以下重点介绍知识产权为对象的国际技术贸易合同的结构，这种合同一般由五个部分构成：第一部分为合同首部；第二部分为合同序文；第三部分为合同主体；第四部分为合同尾部；第五部分为合同附件。现将上述各部分的内容和要求介绍如下：

一、合同首部

（一）合同名称

知识产权国际技术贸易合同名称与一般合同不同，一般合同名称随意性较强，如称“合同”、“协议”、“确认书”等。国际技术贸易合同的名称应包含技术名称、技术性质和合同的性质，例如“关于××专利技术实施许可合同”。这样，就可以从合同名称上了解该合同所许可的技术名称、技术的性质和合同的性质。

值得注意的是，国外习惯将许可合同称为“Licensing Agreement”，过去曾直译为许

可协议。但从汉语上，协议容易与其他性质的文件混淆。因此，业务上均称为某技术、某性质的许可合同或转让合同。

（二）合同号码

合同号码，是识别合同的特定符号，表明合同当事人的国别代号或公司代号、合同签订的年份、进出口国别地区、进出口企业所在地区、技术进出口合同标志、进出口技术的行业分类和企业自定义。自 2009 年 3 月起施行的《技术进出口合同登记管理办法》第 11 条规定，编制技术进出口合同号应符合下列规则：

（1）合同号总长度为 17 位。

（2）合同的前 9 位为固定号：第 1 ~ 2 位表示合同的年份（年代后 2 位）、第 3 ~ 4 位表示进口或出口国别地区（国标 2 位代码）、第 5 ~ 6 位表示进出口企业所在地（国标 2 位代码）、第 7 位表示技术进出口合同标志（进口 Y，出口 E）、第 8 ~ 9 位表示进出口的行业分类（国标 2 位代码）。后 8 位为企业自定义。例如：01USBJE01CNTIC001（其中 01 为 2001 年；US 为美国；BJ 为北京；E 为出口；01 为行业分类；CNTIC 为公司代码；001 为第一号合同）。

合同编号的作用是：将同名的合同相区别；便于立卷存档和查阅；简化当事人往来函电的内容；便于上级主管部门监督检查。

（三）签约日期

签约日期，通常为当事人双方达成交易的日期。在国际技术贸易合同中，签约日期并不是合同生效日期，因为各国技术转让法规都规定，合同签订后必须履行审批手续，例如我国限制进出口的技术，要求申请进出口许可证，颁发许可证日期才是合同生效日期。

另外，签约日期与合同适用法律有密切关系，即签约时间是适用法律的一个时间分界线。例如，有的涉外法律规定，本法自颁布之日起生效，在此之前所签的合同，当事人可以选择适用本法。也就是说，在该法颁布之前所签的合同，当事人可以协商适用新颁布的法律，或选择适用签订合同时有效的法律。但新颁布的法律生效后签订的合同，当事人则没有选择适用法律的自由，即无论新颁布的法律较以前颁布的法律严或宽，当事人所签的合同都必须适用新颁布的法律。

（四）签约地点

签约地点与签约日期排列在一起，例如“某年某月某日，中国北京”。前者表明签约的时间，后者表明签约地点。通常应特别注意签约地点。因为签约地点具有重要作用：

（1）在合同中，当事人未订立法律适用条款的情况下，一旦发生争议，当事人将争议提交仲裁机构或法院时，根据国际私法规则，仲裁机构或法院可以将签约地点作为推定合同适用法律的依据之一。我国《合同法》还特别规定，中外合资、合作合同等的签约地点必须为中国或中国某城市。

（2）有些国家征收印花税，也将签约地点作为征税的依据。例如，我国企业与丹麦企业签订的合同，签约地点如在哥本哈根，丹麦企业要交印花税，如果签约地点在丹麦以外国家，丹麦企业就不需要交印花税。

（五）当事人双方的法定名称和法定地址

1. 当事人的法定名称

当事人的法定名称，是指当事人作为公司或企业向政府主管部门进行登记注册，经主管部门确认，所使用的公司或企业的全称。就合同而言，它是合同权利的享有者、合同义务的承担者，是合同的主体。因此，合同中表明当事人名称必须确切、完整，并包括其作为法律实体性质（如股份公司、有限责任公司、合伙公司等）的代名词，才符合合同的要求。使用缩写名称或简称，均可能造成合同主体不清，影响合同的有效性。

2. 法定地址

法定地址，是指当事人作为法律实体的长期或永久营业处所，是用以区分同名或类似名称企业、公司的重要条件。公司名称有时大同小异，或一家跨国公司在世界各地设有许多分公司或子公司，它们往往均使用同一名称，只以地点相区别。因此，法定地址是区分合同主体的有效方法之一。此外，司法诉讼中，法定地址还会涉及法院管辖权。

二、合同序文

序文，因起始语为“鉴于”一词，又称鉴于条款或鉴于文句（Whereas Clause），其内容是说明当事人的职业背景，解释双方签订该合同的理由，陈述许可方拥有权利的真实性、合法性及转让的权利，被许可方希望获得许可方技术的愿望，以及双方表达的实现合同目标的意愿和所持态度。

（一）鉴于条款的内容

1. 说明当事人的职业背景，如：

鉴于许可方已在某国取得了××工艺方法的专利。

鉴于被许可方根据许可方的上述发明，已对该专利技术在许可地域内技术上的可行性和商业上的适宜性做了调查，并拥有适合于使用上述工艺方法所需的条件和设施。

2. 说明被许可方希望获得技术的愿望，如：

鉴于被许可方希望利用许可方的工艺方法和专利制造和销售产品，并获得在许可的地域内的独占使用权。

3. 说明许可方拥有的权利，如：

鉴于许可方是××工艺方法专利的持有者，有权进行许可，并获得出口许可。同时也愿意将××工艺方法专利的使用权、制造权和产品销售权授予被许可方。

4. 说明当事人双方的态度，如：

双方授权代表通过友好协商，同意就以下条款和条件签订本合同。

（二）鉴于条款的主要作用

1. 要求许可方明确地做出某些法律上的保证，确认转让技术的有效性和合法性。使许可方不敢随意将通过不正当手段获得的技术，或根本不具备可实施性的技术转让给被许可方。从而起到避免损失、保护被许可方利益的作用。

2. 在履行合同过程中，产生的纠纷相对容易解决，仲裁机构或法院可以根据鉴于条款中许可方所做的保证，判断当事人应承担的法律责任和经济后果。

（三）应注意的问题

1. 鉴于条款中的关键内容是许可方的权利状况

从重要性上看，鉴于条款叙述的 4 项内容并非是同等的，其中关键内容是第 3 项，即许可方的权利真实性、是否解决了与他人的权利关系和能否获得其本国颁发的出口许可。

2. 鉴于条款与合同正文的关系

鉴于条款与合同正文的地位是有差别的。根据国际贸易惯例，如果鉴于条款的叙述与合同正文条款的规定发生矛盾，则应以合同正文条款为准。

三、合同主体（合同正文）

合同主体，是指双方规定的主要条款，如合同标的、技术条件、商务条件、法律条件和当事人权利义务的条款，是整个合同的核心部分。由于国际技术贸易合同的标的不同，合同条款差别很大。合同中具体拟订哪些条款，第一要根据法律、或者法规的规定，第二要根据当事人的意愿。因此，这里只介绍合同主体中的“定义条款”，其他针对合同标的的权利、义务条款和一些共性条款，将在以后的章节中详细介绍。

（一）定义条款的内容

国际技术贸易合同大多比较复杂，名词术语多。而且，在合同条款中，有些关键的、重要的名词术语反复出现，如果不对这类名词术语下定义，极易产生理解上的不一致，影响合同顺利履行，甚至产生纠纷。因此，在合同主体条款的开头，单独拟订定义条款是十分必要的。经常下定义的词语有：

“专利技术，是指本合同附件一中所列的技术，该技术已于某年某月某日经中国专利局批准，获得了专利权，其专利号为××××。”

“合同工厂，是指生产合同产品的工厂，该工厂在某省某市，名为××工厂。”

“合同产品，指本合同附件二中所列的产品及其型号和规格。”

“净销售价，是指合同产品的发票价格扣除包装费、运输费、保险费、佣金、商业折扣、税金和外购件等费用后的金额。”

“商业性生产是指合同工厂生产第××台合同产品以后的生产。”

（二）值得注意的问题

1. 合同中的词语定义与一般定义的关系

定义条款中的定义，主要用来说明特定合同下双方一致同意的该名词术语的含义和内容，不适用一般解释，也不适用于其他合同。定义一般分为精确性定义和规定性定义：精确性定义，是指该名词已有的一般性含义（如辞典中的定义）；规定性定义，是指双方一致同意的用特定文字表达的定义。合同中名词术语属于规定性定义，仅适用于特定合同，不适用其他合同，更不适用一般的名词解释。

2. 定义条款的处理方式

（1）复杂合同，需要下定义的词语较多，采用定义条款方式，作为合同主体的第一个条款。

（2）比较简单的合同，需要下定义的名词术语不多，可以不单列定义条款，而将该下定义的名词术语放在合同条款之中，即术语在条款中第一次出现时下定义。其后条款再次出现与之相同术语时，以前面条款中的定义为准。

四、合同尾部

（一）合同的生效

许多国家的法律规定，技术贸易合同须经国家主管部门审查批准（登记）才能生效。也就是说，当事人在合同上的签字只是双方取得一致意见的证明，并不具有法律约束力，只有当事人签字后，将合同正本（或合同副本）及所要求的文件向主管部门提请审查，经审查（登记）合格后，合同才能真正成为一种法律上有效的文件。《中华人民共和国技术进出口管理条例》规定了合同生效日期："限制进出口的技术"，以"主管部门颁发的许可证的日期为合同生效日期"；"自由进出口的技术"的合同依法生效，即按《合同法》的规定生效，但须根据规定履行登记手续。

值得注意的是，双方国家法律都规定，合同须经主管部门审批时，按国际惯例，合同生效以最后一方主管部门批准日期为合同生效日期。如一方主管部门先批准，而另一方主管部门尚未批准，则先批准一方的当事人应以电讯方式通知对方，以便另一方据以请求本国主管部门加速合同审批。此外，也可以约定，如合同约定时间内还不能获得主管部门批准，则该合同对签约双方均无约束力。

（二）合同有效期限

国际技术贸易合同都应明确规定有效期限，例如"本许可合同的有效期限为10年"。如有的合同未明确规定合同有效期限，国际上通常认为，双方默示合同的有效期限，即合同有效期限直至许可专利的有效期届满为止。也有的国家为保护本国当事人的利益，规定技术引进合同有效期一般不超过五年。

但是，从当事人的角度，确定合同有效期要考虑以下4个因素：

1. 合同有效期要与被许可方掌握技术所需时间相协调。被许可方技术实力强，合同有效期应适当短些。反之，应适当长些。

2. 合同有效期要与所转让技术的生命周期相协调。尖端技术生命周期较长；一般技术生命周期较短；电子技术、信息技术生命周期更短。目的是避免被许可方为淘汰的技术承担不必要的合同义务。

3. 合同有效期要与合同标的法律保护期限相协调，如合同标的为专利技术，有效期为10年，签订合同时有效期还剩6年，这时被许可方应该考虑：

（1）合同有效期与专利技术有效期相等，即合同有效期为6年。

（2）合同有效期短于专利技术有效期，如合同有效期定为4年，这样被许可方将丧失"利害关系人"的地位。如果在合同期满后两年内，获得的专利技术使用权受侵犯时，将得不到许可方的帮助，享受不到法律救济。

（3）合同有效期长于专利技术有效期，如合同有效期为8年，长于专利技术保护期两年。这样，被许可方就要为已过期专利技术多承担两年的合同义务。大多数国家法律都不允许被许可方为已过期专利技术支付使用费。

（4）合同有效期不得长于有关国家法律、法规规定的允许期限。有些发展中国家法律、法规明文规定合同有效的最长期限，如印度法律规定，合同有效期最长不得长于5年。我国技术贸易法规也曾规定，合同有效期最长不得长于10年。

（三）合同的续展

合同续展，就是延长合同有效期，延长合同有效期属于合同变更。一般做法是：

1. 当事人要协商同意。

2. 要根据国家法律法规规定，报请合同审查部门批准。

3. 申请续展必须要提出充分理由：

（1）在合同有效期限内，双方都在原有技术基础上做出了改进和发展，需要进行交换；

（2）合同有效期短于合同标的的法律保护期，需要使合同有效期与合同标的的法律保护期相协调等。

如无正当理由，或者理由不充分，主管部门将不批准续展合同有效期。

（四）合同终止

合同终止一般有三种情况：

1. 合同终止主要是因合同有效期届满

合同有效期届满，双方的权利义务解除。但是，国际技术贸易合同有效期长，合同届满时，合同有效期内的权利义务不一定同时履行完毕。为了使合同双方未了的债务和债权不受影响，合同终止条款应规定："合同有效期届满后，未了的债权、债务直到全部清偿完毕为止。"防止一方借口合同终止，不履行未了的义务。

2. 要将合同"终止"与"中止"区分开

"中止"通常是由于一方当事人违约，导致合同未届满而中途"中止"，这种情况需要通过索赔方式解决。

3. 由于发生不可抗力事故，导致合同无法继续履行，导致合同"中止"，这种情况需通过不可抗力条款的规定解决。

（五）合同文字及签署

1. 合同的文字

当事人约定合同用两种文字签订时，必须订明合同以哪种文字为准，或者两种文字具有同等效力。我国当事人如采用外文为合同文字时，应避免使用只有少数人熟悉的外文；如采用中文和外文两种文字，两种文本具有同等效力时，应注意翻译的正确性，并规定，当两种文字发生矛盾时，以其中哪一种文字为准。

2. 合同签署

当事人在合同上签字是合同生效的一个重要步骤，是当事人对合同权利、义务的确认。因此，签字的人员应具备一定的资格。

有资格在合同上签字的人，首先是双方当事人的法人代表，其次是法人代表的正式授权人，并应具有“授权书”。

在我国，对外代理公司为技术引进企业项目代理人，技术引进企业为项目具体执行人的情况下，在合同上签字的，对外代理公司代表应为“主签”，技术引进企业代表应为“附签”，以利合同执行。

五、合同附件

合同附件是附在合同之后的文件，用以说明合同正文不便详细罗列的内容，其地位、效力与合同正文是相同的。但是，为了避免有人将附件当作合同次要部分，当事人应该在合同正文尾部或附件前部加注：“所有合同附件均为合同正文不可分割的组成部分，与合同正文具有同等效力。”

练习题 EXERCISES

一、单项选择题

1. 知识产权国际技术贸易合同“序文”说明的关键内容是　（　　）

A. 许可方拥有的技术

B. 被许可方获得许可方技术的愿望

C. 许可方技术权利的真实性，有权许可，并可获得出口许可

D. 双方为实现合同目标所持的态度

2. 合同“序文”与合同“正文”有矛盾，以哪个为准　（　　）

A. 以合同“序文”为准　B. 以合同“正文”为准

C. 以许可方意见为准　D. 以被许可方意见为准

3. 合同“正文”与合同附件地位和效力　（　　）

A. 地位相同，效力不同　B. 地位相同，效力相同

C. 地位不同，效力相同　D. 地位不同，效力不同

4. 国际技术贸易合同的名称正确写法是　（　　）

A. 许可协议

B. 许可确认书

C. 关于××专利技术实施许可合同

D. 关于××技术实施许可合同

5. 合同中的术语定义适用　（　　）

A. 所有国际技术贸易合同　B. 特定的国际技术贸易合同

C. 适用词典的一般解释　D. 任何合同

三、多项选择题

1. 导致国际技术贸易合同“中止”的原因　（　　）

A. 发生不可抗力事故　B. 合同有效期届满

C. 合同标的知识产权保护期届满　　D. 合同标的知识产权被宣布无效

E. 合同当事人违约

2. 有权在国际技术贸易合同上签字的人应是　（　）

A. 主管业务员　　B. 技术经营公司的法人代表

C. 技术经营公司的领导　　D. 技术经营公司的法人代表授权人

E. 技术经营公司的任何人

3. 续展合同有效期要有充分理由，哪些理由可能被认可　（　）

A. 双方协商同意续展合同有效期

B. 许可方要求续展合同有效期

C. 合同有效期与合同标的法律保护期不协调

D. 为了继续交换改进和发展出的技术

E. 合同有效期即将届满，被许可方尚未完全掌握技术

4. 《技术进出口管理条例》规定合同的生效日期　（　）

A. 属于自由进出口的技术，颁发“合同登记证”日期为生效日期

B. 属于自由进出口的技术，合同依法生效，不以合同登记为准

C. 属于限制进出口的技术，颁发“许可证”日期为生效日期

D. 属于限制进出口的技术，经审查合同真实性后日期为生效日期

E. 属于禁止进出口的技术，合同有效期为零

5. 《技术进出口管理条例》列举的技术转移行为包括　（　）

A. 专利权转让　　B. 专利申请权转让

C. 专利实施许可　　D. 技术秘密转让

E. 技术服务和其他方式

三、名词解释题

1. 独占使用权　2. 排他使用　3. 普通使用权　4. 分许可使用权

5. 交叉许可使用权

四、简答题

1. 合同主体的条款有哪几种类型？

2. 知识产权为对象的国际技术贸易合同有哪几种？

3. 国际技术贸易合同拟订“定义”条款的目的是什么？

4. 鉴于条款的主要作用是什么？

5. 当事人确定合同有效期应考虑哪些因素？

五、论述题

1. 知识产权为对象的国际技术贸易合同的特点。

2. 签订知识产权国际技术贸易合同应注意哪些问题？

第四章　与专利技术有关的国际技术贸易合同

学习目标导言

与专利技术有关的国际技术贸易合同，是根据我国《专利法》和有关国际公约规定，经双方当事人协商并达成共识，拟定的具有法律约束力的书面文件。该文件的各种条款都须符合有关国际公约和我国《专利法》的规定。本章我们有必要对我国《专利法》制定的情况做一简要介绍。

第一，首部《中华人民共和国专利法》，是1984年3月12日第六次全国人民代表大会第四次会议通过的，1985年4月1日施行。该法对鼓励发明创造，保证专利权人的利益，促进我国科技进步、社会经济发展、开展国际科技交流、发展国际技术贸易起到了重要作用。

第二，《中华人民共和国专利法》第一次修改，是1992年9月4日第七届全国人民代表大会常务委员会第二十次会议通过的，1993年1月1日起施行。

第三，《中华人民共和国专利法》第二次修改，是2000年8月25日第九届全国人民代表大会常务委员会第十七次会议通过，于2001年7月1日生效。

第四，《中华人民共和国专利法》第三次修改，是2008年12月27日第十一届全国人民代表大会常务委员会第六次会议通过，2009年10月1日起施行。修改的主要原因是，适应经济全球化和科技迅猛发展的挑战，运用知识产权制度的激励机制，保护知识产权权利人的合法利益，促进技术自主创新，实现创新型国家目标。同时，我国《专利法》要与WTO《与贸易有关的知识产权协议》全面接轨，更好地协调两者关系，以利于我国知识产权制度的完善，发展我国的技术进出口贸易。

在国际技术贸易中，当事人除必须了解有关法律法规外，还必须分清交易对象的范围和法律状态，根据中国《专利法》的规定，专利范围包括：发明专利、实用新型和外观设计专利。三种不同的技术成果申请专利的程序不同，申请的过程又分不同阶段：

（1）技术成果申请专利前；

（2）技术成果所有者提出专利申请并确定申请日后，尚未被授予专利权前；

（3）技术成果专利申请被批准，并授予专利权后，到专利权有效期届满之前。

由于技术成果在不同阶段所处的法律地位不同，导致技术贸易中专利技术合同的标的不同、合同类型不同、合同条款不同。

重点难点提示

专利技术有关的国际技术贸易合同的对象、标的；专利的概念；专利实施许可合同、专利申请许可合同、专利权转让合同、专利申请权转让合同的主要条款；专利合同之间的区别；签订有关专利合同应注意的问题。

第一节　专利的概念及类型

一、专利的概念

世界知识产权组织（WIPO）1977 年发表的《供发展中国家使用的许可证贸易手册》对专利的定义：

专利（Patent）是指："由政府机构（或代表几个国家的地区机构）根据申请而发给的一种文件。文件中说明一项发明，并给予它一种法律上的地位，即此项得到专利的发明通常只能在专利持有人的授权下，才能予以利用（使用、生产制造、销售、进口），对专利保护的时间限制一般为 15 年至 20 年。"

根据当前的《与贸易有关的知识产权协议》和我国《专利法》，对上述定义应该做两点修正：（1）发明专利保护期为 20 年，实用新型、外观设计专利保护期为 10 年；（2）专利实施权增加了"许诺销售"权。

上述定义包括了 3 个重要概念：

（1）法律文件，指记载专利技术的专利证书（Patent Certificate）；

（2）专利权（Patent Right），指依法授予技术发明人的一种垄断权；

（3）专利技术（Patent），指获得专利法保护的技术发明本身。

二、专利的类型

中国《专利法》第 2 条规定，发明创造是指发明、实用新型和外观设计 3 种。该法实施细则对这 3 类发明做了如下定义：

（一）发明（Invention）

1979 年，世界知识产权组织（WIPO）颁布的《发展中国家发明专利示范法》认为"发明是发明人的一种思想，是利用自然规律解决实践中各种问题的技术方案"。

中国《专利法》第 2 条第 2 款规定："发明，是指对产品、方法或者其改进所提出的新的技术方案。"这种技术方案如符合专利法规定的条件，即被授予发明专利（Invention Patent）。发明分为：

（1）产品发明，是指制造各种新产品，如设备、机器、合金等有固定形状的产品，也包括液体、气体等无固定形状的物品。这种产品应是以前自然界从未有过的。

（2）方法发明，是指使一种物质在质量上发生变化成为一种新物质的发明，如制造某种产品的机械方法、化学方法、生物方法等。

有些方法，因其实施后不产生另一种新的物质产品，如通信方法、测量方法、智力活动方法、数学方法等。在国际上，这种方法是否应受专利法保护，各国专利法规定不一。

（二）实用新型（Utility Model）

中国《专利法》第 2 条第 3 款规定："实用新型，是指对物品的形状、构造或其结合所提出的适于实用的新的技术方案。”这种新的技术方案也属于发明，只是创造性水平与发明比较相对较低，难度较小。《专利法》把它从发明中分离出来，专设实用新型专利加以保护。以实用新型为对象所授予的专利称实用新型专利。

需要注意的是，实用新型专利保护的产品，应是经过人类加工、生产的，能使产品在使用中具有特定的技术功能，实现某种技术效果。产品必须是立体形状、具有三维结构的产品，如机器、设备、工具、日用品等。没有固定形状的产品，如液态、气态、粉状等产品，则不属于实用新型专利保护的对象。

（三）外观设计（Industrial Design）

中国《专利法》第2条第4款规定：“外观设计，是指对工业产品的形状、图案或者其结合以及色彩与形状、图案的结合所做出的富有美感并适于工业应用的新设计。”以外观设计为对象所授予的专利称外观设计专利。

值得注意的是，外观设计又称“工业品外观设计”，它不属于技术方案，是以具有一定形状产品外表为依托，在物品的外表从事产品形状、图案、色彩与形状、色彩与图案的设计。目的是追求产品外表富于美感，满足人们感观方面的精神享受，吸引消费者，增加产品的销售量。但是，外观设计不同于美术作品，美术作品可以脱离产品而独立存在，外观设计则不能离开产品而独立存在。

第二节　专利权和专利权人的概念、内容、特点与获得条件

一、专利权、专利权人的概念

（一）专利权的概念

专利权（Patent Right），是指国家依法对获得专利的发明创造，授予发明人在一定范围内依法享有的独占权。在民法中，专利权是一种“私权”，是一种财产性的权利，专利权的行使能给专利权人带来比其他人更大的竞争利益。在商品经济关系中，它反映的是授予权利的主管部门与专利权人，权利人与其他第三者之间的财产关系，属于社会财产关系范畴。

（二）专利权人的概念

专利权人（Patentee），是指专利权的主体，是指依法享有法律授予的权利并承担法律规定义务的人。根据我国《专利法》的有关规定，专利权人有下面几种：

（1）获得专利权的独立发明人、设计人；

（2）经专利权转让合法获得专利权的受让人；

（3）获得职务发明专利权的单位，发明人、设计人如事先与单位签订的协议明确规定，专利权归发明人所有，发明人、设计人也可以成为专利权人；

（4）共同发明人、设计人完成的发明，成为共同发明，依法申请取得的专利权归全体发明人所有，成为共有专利权人；

（5）合法继承专利权的继承人；

（6）合法获得赠与专利权的受赠人。

根据我国《专利法》和《保护工业产权巴黎公约》，专利权人可以是中国自然人、法人、其他组织。从国籍上，专利权人可以是外国自然人、法人、其他组织。

值得注意的是，在国际技术贸易中，专利权人是合同主体，是专利权的真正所有者。因此，我们提醒，有意获得专利技术授权的企业，一定事先认真调查研究谁是真正的专利权人，其是否有履行合同的能力，这两个问题明确与否，决定着交易的成败。

二、专利权的特点

（一）专利权是国家或代表几个国家的地区机构授予的权利

专利权与物质所有权的获得根据不同，要遵循两种不同的原则。获得物质所有权，是根据原始取得原则，如人们通过自身劳动或生产，或通过继承、赠与取得。专利权的获得则须履行法律手续，技术发明人必须依法申请，由国家知识产权主管部门审查批准，符合法律规定条件的，授予申请人专利权。这是专利权的重要特点之一。根据这一特点，做出发明创造的个人或单位如果不及时向国家知识产权主管部门提出申请，或者申请在他人之后，就不能取得专利权。所以，做出发明创造与取得专利权是完全不同的两回事。做出发明创造的人与专利权人也不一定是同一个人。

（二）专利权是一种不完全的所有权

物的所有权是人与人对物的占有、使用和处置所发生的关系。物的所有者处置自己的物品一般不受任何限制。专利权则不同。首先，技术发明被授予专利后，其内容将在世界范围内公开，专利权人对技术内容无法控制。其次，专利权的有效性只限于授予权利的国家或地区内，在其他国家或地区无效。即使区域外的人擅自实施其专利技术，专利权人也无法干涉。最后，专利权的处置，如办理专利权许可、转让、变更等事项，专利权人必须向知识产权主管部门备案、申报、审查等手续。也就是说，专利权人不能随意处置专利权。

（三）专利权是一种排他性的权利

1. 排除后申请人

《专利法》规定，相同内容的技术发明只授予一个专利权，如某发明人首次提出了专利申请，并确定了申请日后，专利主管部门不会再接受相同技术内容的申请，其他做出相同发明的人均将被排除在申请之外，更不会被授予专利权。因为发明创造与物质的生产不同，物质产品生产，每生产一个产品就增加一份新的财产，就产生一个单独的所有权。发明创造是一种技术思想，本身具有普遍的使用价值，它的重复生产既不能称之为发明创造，也不产生任何新的价值。因此，知识产权主管部门只对首先提出申请的单位或个人授予专利权，并保护他们对专利技术的独占权。

2. 排除未经授权使用专利技术

专利权是独占权，在权利有效地域内，其他单位或个人不经允许不得擅自使用，也不得以“反向工程”的方式，或者独立开发的方式，实施专利权人受保护的专利技术。

正如美国德雷特勒著的《知识产权许可》一书所说："专利权不但是最有保护力的知识产权权利形态，而且是唯一的既禁止独立开发，又禁止反向实施所保护对象的权利形态。"

（四）专利权是一种有地域范围的权利

专利权的有效性，只限于授予权利的知识产权主管部门的管辖范围。技术发明人在哪个国家提出发明专利申请，就由哪个国家的知识产权主管部门受理并授予专利权，专利权也就在该部门管辖的地域范围内有效。即使技术发明人提出专利国际申请并获得专利权，该权利也只能在被指定的国家有效，不可能在世界所有国家、地域范围内有效。

（五）专利权是有时间性的权利

中国《专利法》以及 WTO《与贸易有关的知识产权协议》都明确规定了专利权受保护的期限，发明专利保护期为 20 年，实用新型、外观设计专利保护期为 10 年。超过法律规定的保护期限，专利权无效。另外，法律还规定，在专利权有效期内，专利权人必须按期缴纳年费。如果逾期未缴纳年费。按法律规定，专利权也会在保护期届满前失效。专利权的保护期限是固定的，不得续展。

三、专利权的内容

专利权包括两类权利，即人身权和财产权。

（一）人身权

中国《专利法》第 17 条规定，人身权（Personal Right），是指"发明人或者设计人有权在专利文件中写明自己是发明人或者设计人"。人身权也称署名权，严格来说，人身权不属于专利权的范围，因为专利权人不一定就是发明人、设计人。即使专利权人与发明人、设计人为同一人，专利权转让时，专利权人的名义也要发生改变，而发明人、设计人的身份永远不会改变。因此，专利权的权利主要是财产权。

（二）财产权

财产权（Property Right），是指专利权人通过自己实施专利技术，或者许可他人使用、转让他人专利权，可以依法获得经济收益的权利。

1. 专利权的财产性

（1）发明创造是人类智力劳动成果。一项发明创造往往需要投入大量的人力、物力和财力，经过长期的研究摸索和反复试验才能完成。它本身就蕴藏着劳动创造的价值。

（2）实施专利技术可以给实施者带来经济利益。技术发明人将技术成果申请专利的目的，就是要获得一定期限的垄断实施权，并凭借这种垄断性权利，实施专利技术，获取独占经济利益。

（3）权利人将专利权许可他人使用或转让他人，可以获得报酬。

因此，专利权是权利人的一项重要财产。但这种财产无物质实体，一般需通过书面文件予以体现，如专利证书、权利要求书、技术说明书及摘要等。

2. 财产权的内容

从中国《专利法》的上述规定可以看出，专利权不是单一的权利，而是一个权利群。

这一权利群可分为：第一，“核心权利”（Core Rights），即独占实施权。第二，“派生权利”（Derived Rights），即许可权、转让权、标记权等。以下分别说明它们的具体内容：

（1）核心权利

独占实施权（Exclusive Right of Use），是指专利权人依法享有的独占权（垄断权），是专利权人行使其他权利的前提。如果专利权人没有这项权利，其他权利就无从谈起，更不用说阻止其他人擅自实施其专利了。因此，我们将独占实施权称作“核心权利”（Core Rights）。独占实施权包括5种权利：

① 使用权，是指专利权人有权使用专利技术制造专利产品、使用专利方法及依照专利方法直接制造产品，并通过产品使用、生产制造、许诺销售、销售、进口获取经济利益。因此，《专利法》规定，任何单位或个人未经专利权人许可不得以生产经营目的使用其专利技术或专利方法以及使用、销售依照该专利方法直接获得的产品。

② 制造权，是指专利权人有权垄断制造专利产品。制造权是专利权人行使的权利中最重要的权利，是一种排他的权利。任何单位或个人未经专利权人许可不得擅自制造专利产品，或者制造与专利产品相同或者近似的产品。否则，即构成侵权。

③ 许诺销售权，是指专利权人以口头或书面，或者以展示、陈列等方式，向买者明确表示出售其制造的专利产品的愿望。

④ 销售权，是指专利权人有权垄断销售专利产品和使用专利方法直接获得产品。任何单位或个人未经专利权人许可，不得擅自销售专利产品和使用专利方法直接获得产品。但是，专利权人将专利产品和使用专利方法直接获得产品售出后，其所有权转移给其他买主，而该买主再销售给其他人，则不受专利权人干涉，也不构成侵权。因为法律规定，专利权人的独占销售权已用尽。

⑤ 进口权，是指专利权人有权自己进口其专利产品和使用其专利方法直接获得产品。主要因为成本原因，专利权人在国外实施其专利技术，制造出专利产品和使用其专利方法直接获得产品，进口到本国销售，以求获得更大的经济利益。但是，任何单位或个人未经专利权人许可，在国外擅自制造专利产品或依照专利方法直接获得的产品，再将这些产品进口到专利权人权利有效的国家或地区，专利权人有权加以禁止，或申请海关按《知识产权边境保护条例》阻止产品进口。

（2）派生权利

派生权利（Derived Rights），是指专利权人在享有独占实施权的前提下，国家知识产权主管部门为保护或激励专利权人，使其实施专利技术的利益最大化，而授予专利权人的权利。《专利法》授予专利权人的“派生权利”如下：

① 许可权

许可权，是指专利权人享有许可他人实施其专利技术的权利。一般在自己独占实施尚不能满足市场需求，或者本身不具备实施专利技术的条件，有权许可他人实施其专利技术，并获得适当报酬。我国《专利法》也要求“任何单位或个人实施他人专利的，应当与专利权人订立书面实施许可合同，向专利权人支付专利使用费。被许可人无权允许合同规定以外的任何单位或者个人实施该专利”。

② 转让权

转让权，是指专利权人有依法将自己享有的专利权转让给他人的权利。我国《专利法》第3条规定："转让专利申请权或者专利权的，当事人应当订立书面合同，并向国务院行政部门登记，由国务院行政部门予以公告，专利申请权或者专利权的转让自登记之日起生效。"转让专利权，实际是按照买卖方式将专利权出售给他人。专利权转让后，原专利权人不但丧失了专利权，也丧失了专利权人的资格。原来依法享有的各项权利、义务全部转移给受让人，受让人成为专利权人。

③ 标记权

根据我国《专利法》第17条规定，"专利权人有权在其专利产品或者该产品的包装上标明专利标识"，即标记权。在专利产品或者产品包装上标明专利标记，在我国没有统一的要求，专利权人可以自行设计，一般用"专利产品"或"专利号"的比较多。标明专利标记的目的有三方面：

第一，声明有关产品为专利产品，以提高产品的信誉；

第二，警告他人不得仿制或假冒专利产品；

第三，法院处理专利侵权纠纷时，专利权人可以处于有利地位。有的国家规定，如无专利标记，专利权受到侵犯时，就只能要求制止侵权行为，而不能要求经济赔偿。也有的国家规定，在专利产品上不履行加注专利标记的义务，将处以罚款。

④ 放弃权

放弃权，是指专利权人感到没必要或不愿意继续维持其专利权的有效性，主动放弃专利权。专利权人主动放弃专利权一般选择两种方式：第一，停止缴纳年费，自动放弃；第二，以书面方式向知识产权主管机构声明放弃。专利权放弃后，专利技术即成为公有财产，任何人均可无偿使用。但是，专利权人放弃前，如有与他人签订过与专利有关的合同，应事先征得另一方同意。如另一方愿意接受转让，最好是将专利权转让给另一方，由另一方支付合理费用。

⑤ 请求保护权

请求保护权，是指在专利权受到侵犯时，专利权人有权向知识产权主管机构提出申诉，要求制止侵权行为，或直接向法院提起诉讼，要求排除侵害，赔偿经济损失。

四、技术发明获得专利保护的条件

技术发明要获得专利保护，必须同时符合以下三个条件，前两个条件为法律条件，第三个条件为实质条件：

（一）技术发明不得违反法律、社会公德或者妨害公共利益

1. 违反科学技术进步和创新基本宗旨的"技术"

《专利法》以促进科学技术进步和创新为基本宗旨，如技术发明本身违反国家法律，那就会产生相反效果。因此。我国《专利法》第5条规定，"对违反国家法律、社会公德或者妨害公共利益的发明创造，不授予专利权"。特别是制造毒品的技术、伪造货币的技术，其本身不仅违法，而其实施还会触犯其他刑律。

2. 有潜在违法可能的“技术”

有些技术发明本身不一定违法，但其实施可能违反社会公德或者妨害公共利益，如制造“万能钥匙”的技术，知识产权主管部门如授予专利权，专利权人加以实施就会造成违反社会公德、妨害公共利益的不良后果。

（二）不授予专利权的范围

《专利法》保护的智力成果是技术发明，是可以在工业领域使用并能获得积极效果的技术方案，而有些智力成果虽然具有新颖性，但不属于技术方案。因此，《专利法》对这样的智力成果不授予专利权。《专利法》第25条规定，对下列各项不授予专利权：

1. 科学发现

科学发现，是指对自然现象、物质及其运动规律的发现、认识、理论或者规律，并非人们所创造。因此，法律不授予发现者以专利权。

2. 智力活动的规则和方法

智力活动的规则和方法，也不是利用自然规律的发明创造，不具有工业实用性。因此，法律不授予其专利权。

3. 疾病的诊断和治疗方法

疾病的诊断和治疗方法，不是工业可以应用并产生经济效果的技术方法，加之诊断和治疗方法因人而异，不具有确定性。因此，法律不授予专利权。

4. 动物和植物品种

动物和植物品种，不是人类所创造，是大自然演变的结果。因此，动物和植物品种本身不应被授予专利权。但是，动物和植物产品的生产方法，可以依照《专利法》授予专利权。

5. 用原子核变换方法获得的物质

原子核变换方法获得的物质，不授予专利，主要是考虑国家安全和社会公共利益。

（三）技术发明必须符合专利性

技术发明要获得专利保护，除了满足上述法律条件外，还必须具备三性：新颖性、创造性和实用性。这是技术发明获得专利的实质性条件。现将其具体含义介绍如下：

1. 新颖性（Novelty）

新颖性，是技术成果被授予专利权的基本条件之一。技术成果的新颖性标准，就是确定该技术是否属于已有技术的范围，该技术的内容是否在某一特定时间之前，通过下面三个途径公开过：

① 国内外出版物上公开发表过；

② 在国内公开使用过或者以其他方式为公众所知；

③ 没有同样的发明记载在申请日以后公布的专利申请文件中。

如果可以否定上述三种情况，申请专利的技术成果就具有“新颖性”，就符合授予专利权的条件之一。

中国《专利法》第22条第2款规定，新颖性，是指在申请日以前没有同样的发明或者实用新型在国内外出版物上公开发表过，在国内公开使用过或者以其他方式为公众所知，也没有同样的发明或者实用新型有他人向国务院专利行政部门提出申请并且记载在申请日以后公布的专利申请文件中。

《专利法》第 23 条规定，授予专利权的外观设计，应当同申请日以前在国内外出版物上公开发表过或者国内公开使用过的外观设计不相同或不近似，并不得与他人在先取得的合法权利相冲突。

2. 创造性（Creativeness）

中国《专利法》第 22 条第 3 款规定，创造性是指同申请日以前已有的技术相比，该发明有突出的实质性特点和显著的进步。根据上述规定，技术成果是否具有创造性，要从 3 个方面来考察：

（1）同申请日以前已有的技术相比有显著的进步。比现有技术先进，与现有技术在技术性上有本质不同，克服了现有技术的不足和缺点；

（2）具有突出的实质性特点。主要表现为首创性的发明创造及解决了人们长久未解决的技术难题；

（3）具有显著经济效益。WTO《与贸易有关的知识产权协议》第 31 条第（1）款指出，“第二专利之权利要求书所覆盖的发明，比起第一专利之权利要求书所覆盖的发明，应具有相当经济效益的巨大技术进步。”

美国对于一项发明是否具有创造性，是根据该技术领域中的普通人员是否能轻易做出这项发明来判断，故创造性也称为“非显见性（Non-obviousness）。”

3. 实用性（Practical Utility）

实用性，又称工业实用性，是技术发明成果获得专利的必备条件。我国《专利法》第 22 条第 4 款规定，“实用性，是指该发明或者实用新型能够制造或者使用，并且能够产生积极效果。”其他国家，如 1968 年法国《专利法》第 11 条规定，“只有发明对象能在某一工业领域（包括农业领域）制造或者使用时，该发明才能被认为具有工业实用性。”该规定中强调两点：

（1）在工业中能够制造或者使用

《专利法》要求，申请专利的发明若是一种产品，这种产品必须是能够以工业方式反复制造。如果申请专利的发明是一种工艺方法，则这种工艺方法必须能在工业生产中实际应用。

（2）技术使用后能够产生积极效果

“积极效果”，是指发明创造对社会经济发展有积极作用。如发明创造使用，能提高产品质量、节约能源、降低生产成本、减少环境污染等。

第三节　专利侵权的概念、侵权行为的种类与侵权的处理

一、专利侵权的概念与侵权行为的种类

（一）专利侵权的概念

中国《专利法》第 60 条规定，专利侵权（Infringement）是指未经专利权人许可，

实施其专利，即侵犯其专利权。

但是，侵权行为是否真正成立，行政主管机构要依据《专利法》规定的保护范围来审查。

1. 发明或者实用新型专利权的保护范围

中国《专利法》第59条第1款规定："发明或者实用新型专利权的保护范围，以其权利要求的内容为准，说明书及附图可以用于解释权利要求的内容。"

2. 外观设计专利权的保护范围

中国《专利法》第59条第2款规定："外观设计专利权的保护范围以表示在图片或者照片中的该产品的外观设计为准，简要说明可以用于解释图片或者照片所表示的该产品的外观设计。"

（二）侵权行为的种类

专利侵权行为可分为两类：第一类，直接侵权行为；第二类，间接侵权行为。

1. 直接侵权行为的表现

（1）未经许可，为生产经营目的实施他人专利的行为

中国《专利法》第11条规定，未经许可，为生产经营目的实施他人专利的行为，是指为生产经营目的使用、制造、许诺销售、销售、进口其专利产品，或者使用其专利方法以及使用、许诺销售、销售、进口依照该专利方法直接获得的产品，或者制造、销售、进口其外观设计专利产品。

（2）假冒、冒充他人专利产品、专利方法的行为

假冒他人专利、冒充专利产品和冒充专利方法的行为，在性质上，比为生产经营目的实施他人专利的行为更严重。这些行为不仅损害专利权人的利益，而且损害消费者利益，破坏市场正常秩序。

假冒他人专利主要表现是：

① 在其制造或者销售的产品、产品包装上标注他人的专利号；

② 在广告或者其他宣传材料中使用他人的专利号；

③ 在合同中使用他人的专利号；

④ 伪造或者变造他人的专利证书、专利文件或者专利申请文件。

冒充他人专利产品、方法的主要表现是：

① 以非专利产品冒充专利产品，以非专利方法冒充专利方法的行为；

② 制造或者销售标有专利标记的非专利产品；

③ 专利权被宣告无效后，继续在制造或者销售的产品上标注专利标记；

④ 在广告或者其他宣传材料中将非专利技术称为专利技术；

⑤ 在合同中，将非专利技术称为专利技术；

⑥ 伪造或者变造专利证书、专利文件或者专利申请文件。

2. 间接侵权的行为

间接侵权行为，是指行为人本身不直接侵犯专利权人的权利，而是通过诱导、怂恿、教唆他人实施他人专利，或者为侵权者提供侵权的条件，造成实际侵害他人专利的后果。最高人民法院在《关于设立专利纠纷案件适用法律问题的若干规定》中指出，

间接侵权行为表现如下：

（1）对一项产品专利而言，间接侵权是提供、销售或进口用于制造该专利产品的原料或者零部件；

（2）对一项方法专利而言，间接侵权是提供、出售或进口用于该专利方法的材料、器件或专用设备。

二、法律不视为侵权的行为

法律不视为侵权的行为也是侵权行为，只是由于行为的目的不是为了盈利，对专利权人的利益不会造成损害，而且有些行为还有利于促进科学技术的发展，符合专利保护的宗旨。因此，《专利法》第 69 条规定，下列情形不视为侵犯专利权：

（1）专利权人制造、进口或者经专利权人许可而制造、进口的专利产品或者依照专利方法直接获得的产品售出后，使用、许诺销售或者销售该产品的；

（2）在专利申请日前已经制造相同产品、使用相同方法或者已经做好制造、使用的必要准备，并且仅在原有范围内继续制造、使用的；

（3）临时通过中国领陆、领水、领空的外国运输工具，依照其所属国同中国签订的协议或者共同参加的国际条约，或者依照互惠原则，为运输工具自身需要而在其装置和设备中使用有关专利的；

（4）专为科学研究和实验而使用有关专利的。

另外，为生产经营目的，使用或者销售不知道是未经专利权人许可而制造并出售的专利产品，或者依照专利方法直接获得的产品，能证明其合法来源的，也不承担赔偿责任。

三、侵权的处理

专利权人或者利害关系人的专利权受到侵权人的侵害，专利权人或者利害关系人可以采取以下处理方式保护自身利益。

（一）协商解决

专利权人或者利害关系人的专利权受到侵害，首先可以考虑与侵权人协商，指出其侵权行为的违法性，要求其停止侵权，承担侵权的责任和后果。如侵权人不愿协商，或者协商不成，可以将侵权人的侵权行为提交专利主管部门，或者直接向人民法院提起诉讼。

（二）行政处理

1. 行政处理的方式

行政处理，是指根据我国《专利法》的规定，专利权人或者利害关系人请求主管专利工作的行政部门，对侵犯专利权的行为进行认定。认定侵权行为成立的，有权采取如下处理措施：

（1）责令侵权人停止侵权行为。即擅自使用、制造、许诺销售、销售、进口专利产品，或者使用专利方法以及使用、制造、许诺销售、销售、进口依据专利方法直接获得的产品。

（2）调解。专利主管部门可以应有关当事人请求，对侵犯专利权造成损失的赔偿数额进行调解。调解不成的，当事人可以向人民法院起诉。

（3）责令改正、没收违法所得、罚款。对于假冒专利的，主管专利工作的行政部门责令侵权人改正并予以公告；没收违法所得，可以并处违法所得的4倍以下的罚款；没有违法所得的，可以处以20万元以下的罚款；构成犯罪的，依法追究刑事责任。

专利权受到侵犯，特别是引起纠纷的，专利权人或者利害关系人可以请求国务院主管专利工作的行政部门处理。这种做法解决侵权纠纷速度快、节省费用。

2. 认定侵权成立的原则

专利权受到非法侵害时，主管专利工作的行政部门或法院要对是否构成侵权做出判断，判断的原则是：

（1）侵权行为是否存在。

（2）侵权行为是否造成了损害后果。侵权行为是否造成了损害后果，是构成侵权民事责任的基本条件。也就是在侵权行为造成了实质损害的条件下，才能采取制止损害或勒令赔偿损害的民事责任。损害可分为直接损害和失去利益。直接损害，是指现有财产的减少。失去利益，是指损害使受害人失去了可能得到的利益。侵犯专利权造成的损失大多是失去利益。

（3）侵权行为与造成的损失有无因果关系。侵权行为与造成的损失的因果关系，是指行为与造成的损失之间有客观的必然联系。如果损失并非侵权人的行为所致，也就是说，行为与造成的损失并无客观的因果关系，侵权人不应承担侵权的民事责任。

（4）侵权人主观有无过错。侵权人的主观过错，是指侵权人主观心理状态。过错分为故意和过失两种形式：故意，是指侵权人能预见自己的行为会对专利权人造成损害，但希望这种结果发生或放任这种结果的到来；过失，是指侵权人理应预见到，而未预见到其行为将会对专利权人造成损害，或已预见到，但又轻信不会发生损害专利权人的结果。从法律上讲，不论是故意还是过失，侵权人都应该承担民事责任。

（三）直接向法院起诉

1. 向法院起诉的原因

（1）专利权受到侵犯，特别是引起纠纷的，专利权人或者利害关系人可以依照《中华人民共和国民事诉讼法》直接向法院起诉。

（2）当事人对主管专利工作的部门处理不服，可以依据《中华人民共和国行政诉讼法》向法院起诉。当事人对主管专利工作的部门处理不服，又不起诉又不停止侵权，主管专利工作的部门可以申请法院强制执行。

（3）专利权人或者利害关系人有证据证明，他人正在实施或者即将实施侵犯专利权的行为，如不及时制止，将会使其合法权益受到难以弥补的损害的，可以在起诉前，向人民法院申请采取责令停止有关行为和财产保全措施。

2. 对侵权的处理方式

（1）民事处理方式

① 责令侵权人立即停止侵权行为。主管专利工作的行政部门或法院认定侵权行为成立，可以责令侵权人停止其侵犯专利权的行为。情节严重的，可以请求主管专利工作

的行政部门或法院拆除制造侵权产品的设备，处理已经制造出来的侵权产品等，并采取查封、扣押、冻结、责令提供担保等诉讼保全措施。

② 赔偿损失。侵权行为给专利权人造成损失的，依照权利人因被侵权所受到的损失或侵权人因侵权所获得的利益确定；被侵权人受到的损失或侵权人因侵权所获得的利益难以确定的，参照专利许可使用费的倍数合理确定。

③ 责令改正并予公告，没收违法所得，并处罚款。对假冒他人专利，或者以非专利产品冒充专利产品，以非专利方法冒充专利方法的行为，由主管专利工作的部门责令改正并予以公告，没收违法所得，并处违法所得3倍以下的罚款，没有违法所得的，处5万元以下罚款。

（2）刑事处理方式

根据我国《专利法》第63条："假冒专利的，除依法承担民事责任外……构成犯罪的，依法追究刑事责任。"该法第71条规定："违反本法第二十条规定向外国申请专利，泄露国家秘密的，由所在单位或者上级主管机关给予行政处分；构成犯罪的，依法追究刑事责任。"

第四节　专利实施许可合同

一、专利实施许可合同的概念

专利实施许可合同（the Patent Licensing Contract）是专利权人授权他人在约定的条件、时间、范围内，实施其专利技术所签订的有约束力的书面文件。

世界知识产权组织（WIPO）指出："许可协议指在一项专利或一项被保护的实用新型、外观设计、植物新品种或商标（工业产权）已被赋予权利的情况下，该项权利的所有者允许另一个人在其权利所及的范围内作出某些行为。在交易中均订有有关法律、商业、金融等技术方面的规定，并制定有技术转让的措施及技术的适应、吸收和使用等工作程序。它也是一种法律手段，并且是正式的商业上的谅解。"

专利实施许可，是专利权人实现专利价值的主要途径，是专利权人实现专利价值的同时，保证其专利权独占性不会丧失的重要手段，是国际技术贸易的一种典型方式。

二、专利实施许可合同的条件

专利实施许可合同，是一种比较严格的合同，它必须符合以下4个条件，才可以称为专利实施许可合同：

（一）合同必须以已被批准的有效的专利权为基础

当事人签订合同时，专利权必须在其存续的有效期内，即处于有效状态。如果在有效期内，专利权被宣告无效，或因其受他人指控侵权，专利权处于不确定状态，专利权人不应与他人签订专利实施许可合同。

（二）合同的许可方必须是专利权人

根据我国《专利法》，专利权人有几种：发明人本人、发明人所在单位、专利权的受让人、专利权的受赠人、专利权的继承人、共有专利权人。在签订专利实施许可合同时，被许可方应该要求许可方出示专利权人身份的有关文件，证实其合法性。

（三）合同当事人的权利、义务规定必须受《专利法》的制约

专利权人授予被许可方的权利，必须以其权利要求书的权利范围为准，授权超过其权利要求书的范围，超出权利范围部分不受法律保护。

（四）许可方的专利权应该在当事人双方国家均有效

根据中国《专利法》，专利权只在授予权利的机构管辖范围内有效。出了该机构的管辖范围，权利无效。这就是说，专利权人的权利如果只在专利权人本国有效，在被许可方国家无效。那就不能签订专利实施许可合同，因为专利权人的授权在被许可方国家不受法律保护。遇到这种情况，当事人可以协商签订技术秘密转让合同。

三、专利实施许可合同的主要条款

专利实施许可合同是以专利权为基础的合同，专利权本身又不是单一的权利，而是一个权利群。即包括多项权利："使用、制造、许诺销售、销售、进口。"在专利实施合同中，许可方可以授予被许可方全部权利，也可以授予被许可方部分权利。在签订专利实施许可合同时，双方必须通过协商，确定专利权人授予被许可方的权利范围，并明确规定在合同中。被许可方要严格遵守约定，合同未明确规定授予的权利，被许可方不得行使。因此，专利实施许可合同的主要条款，都是围绕专利权规定的，一般不涉及专利技术本身，除非合同包含技术秘密转让。

（一）许可的内容和范围

1. 基本技术说明

（1）说明的方式

在专利实施许可合同中，基本技术说明不是说明专利技术本身，而是说明专利技术的法律状态。说明基本技术的方式是：专利技术的名称、专利号码、批准的国家或地区、批准的日期、有效期届满的时间，以及上述专利技术生产何种产品、规格、型号等。如果合同涉及多项专利，许可方应将各项专利按上述方式逐一说明，如涉及的专利数量很多，应列出清单，作为合同附件。

（2）详细说明的重要性

详细说明有利于被许可方弄清专利技术的准确件数、真伪及法律状态，评估各项专利的技术价值。专利技术的法律状态与技术的生命周期有密切关系，决定着技术的价值。它们的关系有四种可能的情况：① 技术处于生命周期的初级阶段，即刚被批准的专利，专利权人尚未对其进行商业化使用，使用后的经济效果尚不得而知，一般技术价值较低。② 技术处于生命周期的成熟阶段，已批准授予专利若干年，专利权人大多已经过商业化使用，使用后的经济效果已经显现，技术价值最高。③ 技术处于生命周期的衰老阶段，专利有效期即将届满，进入公有领域，技术价值最低。④ 技术处于生命

周期的“后研制阶段”，技术正准备申请专利，或者提交专利申请后，尚未经实质性审查，能否获得批准授予专利尚难确定。技术价值难以评估。

从上述情况可以看出，基本技术说明对被许可方了解和摸清各项专利的法律状况、评估各项专利技术的价值、选择何种技术、支付多少技术使用费，以及增强谈判地位至关重要。

2. 授权条款

授权条款，是专利实施许可合同的重要条款之一，是许可方授予被许可方专利技术使用权的范围、程度、限制和实施手段。

（1）许可的权利范围

许可方授予被许可方的权利范围，是专利权中的实施权，而实施权包括使用、制造、许诺销售、销售、进口。许可方不愿授予被许可方全部权利，因为许可方授予被许可方全部权利，许可方承担的技术风险和法律风险太大。因此，许可方大多授予被许可方三种权利：使用、制造、销售。不授予被许可方许诺销售和进口权。如被许可方要求获得这些权利，许可方也可根据被许可方的信誉程度决定是否授予。

（2）许可权利的性质

许可权利的性质，是指许可方授予被许可方使用权的程度，根据授权程度，分为独占使用权、排他使用权和普通使用权。许可权利的性质也决定着合同的性质。如授予被许可方独占使用权，该合同可称为独占使用许可合同；如授予被许可方排他使用权，该合同可称为排他使用许可合同；如授予被许可方普通使用权，该合同可称为普通使用许可合同。

（3）对许可权利使用的限制

许可方授予被许可方使用权的同时，也对被许可方使用专利技术施加一定限制，即不允许被许可方按自己的意志随便使用，以维护自身利益。对被许可方使用技术的限制通常有三方面：

① 使用技术领域的限制。使用技术的领域，是指被许可方使用技术制造的产品或产品系列，统称为合同产品。如规定：“许可方授予被许可方在许可产品范围内使用该项专利技术的权利，被许可方不得超出授权范围，用于许可产品以外的产品上。”

② 使用技术地点的限制。使用技术的地点，是指被许可方使用技术的工厂，通常称“合同工厂”。即被许可方只能在双方约定的工厂内使用许可的技术。其他未指定的工厂不得使用授权的技术，更不得将获得的技术转让第三者使用。有的还规定，“合同工厂”要扩建，也需征得许可方的同意。

③ 许可产品销售地域的限制。许可销售产品的地域，是指被许可方利用所授权技术制造的产品销售的国家和地区。许可方限制产品销售地域，是为保护许可方的利益，防止和减少被许可产品与许可方自产产品竞争。因此，许可方总是企图将被许可方产品销售地域限制到最小范围，甚至只准被许可方在本国市场销售，或者销售给指定的用户。产品销售地域的划定，历来是当事人争论的焦点之一。在这方面，被许可方应该注意限制的合理性，防止许可方滥用权利，使限制超过合理的限度，构成法律所禁止的限制性商业做法，影响合同生效。

（4）授予分许可权

分许可，又称再许可，是指许可方授予被许可方专利技术实施权同时，明确规定授予分许可权，即允许被许可方可以将所获得的实施权许可给其他第三者。这种由被许可方向第三者授权的合同，称为“分许可合同”。分许可合同与原合同是完全独立的合同，原许可方对分许可合同不负责任。值得注意的是：

① 分许可合同是在普通使用权合同下产生的，其授权的范围不得超过原合同的授权范围。

② 被许可方因签订分许可合同所获得的使用费需与原许可方分享。

③ 专利实施许可合同不包括分许可权时，在合同中明确规定“许可权是不可转让的”。如许可合同未明确规定授予分许可权，被许可方就不得与第三方签订分许可合同。

④ 原许可合同的责任与分许可合同责任要分别承担。基本许可合同的责任由许可方承担，分许可合同责任由被许可方承担。

3. 其他内容

被许可方如准备将来使用许可方的商标，或需要许可方提供原材料或某些设备，应在授权范围条款中写明：“被许可方一旦需要使用许可方商标或提供设备、原材料，许可方应保证供应，而且供应的条件和价格不高于向第三者供应的条件和价格。”以防止许可方以后借故提高供应价格或拖延供应时间，影响被许可方实施技术的进度。

授权条款实例：

被许可方同意从许可方取得，许可方同意向被许可方授予合同产品的设计、制造和销售权利。合同产品的名称、型号、规格和技术参数详见本合同附件二。

许可方授予被许可方在中国设计制造合同产品，使用、销售和出口合同产品的权利，这种权利是非独占性的，是不可转让的权利。

许可方负责向被许可方提供合同产品的专利资料，包括专利的名称、内容、申请情况和专利编号等，具体的资料详见本合同附件一。

在合同的执行中，如果被许可方需要许可方提供技术服务或一部分生产所需的零部件或原材料时，许可方有义务以最优惠的价格向被许可方提供，届时双方另行协商签订合同。

许可方同意被许可方使用许可方商标的权利，在合同产品上可以采用双方的联合商标，或者标明“根据许可方的许可证制造”的字样。

（二）保证条款

在专利实施许可合同中，许可方的保证范围仅限于其权利所及的范围内。因此，许可方可以做的保证是有限的，保证的内容一般有以下几方面：

1. 保证维持专利的有效性

专利的有效性取决于两个条件：一是法律规定的保护期；二是按期缴纳年费。各国专利法均明文规定，专利权人未按时缴纳年费或者缴纳的数额不足，专利权应当自缴纳年费期满之日起终止。因此，在许可合同中，许可方应保证按期缴纳年费，以维持专利的有效性。如因其未按期缴纳年费而导致许可的专利权失效，被许可方有权终止合同，并停止支付专利技术使用费。

另外，合同还可以进一步明确，如许可方认为，已不值得为保持专利权有效而支付年费时，应即时通知被许可方，以便被许可方有机会接受专利权的转让，由被许可方缴纳年费，以继续维持专利的有效。不过在办理专利权转让时，被许可方需向许可方支付一定的费用。

总之，在合同有效期内，许可方维持许可专利的有效性对被许可方至关重要。否则，被许可方的预期利益就会因权利失效，遭受无法挽回的损失。

2. 保证专利技术的可实施性

“实施”一词的含义，各国法律规定不尽相同。可实施性通常指专利产品的制造或专利方法在工业上的应用。换言之，许可方的专利技术如果不能用于产品的制造，或专利方法不能在工业上应用，那么对被许可方将是毫无意义的。但是，专利的可实施性并不保证被许可方使用专利技术后获得经济效益，或该专利技术是先进的。因为《专利法》只要求“发明或者实用新型能够制造或者使用，并能产生积极效果”。而且，发明人申请专利时，一般没有实施过技术发明，并不清楚技术的实施效果，实施效果只是根据技术的前景估计的。因此，专利技术的可实施性应理解为，在相同的实施条件下，被许可方实施技术的效果与许可方自己实施技术的效果相同，就表明专利技术有可实施性，仅此而已。即使根据被许可方强烈要求，许可方保证专利技术产品质量达到一定技术指标，很可能也是徒劳的。除非被许可方在实施专利技术之外，要求许可方提供技术秘密和技术服务。

3. 许可方保证是专利技术和专利资料的合法持有者，有权进行许可并能获得出口许可

许可方保证其是专利的合法所有人，有权许可并能获得出口许可，实际就是要求许可方在签订许可合同时，已解决了与有关方面的权利关系，避免日后发生侵权纠纷，影响合同的顺利履行。

保证条款实例：

许可方保证是本合同专利技术和专利资料的合法持有者，并且有权向被许可方许可。如果在合同执行过程中发生第三方指控侵权时，则许可方负责与第三方交涉，并承担由此引起的一切法律和经济上的责任。

许可方保证许可合同中涉及的专利在合同执行期内是有效的和合法的，如果由于许可方的原因，导致专利提前失效时，许可方应将专利失效后被许可方支付的费用偿还给被许可方，并按×%的年息加计利息。与本金一起偿付给被许可方。

在合同有效期间，许可方应按照中国专利局的有关规定按时缴纳专利维持费，以保持专利的有效性。在合同有效期内，如果本合同涉及的专利的法律性质发生了变化，许可方应立即将此情况以书面形式告之被许可方，然后双方再协商本合同的执行问题。

（三）侵权条款

专利侵权的一般概念已在专利权法律保护一节做了说明。合同侵权条款则主要规定，合同有效期内一旦发生侵权情况，当事人双方各承担什么责任。

1. 侵权的情况

合同有效期内，侵权主要有两种情况：

（1）被许可方获得的专利实施权侵犯了其他第三者的权利。技术发明分基本发明和改进发明，基本发明获得专利称基本专利，改进发明是参考基本发明做出的，因其较基本发明有巨大经济价值的技术进步也获得了专利，称为从属专利。从属专利的实施往往有赖于基本专利的实施。因此，许可方如将从属专利许可给被许可方，而又未事先征得基本专利权人同意，就会受到基本专利权人的指控。遇到这种情况，被许可方将不仅面临能否继续行使许可的实施权，而且面临制造的产品能否销售的问题。

（2）被许可方获得的专利实施权受到第三者的侵犯。因为被许可方实施许可专利技术后，将生产的产品推向市场，有时被他人非法使用、制造、销售，或者模仿或者假冒、冒充，严重损害了被许可方的经济利益。

2. 双方的责任

（1）被许可方发现侵权情况后，应及时将侵权情况通知许可方，要求其尽快处理或征求其处理意见，根据许可方回复再做决定。但是，无论许可方回复的意见如何，许可方都必须承担处理侵权的主要责任，因为许可方是专利权人。在某些情况下，被许可方虽可以利害关系人身份进行交涉或诉讼，但最好不要主动承担交涉或诉讼责任，以免因交涉或诉讼失败，影响事后向许可方索赔。

（2）双方责任的划分原则

① 与第三者交涉或向法院起诉。第一，由许可方单方交涉或诉讼，如在被许可方国家内进行，被许可方应提供协助。第二，在独占许可情况下，被许可方也可以以利害关系人的身份，单方与第三者交涉或向法院起诉，但被许可方要承担部分法律责任和经济后果。

② 在排他许可的情况下，应由许可方与被许可方联合与第三者交涉，或者向法院起诉，许可方如果不愿意与第三者交涉或诉讼时，许可方可以授权，由被许可方单独与第三者交涉或诉讼。

③ 在普通许可的情况下，许可方应单独与第三者交涉或诉讼。在许可方没有授权的情况下，被许可方不得单独与第三方交涉或诉讼。

3. 经济和法律后果的承担

（1）在双方联合或由许可方单独与第三者交涉或诉讼的情况下，双方应设法通过法律途径否定第三者指控。如法院裁决双方或许可方胜诉，第三者承担经济和法律后果，所得的经济赔偿应由双方分享或许可方单独享有，合同继续有效。

（2）法院裁决许可方败诉，则要视情况进行处理，处理办法有：

① 如属许可方部分侵犯第三者权利，被许可方可要求修订所签合同条款，缩小许可的范围，使之不造成侵权，同时减少使用费金额。

② 如虽属侵权，但被许可方仍愿维持原合同有效，许可方可向第三者支付一定费用或者由被许可方与第三者另签合同，支付一定费用，减少原合同使用费支付，同时调整合同中的相关条款。

③ 如法院裁定许可方侵权情事成立，又未能与被侵权人达成谅解，被许可方完全

不能实施原合同所授予的权利，则只能要求中止合同，并要求退回已支付的费用和利息。对被侵权人的经济和法律责任由许可方承担。

（3）如许可方或被许可方指控第三者侵权，而法院裁定指控第三者侵权不成立，由双方共担或许可方单独承担对第三者的经济和法律责任。

值得注意的是，在侵权事件交涉或诉讼期间，被许可方不应轻易提出中止合同，或者停止支付使用费。因为许可方如果交涉或诉讼成功，被许可方可能陷于被动，或不能继续使用许可的技术，导致被许可方使用技术的生产设备闲置、人员安置费等间接损失。

第五节　专利申请许可、专利权与专利申请权转让合同

一、专利申请许可合同

（一）专利申请许可合同的定义

专利申请许可合同（the Patent Application Contract），是指技术发明人提出专利申请，专利申请日确定之后，特别是专利申请公布后，专利部门批准授予专利之前，技术发明人就申请专利中的发明使用权与他人所签订的许可合同。这类合同也称“未决专利申请许可合同”。如我国《专利法》第13条规定，“发明专利申请公布后，申请人可以要求实施其发明的单位或者个人支付适当的费用。”

（二）签订专利申请许可合同的目的

1. 避免技术成果无端地被闲置

技术发明人向专利主管部门提出专利申请，到最后批准授予专利，往往需要一年或几年时间。在这段时间里，技术发明人如不采取适当措施将技术发明使用起来，就等于技术成果无端地被闲置，对技术发明人和社会科技发展都是不利的。

2. 尽早收回技术研制费用

专利申请日确定之后，技术发明人与他人签订专利申请许可合同，许可他人使用其技术成果，可以获得一定报酬，有利于尽早收回技术研制费用。

3. 缩短产品上市时间，抢占市场先机

许可方许可被许可方实施申请专利中的技术发明，有利于被许可方做好生产准备，待技术发明被授予专利，可以立即开始生产，产品即可进入市场，抢占市场先机。此时，专利申请许可合同可以转为专利实施许可合同，对合同双方多是有利的。

（三）专利申请许可合同与专利实施许可合同的区别

1. 技术公开性不同

根据《专利法》的规定，技术发明申请专利分3个阶段：第一阶段，技术发明提出专利申请；第二阶段，自专利申请日起18个月，专利申请文件早期公开；第三阶段，专利主管部门审查，决定是否批准。而申请专利中的技术发明申请文件虽然早期公开，但是初步审查通过之前是保密的。专利实施许可合同中的技术，是知识产权主管部门批

准的专利技术，其内容是完全公开的。

关于何时公开技术内容，主要看受理申请的国家实行何种审查制度和专利申请处于审查中的哪一个阶段。在实行自动审查制的国家，如美国，专利申请在审查过程中，始终由专利局保密，真正批准授权时，才向公众公布。在这些国家，专利申请许可相当于技术秘密转让，如申请获得批准，再转为专利实施许可。实行请求审查制国家，专利申请可分为两个阶段：初步审查阶段和实质审查阶段。在初步审查阶段，专利申请许可可作为保密的技术对待。公布后的专利申请文件被公开，但专利申请在法律上受一定的保护，习惯上称为“临时保护”。如果申请一旦被驳回，则申请的技术发明就进入了公有领域，专利申请许可合同就失去了存在的基础。

2. 合同法律状态不同

发明被批准授予专利权后，专利权人即享有独占权，任何单位或个人未经许可都不得实施该项专利发明。在这种情况下，以被批准的专利权为基础签订的专利实施许可合同，法律地位是确定的。

正在申请专利的技术发明，存在被授予专利或不被授予专利两种可能性，因此，以申请中的专利申请权为基础签订的专利申请合同，法律地位是不确定的。即使专利申请公布后，专利主管机构不会再受理相同技术发明的申请，申请人可以享受“临时保护”。但其决不能像专利权人那样，可以享受真正的、完全的法律保护。专利申请人既不能禁止他人实施，也不能以侵犯专利申请权为由，向法院提起侵权诉讼。

3. 技术可靠性不同

专利实施许可合同中的技术发明，专利主管部门对其做过实质审查，认为完全符合专利法规定的条件（新颖性、创造性和实用性），技术可靠性强，合同被许可方使用这种技术，风险相对较小。

专利申请许可合同的技术发明，尚未经专利主管部门做过实质审查，是否符合专利法要求的条件，存在很大的不确定性，技术可靠性较难保证。因此，专利申请合同的被许可方必须事先评估技术的价值及实施这种技术的后果，要有充分的思想准备。

4. 两种合同签订的时间不同

专利实施许可合同签订的时间是技术发明被批准授予专利后，直至专利有效期届满之前。

专利申请许可合同签订的时间是：（1）专利申请后，申请文件公开前；（2）申请文件公开后，被批准授予专利前。两个时间段均可签订专利申请许可合同。

二、专利权和专利申请权转让合同

（一）专利权和专利申请权转让合同的概念

1. 专利权转让合同的概念

专利权转让合同（the Patent Right Transfer Contract），是指专利权人作为转让方将其发明创造专利的“所有权”，按约定的条件，转让给受让方所签订的有约束力的书面文件。

2. 专利申请权转让合同的概念

专利申请权转让合同（the Patent Application Right Transfer Contract）是指专利申请

人（出让方）将其拥有的技术发明申请专利的专利申请权，按约定的条件让予他人（受让方）所订立的具有约束力的书面文件。

根据我国《专利法》第 10 条的规定：“专利申请权和专利权可以转让。中国单位或者个人向外国人、外国企业或者外国其他组织转让专利申请权或者专利权的，应当依据有关法律、行政法规的规定办理手续。转让专利申请权或者专利权的，当事人应当订立书面合同，并向国务院专利行政部门登记，由国务院专利行政部门予以公告。专利申请权或者专利权的转让自登记之日起生效。”

（二）专利权转让合同标的条件

1. 专利权转让的合同标的是“专利权”

专利权转让的合同标的是“专利权”。但是，专利权有效期内，有时会发生影响权利有效的状况。受让人不得不防。因此，受让人必须弄清专利权的状况。受让人如果弄不清专利权的状况，专利转让合同不能签。

（1）专利权的类型。专利权有三种类型：发明专利、实用新型专利和外观设计专利。三种专利权的授权条件不同，法律保护期不同。

（2）专利权的法律保护期内，是否出现过权利被宣告无效，或者因为权利人未按期缴纳年费，出现过专利权的有效期提前终止的状况。

2. 合同主体（转让人）必须是合法的专利权人

合同主体（转让人）必须是合法的专利权人，专利权人合法，是指专利权人已与其他关系人划清了权利关系。

（1）共同专利权人，他们的权利划分是否清楚；在将专利权许可或者转让他人时，意见是否一致。

（2）专利权的继受人是一个人还是多个人，他们在继承专利权时，各占专利权的份额是多少；在许可或转让专利权时，意见是否一致。

（3）专利权受赠人在获得专利权赠与时，是否履行过捐赠手续，手续是否具有法律效力。

受让人如果弄不清上述情况，不能确定专利权的真正所有者，不能确定其是否有权转让专利权，那么专利权转让合同就不能签。

3. 专利权转让当事人必须履行法定手续

我国《专利法》第 10 条 3 款规定：“转让专利申请权或者专利权的，当事人应当订立书面合同，并向国家专利行政部门登记，由国务院专利行政部门予以公告。专利申请权或者专利权的转让自登记之日起生效。”

（三）专利权转让与专利申请权转让的区别

专利权转让与专利申请权转让主要有 3 点区别：

1. 转让的权利性质不同

专利权转让，是转让法律授予的权利，是转让“所有权”。专利申请权转让，转让的是“专利申请权”。专利申请权是民法中的一种“财产权”。其来源于一项发明创造，发明创造是智力劳动的结晶，本身具有财产性。因此，各国专利法都承认，发明人对其做出的发明创造有申请专利的权利。但是，专利申请权是民法中的一种权利，而不是法律授予的权利。

2. 转让的时间不同

（1）专利权转让，是专利权被批准之后，在法律规定的有效期内，签订专利权转让合同，将专利权转让给他人的行为。

（2）转让专利申请权，是在技术发明人提出专利申请，申请公开后、专利审查前这段时间，专利申请权属于《专利法》管辖的范围。申请人转让专利申请权属于法律行为。因此专利法规定，专利申请权转让，当事人必须向专利主管部门提出专利申请权变更请求，转让合同经专利主管部门登记并公告后才能生效。在此期间，如果其他人以相同内容的发明创造向专利主管部门提出专利申请，专利主管部门不会受理。

（3）技术发明未向知识产权主管部门提出专利申请前，技术发明人转让专利申请权是个人行为，与《专利法》的专利申请权转让无关。此时，转让专利申请权属于一般民事权利转让，转让的效力仅限于合同当事人，不受《专利法》保护。如果其他人以相同内容的发明创造，在先提出专利申请，受让人仅凭一纸转让合同无法与之相对抗。

3. 转让的权利主体不同

专利权转让的主体是专利权人，转让的是专利的所有权。专利权转让后，专利权的一切权利归受让人所有，受让人成为专利权的主体（专利权人）。

专利申请权转让的主体是专利申请人，是专利申请人将自己获得“专利权的资格”转让给受让人，受让人是否继续申请专利，或能否获得专利，成为专利权的主体（专利权人）尚不能确定。

第六节　签订专利技术合同应注意的问题

一、充分利用专利文献，了解技术状况、权利人和技术的法律状态

（一）专利文献的概念

从广义上说，专利文献（Patent Documentation），是指各国专利局出版的发明说明书、专利公报、专利分类表、分类表索引以及各种累积索引、专利申请和审批过程中的一切文件和资料。世界知识产权组织（WIPO）1988 年编写的《知识产权教程》中对专利文献的定义：“专利文献是包含已经申请或被确认为发现、发明、实用新型和工业品外观设计的研究、设计、开发和试验成果的有关资料，以及保护发明人、专利所有人及工业品外观设计和实用新型注册证书持有人权利的有关资料的已出版或未出版的文件（或摘要）的总称。”该教程还进一步指出：“专利文献按一般的理解主要是指各国专利局的正式出版物。”

（二）专利文献中的情报

1. 技术情报

专利文献包含了重要的技术情报。各国专利法均规定，发明人要申请取得专利，必

须在发明说明书中阐述发明内容、所属的技术领域、与现有技术的比较、发明所提供的改进，以及最佳实施方案等。因此，通过专利文献了解和掌握有关技术情报的作用相当显著。

2. 法律情报

专利文献包含了专利的法律状况。如专利权的权利要求书和保护范围，以及受《专利法》保护的期限、地域、有效期等。了解这些情报可避免实施该专利可能引起的侵权、专利期满失效和专利无效等问题。

3. 商业经济情报

专利文献可以及时、正确地提供一个企业、一个国家的技术发展动向。其他信息来源则往往要迟于专利文献几年，甚至十几年。因此，专利文献是各国制定科技政策，企业选择技术、确定引进对象的重要依据。

（三）专利文献对签订专利技术合同的作用

1. 利用专利文献选择专利技术和合作对象

在签订专利技术合同前，企业可以收集各国的专利技术情报，掌握先进技术的发展情况，进行分析比较，选择先进、适用技术。另外，企业可以利用专利文献寻找技术实力强、信誉可靠的合作对象。

2. 利用专利文献增强在谈判中的地位

在技术贸易谈判中，引进方可以充分利用专利文献，了解有关技术法律状况，分析其技术价值。在谈判中做到知己知彼，据理力争，争取主动。

成功案例

20 世纪 90 年代，我国玻璃企业拟从国外引进“浮法玻璃”生产技术。当时，有三家国外厂商：英国波尔金敦公司、美国匹斯堡平板玻璃公司、日本旭硝子株式会社。三家条件都比较成熟。经过比较，认为英国波尔金敦公司更好一些。于是我国玻璃企业开始与该公司接触，并进行初步谈判。谈判中，英国波尔金敦公司声称，该技术包括 137 项专利，要求支付入门费 2 500 万英镑。我方无法接受这样的条件，谈判中止。在中止期间，我方企业对其声称的 137 项专利进行了专利检索，发现 137 项专利中有 51 项是失效的专利，或者即将失效专利。一段时间后，英国波尔金敦公司找上门来，告知可以减低入门费。后来双方继续谈判时，我方指出了其专利情况，同时指出，按国际惯例，失效或者即将失效的专利，不应收取费用。并暗示其他美国公司、日本公司是其有力竞争者。在我方不断施压之下，英国波尔金敦公司不得不将入门费降下来，最终以 52.5 万英镑成交。这一入门费只相当于该公司第一次报价的五十分之一。

3. 利用专利文献进行侵权检索，避免侵权纠纷

在签订许可合同前，被许可方或受让方查阅专利文献，可以了解专利权变更情况，了解是否有侵权的危险，避免侵权纠纷。

二、企业应充分了解与专利有关的合同性质和特点，防止走弯路

与专利有关的合同，是以权利为基础的合同，许可方、转让方的责任主要是证明权利的有效性，维持权利的有效，并在其权利所及的范围内，授予被许可方专利技术的使用权利，或者将权利转让给受让方，两者不保证专利技术的实施能取得经济利益。因此，签订这类合同时，特别是通过这类合同引进技术时，企业应注意以下几点：

（1）合同虽然以被批准的专利权为基础，但并不说明该专利技术是成熟的、先进的。因为有很多发明创造只在实验室，或者小规模生产的条件下获得成功，即抢先申请专利，其效果未在生产条件下验证过。

（2）专利技术并不是生产一项产品的完整技术。因为知识产权主管部门授予专利是针对一个技术单元，不是针对一个完整的产品，而一个产品是由多个技术单元组成的。换言之，生产一个产品需要多项专利技术和相关技术秘密。所以，期望通过一项或几项专利技术来完成一个产品的制造是不现实的。

（3）技术发明人填写专利说明书时，往往设法将一些关键的内容隐藏起来，以保护自身的利益。这部分隐藏的技术内容也会影响被许可方实施专利技术的效果。

（4）许可方授予被许可方的权利，以其权利要求书为准，提供技术服务和技术指导并不属于其权利范围。这对被许可方实施专利技术也是不利的。

企业了解了上述不利因素后，就要设法克服不利因素，克服的办法主要是，将专利许可或转让与相关的技术秘密结合在一起，即签订包括技术秘密在内的专利许可或转让合同。

三、专利产品销售地域应与专利权有效的国家和地区相一致

专利权是一种有地域范围的权利，在获得批准的国家和地区内有效，在未获批准的国家和地区内无效。因此，被许可方销售专利产品的地域，应是专利权有效的国家和地区。如许可销售的地区超出了该地域范围，合同中的限制是毫无意义的。因为在无有效专利权的国家或地区销售专利产品，即使发生第三者仿制或侵权，也不受当地法律保护。不仅被许可方无法制止，就是许可方也无法制止。

四、最惠条款

最惠条款，是为了保证被许可方不受差别待遇而订立的一种条款。在普通许可合同中，根据这一条款，当许可方将来以更优惠条件将相同的专利许可给第三方时，原被许可方可以得到与第三方相同的待遇。因此，在签订普通许可合同的条件下，最惠条款对被许可方是十分必要的。

最惠条款实例：

“许可方同意，如今后向与被许可方有竞争的第三方许可同样的专利，并允许第三方以最为优惠的使用费取得该专利的使用权时，则被许可方也享有这一更为优惠的条件。”

“许可方有义务在任何一个在后的许可合同生效日期后的30天内，将该许可的全

部内容告诉被许可方。被许可方必须在收到通知的60天内将其所做的选择通知许可方，否则就丧失选择权。”

“如被许可方在接到通知的60天内提出书面要求，许可方必须修改本协议，规定一个更为优惠的使用费，并自上述许可生效之日起正式生效。如被许可方选择较低的使用费，则其也必须遵守后一个许可合同的全部条款。”

练习题
EXERCISES

一、单项选择题

1. 专利实施许可合同的标的是　（　）

A. 专利技术本身　B. 专利权　C. 专利证书　D. 专利文献

2. 专利实施许可合同的许可方必须是　（　）

A. 技术发明人　B. 技术发明人所在单位

C. 专利权人　D. 专利申请人

3. 专利权转让合同转让给受让方的权利是　（　）

A. 人身权　B. 财产权　C. 专利权　D. 荣誉权

4. 专利申请许可合同在何时签订可以受法律保护　（　）

A. 技术成果申请专利后　B. 专利申请日确定之后

C. 专利申请被批准后　D. 专利申请被驳回后

5. 《专利法》规定，实用新型专利的保护期是　（　）

A. 20年　B. 10年　C. 15年　D. 5年

二、多项选择题

1. 《专利法》所指的发明是　（　）

A. 发明　B. 实用新型　C. 外观设计　D. 科学发现

E. 智力活动的规则

2. 发明获得专利要符合哪三种标准　（　）

A. 科学性　B. 新颖性　C. 创造性　D. 实用性

E. 经济性

3. 独占实施权包括哪些权利　（　）

A. 使用权　B. 制造权　C. 许诺销售权　D. 销售权

E. 进口权

4. 专利标记的作用是　（　）

A. 广告宣传　B. 提高专利产品信誉

C. 警告其他第三者不得侵权　D. 在侵权诉讼中处于有利地位

E. 转让他人获取报酬

5. 发生专利权侵权纠纷，专利权人可以请求谁解决　（　）

A. 工商管理部门　B. 律师事务所

C. 法院　D. 知识产权主管部门

E. 侵权人的上级管理部门

三、名词解释题

1. 专利　2. 专利权　3. 专利侵权　4. 专利文献　5. 专利实施许可合同

四、简答题

1. 哪些技术成果法律规定不授予专利权?
2. 专利实施许可合同要符合哪几项条件?
3. 哪些行为法律不视为侵权行为?
4. 专利权有哪些特点?
5. 专利实施许可与专利申请许可有什么区别?

五、论述题

1. 专利权转让与专利申请权转让有何区别?
2. 专利实施许可合同有效期内，发生侵权情况，双方如何处理?
3. 通过专利权许可从国外引进技术，引进方应注意哪些不利因素?
4. 专利实施许可合同中，许可方应做哪几项保证?
5. 技术成果所有人签订专利申请许可合同的目的是什么?

第五章　技术秘密转让合同

学习目标导言

在国际技术贸易中，技术秘密转让的地位十分重要。据国际组织发表的信息，在技术贸易成交的项目中，单独进行技术秘密转让的占30%；与专利技术许可、转让，或其他贸易结合的贸易中，技术秘密转让占60%。不难看出，在国际技术贸易中，涉及技术秘密转让的贸易超过专利许可贸易，是国际技术贸易中十分重要的内容。

技术秘密转让作为一种重要贸易方式，引进我国的时间并不长，人们对它的了解有限。新中国建立初期，20世纪五六十年代，国际技术贸易以引进整套工厂、成套设备、关键设备为主，在贸易中，硬件技术的比重占85%以上，专利技术、技术秘密等软件技术所占比重十分有限，大约为10%～15%，以至于人们对“专利”、“技术秘密”等概念比较陌生。对Know-How一词的翻译也各种各样。例如，Know-How直译为“知道怎样做”，内涵是“Knowledge of How to Do Something”。在我国，对其曾有过多种译法，如技术秘密、专有技术、技术诀窍，或用其译音“诺浩”等。原因是：

① 有人认为，技术秘密类似于专利权，是一种专有权（垄断权），译为“专有技术”；

② 有人认为，Know-How存在的条件是秘密性，译为“技术秘密”；

③ 有人认为，在解决技术课题上，Know-How起着关键作用，译为“技术诀窍”。

以上几种译法各有道理。在这种情况下，我国一些文件上曾有相当长一段时间，使用“专有技术”的译法。因此，至今，国际上对Know-How仍无普遍认可的定义。

1999年3月15日，第九届全国人民代表代表大会第二次会议通过《中华人民共和国合同法》，该法第342条规定：“技术转让合同包括专利权转让、专利申请权转让、技术秘密转让、专利实施许可合同。”2002年1月1日起施行的《中华人民共和国技术进出口管理条例》第2条也规定，技术进出口范围包括“专利权转让、专利申请权转让、专利实施许可、技术秘密转让、技术服务和其他方式的技术转移”。至此，Know-How译为“技术秘密”才统一起来。

重点难点提示

技术秘密的概念、特点；法律保护的必要性及保护的法律；技术秘密转让合同的主要条款；技术秘密与专利技术的区别。

第一节　技术秘密的概念与特点

一、技术秘密的概念

（一）中国的技术秘密定义

（1）1992年7月14日，最高人民法院《关于适用〈中华人民共和国民事诉讼法〉

若干问题的意见》第 145 条规定，“商业秘密，主要是指技术秘密、商业情报及信息等，如生产工艺、配方、贸易联系、购销渠道等当事人不愿公开的工商业秘密。”

（2）1993 年，中国《反不正当竞争法》对商业秘密做了立法解释，该法第 10 条第 3 款规定，商业秘密“是指不为公众所知悉、能为权利人带来经济利益、具有实用性并经权利人采取保密措施的技术信息和经营信息”。

（二）国际组织技术秘密的定义

现将国际组织对技术秘密所下的定义列举如下，供读者进一步体会技术秘密一词的内涵。

（1）世界知识产权组织在 1972 年制定的《发展中国家保护发明示范法》对技术秘密的定义是：“有关使用和运用工业技术的制造方法和知识。”该组织在 1980 年版《示范法》又进一步指出：技术秘密是“产生于经验或技巧的，可在实践中（尤其是工业实践中）应用的技术情报、技术数据和技术知识”。

（2）巴黎国际商会《关于保护技术秘密的标准条款（草案）》将技术秘密定义为：“为实施某种为达到工业生产目的所必需的，具有秘密性质的技术知识、经验或其积累。”

（3）国际保护工业产权协会定义为：“技术秘密是为实际应用一项技术而取得的，并能使一个企业在工业、商业、管理和财务等方面运用于经营的知识和经验。”

（三）其他国家技术秘密的定义

（1）前苏联发明委员会定义是：“所谓技术秘密就是指公众不知道的，在生产和经济活动的实践中已经采用了的，不享有法律保护的各种技术知识和经验。”

（2）美国有的法官认为，技术秘密是“某种可以转让和可以传授的，公众所不容易得到的，而且是没有取得专利的技术知识”。

在中国现有的有关法律中，尚未看到技术秘密的专门定义，一般包括在“商业秘密”（Trade Secret）范围内。例如，我国《反不正当竞争法》第 10 条规定了“商业秘密”的定义，将商业秘密分为技术信息和经营信息。因此，人们一般理解“技术信息”指的就是“技术秘密”。不过，这种将“技术信息”与“技术秘密”等同的做法值得商榷。

因此，在国际上对 Know-How 仍无普遍认可的定义的情况下，我们可以根据上述各种定义，用自己的理解给 Know-How 下定义，例如，技术秘密，“是指在生产或经营活动中已经使用过的，不享有专门法律保护的，具有秘密性质的技术知识和经验。”或者表述为，技术秘密“是指未公开的、能给所有者带来经济利益或竞争优势，具有实用性并采取了保密措施的技术信息。其范围可包括生产方法、公式、产品、工艺、材料，及其改进的技术方案”。

总之，不论定义如何表述，都必须强调技术秘密包含的关键要素：第一，明确技术秘密实用性；第二，明确“给所有者带来经济利益”，能产生积极效果；第三，明确技术秘密的状态，即秘密性，以及权利人主动的保密措施；第四，明确技术秘密的表现形式、生产方法、公式、产品、工艺等技术方案；第五，明确技术秘密的性质、技术知识和经验。

二、技术秘密的特点

（一）知识性

技术秘密与专利技术一样，都是人类创造性智力劳动的产物，都是人类在生产实践中通过智力活动总结、积累的知识和经验，相对有形的物质实体而言，技术秘密没有有形物质实体，通常表现在书面上或人们头脑中。其实，人们头脑中知识和经验更重要。比如，国外有人经常对我国研制战斗机发动机发表评论，其中有的说法不无道理，那就是我国并不缺技术信息、图纸、公式、配方，也不缺少高水平的工程技术专家，缺少的是技术和经验的积累（真正的技术秘密）。

（二）实用性

技术秘密具有工业有效性，能用于工业（农业）、商务、管理等领域，完成工业实施的某种使命，解决某一技术领域特有的技术问题，如工厂运转、产品制造、质量控制、节约能源和原材料消耗，提高企业经济效益等。

（三）秘密性和保密性

当今，世界各国均无保护技术秘密的专门法律。因此，技术秘密的秘密性和保密性至关重要，其商业价值就靠技术秘密处于秘密状态，及其所有者采取保密手段，不让公众普遍知悉，而得以存在。一旦这两项措施使用不当，技术秘密内容被公开，或者被公众所知悉，任何人均可随意使用，而不必支付报酬。技术秘密的商业价值就将丧失殆尽了。因此，秘密性和保密性是保存技术秘密价值的关键。

（四）技术秘密具有相对稳定性，又富于变化

技术秘密，是人们生产实践中总结出的技术成果，其内容将随时间推移不断深化、发展和完善，也可能由于更先进技术出现而被淘汰。因此，技术秘密作为技术贸易对象，既可以是一项技术发展过程中的阶段性成果，也可以是成熟期的技术成果。它不像专利技术，其技术内容以说明书作为一种固定形式，在专利保护期内不变。

（五）可传授性

技术秘密的可传授性，是指其所有者能通过适当的方式让他人掌握，如通过提供资料、技术培训、技术指导等方式，至少也要能通过言传身教来传授，能让他人掌握。换言之，如其存在依赖个别人员的天赋或特殊技能，其所有者想传授而无法传授，就不能成为国际技术贸易的对象了。

三、技术秘密产生和存在的主要根源

技术秘密产生和存在主要由于以下原因：

（1）技术发明人申请专利时故意隐瞒的关键技术内容。《专利法》规定，专利申请经初步审查，专利申请将被公开。技术发明人担心专利申请公开后会失去对技术发明的控制，设法隐瞒了技术发明的关键技术内容，这部分隐瞒的关键技术内容就成了技术秘密。

（2）专利申请被批准后，专利权人实施专利技术，以及实施技术产业化过程中，继续研究获得的技术成果。专利申请被批准后，专利权人就开始实施专利技术并使之商

业化。在专利权人进行专利技术转化和商业化过程中，仍需继续对专利技术进行研究，才能达到产业化、规模化、商业化的要求。由此，专利权人又积累了大量的知识和经验，形成了技术秘密。

（3）技术发明成果完成后，未申请专利之前；或者申请专利之后，未获专利批准之前的技术发明，《专利法》将其作为技术秘密对待。

（4）技术发明人为了长期占有技术发明，获得长期垄断利益，故意不申请专利保护。技术发明人估计，其他人不能轻易做出与之相同或类似的技术发明，而采取保密措施将自己的发明保护起来，不去申请专利，以达到长期占有并获得垄断利益的目的。例如美国可口可乐公司，对可口可乐配方严格保密，至今保密一百多年，仍未被他人所完全知悉。这项技术秘密保证了其作为世界最大的软饮料跨国公司的地位。

（5）中、小企业拥有大量专业技术知识，其中有些不够申请专利的条件，或者其所有者无力承担昂贵专利维持费用，致使这部分专业技术知识也成为技术秘密。

四、技术秘密与专利技术的区别

技术秘密与专利技术都是人类的智力成果，具有价值和使用价值。两者具有共同性。但从法律的角度，它们存在很大区别，其区别如下：

（1）专利独占性很强，技术秘密独占性较弱。专利是受《专利法》保护的技术，专利权人具有法定的独占权利，未经专利权人的允许，任何人都无权为经营目的擅自实施其专利技术，而且也不能采取反向工程或独立研究，获得相同内容的专利技术。技术秘密不同，法律允许其他研究者通过自身的实践或研究取得，或者通过反向工程获得相同内容的技术秘密。因此，技术秘密很难被其所有者完全独占。

（2）专利技术内容是公开的，技术秘密内容是秘密的。《专利法》要求，技术发明获得专利的条件之一，是技术发明的内容必须公开到同行业人员可以据以实施的程度。技术秘密由于没有专门法律保护，其内容必须保密，并经其所有人采取有效的保密措施。否则，技术秘密的商业价值将会丧失。

（3）专利技术有固定的保护期限，技术秘密没有固定的保护期限。专利的保护期是固定的，期限的长短依据《专利法》的有关规定，发明专利保护期为20年，实用新型、外观设计专利保护期为10年。技术秘密没有法律规定保护期限，其存在的期限取决于两个条件：第一，其所有者采取保密措施的严密程度；第二，在技术秘密存续期间，有无相同或类似的新技术出现。因此，其所有者保密措施得当，其间又无相同或类似的新技术出现，其存在的期限就长。如其所有者保密措施不当，或被他人通过反向工程或自行研制获得与之相同的技术秘密，其存在的期限将可能随时结束。

（4）专利技术有效性受批准的国家所辖地域的限制，技术秘密没有地域限制。专利的有效性受地域的限制，主管机构的辖区有多大，专利技术受法律保护的范围就多大，其保护地域不能跨越主管机构所辖范围。技术秘密在任何国家、地域都有效，只要其内容未被该地域内的公众所知悉，甚至未被需要技术秘密的人所知悉，就不妨碍其有效性。

（5）专利技术内容比较单一，技术秘密的内容比较广泛。专利技术主要涉及工业、农业、林业等生产领域产品的制造技术和工艺方法。技术秘密的内容包罗万象，一切可以用于工业、商业、经营、管理等生产或有助于生产领域的、具有秘密性并经其所有者采取措施的技术知识和经验，都可称为技术秘密。

（6）专利技术只有一种书面表现形式，技术秘密有多种表现形式。专利技术只有说明书一种表现形式。技术秘密可以图表、公式、配方、信息等书面形式表现，也可以技术人员头脑中的观念、经验和技能表现。

（7）专利技术在任何条件下都无法转变为技术秘密，而技术秘密在符合《专利法》规定的条件下，可以转化为专利技术。

第二节 技术秘密的法律保护

各国法律均承认技术秘密的财产价值，也认为应当对技术秘密予以某种形式的法律保护，以防止他人非法利用、泄露或传播，损害技术秘密所有人合法利益。而且也认为，技术秘密所有人的利益受到损害时，可以依法律程序对侵害者提起诉讼，得到司法救济。目的是促进人们对技术秘密研究开发和利用，促进国家经济技术发展。

一、技术秘密法律保护的必要性

（一）技术秘密是智力劳动成果

在技术秘密研究开发过程中，人们投入了大量人力、物力、财力，成为具有知识性和工业实用性的技术成果，成为工业领域和经营领域不可或缺的技术知识。在企业生存和发展中，其重要性不在专利技术之下，甚至超过专利技术。

（二）技术秘密是一种专用性的权利

技术秘密的专用性虽然不是法律授予的，但它具有“非周知性”，即其内容只有其开发者知道，而其他人不知道。这一特点导致它具有一般专用权的特点：独占使用权、禁止权、保密权和请求保护权。因此，世界大多数国家是将技术秘密作为一种专用权对待的。

（三）技术秘密专用权是一种财产性的权利

技术秘密专用权的财产性表现在：

（1）技术秘密是智力劳动成果，具有价值和使用价值，是民法中的财产权。

（2）技术秘密所有者可以自己使用，获得现实的经济利益或潜在的竞争优势。

（3）技术秘密所有者可以转让给他人使用，获得经济报酬。

（4）在技术秘密受到侵犯时，会给其所有者造成经济损失。其所有者可以援引民法、反不正当竞争法、合同法等请求法律救济。

（四）技术秘密是企业核心竞争力的重要内容

在市场竞争中，核心竞争力是企业生存和发展的关键，拥有核心竞争力的企业处于产业链的上端，而其他企业处于产业链的中端或下端。在利益分配上，上端企业获得最大利益，中、下端企业则获利甚微。因此，技术秘密也成为竞争者或不法者窃取的对象。为了防止技术秘密被不法人员窃取，所有者都十分重视技术秘密的保护，并采取各种手段防止技术秘密的扩散和流失。

二、侵犯技术秘密的表现与法律救济

技术秘密法律保护，是在技术秘密所有人的权益受到侵害时，才援引适当法律，保护所有人的利益或挽回损失，使侵权者受到应有的制裁。因此，在保护技术秘密的法律依据、保护方式以及保护程度等方面，各国的做法并不统一。有些国家通过本国现有法律的一般原则，进行引申和扩展，间接地实现对技术秘密的保护。

（一）侵犯技术秘密的表现

目前，世界大多数国家没有保护技术秘密的专门法律，但大都有反不正当竞争法，又由于商业秘密包括技术秘密，因此，在法律保护上，两者的保护原则是相同的。

我国《反不正当竞争法》第10条第1款，列举了侵犯商业秘密（技术秘密）的表现，主要有以下几种：

1. 以盗窃、利诱或者其他不正当手段获取权利人的商业秘密

（1）盗窃，是指在商业秘密所有者不知情的情况下，采取复制手段（复印、拍照）或直接取走商业秘密的行为。

（2）利诱，是指以优厚物质条件或非物质条件为诱饵，引诱知悉商业秘密的人泄露雇主或他人的商业秘密。

（3）胁迫，是指对知悉商业秘密的人采取威胁手段，逼迫其说出或交出商业秘密。

2. 披露、使用或者允许他人使用以前项手段获取权利人的商业秘密

（1）披露，是指知悉或采取不正当手段获得商业秘密的人，采取各种传播方式披露商业秘密的内容，导致商业秘密的秘密性丧失。

（2）使用，是指将用不正当手段获取的商业秘密，用于自己的生产或经营中，获取竞争利益，或者让其他人使用，获取报酬。

3. 违反约定或者违反权利人有关保守商业秘密的要求，披露、使用或者允许他人使用其所掌握的商业秘密

违反约定或者违反权利人有关保守商业秘密的要求，披露、使用或者允许他人使用其所掌握的商业秘密，这种情况主要发生在合同当事人或合作者之间，双方签有书面保密协议，或者有口头保密约定，而其中一方违反协议或约定的保密义务，超越保密范围的披露、使用，或者允许他人使用其所掌握的商业秘密。

4. 第三人明知或者应知前款所列违法行为，获取、使用或者披露他人的商业秘密

第三人明知或者应知他人以违法行为，获取、使用或者披露权利人的商业秘密，不但不进行揭发，而且还继续获取、使用或者披露权利人的商业秘密。《反不正当竞争法》将这种行为视同侵犯商业秘密。

（二）侵犯技术秘密的法律救济

技术秘密受到侵犯时，权利人有权援引相关法律，保护自己的合法利益。援引法律

需根据侵权人的类型（合同当事人、第三者、雇员），以及他们侵权的目的和采取的手段，选择最有效的、与侵权关系最密切的法律作为依据，进行法律诉讼，以将所受的损害减少到最低限度，挽回所受的损失或期得利益。

1. 援引合同法

技术秘密转让合同中，都列有保密条款，要求受方承担保密义务，不得向外泄露技术秘密的内容。未经授权，不得将技术秘密转让给其他企业使用。受方违反合同规定泄露或越权使用技术秘密，供方有权以违约为由对其起诉，法院将依据合同法追究违约者的法律责任。例如《中华人民共和国合同法》第 351 条规定："实施专利或者使用技术秘密超越约定的范围的，违反约定擅自许可第三人实施该项专利或者使用该项技术秘密的，应当停止违约行为，承担违约责任。"

各国的法律和判例都认为，合同保密条款的有效性，其对当事人具有约束力，如一方违反合同保密约定，法院应予执行。但是，合同法保护技术秘密有很大局限性，即只能约束当事人，不能约束第三方。如国际商会日本分会曾指出："……我们所能做的只是对不履行义务的行为要求赔偿，保密义务仅在合同双方之间有约束力，要使第三方保密，在法律上是没有办法的……"

2. 援引民事侵权行为法

各国民法都规定，凡因过失、故意或以不法行为使他人遭受损害者，就构成侵权行为，侵权者须承担损害赔偿责任。如《德国民法典》第 823 条规定："凡因故意或过失，不法侵害他人生命、身体健康、自由、所有权及其他权利者，应对他人负赔偿由此产生的损害的义务。"日本《民法典》第 709 条规定："因故意或过失侵害他人的权利者。应承担赔偿由此所产生的损害的责任。"许多国家的法律或判例解释也规定，以不正当手段获取他人商业技术秘密，也属于上述民事侵权行为。当第三方非法侵害技术秘密时，只要受侵害者能证明对技术秘密有某种权利，即使他们之间不存在合同关系，也可以侵权行为为由进行起诉，要求侵权者赔偿损失。英国在 19 世纪中期，在衡平法中形成了一种叫"违反信任"的诉讼权。只要原告能证明被告未经其明示或默示的同意，使用了其保密知识，就构成侵权行为，原告可用破坏信任原则而要求取得赔偿。因此，采用上述法律和司法解释，对技术秘密拥有人阻止第三人非法窃取、使用或泄露其技术秘密，是一种可行的保护方法。

3. 援引制止不正当竞争法

技术秘密也可通过制止不正当竞争法予以保护，如德国，在其《不公平竞争法》（UWG）中，不仅涉及了技术秘密的保护问题，而且对技术秘密的保护规定得十分详尽。该法规定：凡公司的雇员、工人或学徒在受雇期间，为了竞争和自身的利益，或者有意损害其公司的利益，在未经授权的情况下，将其在受雇期间掌握或获得的技术秘密泄露出去即为犯法行为。还规定："任何人未经授权而为了竞争或自己使用的目的，将经营过程中对方提供给他的技术指导或规则，特别是图纸、模型、式样和配方透露给他人即为犯法行为。"对上述违法行为除可以要求赔偿外，还可追究违法者的刑事责任。

4. 援引商业秘密法

技术秘密也可以用商业秘密法保护，如美国通过制定商业秘密法来对包括技术秘密在内的商业秘密加以保护，如美国统一州法全国局长会议于 1979 年颁布了《统一商业秘密法》（Uniform Trade Secrets Act），它是一个推荐给美国各州使用的非官方示范法。至 1986 年，已有 9 个州采用了该法。美国《统一商业秘密法》对商业秘密做了明确的定义，并规定了商业秘密拥有人对其他人未经同意使用的行为，可取得法律救济。

5. 援引刑法

技术秘密主要以民事保护为主，也有一些国家在刑法中对侵害技术秘密的行为采取刑事惩罚。这主要是因为随着科学技术的迅速发展，技术秘密在竞争中的地位越来越重要，一旦被他人滥用，不仅使企业遭受损失，而且还会影响国家在国际市场上的竞争地位。因此，不少国家普遍主张，应从维护社会和公共利益出发，在刑法上规定对侵害技术秘密的行为予以惩处。如美国联邦法和至少在 20 个州的法律中，都把滥用商业秘密作为一种犯罪行为。

我国《刑法》第 219 条规定：侵害他人商业秘密，给权利人造成重大损失，构成犯罪的，处以 3 年以下有期徒刑或拘役，并处或单处罚金；造成特别严重后果的，处 3 年以上 7 年以下有期徒刑，并处罚金；给商业秘密权利人造成重大损失，造成特别严重后果的，按《刑法》第 219 条规定处理。

（三）技术秘密的国际保护趋势

20 世纪 70 年代以来，盗窃企业秘密事件和所谓工业间谍事件频频发生，对工商业企业利益造成难以弥补的损失。因此，国际范围内（尤其是发达国家）普遍关注技术秘密的保护问题。有的国际组织也试图制定保护技术秘密的国际公约，如：

1. 国际商会于 1961 年制定了《有关保护技术秘密公约（草案）》，其主要内容包括：

（1）保护的条件，要求受保护的技术秘密或技术知识必须具有秘密性，即该技术秘密未被公开或被公众知悉，而且技术秘密拥有人对该技术秘密已采取了必要的保密措施。

（2）构成侵害技术秘密行为的要素：① 非法使用他人的技术秘密；② 非法泄露他人的技术秘密或非法将他人的技术秘密传授给第三人。

（3）对侵犯技术秘密者提出两种制裁方法：一种是令其停止侵害行为；另一种是令其赔偿损失。

该草案是一个建议，其本身并无普遍的法律约束力，只有当主权国家将草案内容吸收为国内法时，才对该国产生法律效力。

2. 保护工业产权国际协会也制定了《保护技术秘密的示范法》，该示范法的主要内容包括：

（1）技术秘密的定义。是指技术、商业、管理、财务方面的知识和经验，这些知识和经验是可以实际应用于企业的经营的。

（2）技术秘密拥有人的权利。技术秘密属于其开发者或合法继承者所有，技术秘密可按本国法律通过签订合同或其他途径进行转让。

（3）技术秘密受法律保护，任何人未经许可不得非法使用和泄露。

（4）对技术秘密侵犯人的制裁。凡侵犯他人技术秘密者，应受国家法律的制裁，受害人可请求停止侵犯和赔偿损失。

该示范法规定了技术秘密保护的基本原则，对各国制定和完善保护技术秘密的法律有重要指导作用。

3. 世贸组织《与贸易有关的知识产权协议》

世贸组织《与贸易有关的知识产权协议》将技术秘密列入协议的保护范围，并扩大到政府和呈送给政府的数据以及未披露的医药、化工品的实验数据。

第三节 技术秘密转让合同的概念、性质与主要条款

一、技术秘密转让合同的概念与性质

（一）技术秘密转让合同的概念

技术秘密转让合同（the Know-How Transfer Contract)，是指技术秘密所有人（供方）与他人（受方）按约定条件，将技术秘密的使用权、制造权、销售权让与他人（受方）所订立的有约束力的书面文件。

（二）技术秘密转让合同的性质

1. 技术秘密转让合同是一种特殊类型的合同

技术秘密转让合同与其他许可合同相比，不是以法律上授予的某种权利为基础，而是以技术秘密本身及其所有者的控制权为基础。在业务实践中，当事人双方权利没有专门法律保护，发生侵权纠纷只能援引其他法律，如《合同法》、《反不正当竞争法》、《刑法》等。因此，技术秘密转让合同的顺利执行通常取决于当事人的忠实和信任程度。

德国法律界人士认为："技术秘密合同的内容很广泛，以至于无法提出适用于技术秘密转让合同的法规。技术秘密合同往往是自成一格的合同。"

2. 技术秘密转让合同名为"转让"，实为"许可"

技术秘密转让并非技术秘密所有权的转让。因为技术秘密的专有权不是法律确认、授予的"法定权利"，仅是一种"事实所有权"，其是靠"保密"而存在的。因此，供方不能依据有关法律授权，与他人签订许可合同，而只能签订所谓"转让合同"。可是，业务做法上，转让给受方技术秘密使用权、制造权和销售权又类似"许可"。退一步说，即使是供方转让所有权，实际上也无法实现。因为技术秘密所有者将技术秘密出让后，对技术秘密的内容仍然了解，甚至于继续使用。所以，这种转让合同更类似于专利实施权许可。

3. 技术秘密转让与权利许可方式不同

技术秘密转让一般需要通过三种方式：

（1）交付完整技术资料（产品设计、零部件设计、工艺方法、技术标准、试验方法等完整资料）；

（2）技术培训，培训受方工程技术人员和工人技术骨干；

（3）供方专家到受方实施技术秘密的工厂进行技术指导，逐步将技术秘密传授给受方。专利权利许可中，许可方一般只提供证明其权利的文件和技术说明书，不提供其

他技术资料。

4. 技术秘密转让往往与专利实施许可相结合

在实际业务中，技术秘密转让往往与专利实施许可相结合。因为专利实施许可通常需要依赖技术秘密才能较好地实施，依赖技术秘密而得到发展。在专利实施许可中，专利实施许可通常作为合同的核心，技术秘密作为实施条件。因此，当事人往往将技术秘密转让作为专利实施许可对待。

5. 技术秘密转让有时单独签订，有时与其他类型的合同相结合

技术秘密转让有时与其他类型的合同相结合，如与买卖合同、服务合同、加工合同、劳务合同、直接投资合同相结合。遇到这种情况，确定合同的性质，就要考虑合同标的的核心内容，确定其更接近哪种合同类型，如技术秘密为合同的核心部分，则应属于技术秘密转让合同，如合同的核心是有形物的买卖、技术服务等，技术秘密转让只是其中的一部分，那就应以核心内容给合同定性。

二、技术秘密转让合同的主要条款

（一）合同内容与范围

该条款是技术秘密转让合同的核心，是确定当事人各项权利义务的基础，是考核该技术是否正确、有效转让的考核标准。因此，该条款内容较多，包括基本技术说明、授权、转让方式和其他内容。

1. 基本技术说明

技术秘密，通常是成熟的产品制造技术或工艺方法，使用技术的结果最终都是体现在特定产品或产品系列上。因此，该条款必须详细规定技术名称、产品或产品系列、产品的技术性能指标。

拟定技术指标要注意：第一，受方应重点关注产品的技术性能指标，因为它说明所转让技术的内在素质和真正技术水平，决定着该技术的价值高低。第二，双方在规定技术性能指标时，都应认真研究。对供方来说，规定指标过高会增加技术风险。对受方来说，追求过高指标，会使进口的技术条件脱离受方实际需要，白白增加引进费用。第三，双方规定技术性能指标时，应给技术指标留有机动幅度，如产品成分或尺寸不要规定过死。否则，不利于合同后期的考核验收。

2. 授权

技术秘密转让合同中，供方授予的权利不是依法获得的权利，而是供方通过保密措施获得的对技术秘密的控制权。表面上，其授权与以专利权为基础的许可合同授权类似，实际上是不同的。

（1）授权的范围

技术秘密转让合同中，供方的授权范围一般只包括使用权、制造权和销售权 3 项。专利实施许可合同授权包括使用、制造、许诺销售、销售、进口 5 项。

（2）授权性质

在技术秘密转让合同中，供方授权性质通常分两类，即独占使用权和非独占使用

权，非独占使用权即普通使用权。由于技术秘密不享有专门法律保护，一旦其他人独立开发出内容相同的技术秘密，或因失密被其他第三者使用时，供方则无权排斥第三方。供方即使授予受方独占使用权，遇到上述情况，独占使用权就会实际丧失。换言之，在技术秘密转让合同中，独占使用权实际上并不具有绝对排他性。因此，供方授予受方的技术秘密使用权多为普通使用权。

3. 技术秘密的转让方式

技术秘密的转让方式有三种，即提供技术资料、培训受方人员和专家技术指导。在国际技术贸易合同中，这三种转让方式是最完整的和最有效的转让方式。因此，受方无论采用哪种合同引进技术，都应将这三种方式结合进去，以提高使用技术的效果。

（1）提供技术资料

技术受方应要求供方详细列明资料种类、技术标准、使用的文字、各种资料的份数，并且要求供方保证：第一，资料完整、正确、清晰；第二，是供方自己生产中正在使用的技术秘密的核心内容和机密资料。具体资料应列出清单，作为合同附件。

值得注意的是，受方可以根据本企业的技术实力，对供方提供的资料进行适当选择，凡本企业可以自行解决的或不需要的资料，不必全盘接受。

（2）技术培训

合同应明确规定培训人员的数量、时间、培训人员的资格、培训条件的提供和培训费用的负担等。这些内容均应以合同附件形式详细列明。

值得注意的是，受方应根据实施技术的需要，确定培训的目标、培训内容和培训人员的资格。在实际业务中，受方人员一般分两批进行培训。

第一批，重点培训工程技术人员，目的是要求工程技术人员掌握技术文件的内容，提出不懂或不清楚的问题，请供方专家进行说明和讲解，以增强工程技术人员掌握和使用技术文件的能力。

第二批，重点培训第一线生产骨干工人，目的是使生产骨干工人在生产现场跟班进行实际操作，掌握生产工艺，弄清如何做（How to Do），以便在本企业实施技术秘密过程中，带领其他工人一起工作。

（3）技术指导

技术指导，是指供方派遣合格专家、工程技术人员到受方企业帮助消化、转化技术资料，指导和解决产品生产过程中产生的问题。该条款应规定供方派遣人员的数量、技术等级、专业、工作时间、费用负担，以及不合格人员的调换等。

4. 其他

在合同主要条款明确后，受方应考虑有无其他需要供方提供或协助解决的事项，如使用供方商标，供应关键设备和原材料等，如当时不能做出决定，可以列一个预防性条款，要求供方做出保证，“在受方将来需要使用供方商标，或供应关键设备和原材料时，供方必须保证供应，并另行签订合同，其条件和价格不应高于向其他第三者供应的条件和价格。”以免将来供方提出额外条件，或对受方实行价格差别待遇。

该条款实例：

供方同意向受方出让，受方同意从供方取得合同产品的设计、制造、销售、安装、维修的技术秘密。合同产品的名称、型号、规格和技术参数详见本合同附件一。

供方承认受方在中华人民共和国境内设计和制造合同产品，以及使用、销售和出口的权利，这种权利是非独占的、不可转让的。

供方负责向受方提供合同产品有关的技术秘密和技术资料，具体内容、数量和交付时间详见本合同附件二。

供方负责派遣技术人员讲解技术资料，并对合同产品的设计、制造、装配、检验、考核等进行技术指导和服务，技术服务的内容和要求详见本合同附件三。

供方负责接受和安排受方人员在供方工厂的技术培训，供方应尽最大的努力满足受方的要求，使受方人员能够掌握上述技术秘密，受方人员培训的内容和要求详见本合同附件四。

根据受方的需要，供方有义务以最优惠的价格向受方提供合同产品所需要的零部件、原料或标准件等，具体的供货内容届时双方将另行协商签订合同。

供方同意受方使用其商标的权利，合同产品可以采用双方的联合商标或标明“根据供方许可证制造”的字样。

（二）技术文件的交付

该条款主要规定技术资料的运输、交接问题。运输资料要做到安全、快捷、及时；资料丢失、损坏，供方应及时补救。该条款的主要内容：

1. 交付的时间和进度

技术文件交付的时间与进度，要根据资料的数量、项目实施的进度，以及受方翻译和转化资料的能力确定，可以一次交付或分批交付，并确定各批资料具体交付的内容、时间、数量、方式。

2. 交付方式、地点及风险转移

交付方式、地点及风险转移应选择对受方最安全、最快捷、风险最小的方式。实际业务上多采用空运方式，将受方所在地指定机场作为交付地点和风险转移地点。

案 例

过去，有的合同规定，技术资料按 CIF 在 × 国 × 市国际机场交付。根据国际贸易惯例，按 CIF 交付，风险是从资料交付航空代理时开始转移，空运中的风险由保险公司承担，技术资料发生丢失或损坏，受方可以从保险公司获得赔款。但是，赔款并不能解决受方所需资料问题，丢失或损坏的技术资料仍须用赔款从供方购买。这样往往会产生很多周折，影响受方实施技术秘密的进度。因此，受方不应采用 CIF 目的地机场交付方式。

3. 技术文件的包装要求及通知

资料的包装应使用适合于长途运输，多次搬运，防雨、防潮的坚固包装。每包资料的封面上应标明合同号、收货人、目的地机场、唛头、重量、件号等等。在包装内应附有资料的详细清单一式二份，并标明技术资料的序号、代号、名称、页数等细节。每批资料发运后一定时间内（如 24 小时或 48 小时），供方应将合同号、空运单号、空运日期、件数、重量、班机号和预计抵达目的地机场的日期，用电邮或传真告知受方，同时，供方应将空运单和资料详细清单各一式二份航寄给受方。

4. 技术文件实际交付日期确定

技术文件的实际交付日期，应以目的地机场的印戳日期为准，不能以空运单上的起运地机场印戳日期为准。因为以起运地机场印戳日期为准，受方很难控制资料起运的时间。

5. 技术文件丢失、损坏的补救方法

受方收到技术资料后，必须尽快对资料进行验收，清点、核查资料完整和清晰程度，如发现丢失、损坏、短缺或不清晰的，受方应及时通知供方。供方收到受方通知后，应在一定时间内（如30天内）或合理时间内，将补充的资料免费航寄给受方。

该条款实例：

供方应按本合同附件X规定的内容、数量和时间，在X国X市国际机场交付技术资料。技术资料运抵机场后，其风险即由供方转移到受方。交货机场的印戳日期为技术资料的实际交付日期。在每批技术资料发运后二十四小时内，供方应将合同号，空运单号，空运单日期，资料的项号、件数、重量，班机号和预计到达日期，用电邮或传真通知受方，同时，将空运单和技术资料的详细清单各一式二份，航空邮寄给受方。如技术资料在空运中发生丢失、损坏、短缺，供方应在收到受方书面通知后三十天内，免费补寄或重寄给受方。

（三）技术改进与发展的交换

在合同有效期内，当事人双方均可能在研究和使用技术秘密过程中做出进一步改进，甚至发展出更先进的技术。因此，在签订合同时，双方应预先以合同条款的形式，将交换的权利、义务、时间、条件等加以明确规定，以避免将来某一方做出技术改进或发展时，双方临时协商，延误交换时间，影响及时使用。

1. 改进和发展的含义

改进（Improvement），是指在原有技术基础上，技术性能、产品质量、制造工艺、技术水平进一步提高和更加完善。改进属于原有技术基础上的部分改变，原技术的基本特征未变。

发展（Development），是指在原有技术基础上取得突破性进展，产生出具有重大经济意义的显著技术进步的新技术，该技术改变了原有技术的基本特征，可以独立于原有技术，或者不依赖原有技术独立存在，对原有技术而言，发生了质的变化。

2. 改进与发展交换条款的内容

（1）交换的义务

在合同中，当事人规定改进和发展交换条款，就表示双方将技术改进和发展交换的愿望变成交换的义务，而且以合同条款固定下来，条款规定的交换义务应该是双向、对等的。如果供方以技术改进和发展是在原有技术基础上做出的为由，要求受方单方面将改进和发展的技术无偿地提供给供方，而供方则不向受方提供，或者提供时要求增加附加条件。在国际技术贸易中，这种要求通常称为“单方返授”（Grant-back）条款。这种做法属于限制性商业惯例，一般违反受方国家技术转让法规，受方不应接受。

（2）权利的划分

改进和发展的技术交换前，双方应明确划分改进或发展技术的有关权利，其中涉及的权利有：

① 所有权。改进或发展的技术所有权必须明确，哪一方做出的改进或发展，所有权属于哪一方。供方如提出，受方做出改进或发展的技术，是在供方技术基础上做出的，其所有权应属于供方。这种要求也属于限制性商业惯例，受方不应接受。

② 使用权。改进和发展技术交换的目的，是通过使用该技术双方都可以获得更大经济利益。因此，双方均有权在自有企业中使用改进和发展的技术，交换的使用权是排他性的。

③ 转让权和专利申请权。改进技术的转让权和发展技术的专利申请权，一般要分别情况处理。改进技术的转让权和发展技术的专利申请权，首先应属于所有权方，其次，如非所有权方欲转让或提出专利申请，必须事先征得所有权方的同意。

值得注意的是，技术所有权方申请专利，大多选择产品销售前景较好的国家和地区，而不是向销售前景不明朗的其他国家或地区申请。因此，合同可以规定，所有权方应将不准备申请专利的国家和地区通知另一方，以便另一方有机会申请。这种做法有利于技术在更大范围受法律保护，对合同当事人都有利。

（3）交换改进和发展的费用

所有权方向另一方提供改进和发展的技术应否收费，可由双方协商确定。如决定收费均应收费，如免费均应免费。但有的供方可能要求，其提供改进或发展技术给受方，要求受方付费。反之，受方向供方提供时，供方不付费。这种做法属于限制性商业惯例的一种表现，受方不应接受。

（4）交换改进和发展的时间

交换改进和发展技术应规定明确的时限，即在改进或发展的技术做出后多长时间内向对方提供。在现实业务中，大多规定为两个月内提供。

3. 拟订改进和发展交换条款应注意的问题

（1）坚持对等原则

改进和发展交换条款应体现平等互利的精神，即坚持对等交换原则。具体表现为："交换义务对等，权利划分对等，交换费用对等，交换时间对等。"任何非对等交换的做法，都是法律所禁止的限制性商业做法，受方不应接受。

（2）注意改进和发展区别对待或同等对待

改进和发展技术属于两个不同的技术层次，在规定改进与发展交换条款时，理论上可以将两者区别对待，即规定只交换改进的技术，不交换发展的技术，或另行规定发展技术的交换办法。但实践中，明确确定改进和发展的界线十分困难。因此，很多合同将它们按同一原则处理。如双方愿意以一定方式划分两者界线，并规定不同的处理原则，亦不违反对等交换的基本精神。

该条款实例：

在合同有效期内，双方在规定范围内的任何改进和发展，应在两个月内，相互免费将改进和发展的技术文件提供给对方，另一方有权免费使用改进和发展的技术文件。

合同产品改进和发展的技术所有权，属于改进和发展该技术的一方。对方如要求申请专利或转让给第三方，应征得所有权方的同意。

（四）保密条款

技术秘密的秘密性，是保存技术秘密商业价值的唯一方法。技术秘密一旦被外界所知悉，其商业价值立即降低，甚至完全丧失。因此，在签订技术秘密转让合同时，供方均要求合同中订立保密条款，明确规定受方承担保密义务，以防止其有意或因疏忽造成技术秘密扩散或泄露，致使供方遭受无法弥补的损失。该条款内容包括保密范围、保密措施、保密期限和泄密的责任等。

1. 保密范围

保密范围，是规定受方应承担的保密责任。受方承担的保密范围越大，责任越大。因此，受方应将供方提供的技术资料详细区分，将技术资料分为“一般资料”和“核心资料”，避免供方随意扩大保密范围，要求受方对其提供的所有技术资料一概承担保密义务和保密责任。为了合理确定受方保密范围，一般采取“排除法”，即排除不应该由受方承担保密义务的内容，保留核心技术内容。应排除的内容如下：

（1）合同签订前，供方介绍的技术内容，受方一般不承担保密义务。如需受方对这部分内容承担保密义务，双方须签订“契约前保密协议”。

（2）同行业人员普遍了解的一般技术内容。

（3）供方以口头方式介绍的技术内容。

（4）供方解密或被他人窃取而泄密的技术内容。

受方除对上述内容不承担保密义务外，保密范围应该是，供方以书面形式提供的技术秘密的核心内容和资料。

2. 保密措施

保密措施是防止泄密的重要保证。因此，双方要商定具体的保密措施，措施一般包括：指定合格的保密人员、合适的保密地点，使用资料应履行借阅和归还手续，对接触和使用资料的人员的约束。

（1）指定合格的保密人员。人员一般由受方自行指定。如供方要求指定人员须征得其同意，受方也可照办。

（2）资料的保存及使用。资料应放置在不易被无关人员接触的地点。使用时，应规定借阅与归还制度。

（3）规范接触技术资料的人员及其行为。受方应与接触、使用机密资料的雇员签订雇佣协议或者保密协议。协议应明确规定：所有接触、使用技术资料的雇员，在职期间不得以任何方式复制，如摘录、复印、拍照等；也不得以论文、著作等方式泄露技术秘密内容。离职后一定时间内，也不得向第三者（特别是与雇主有竞争的企业）泄露技术秘密的内容。值得注意的是，协议规定雇员离职后，一定时间内不得向第三者，特别是向与雇主有竞争的企业泄露技术秘密，该规定应切合实际，不应规定时间过长，否则可能违反劳动法；时间过短，则达不到防止技术秘密扩散的目的。

3. 保密期限

保密期限一般与合同有效期相等。对尖端、先进技术或经济价值很大的技术，保密期可以长于合同有效期。特别是合同有效期届满时，在技术秘密内容仍未被公众所知悉、技术仍未被更先进的技术所替代的情况下，世界各国法律或判例都允许合同届满后，继续延长保密期三年至五年。

4. 泄密的责任

在合同有效期内，供、受双方都有发生泄密情况的可能。受方泄密往往有两种情况，一是违反合同约定，扩大技术使用范围；二是工作疏忽，导致泄密。两种均构成违约行为，受方应承担违约责任。出现这种违约情况，受方应及时采取补救措施，泄密严重时，受方应赔偿给供方造成的经济损失。反之，供方泄密，无论何种原因，供方均应承担泄密责任。如全部泄密，供、受双方可以协商合同存续，受方也有权终止合同，并要求退还已支付的使用费连同利息。如部分泄密，受方除对泄密的部分不再继续承担保密义务，还可要求减低技术使用费。

当事人雇员的泄密行为，供受双方可根据情节，追究泄密人员的经济责任，或移交司法部门进行查处。

该条款实例：

受方同意在合同有效期内，对供方按本合同规定提供给受方的技术文件予以保密。如果上述技术文件的一部分或几部分已被供方或第三方公布，则受方不再对公布部分承担保密义务，并调整支付使用费比例。如果上述技术文件的全部已被供方或第三方公布，双方应协商合同的存续。

（五）保证与索赔条款

保证与索赔条款是一种双向的保护性条款。因为受方签订技术秘密转让合同时，对技术秘密的适用性和产品应达到的技术性能指标没有把握，对供方是否有效传授技术和技术资料、技术指导是否有错误存在疑虑。另外，供方对受方是否认真履行合同，尽快实施所转让的技术秘密，按时支付技术使用费等也有疑虑。在这种情况下，彼此都要求对方做出一定保证，以便在对方违反保证时，保留索赔的权利，维护双方的合法利益，特别是维护受方利益。

该条款分两部分：第一部分是保证，第二部分是索赔。值得注意的是，该条款上虽然是双方保证与索赔。但实际条款中，仅列供方一方的保证与索赔，并不列受方的保证与索赔。这种处理方式是为了简化合同内容，突出供方的责任。这种明确列出保证的做法，称为“明示保证”；不明确列出保证的做法，称为“默示保证”。

1. 保证条款的内容

（1）供方的保证

① 技术资料保证。保证技术资料表面完整、正确、清晰；内容是供方在本企业实际使用的最新技术资料，并按合同规定时间及时交付。

② 保证技术培训和技术服务的质量。供方保证尽其所能搞好技术培训。按合同规定的内容、方法，免费提供教师和教材；保证按合同规定派出合格的技术人员，认真传授技术，满足合同要求。

③ 产品质量保证。供方保证，在受方正确使用技术的条件下，合同产品的质量达到合同规定的技术性能和技术指标。

④ 保证对受方的生产、经营情况进行保密。在实施技术秘密过程中，供方会了解很多受方的生产、经营情况，供方保证不向第三者披露。

（2）受方的保证

① 保证尽早开始商业化使用。受方保证毫不迟疑地采取一切所需的步骤，充分使用转让的技术，尽早投入商业化生产。

② 保证严格保护技术秘密，并在合同授权的范围内使用技术秘密。

③ 保证按约定支付技术使用费。

2. 违约索赔

在合同履行过程中，如一方违反所做的保证，给另一方造成损失的，受损失的一方有权提出索赔。在索赔条款中，主要规定供方的违约责任及对违约的索赔办法，不规定受方违约索赔办法。现将供方违约情况和受方的索赔原则介绍如下：

（1）不履行，又称违反重要保证或根本违约，具体表现在：

① 技术完全不成熟，根本不能生产出合格的产品；

② 超过宽限期，仍不提供技术资料，或者不安排受方人员培训；

③ 所转让的技术被指控侵权。

上述情况均属根本违约（Fundamental Breach of Contract），对上述任何一项违约，受方均有权终止合同，并要求供方退还已支付的使用费连同利息。

（2）不完全履行，又称违反次要保证，具体表现在：

① 所提供资料不完整，有错误，事后能采取补救措施；

② 技术指导有错误，产品质量距合同规定技术指标有一定差距，但差距仍处于受方可接受的范围内。

对上述情况，首先要求供方限期纠正，及时补救，如能补救，合同可继续履行。否则，可重新协商修改合同条款，或按违约的程度、比例减少支付技术使用费。

（3）延迟履行

延迟履行，是指供方不按时交付技术资料，或者不按时安排技术培训，或者不按时派遣技术指导人员。上述延迟履行，严重影响受方工作进度。按国际贸易惯例，对延迟履行，合同一般规定适当的宽限期，宽限期为30天，超过宽限期，从第31天开始，按延迟的周数，每延迟一周，处以罚金的若干百分比，计算标准可以按合同总金额或入门费基数，最高不超过合同总金额的百分之五。超过合同总金额的百分之五，或者延迟时间在6周以上，双方应协商合同的进一步执行问题。

3. 拟订保证索赔条款应注意的问题

（1）分清违反保证的情况和程度

受方提出索赔前，应调查违反保证的性质、情况、程度和损失的数额，并设法收集有关的证据，以便做到索赔有理、有利、有据、有节。

（2）产品质量保证应合情合理

受方要求供方的保证条件不宜过高，过高会脱离受方实际需要，增加供方潜在的商业风险和技术风险。如保证条件过于苛刻，还会迫使供方将可能的风险损失转嫁到使用费中，白白增加受方的使用费支出。

(3) 赔偿办法不应带有惩罚的性质

技术秘密不像专利技术是固定的。在签约前，甚至投入使用之前，受方并不能真正了解技术秘密的真实情况，供方也不一定能说明得十分清楚。因此，合同履行中出现一些双方都预料不到的违约情况是难免的。受方遇到供方违约情况，应首先弄清情况，通过友好协商解决。只要供方不是弄虚作假，或严重违约，不宜轻易采取终止合同办法。

(4) 索赔应是直接损失，索赔金额应合理

在履行合同过程中，无论发生何种违约情况，供方赔偿责任都是有限的。换言之，不论违约给受方造成多大损失，也不可能由供方全部赔偿，即使技术完全不成熟，受方完全无法实施，不得不提出终止合同，供方赔偿的最大限度，只能是退回所付使用费加上利息。如属部分违约，也只能按一定比例减低技术使用费。由此可见，受方想通过苛刻的保证与索赔条款约束供方，达到完全避免商业风险和技术风险的目的是不切实际的。

(六) 考核验收条款

1. 考核验收的目的

(1) 检查供方是否已完整、正确、无误地传授了技术。同时，也是检查受方掌握技术的熟练程度。因此，考核验收是对当事人双方的考核。

(2) 考核验收重点，是考核产品质量，它可以反映出技术转让各个环节的全面情况，确保产品质量合格，技术资料、技术培训、技术指导质量都会符合合同要求。

2. 考核验收条款的主要内容

(1) 考核验收的时间

考核验收的时间应定在受方生产出产品之后，如第一批产品生产出来之后。

(2) 考核验收的内容

考核验收应明确规定考核的产品、规格、型号和数量。选择考核验收产品，应根据不同产品的技术特点，如：大型机电产品一般应对每种规格的第一台或每一台进行考核试验；全系列产品，包括多种规格型号的，可选有代表性的几种进行考核；大批量生产的小型产品，可从一定生产批量中抽样考核，抽样办法由双方协商决定。此外，对每种考核的产品数量也要具体规定，以保证考核验收的正确性和可靠性。

(3) 考核的组织

为了保证考核验收的公正性，双方应各派若干人，共同组成考核验收小组，具体负责考核验收工作。

(4) 考核方法

考核方法至关重要，因为考核方法不同，考核的结果不同。但是，合同不应规定考核标准。因为考核标准就是合同内容和范围条款规定的产品技术指标，如果在该条款中再规定考核标准，很可能引起双方对考核结果的争议。

(5) 考核验收的地点和责任

考核地点多是在受方所在地，或在受方使用技术的工厂。考核验收时，由受方提供考核的辅助人员、设备、仪器和原材料。如果有的检测设备、仪器受方不能提供，可由供方提供。

（6）考核结果的评定和处理

经过考核，产品达到合同规定技术指标为合格，双方签署考核验收文件，各执两份，分别保存，以资证明。

经过考核，产品未达到合同规定技术指标为不合格。根据国际贸易惯例，第一次考核不合格，可以安排第2次，甚至第3次考核。但是进行第2次或第3次考核之前，双方必须先找出前一次考核不合格的原因，提出不合格问题的解决办法，分清不合格的责任，并明确由责任方提供第2次和第3次考核所需的条件和费用。

值得注意的是，考核验收的次数最多不超过3次。如经第3次考核，产品质量仍未达到合同规定的技术指标，双方就应根据不合格的情况和程度进行协商。如不合格的程度并不严重，可维持合同有效，并依据与技术指标的差距，按比例降低技术使用费。如不合格的程度非常严重，产品质量完全达不到合同规定技术指标，受方有权提出终止合同，并要求退还已支付的使用费连同利息，同时就如何处理供方提供的资料进行协商。

该条款实例：

双方同意在受方按照供方提供的技术文件制造出合同产品后，对合同产品进行联合验证，其试验方法见附件X。如合同产品的考核试验表明，其性能与附件中所述的性能一致，考核试验即为合格，双方签署验收证明书一式四份，每方各持两份。

如合同产品在考核试验中，其性能、技术参数与规定的不一致，双方将通过友好协商，共同研究，分析其原因，找出消除故障的方法。然后，进行第2次考核试验（如有必要，再进行第3次），在试验表明产品性能合格后，双方将如上述条款所述签署验收证明书。

如产品在第1次考核中未能合格，其责任在供方，则供方第2、3次派出技术人员的一切费用全由供方自理；如产品不合格的责任在受方，则受方提供上述全部费用。

如产品第3次考核时仍未通过，且责任在供方，处理方法按合同第×章第×节执行。如失败责任在受方，双方将协商如何继续执行合同。

如果合同产品的部分性能尚未达到验收指标，但受方仍可以投产使用时，供方应按以下规定赔偿受方的损失：合同产品的性能指标降低×%，赔偿合同总价的×%；合同产品的性能指标降低×%，赔偿金为降低提成率×%。

第四节　试用协议

一、试用协议的概念和目的

（一）试用协议的概念

试用协议（the Optional Agreement）又称选购协议，是技术秘密所有者选择理想合作伙伴，拟引进技术秘密一方为进一步了解技术秘密状况，评估其经济价值，而签订的一种试用性的、可选择性协议。协议对双方签订正式合同不具约束力，也不是签订正式合同必经步骤，其内容也不反映在正式合同中，是一种自成一格的独立文件。

（二）签订试用协议的目的

1. 引进方更多地了解技术秘密内容，做出抉择

在交易初期，技术秘密所有者只提供最低限度的资料和内容，简述技术秘密的主要优点和经济价值。引进方却无法从中了解该技术秘密的关键和详情，也无法对该技术做进一步的评价。因此，引进方需要通过试用，对是否签订正式合同做出抉择。

2. 技术所有者希望更多了解引进方技术实力，减低商业风险

在双方接触初期，技术秘密所有者也不了解引进方的技术实力，担心贸然将技术秘密转让给引进方会产生失误。因此，技术秘密所有者也不愿仓促进行交易。而希望通过某种方式更多地了解引进方的技术实力，以降低商业风险。

3. 引进方希望取得优先取舍权（First Reburial Right）或优先选购权

双方为解除彼此疑虑，尽快打破僵持的局面，促使交易的早日达成，采取了签订试用协议的办法，由技术所有者更多地披露技术内容，供引进方试用，促使引进方尽早做出肯定或否定选择，避免久拖不决，浪费彼此宝贵时间。

二、试用协议的主要内容

（一）当事人

在试用协议中，技术秘密所有者称授用方（Confer Parties）。拟引进技术秘密一方称试用方（Try Parties）。

（二）技术的披露

本条款明确规定，授用方披露技术的具体内容和情报资料的范围，其数量应满足试用方了解技术和进行经济评价的需要。

值得注意的是，该条款的拟定对授用方是一个严峻的考验，因为授用方披露的技术内容不当，试用方可能会悟出技术的关键所在，而不签合同。授用方披露的技术内容过少，又达不到试用的目的。

（三）试用权

试用权，是指授用方依据协议授予试用方的权利性质。授用方授予试用方的权利分为独占试用权（Exclusive Try Right）和非独占试用权（Non-exclusive Try Right）。独占试用权情况下，授用方不得在试用期内与第三方签订相同内容的试用协议；非独占试用权情况下，试用方只有优先选择权，不能阻止授用方与第三方签订相同内容试用协议。

（四）试用期

试用期限一般为 6 个月，最多不超过一年。在试用期限届满前，试用方必须做出肯定或否定的选择。如未选择签订正式合同，双方的权利和义务解除，试用方必须承担保密和不使用义务。

（五）试用费

试用方应该支付一定量的试用费，因为试用方如决定不签订正式合同，披露的技术情报可能被泄露，给授用方造成一定损失。试用费的金额一般根据技术的种类、内容和当时的竞争情况而定。如试用方决定签订正式合同，已付的试用费可从将来的使用费中

扣除。

（六）保密和不使用义务

在试用期限内，试用方不得将授用方揭示的秘密情报资料泄露给第三方，也不得用于评价以外的目的。有的试用协议还规定，在试用期内，试用方未选择签订正式合同，试用方应将所有的资料归还给授用方，或者经授用方同意，就地销毁。保密和不使用义务的期限可以长于试用期。

练习题 EXERCISES

一、单项选择题

1. 技术文件的交付和风险划分的地点在____对技术受方有利　（　）

A. 供方所在地机场　B. CIF 受方所在地机场

C. FOB 供方所在地机场　D. 受方所在地指定机场

2. 最能反映技术转让效果的指标是　（　）

A. 技术资料完整、清晰，并具有时效性

B. 技术保密措施得当严密

C. 合同产品的质量符合规定的技术标准

D. 供方技术服务、技术培训质量良好

3. 技术改进和发展的所有权应归谁　（　）

A. 技术供方　B. 技术受方

C. 做出技术改进和发展的一方　D. 双方共同拥有

4. 供方技术资料延迟交付的“宽限期”为____天　（　）

A. 6 周　B. 90 天　C. 30 天　D. 120 天

5. 一方违约，受损一方索赔的最高限额不得超过合同总金额的____%　（　）

A. 10%　B. 5%　C. 15%　D. 20%

二、多项选择题

1. 受方应做哪些默示保证　（　）

A. 尽早开始商业化生产　B. 按合同约定支付技术使用费

C. 严格保守技术秘密　D. 保证产品质量

E. 保证技术培训质量

2. 技术秘密被侵犯，其所有人可以援引哪些法律进行保护　（　）

A. 合同法　B. 反不正当竞争法

C. 民法　D. 刑法

E. 商业秘密法

3. 供方转让技术秘密采取的方式是　（　）

A. 提供清晰、完整、有效的技术资料

B. 培训技术人员、骨干工人

C. 及时提供合格的技术人员进行技术指导

D. 提供技术设备、原材料

E. 许可受方无偿使用供方商标

4. 供方严重违约的具体表现 （ ）

A. 产品质量完全达不到合同规定的技术标准

B. 所转让技术受到第三者侵权指控

C. 超过6周以上，供方仍不提供技术资料

D. 提供的技术指导有些错误

E. 产品质量性能与技术指标有差距

5. 受方承担保密义务的期限可以 （ ）

A. 长于合同有效期若干年

B. 短于合同有效期若干年

C. 与合同有效期限相等

D. 与合同续展期限相等

E. 与知识产权保护期相等

三、名词解释题

1. 技术秘密 2. 试用协议 3. 技术改进 4. 技术发展 5. 技术秘密转让合同

四、简答题

1. 供方提出的哪些技术资料，受方不承担保密义务？

2. 技术秘密转让合同中，供方应做哪些保证？

3. 第三次考核验收结果仍不合格应如何处理？

4. 技术改进和发展交换条款的对等交换原则具体体现在哪些方面？

5. 技术秘密专用权的财产性表现在哪些方面？

五、论述题

1. 技术改进和发展的所有权、使用权、转让权、专利申请权如何划分？

2. 供方违反保证有哪几种情况？

3. 技术秘密有哪些特点？

4. 试述专利技术与技术秘密的区别。

5. 试述供方违反保证，受方提出索赔应注意的问题。

第六章　商标使用许可合同

学习目标导言

商标，是一种标记，其原始作用是区别产品的来源和出处。但是，随着市场经济的发展，其作用已不限于此，它的作用已扩大到表示商品质量、企业信誉、吸引和指导消费者等方面。

在现实社会，市场经济无孔不入，商品竞争、产业竞争、企业竞争将商标推到竞争的风口浪尖，成了竞争成败的标志，其价值被逐渐放大，成了企业拥有的一种重要财产。因此，保护这种财产的法律应运而生。美国是首先制定《商标法》的国家，依据的理由是，“与商标联系在一起的绝大多数商品或服务，都是美国对外贸易及各州之间的贸易客体；商标与对外贸易及州际贸易密切相关，属于‘贸易条款’规范的对象。”

但是，商标与发明创造、文学艺术作品等智力成果不同，不是人们创造性劳动的产物，而是以文字、图形、数字、颜色，或者相互组合成的符号表现的标记，这些构成商标的元素都属于公有的范畴。但是，商标有一个显著的特点，就是与工商业活动密切相关，与商品销售市场密切相关。与制造、销售产品的企业密切相关，企业与商标一荣俱荣，一损俱损。因此，商标演化成商品信誉、企业信誉、市场竞争力的代名词，它们不仅给其所有者带来巨大经济利益，也成了社会财富增加的不竭源泉，成了其所有者的重要无形资产，成了公认的“财产权”，法律上的“工业产权”。

改革开放以来，中国商标注册法律、法规体系不断建立和完善。1982 年 8 月，《商标法》颁布。1993 年和 2001 年，《商标法》两次修改，进一步扩大了注册商标保护范围，增加了关于集体商标、证明商标、立体商标、驰名商标保护的规定。《商标法》第二次修改之后，《商标法实施细则》于 2002 年 8 月 3 日再次修订，更名为《商标法实施条例》，并于 2002 年 9 月 15 日起施行。

现在，中国企业的商标意识不断增强，商标注册量快速增长。但是，中国企业的商标意识与国外企业比较仍然有不小差距，不少企业仍在为国外企业品牌打工，中国商标在“世界驰名商标”排行榜上仍然榜上无名。对这种状况，工商界人士应深深地反思，应该响应国家“实施名牌战略”的号召，不断提高全社会商标意识，培育支持本国商标的良好环境，让我国企业自主商标冲出亚洲，走向世界。

重点难点提示

商标的概念、类型；商标权的概念、特点；获得商标权的原则与条件；引进商标的使用方式；商标使用许可合同的主要条款。

第一节 商标的概念、类型及作用

一、商标的概念

商标（Trade Mark），又称品牌（Brand），两者是同义词。就两者的涵义而言，有狭义和广义之分。

（一）商标的狭义概念

1. WTO《与贸易有关的知识产权协议》的概念

“任何能够将一个企业的商品或服务与其他企业的商品或服务区分开的标记或标记组合，均应能够构成商标。这类标记，尤其是文字（包括人名）、字母、数字、图形要素、色彩的组合，以及上述内容的任何组合，均应能够作为商标获得注册，即使有的标记本来不能区分有关商品或服务，成员亦可依据其经过使用而获得的识别性，确认其可否注册。成员可要求把‘标记应系视觉可感知作为注册条件’。”

2. 我国《商标法》的概念

我国《商标法》第 4 条规定，“任何能够将自然人、法人或者其他组织的商品与他人的商品区别开的可视性标志，包括文字、图形、字母、数字、三维标志和颜色组合，以及上述要素的组合，均可作为商标申请注册。”“本法有关商品商标的规定，适用于服务商标。”

特别值得注意的是，我国过去的《商标法》比较注重商标的“区别性”，只要能将一种商品或服务与另一种相同的商品或服务区分开来的标记，就可以获得商标注册。现在我国的《商标法》与 WTO《与贸易有关的知识产权协议》的概念协调一致。强调“标记应系视觉可感知作为注册条件”。即商标必须具有“可视性”（Visibility）。平面商标、立体商标都是“视觉可感知”的。而“音响”、“气味”等视觉不能感知的，就不属于授予商标权的范围，被排除在外了。

（二）商标的广义概念

1. 商标的广义概念分析

商标的广义概念，是指商标标记或标记组合及其内涵。商标的内涵，是指其所代表的综合竞争力：产品的技术含量；市场占有率、市场覆盖率；企业文化、企业形象、企业信誉以及在资本市场、消费者心目中的价值等。这个内涵表示的是“品牌”的含义。

2. “商标”与“品牌”的区别

“商标”和“品牌”虽为同义词，对应的狭义和广义概念也相同。但是，在使用上是有区别的。商标是法律术语，是商标法保护的客体。“品牌”则不是法律术语。在日常生活中，人们使用品牌的频率虽然很高，并且在品牌之前加上一些形容词，如名牌、知名品牌、著名品牌、自主品牌等，但这些称谓都不是法律术语，也不受《商标法》的保护。

二、商标的类型

商标的类型可以从不同角度划分，但很多划分是形式上的，如文字、图形、色彩等，没有多少实际意义。只有根据我国《商标法》规定划分，才能体现商标的真正意义，根据我国《商标法》，商标的主要类型是：

（一）商品商标和服务商标

（1）商品商标，是指自然人、法人或者其他组织对其生产、制造、加工、拣选或者经销的商品上使用的标记或标记组合。商品商标，多是商品生产者、销售者、经营者在物质商品上使用的标记，目的是区分商品的来源、出处，引导消费者识别、购买。

（2）服务商标，是指自然人、法人或者其他组织对其提供的服务项目上使用的标记或标记组合。服务商标，是服务业者在其提供的服务上使用的标记，多在服务的场所、服务人员、广告、图片上使用。目的是表示业者的服务质量。

（二）集体商标和共有商标

（1）集体商标，是指以团体、协会或者以其他组织名义注册，供该组织成员在商事活动中使用，以表明使用者在该组织中的成员资格的标记或标记组合。集体商标，是行业协会、合作社等为方便该组织成员从事商业活动注册的标记，只限本组织成员使用。

（2）共有商标，是指两个以上自然人、法人或者其他组织共同注册同一商标、共同享有和行使该商标专用权的标记或标记组合。

（三）证明商标和地理标志

（1）证明商标，是指由对某种商品或者服务具有监督能力的组织所控制，而由该组织以外的单位或者个人使用于其商品或者服务，用以证明该商品或者服务的原产地、原料、制造方法、质量或者其他特定品质的标记或标记组合。

（2）地理标志，是指标示某商品来源于某地区，该商品的特定质量、信誉或者其他特征主要由该地区的自然因素或者人文因素所决定的标记或标记组合。

（四）注册商标和未注册商标

（1）注册商标，是指申请注册的商标，符合《商标法》的有关规定，经商标主管部门初步审定、公告。自公告之日起3个月，期满无异议的，予以批准注册，发给商标注册证。注册商标都标有注册标记（注外加○和R外加○）。也有公司在其产品品名右上方使用“TM”。

（2）未注册商标，是指在商业活动中实际使用，其使用者未向商标主管部门申请注册的标记或标记组合。未注册商标有两种：一种是我国的自然人、法人或者其他组织对在用商标未进行及时注册；另一种是外国的驰名商标未在我国注册。现行《商标法》对这两种未注册商标都做了保护性规定，以防止他人恶意抢先注册。

（五）平面商标和立体商标

（1）平面商标，是指将注册商标印在纸张、锡箔等平面材料上，贴在商品“内包装表面”，或者将注册商标用颜料直接喷涂在商品“内包装表面”的商标。这种商标通常由文字（包括人名）、字母、数字、图形要素、色彩单独或者相互组合而成。

（2）立体商标，是指以具有三维结构（长、宽、高）的商品形状或其容器等作为商标。例如，可口可乐的玻璃瓶，堪称立体商标的典范，瓶型呈葫芦状，设计理念是，便于消费者手持，即使盲人手摸此瓶，也能辨认是可口可乐。我国《商标法》规定下列3种形状不得注册立体商标：

① 仅由商品自身的性质产生的形状；

② 为获得技术效果而具有的商品形状；

③ 商品具有实质性价值的形状。

（六）制造商标和销售商标

（1）制造商标，是指商品生产者在其制造的产品上使用的商标。目的是区分同类商品的不同厂家，便于购买者、经营者直接选择特定厂家的产品，建立固定联系，增加彼此的信任感。这种商标大多与生产厂家的企业名称相同，如青岛海尔公司，其生产的所有产品都是使用海尔商标。

（2）销售商标，是指商品经营者在其销售的商品或商品包装上使用的商标。目的是，表明其销售的商品质量有保证，树立商品经营者的信誉和经营理念，吸引消费者，例如，“苏宁”电器、“家乐福”超市。

在现实生活中，这两种商标是很难区分的，例如，一个制造企业的“制造商标”，同时也是“销售商标”。经营者销售的商品上既有“销售商标”，也有“制造商标”。而且，有些商品上有多个商标，如可口可乐碳酸饮料的包装上，中文“可口可乐”、英文“CocaCola”、“飘带”、“玻璃瓶”都是商标。

（七）驰名商标

驰名商标，是指符合下列条件的标记或标记组合：

（1）相关公众对商标的知晓程度；

（2）该商标使用的持续时间；

（3）该商标的任何宣传工作的持续时间；

（4）该商标作为驰名商标受保护的记录；

（5）该商标驰名的其他因素。

美国《商业周刊》刊登的国际品牌公司（Interbrand）评选的全球最有价值的100个商标，都可以称为世界驰名商标。进入500强的商标是世界性、地区性驰名商标。这些商标的价值是随着商标所有者企业的经营状况而变动的，它们的排名位次也不是固定不变的。

三、商标的作用

在当今市场经济条件下，商标除其原始作用外，更多的作用不断显现出来，特别是其市场竞争作用和财产价值更成为人们重视的焦点。现将商标的主要作用归纳如下：

（一）表示商品或服务的来源

商标的原始作用，是把同类商品或服务的来源区别开来，便于广大消费者通过商标，辨认商品的生产者、经营者或服务业者，选购满意的商品或服务。

（二）表示商品或服务的一定质量

商品和服务质量是商标的物质基础，商标使用者只有保持商品的一贯质量才能提高商标的知名度，树立商标使用者的信誉。因此，保持商品或服务的一贯质量，就成为维护商标及其所有者企业信誉的最重要前提。

（三）商标是其所有者的重要无形财产

商标和其他有形财产一样，是其所有者财产的重要组成部分，甚至商标的价值会超过其有形财产的价值。商标之所以成为企业财产是因为：

（1）商标的价值与其所有者花费的宣传费用成正比，正如有的外国学者所说，广告宣传费好比储蓄，最终都反映在商标的价值上；

（2）商标的价值反映其市场占有率，使用某一商标的商品在市场上的占有率、覆盖率越大，其商标的价值也越大；

（3）商标的价值与商标所有者企业的信誉、形象、利润率，以及其在资本市场和消费者心中的价值成正比，最终反映在其给商标所有者带来的超额利润上。现在，商标的价值可以量化，一般使用“收益现值法”衡量。

例如，美国2012年8月2日出版的《商业周刊》和国际品牌公司（Interbrand）联合组织的2012年度100个全球最有价值的品牌排行榜，列前10名的最有价值的商标及其价值如表6.1所示。

表6.1　　商标及其价值　　（亿美元）

1. 可口可乐	673.9	6. 迪斯尼	271.1
2. 微软	613.7	7. 麦当劳	250.0
3. IBM	537.9	8. 诺基亚	240.4
4. 通用电器	441.1	9. 丰　田	226.79
5. 英特尔	335.0	10. 万宝路	221.3

中国品牌研究院2010年1月10日公布第三届中国最有价值商标500强排行榜，列前10位的商标及其价值如表6.2所示。

表6.2　　商标及其价值　　（亿人民币）

1. 中国工商银行	790.26	6. 平安	210.29
2. 中国银行	560.77	7. 一汽	183.45
3. 联想	410.66	8. 中信	180.71
4. 华为	399.27	9. 宝钢	165.47
5. 中兴	270.19	10. 贵州茅台	154.33

（四）商标起着重要广告宣传作用

消费者通过商标识别商品，评价商品的质量和适用性，并将其印象有意无意介绍给他人，从而扩大了商标知名度，赢得更多的回头客和更多的购买者。

（五）商标是一个国家经济实力、企业实力，乃至整个国家形象的外在表现

在市场竞争日趋激烈的形势下，商标的作用已远超出其原始功能，成为企业和国家的象征。因为，人们往往将商标与使用商标的企业，以及企业与其所在国家产生联想，从而提高了企业和国家的认知度。对一个国家来说，世界性的驰名商标，世界性的明星企业，对提高企业和国家的形象起着十分重要的作用。例如美国《商业周刊》文章说："不管世界是如何看待美国的，美国在100个最有价值的品牌中共占据62席，在前10个世界最有价值的品牌中占据8席。"美国《华盛顿邮报》2006年8月7日的文章，更将品牌的价值提高到前所未有的高度，品牌"对国家的未来又有何重要意义呢？事实上，意义很大。品牌力量的提升关系到公共健康、全球化以及环境，甚至可能改变政治平衡"。

第二节　商标权的概念、内容、特点及获得的条件

一、商标权的概念

商标权（the Trade Mark Rights），在中国《商标法》称为"商标专用权"（Rights to Exclusive Use of Trade Mark），是指商标所有者（企业、事业单位、个体工商业者）对其生产、制造、加工、拣选或者经销的商品，或者提供的服务项目，向商标主管部门提出注册申请，经审查符合法律规定的条件，核准商标注册并授予注册申请人该注册商标的专用权。

在中国，商标权和商标专用权是同义语，这种权利只有通过注册才能获得。未注册商标，在法律上只能受到有限的保护，其所有者不享有法律授予的权利，善意申请人如果以相同或类似商标申请注册，未注册商标所有者无法对抗。

二、商标权的内容

我国《商标法》规定，商标权人依法享有下列权利：

（一）专有使用权

专有使用权，是指商标权人在其注册商标核定的商品范围内，享有独占使用该商标的权利。2002年施行的《商标法实施条例》解释"商标的使用，包括用于商品、商品包装或容器以及商品交易文书上，或者用于广告宣传、展览以及其他商业活动中"。授予注册商标所有者独占使用权的目的是，让注册商标充分发挥区分的作用，提高产品和服务的质量，树立注册商标所有者企业信誉，发挥指导消费者选择商品或服务的功能。

注册商标专用权，是一项"核心权利"（Core Rights）。该权利可以演化出许多

"派生权利"（Derived Rights）。下面的各种权利都是由此而生的。也就是说，商标所有者没有商标专用权，也就没有以下的派生权利。

（二）许可权

许可权，是指商标注册人有权通过商标使用许可合同，许可他人使用其注册商标。并应当自商标使用许可合同签订之日起 3 个月内，将合同副本报送商标主管部门备案。

（四）转让权

转让权，是指注册商标所有人通过转让合同，将商标权及注册商标出让给他人的行为。我国《商标法》规定，转让注册商标的，转让人和受让人应当签订转让协议，并共同向商标主管部门提出申请。转让注册商标经核准后，予以公告。受让人自公告之日起享有商标专用权。

值得注意的是，转让注册商标，注册人应当将在同一种或者类似商品上注册的相同或者近似的商标一并转让。但是，转让注册商标是否须连同有关业务一起转让，注册商标所有人有权自行决定。WTO《与贸易有关的知识产权协议》第 21 条规定，"注册商标所有人有权连同或不连同商标所属的经营一道转让其商标。"

（四）禁止权

禁止权，是商标权人独占使用权的一项重要内容。我国《商标法》第 38 条第 1 款规定，"未经注册商标人的许可，在同一种商品或者类似商品上使用其注册商标相同或者近似商标的"属于侵犯注册商标专用权的行为。WTO《与贸易有关的知识产权协议》第 16 条也有类似的规定。

（五）续展权

续展权，是指注册商标所有人有权在商标权保护期届满前，如需要继续使用的，应当按《商标法》规定，在期满前 6 个月内申请续展注册，以延长注册商标有效期。《商标法》规定，商标注册被授予商标权后，商标权保护期为 10 年，以后续展注册有效期每次仍为 10 年，续展注册经核准后，予以公告，续展的次数不限。

（六）注销权

注销权，是指商标注册人有申请注销其注册商标的权利，或者注销商标在部分指定商品上注册的权利。《商标法》规定，商标注册人一旦提出商标注销申请，注册商标或者注册商标专用权在该部分指定商品上的效力，自商标主管部门收到其注销申请之日起终止。

（七）请求保护权

请求保护权，是指商标权受到侵犯，商标注册人或者利害关系人有权向人民法院起诉，或请求工商行政管理部门处理。

三、商标权的特点

（一）专用性

专用性即独占性、排他性，是商标注册人获得的一种特殊权利。这种权利一经取得，其他人未经商标权人许可，就不得在相同或类似商品上使用与该注册商标相同或近似的商标。否则就构成侵犯商标权的行为。如 WTO《与贸易有关的知识产权协议》规定，注册商标所有人享有排他权，即有权禁止第三人未经其许可在相同或类似的商品或服务上使用与其注册商标相同或近似的商标。

（二）有限性

商标权是一种有限的权利。这种权利受核准注册商标的限制和核定商品的限制。如《商标法》第 51 条规定，“注册商标的专用权，以核准的注册商标和核定使用的商品为限。”

（三）地域性

地域性，是指商标权只在授予该项权利的国家（地区）内有效，超出该国家管辖地域无效。如果商标权人要使其商标和商标权在其他国家也有效，就要按照其他国家法律规定，重新申请注册。或根据国际条约进行“国际注册”，经有关国际组织转呈指定国家核准，才能一次申请在多个国家有效。

（四）时间性

我国《商标法》规定，商标权的有效期限为 10 年，如需要继续保持商标权，可以申请续展，经商标主管部门核准续展注册，商标权的有效期限可以延长 10 年。而且续展次数不限。WTO《与贸易有关的知识产权协议》第 18 条也规定了商标保护期的最低标准，“商标的首期注册及各次续展注册的保护期，均不得少于 7 年，商标续展注册次数应系无限次。”因此，商标权的有效期是有限的，但经续展，又可以是无限的。

四、商标权的取得

（一）商标权取得的基本原则

商标权的取得原则，各国商标法规定不同，归纳起来大致有三种原则。值得注意的是，三种原则并不是完全对立的、不兼容的。在特定条件下，商标主管部门可能会混合使用。

1. 使用在先原则

使用在先原则（the Priority of Use Principle），是指商标权取得以最先使用为原则，即商标权授予最先使用的人。

根据《商标法》规定，如果该商标最先使用的人在申请注册前，被其他人抢先注册，首先使用人也可以对已注册的商标提出异议，要求予以撤销。但必须提出首先使用的证据。美国是采用使用在先原则的国家，美国法律界认为，商标的使用是实现商标功能的唯一途径。商标只有在贸易中实际使用，或者申请注册的商标有在商业活动中使用的意图，商标才能予以注册。

2. 注册在先原则

注册在先原则（the Priority of Registration Principle），是指商标主管部门将商标权授予最先申请商标注册的人。最先申请人将压倒其他后申请人，包括商标的最先使用人。

当前，世界大多数国家都使用这一原则。因为这一原则与其他原则相比有很多优点：第一，简便易行；第二，取得商标权有较大确定性；第三，发生侵权时，容易取证。我国主要是采用申请在先原则。但遇到特殊情况，也使用其他原则。如我国《商标法》第29条规定，“两个或者两个以上的申请人，在同一种商品或者类似商品上，以相同或者类似的商标申请注册的，同一天申请的，初步审定并公告使用在先的商标，驳回其他人的申请，不予公告。”

3. 无异议注册原则（使用和注册混合原则）

无异议注册原则（the Mixed Use and Registration Principle），是指注册在先原则和使用在先的“混合原则”。

一般做法是，商标注册申请经初步审核，商标注册申请人取得商标注册优先权，公告后，在规定期限内任何人均可提出异议。如在规定期限内，先使用人提出异议，并且异议成立，商标权授予先使用人。这种原则既注重注册在先，又兼顾了在先使用的因素。如我国《商标法》规定，“对初步审定的商标，自公告之日起3个月内，任何人均可以提出异议。公告期满无异议的，予以核准注册，发给商标注册证，予以公告。”

（二）取得商标权的条件

在符合授予商标权基本原则的前提下，商标标记本身还必须符合一定的条件，才能取得商标权，享受法律保护。各国商标法和有关国际公约对此都有明确规定，要求申请注册的商标标记要符合下列条件：

1. 商标标记必须符合法定的构成形式

我国《商标法》第8条规定：商标应为“可视性标志”。WTO《与贸易有关的知识产权协议》也规定，“成员可要求把‘标记应系视觉可感知’作为注册条件”。其他形式的标记，如音响、气味等所构成的商标，都不符合商标法规定形式。

2. 商标标记必须具备“显著性”的特征

作为商品和服务的区别标记，商标必须有助于商品和服务的识别。如我国《商标法》第9条规定，申请注册的商标，应当有“显著特征（Obviousness）”，便于识别，“仅有商品本身的通用名称、图形、型号；仅仅直接表示商品质量、主要原料、功能、用途、重量、数量及其他特点的，缺乏显著特征的，不得作为商标注册”。除非标志经过使用取得显著特征，并便于识别的，可以作为商标注册。

3. 商标标记必须不属于法律禁用的范围

关于商标标记禁用的范围，各国商标法和有关国际公约均有具体规定。如我国《商标法》第10条规定，下列标志不得作为商标使用：

（1）同中华人民共和国的国家名称、国旗、国徽、军旗、勋章相同或近似的，以及同中央国家机关所在地特定地点的名称或者标志性建筑物的名称、图形相同的；

（2）同外国的国家名称、国旗、国徽、军旗相同或者近似的，但该国政府同意的除外；

（3）同政府间国际组织的名称、旗帜、徽记相同或者近似的，但经该组织同意或者不易误导公众的除外；

（4）与表明实施控制、予以保证的官方标志、检验印记相同或者近似的，但经授权的除外；

（5）同“红十字”、“红新月”的名称、标志、相同或者近似的；

（6）带有民族歧视性的；

（7）夸大宣传并带有欺骗性的；

（8）有害于社会主义道德风尚或者其他不良影响的。

值得注意的是，有些禁用标记如已经在先使用，或使用前征得有关机构的同意，也可以作为商标继续使用。

4. 申请商标注册不得损害他人现有的在先权利

凡有人在某种商品上已经取得商标注册和商标权，其他人就不得再申请注册相同或者类似商标。我国《商标法》第 31 条规定，“申请商标注册不得损害他人现有的‘在先权利’（Priority Rights），不得以不正当手段抢先注册他人已经使用并有一定影响的商标。”

第三节　商标权的法律保护

一、侵犯商标权的概念和表现

（一）侵犯商标权的概念

侵犯商标权（Infringement of Trade Mark），是指他人不经商标权人许可，擅自使用、伪造、更换、假冒注册商标，或者使用与注册商标相同或类似的商标，或者销售带有注册商标的商品。

（二）侵犯商标权的主要表现

根据市场经济发展的要求，各国都制定《商标法》，建立起商标权保护制度。这种制度不仅保护注册商标的专用权，而且保护消费者的合法权益。侵犯商标权的表现如下：

1. 侵权使用

侵权使用（Infringement of Use），是指未经注册商标所有人的许可，在同一种商品使用注册商标，或者在商品上使用与注册商标相同或者近似的商标。其主要表现是，在自己生产或出售的商品上贴上他人的注册商标，造成商品来源的混淆，损害注册商标的声誉，侵占本应属于注册商标所有人的部分市场和应获得的利益，同时也蒙骗了消费者。

2. 侵权销售

侵权销售（Infringement of Sales），是指销售侵犯注册商标专用权的商品，或者销售明知是假冒注册商标的商品。这里所指的“销售”包括询价、签约、进货仓储、运输、展览宣传、批发和零售等有关销售活动。

3. 侵权伪造

侵权伪造（Infringement of Forged），是指他人擅自制造商标权人的商标标识或者销售伪造、擅自制造的注册商标标识、伪造或擅自制造或销售带有注册商标标识的纸张、贴纸、包装物等。

4. 侵权更换

侵权更换（Infringement of Replacement），是指未经商标注册人的同意，将商标注册人的注册商标更换成自己的商标，并将更换商标的商品又投入市场。上述行为是指商标的“反向假冒”。一般是名牌商标的所有人以低价购入非名牌商标的商品，撕下非名牌商标换上自己的名牌商标，再投放市场卖高价的行为。

5. 侵权假冒

侵权假冒（Infringement of Counterfeiting）是指未经商标注册人的同意，将商标注册人的注册商标贴在他人或自己生产制造的、与商标注册人相同的商品上。目的是利用注册商标的信誉，推销自己的劣质产品，谋取不义之财。

6. 给他人的注册商标专用权造成其他损害

所谓给他人的注册商标专用权造成其他损害的行为主要是指：（1）在同一种或者类似商品上，将与他人注册商标相同或者近似的标志作为商品名称或者商品装潢、企业名称使用，误导公众的行为；（2）故意为侵犯他人商标专用权提供仓储、运输、邮寄、藏匿等便利条件的行为。

二、中国商标法对商标权的保护

在商标权或注册商标受到他人侵犯时，商标权人或利害关系人可依据《商标法》的规定请求法律救济，以制止侵犯行为和挽回所遭受的损失。根据《商标法》规定，现将侵犯商标权的处理办法归纳如下：

（一）商标侵权行为的认定

根据我国《商标法》，商标侵权行为认定是以损害事实是否产生为前提，而不是以侵权者主观上是否有错误为条件。但是，一般认定侵权行为的主要原则如下：

（1）侵权事实是否存在；

（2）行为是否违法；

（3）行为和侵权事实有无因果关系；

（4）侵权是否给权利人造成损失或使其期得利益落空。

（二）对侵犯商标权行为的处理

当发生商标侵权时，引起纠纷的，商标权人可以选择协商解决、向人民法院起诉或者请求工商行政管理部门处理。

1. 商标侵权纠纷的解决方式

（1）和解

中国《商标法》第53条规定，“有本法第52条所列侵犯注册商标专用权行为之一，引起纠纷的，由当事人协商解决。”协商方式是解决注册商标专用权纠纷的最便捷方式，解决纠纷快、节省时间，有利于保持当事人之间的良好关系。

（2）行政处理

当事人不愿意协商或者协商不成的，可以请求工商行政管理部门处理。

工商行政管理部门在查清事实的基础上，认定侵权行为成立的，对侵权人做出行政处罚，处罚办法一般包括：责令立即停止侵权行为，没收、销毁侵权商品和专门用于制造侵权商品、伪造注册商标标识的工具，并可处以罚款。

（3）司法诉讼

商标注册人或者利害关系人可以直接向人民法院起诉，请求人民法院依据司法程序制止或制裁侵权人的侵权行为；当事人对工商管理部门处理决定不服的，也可依照《中华人民共和国行政诉讼法》向人民法院起诉；侵权人对工商管理部门处理决定不服，不起诉又不履行的，工商管理部门可以申请人民法院强制执行。人民法院对侵权纠纷的处理方式包括：

① 民事处理方式

责令停止侵害、赔偿损失，并收缴进行非法活动的财物和非法所得；责令停产、罚款；责令赔礼道歉、消除影响、恢复名誉和具结悔过等。

② 诉前禁令

中国《商标法》第57条还特别规定，“商标注册人或者利害关系人有证据证明他人正在实施或者即将实施侵犯其注册商标专用权的行为，如不及时制止，将会使其合法利益受到难以弥补的损害的，可以在起诉前向人民法院申请采取责令停止有关行为和财产保全的措施。”

③ 刑事处理方式

对侵权情节严重，构成犯罪的，除赔偿被侵权人的损失外，还要依法追究刑事责任。根据最高人民法院、最高人民检察院2004年12月22日施行的司法解释，属于下列情况的，根据刑法213条，“情节严重”和“情节特别严重”的，追究侵权者的刑事责任：

A. 未经注册商标所有人许可，在同一种商品上使用与其注册商标相同的商标，违法所得数额较大或者有其他严重情节的，处三年以下有期徒刑或者拘役，可以并处或者单处罚金；情节特别严重的，违法金额特别巨大，处三年以上七年以下有期徒刑，并处罚金。

B. 伪造、擅自制造他人注册商标标识或者销售伪造、擅自制造的注册商标标识，违法数额较大或者有其他严重情节的，依照上述办法处理。

C. 销售明知是假冒注册商标的商品，情节严重或特别严重，也依照上述办法处理。

2. 侵犯商标专用权的赔偿数额与罚款数额

中国《商标法》第56条规定：“侵犯商标专用权的赔偿数额，为侵权人在侵权期间因侵权所得的利益，或者被侵权人在被侵权期间因被侵权所受到的损失，包括被侵权人为制止侵权行为所支付的合理开支。”“前款所称侵权人侵权所得利益，或者被侵权人因被侵权所受损失难以确定的，由人民法院根据侵权行为的情节判决给予五十万元以下的赔偿。”

第四节　商标使用许可合同的概念、性质、签订条件和主要条款

一、商标使用许可合同的概念、性质及签订条件

（一）商标使用许可合同的概念和权利人的利益

1. 商标使用许可合同的概念

商标使用许可合同（the Trade Mark Licensing Contract），是指商标注册人许可他人在约定的时间、地域和以约定的方式，在法律核准的产品上，使用其注册商标所签订的有约束力的书面文件。

中国《商标法》第 26 条规定，“商标注册人可以签订商标使用许可合同，许可他人使用其注册商标。”

2. 商标使用许可合同带给权利人的利益

注册商标人除自己使用注册商标，同时许可他人使用其注册商标，对商标权人是非常有利的做法。其好处是：

（1）商标权人通过许可可以增加经济收入，充分发挥自己无形资产的价值；

（2）商标权人通过许可扩大与其他企业合作的领域，使其他企业有机会利用其注册商标信誉，扩大生产，减少经营成本；

（3）商标权人通过许可，有利于扩大注册商标的使用范围，增加消费者对商标的认知，促进产品或服务的销售；

（4）商标权人通过许可可以促进商标制度的完善。各国商标法都将注册商标的“使用”作为商标权人的一项义务，敦促商标权人自己使用，也提倡将注册商标许可他人使用。有的国家还规定“强制使用”。在 3 年或 5 年内不使用，由商标主管部门责令改正，或者撤销其注册商标。因为注册商标不充分使用，不仅浪费宝贵的社会资源，也违反国家保护商标权的意义和宗旨。

（二）商标使用许可合同的性质

1. 商标使用许可合同的标的是有限的商标使用权

《商标法实施条例》第 3 条规定了商标权的使用范围，“商标法和本条例所称商标的使用，包括将商标用于商品、商品包装或者容器以及商品交易文书上，或者将商标用于广告宣传、展览以及其他商业活动中。”另外，《商标法》还规定，“注册商标的专用权，以核准注册的商标和核定使用的商品为限。”这就意味着，商标权人不能将专用权的全部权利许可给被许可方。因此，商标权人许可被许可方的权利必须有所限制。

2. 商标使用许可合同，许可被许可方的不仅是商标的使用权，而且是商标权人企业信誉和市场

商标不仅仅是商业符号，它还代表着商标权人企业的信誉。企业信誉和商标信誉是紧密相连的，两者互为支撑。企业信誉不佳，就不可能有好的商标信誉，反之亦然。商

标信誉就是市场，商标信誉好，商品或服务的消费者就多，销售市场就大，否则销售市场就小。被许可方之所以希望获得某个商标使用权，看重的就是商标信誉和市场。

（三）商标使用许可合同签订的条件

商标使用许可合同，是商标权人行使商标权的一项重要内容，行使许可权之前，应该谨慎。被许可方也必须认真对待。因此，双方签订许可合同前，应该调查研究以下条件：

（1）许可方是否是注册商标的权利人；

（2）注册商标是否在法律保护期和保护地域范围内；

（3）被许可方有没有申请商标注册的资格；

（4）被许可方是否有使用注册商标的条件，有没有条件保证商品或服务的质量；

（5）许可方授权要根据《商标法》规定的商标使用范围；

（6）商标许可合同签订后，双方要按规定履行备案手续。

二、商标使用许可合同的主要条款

（一）商标的基本说明

1. 商标的特征

商标特征包括商标的名称、随附商标图样以及使用该商标的商品类别。

2. 商标的法律地位

商标的法律地位包括：商标注册国别、适用地域范围；有效期限；提供注册证明或批准文件的影印件。此外，许可方还应保证，许可方是该注册商标的合法所有者，有权授予该注册商标的使用许可。

（二）授权条款

1. 授权范围

许可方向被许可方授权使用注册商标，应明确规定被许可方使用注册商标的范围。按《商标法》规定，商标使用包括在产品上、产品包装上、广告宣传、商业文书、展览，或其他商务活动等方面。因此，在合同中，许可方必须明确授权使用的范围，不应笼统规定授予被许可方注册商标使用权。

2. 授权性质

商标使用许可，分为独占使用许可、排他使用许可和普通使用许可。合同必须明确规定授予被许可方权利的具体性质，以及是否授予分许可使用权。在实际业务中，很少有许可方授予被许可方独占使用许可的，除非许可方不使用该商标销售产品。

该条款实例：

“除非许可方认可，在协议有效期和有效区域内不再授予他人销售产品时使用这一商标，本协议不限制许可方授予他人使用这一商标的权利。”该条款前半句说明独占使用许可的条件，后半句说明本协议授予被许可方的是普通使用许可。

3. 授权使用的商品

许可方将其注册商标许可被许可方使用时，应要求被许可方使用注册商标的商品与原核定的商品相一致，不得超出原核定的商品范围。

4. 使用注册商标商品的销售地域

许可方限制被许可方商品销售的国家（地区）是十分必要的。特别是在授予被许可方普通使用权的情况下，许可方不允许被许可方违反约定，将使用许可商标的产品销售到约定的国家（地区）以外，以免使用许可商标的不同厂家的产品发生混淆，难以追究产品的质量责任。例如，可口可乐公司将商标使用权授予我国20多家灌装厂，可口可乐公司将可乐产品的销售地区按我国的大区划分为华北、东北、西北等，限定了各灌装厂销售可乐产品的地域范围。

（三）被许可方使用许可商标的形式

在合同中，被许可方使用许可商标的形式有多种，但必须与许可方协商确定一种。根据被许可方使用许可商标的目的确定具体使用方式，并将具体图形、文字明确写在合同中。根据我国企业引进国外商标使用权的情况，可以将使用许可商标的形式归纳为4种：

1. 使用许可方原商标

使用许可方原商标，是指被许可方对许可商标不做任何变动或添加任何文字，原封不动地在约定的商品上使用。这种方式大多使用在加工贸易中。如“定牌”、“贴牌”，即由国外企业直接提供商标标识或商标图样，由加工企业将商标直接粘贴或缝制在产品上。值得注意的是，这种使用方式对加工企业不利。因为加工合同有效期届满，加工企业将不得使用原商标，使用原商标带来的好处可能会丧失。

2. 连接商标

连接商标，是指被许可方将自有商标的主要特征与许可商标的主要特征连接在一起，组成一个新商标，如“福日”电视机、“福达”胶卷等。这是一种较好的使用方式，它有利于消费者产生联想，将被许可方产品质量与许可方的产品质量和制造技术联系起来。随着时间推移，被许可方可以逐步树立起新商标的信誉，扩大产品销路，不会因合同有效期届满影响商标的使用和产品的销售。

3. 联合商标

联合商标，是指被许可方将自有商标与许可商标并列使用，如中外合资企业生产的小轿车，使用“上海桑塔纳”、“一汽大众”、“广州本田”等商标。这种使用方式与采用连接商标具有类似的优点。

4. 在许可商标下方，注明由×国×厂根据许可证制造

在许可商标下方，注明由×国×厂根据许可证（或授权）制造。我国《商标法》第40条对此也有规定：“经许可使用他人注册商标的，必须在使用该注册商标的商品上标明被许可人的名称和商品产地。”这种使用方式有两点好处：一是充分发挥许可商标促进商品销售的作用；二是将被许可方产品与许可方（或其他被许可方）产品区分开来，避免因产品质量问题影响许可商标的信誉。

该条款实例：

北京可口可乐饮料有限公司生产的可乐、雪碧饮料。瓶装、罐装上，都注明“‘可口可乐’、‘CocaCola’、‘Coke’、‘ICoke’及波浪形飘带图案”并且都注明持有人，即可口可乐公司授权出品。

总之，在双方约定使用商标形式时，被许可方既要考虑原商标的知名度，又要考虑长久使用许可商标的需要。为此，被许可方应争取使用连接商标或联合商标，以利于被许可方长期使用许可商标，避免出现商标使用许可合同有效期届满，失去许可商标的使用权，出现商标使用的空白，导致商品销售量或价格大幅下跌。

（四）质量控制或监督条款

1. 质量监督权的法律依据

（1）维护许可商标及许可方企业信誉

许可方授予被许可方注册商标使用权，表面上只是注册商标使用权问题，实质上是许可方将本企业的信誉授予被许可方使用。许可方为了维护本企业的信誉，就必然要求被许可方产品的质量符合注册商标代表的质量，以防止被许可产品质量达不到要求，损害许可商标的信誉，甚至损害许可方企业的信誉。因此，许可方监督被许可方产品质量，是维护许可商标信誉和许可方企业信誉的必要手段。

（2）质量监督权是《商标法》授予许可方的权利

许可方行使产品质量监督权，是《商标法》授予许可方的权利。各国《商标法》对此均有强制性的规定。如我国《商标法》第40条规定："商标注册人可以通过签订商标使用许可合同，许可他人使用其注册商标。许可人应当监督被许可人使用其注册商标的商品质量。被许可人应当保证使用该注册商标的商品质量。"

（3）监督被许可方产品质量是保护消费者利益的需要

许可方对被许可方生产的产品行使质量监督权，是防止被许可方将不合格产品随意进入市场的屏障，防止其以许可商标的知名度和信誉作为幌子，将假冒伪劣产品推向市场，损害广大消费者的利益。

2. 质量监督条款的主要内容

质量监督条款的内容，一般是根据产品的数量、体积、重量和技术特征规定的，通常包括的内容主要是：

（1）监督方式

① 抽查方式。数量大、体积小、重量轻的产品，由被许可方按约定的方法自行抽取一定数量样品，寄送到许可方实验室进行鉴定，由其提出评估意见和改进的建议。

② 驻厂检验。体积大、技术性强的产品，许可方派员长住被许可方产品生产现场，严格检查被许可方产品质量，并对有关生产设备、技术状况、生产工艺和替代原材料等进行检查。

（2）对产品质量不合格的处理

① 许可方有权要求被许可方采取切实措施限期改进；② 如在限期内产品质量仍不能达到要求的质量标准，许可方有权要求被许可方暂停使用许可商标。

该条款实例：

被许可方使用上述商标的合同产品，必须符合本合同附件X规定的技术指标和质量标准。许可方在必要时通过被许可方安排，有权检查有关产品质量，对不符合质量标准的产品，被许可方应即设法改进。

合同产品不符合质量标准，被许可方仍不努力改进，许可方有终止被许可方使用上述商标和商标标识的权利。

（3）注意的问题

① 应防止许可方滥用质量监督权。签订合同时，被许可方应拒绝许可方提出的过于苛刻和不合理的要求，如产品未达到商标代表质量时，要求被许可方使用许可方指定的设备和原材料；或者雇用许可方指定的人员；或者要求被许可方同意，产品达不到质量标准不得销售等。这类要求都属于质量监督权的滥用，被许可方应予以反对。

② 在产品质量达不到质量标准时，许可方不应单纯指责和限制。被许可方产品质量未达到商标质量标准时，许可方应持积极态度，不应单纯指责或动辄终止合同。为此，在许可合同中应规定，被许可方产品质量未达到商标质量标准时，许可方有义务提供技术服务和协助，帮助检查产品不合格的原因，寻求克服产品缺陷的办法等。

（五）使用费的支付

商标使用费的计算与支付办法主要有两种：

（1）商标使用权与专利或技术秘密使用权混合签订的许可合同，商标使用费一般不单独计算和支付，而是放到专利或技术秘密使用费总额中，一并计算和支付。

（2）单纯商标使用许可合同，商标使用费应单独规定。一般采取提成支付方式，以产品净销售价作为提成基础，提成率通常为0.5%～1%。同时，要根据商标的信誉程度、产品的数量和使用的范围进行调整。

该条款实例：

被许可方同意向许可方支付其出售协议产品的净销售额×%作为使用费。净销售额指总销售额减去数量折扣和利润，但不包括现金折扣和不可收账折扣。

（六）备案或变更注册

商标使用许可合同签订后，被许可方应依法向商标主管部门办理备案或注册变更，以便许可商标在被许可方国家受到法律有效保护。在许可商标受到第三者侵权时，合同当事人可以提起侵权诉讼，以制止侵权行为。否则，将使合同当事人处于不利地位。

（1）在使用原商标的情况下，被许可方应向商标主管机构进行合同备案；

（2）在商标使用方式不同于原商标的情况下，被许可方应凭所签合同，变更商标注册主体、地址或者其他注册事项，并向商标主管机构提交变更申请书，申请经商标主管部门核准，发给商标变更申请人相应证明，并予以公告，合同才能生效。

练习题 EXERCISES

一、单项选择题

1. 中国《商标法》规定商标权的首次保护期是　（　）

A. 10 年　B. 7 年　C. 15 年　D. 20 年

2. 商标权性质属于　（　）

A. 非工业产权　B. 标记权　C. 工业产权　D. 版权

3. 商标权的法律保护期可以续展____次　（　）

A. 1 次　B. 无数次　C. 3 次　D. 5 次

4. 商标法要求商标标记应是（　　）

A. 可区分性标记　B. 可感知性标记　C. 可视性标记　D. 可听性标记

5. 商标权的正式名称是（　　）

A. 商标使用权　B. 商标许可权　C. 商标转让权　D. 商标专用权

二、多项选择题

1. 国际上采用 3 种获得商标权的原则，它们是（　　）

A. 先使用原则　B. 先设计原则

C. 先申请原则　D. 无疑义注册原则

E. 先宣传原则

2. 被许可方产品质量未达到商标代表的质量，许可方有权要求被许可方（　　）

A. 使用许可方指定的人员　B. 不合格的产品不得出售

C. 限期改进　D. 使用许可方指定的原材料

E. 限期内产品质量仍未改进不得使用许可的商标

3. 侵犯商标权的认定标准是（　　）

A. 侵权事实是否存在　B. 行为是否违法

C. 行为和侵权事实有无因果关系　D. 侵权人是否有错误

E. 侵权是否给权利人造成损失或使其期得利益落空

4. 许可方监督被许可方产品质量的依据是（　　）

A. 维护注册商标和商标许可方企业的信誉

B. 保护消费者利益

C. 维护市场正常秩序

D. 商标法授予许可方的权利

E. 维护公共政策

5. 商标法认定驰名商标的标准是（　　）

A 相关公众对商标的知晓程度；　B. 该商标使用的持续时间；

C. 该商标的任何宣传工作持续的时间；　D. 该商标作为驰名商标受保护的记录；

E. 该商标驰名的其他因素

三、名词解释

1. 商标　2. 商标权　3. 商标反向假冒　4. 证明商标　5. 商标使用许可合同

四、简答题

1. 商标标记应符合哪些条件？

2. 我国企业引进国外商标使用权有哪几种使用方式？

3. 商标使用许可合同应符合哪些条件？

4. 简述商标权的特点。

5. 简述商标和品牌的异同。

五、论述题

1. 试述市场经济条件下商标的主要作用。

2. 试述中国《商标法》对商标侵权的处理。

第七章　计算机软件许可合同

学习目标导言

20世纪中叶，科学技术的重大成就之一就是计算机的发明，以及计算技术的应用和发展。在计算机产业发展的初期，计算机软件通常与计算机硬件一起发售。随着科学技术的迅猛发展和个人计算机（PC）的迅速普及，计算机软件逐渐与计算机硬件分离，生产计算机硬件的企业与编制计算机软件的企业分离，从而出现了专门从事计算机软件编制的机构和销售软件的专业公司。与此同时，随着专门从事计算机软件编制公司的日益增多和壮大，在一些国家形成了“计算机软件产业”。另外，在工业发达国家，一些智力资源比较丰富的国家，还出现了软件市场，最早出现在美国、欧洲，后来出现在以色列、印度、中国等国家（地区）。

世界计算机软件产业发展大体分为四个阶段：

第一阶段（1949—1969年），计算机软件随着计算机硬件的发展而发展。1969年6月23日，美国IBM公司率先将计算机软件单独计价出售，使计算机软件成为一个独立的商品。从此，开始了计算机软件产业的新纪元。

第二阶段（1970—1983年），计算机软件走上了产业化、系统化的轨道。计算机软件设计、生产逐步与计算机硬件制造分开，陆续出现了计算机软件设计的专业公司，如Microsoft、CA、Novell、Lotus等，世界主要计算机软件公司都是在这一时期成立的。

第三阶段（1984—1995年），是计算机软件平台化、开放化阶段。1985年11月，美国微软公司推出具有图形界面的第一代“视窗”（Windows）操作系统，计算机软件形成平台，成为计算机应用软件开发的基础。1991年8月，欧洲电子研究中心量子物理实验室宣布“万维网（World Wide Web）”开发成功，为计算机网络化和普及化奠定了坚实基础。

第四阶段（1996年至今），计算机软件向集成化、网络化发展。特别是互联网（Internet）技术的成熟和迅猛发展，将人类带入信息化时代。它不仅深刻地影响人们的思维方式、生活方式和生产方式，而且也成为影响21世纪世界各国发展的主要因素。

2001年以来，我国的自主软件开发产业走上正轨。“十一五”期间，全国软件著作权登记量从2006年的21 495件上升到2010年的81 966件。2011年1—6月全国软件著作权登记量就达到44 678件。（资料来源：中国版权保护中心）

重点难点提示

计算机软件的概念、性质，及其与文字作品的异同；计算机软件的类型、计算机软件著作权、著作权人、著作权的法律保护；计算机软件贸易方式，计算机软件许可合同的主要条款，签订许可合同应注意的问题。

第一节　计算机软件的概念、性质及与文字作品的异同

一、计算机软件的概念与性质

（一）计算机软件定义

1. 世界知识产权组织（WIPO）的定义

1978 年，世界知识产权组织（WIPO）发表的《保护计算机软件示范法》给计算机软件做了如下定义："计算机软件（Computer Software），包括程序、程序说明和程序使用指导三项内容。'程序'是指在与计算机可读介质合为一体后，能够使计算机具有信息处理能力，以标志一定功能，完成一定任务或产生一定结果的指令集合。"

2. 中国《计算机软件保护条例》的定义

世界上，大多数国家和国际组织原则上采用了上述定义，并结合本国实际进行适当修改。我国也延续了上述做法，2001 年 12 月 20 日颁布的《计算机软件保护条例》第 2 条和第 3 条，给计算机软件做了如下定义：

"计算机软件是指计算机程序及其文档。"

"计算机程序，是指为了得到某种结果而可以由计算机等具有信息处理能力的装置执行的代码化指令序列，或者可以被自动转换成代码化指令序列的符号化指令序列或者符号化语句序列。同一计算机程序的源程序和目标程序为同一作品。"

"文档，是指用来描述程序的内容、组成、设计、功能规格、开发情况、测试结果及使用方法的文字和图表等，如程序设计说明书、流程图、用户手册等。"

从法律上讲，计算机软件所指的就是计算机程序。因为文档可以作为文字作品受到著作权法保护，各国法律界对这一点已不存在争议，真正争议的是计算机程序的法律保护问题。

（二）计算机软件的性质

计算机软件是一种编辑的作品，其性质与文字作品或图形作品一样具有作品性。这一点在国际保护知识产权公约中均有反映，如《保护文学艺术作品的伯尔尼公约》、《世界版权公约》以及 WTO《与贸易有关的知识产权协议》。特别是《与贸易有关的知识产权协议》第 10 条明确指出："无论以源代码或目标代码表达的计算机程序，均应作为《伯尔尼公约》1971 年文本所指的文字作品给予保护。"

但是，计算机软件又不等同于一般文字作品，它具有很强的技术性、功能性和工具性，其核心是处理问题的设计原理、算法模型、处理过程和运行方式。从法律角度考察，计算机软件具有版权法和专利法保护的双重性质，是介于两种法律保护客体之间的一种智力成果。从使用的目的上更侧重于技术成果。

二、计算机软件与文字作品的异同

（一）计算机软件与文字作品的相同点

1. 计算机程序和文档具有作品性

文档属于文字作品是显而易见的，文档的表现形式是程序设计说明书、流程图、用户手册等文字作品，是用人类可读语言写成的；计算机程序是数字或符号，并且固定在纸带、磁带、磁盘或存储器中，是作品的另一种表现形式。正如《伯尔尼公约》第 2 条第 1 款规定，成果"不问其表现形式或表达方式如何"均予以保护。

2. 计算机软件与文字作品被侵犯的主要形式都是复制

复制是软件和文字作品被侵权的主要形式，只是复制计算机软件更具有隐蔽性。因为计算机软件的使用离不开对计算机软件的复制。因此。正常使用计算机软件时，允许复制，留作备份，但超量复制，特别是为营利目的复制则属于侵权。

3. 计算机软件和文字作品都受著作权法保护

各国保护著作权的国内法比较完善，国际上也有保护著作权的众多国际公约，因此，目前各国都采用现有的版权法和国际公约保护计算机软件。国际上，曾有不少人呼吁制定专门保护计算机软件的专门国际公约。但是，大多数国家认为，立即组织制定新的保护计算机软件专门国际公约，不但颇费时日，而且会出现保护上的空白。因此，现在各国和国际组织都认为，采用著作权法保护计算机软件，比较及时、有利。

（二）计算机软件与文字作品的区别

计算机软件与文字作品具有相同点，但其与文字作品又有区别，主要表现在：

1. 编制计算机软件与创作一般文字作品的目的不同

编制计算机软件的主要目的是使用软件功能，完成一定任务，取得一定结果。如控制计算机，控制工业生产过程，控制生产设备，完成某些特定工作。文字作品则是为了人们阅读欣赏，满足人们精神文化生活需要，或者传播知识，帮助人们提高认识世界的能力。

2. 要求法律保护的侧重点不同

著作权法一般保护作品的形式，不保护作品的内容，内容雷同，但只要是作者自己独立创作的，不是抄袭别人的作品，就不算侵权。而计算机软件要求保护的侧重点，是开发软件的思想，开发软件的思想是软件的精华与核心，著作权法对此不予保护。其他保护计算机软件的法规和国际公约也不延及开发软件的思想，如 2001 年 12 月 20 日颁布的我国《计算机软件保护条例》第 6 条规定："本条例对软件著作权的保护不延及开发软件所用的思想、处理过程、操作方法或者数学概念等。"WTO《与贸易有关的知识产权协议》第 9 条第 2 款也规定，"版权保护应延及表达，而不延及思想、工艺、操作方法或数学概念之类。"这也就是软件著作权人不愿提供源程序的重要原因。

3. 计算机程序使用的语言与作品使用的语言不同

计算机程序使用的语言是符号化、代码化语言，其表现力、表现形式十分有限。而文字作品使用人类自然语言，表现力十分丰富，表现形式没有什么局限。

4. 计算机软件与文字作品的保护手续不同

著作权法保护文字作品，是采取“自动保护原则”，即受法律保护不需要履行任何法律手续。根据著作权法，对计算机软件虽也采用自动保护原则，但要求软件著作权人“履行登记手续”。我国《计算机软件保护条例》第7条规定，“软件著作权人可以向国务院行政管理部门认定的软件登记机构办理登记。软件登记机构发放的登记证明文件是登记事项的初步证明。”

虽然登记不是取得软件著作权的前提，但登记是软件著作权人依法提出软件侵权行政处理，或者法律诉讼，对抗侵权者的有力证据。另外，登记含有“审查”的意思，即判断软件产品是否具有“原创性”，不具原创性的软件，知识产权主管部门将不予登记。因此，计算机软件登记对软件的法律保护具有重要意义。

5. 保护计算机软件的法律比较多，保护文字作品的法律比较少

保护计算机软件的法律，除著作权法外，还可以用其他法律，如专利法、商业秘密法。而保护文字作品的法律主要是著作权法。

第二节　计算机软件的种类

计算机软件贸易方式与软件的类型有密切关系。因此，了解计算机软件的类型是十分必要的。区分计算机软件类型有很多标准，但从贸易角度主要分为：

一、按构成程序的语言划分

（1）源程序（Source Program），是指编辑人员根据要完成的某种功能，或解决某项任务的具体方案，通过流程图方式，编成计算机语言，如BASIC、FORTRAN、COBOL。这种用高级语言编辑出来的程序称为源程序。

（2）目标程序（Object Program），是指将源程序输入计算机，通过计算机编译系统，转换成计算机可以识别的机器语言，这样编译出的程序称为目标程序。

二、按软件在计算机系统上的用途划分

（1）系统软件（System Software），即系统程序、控制程序或管理程序，用于启动与中止输入输出部件的运行，通过中央处理器，对计算机内部的各个部分起控制作用，是计算机的“中枢神经”，如Windows、Linux、Unix等。

（2）应用软件（Application Software），是指在系统程序的基础上，为了解决具体的计算、数据处理、信息存储等问题而设计的程序，如Office软件、银行会计软件、统计软件、辅助设计软件、教育软件、娱乐软件等。

三、按软件标准化程度划分

（1）专用软件（Customer Software），是计算机用户为解决自己的特定任务而专门

设计的软件，或者软件设计公司专门为解决特定领域的问题而专门设计的软件，如地质勘探、生产工艺、产品质量控制等。

（2）通用软件（Software in Common Use），也叫软件包，是同类计算机的所有用户在解决同一类问题时都可以使用的软件，如国际上通用的统计、统计分析、图形软件就属于通用软件。

四、按软件的商业化程度划分

（1）商业软件（Commercial Software），是指软件著作权人或其授权人通过销售、许可、转让、租借等方式，通过协议规定使用的条件、范围，向用户提供使用权或者转让著作权的软件。

（2）非商业软件（Non-commercial Software），是指不经商业途径，在一定条件下，使用者可以获得软件使用权的软件。这类软件很多，如自由软件、开放源程序等。非商业软件实际并非是完全不经商业途径的免费软件。根据自由软件联盟（Free Software Foundation）的解释，自由软件是指用户可以自由运行、自由拷贝、自由散发、自由研究和自由改进的软件。可是，该联盟在倡导自由的同时，并不反对向使用者收取费用。开放源程序，是使用者要求软件开发商发行软件时提供源程序，以便使用者可以根据自身需要修改目标程序。当前，有些媒体说，LINUX 是开放源程序，实际也并非如此。使用者使用 LINUX 源程序也需要与开发商签订 GPL 许可协议，并且不允许在其基础上开发的软件自由免费传播。

第三节 计算机软件著作权的内容

一、计算机软件著作权的概念

计算机软件著作权（Computer Software Copyright），是指软件开发者（Creator）通过智力劳动“独立开发”，并将其软件“固定在有形物上”，开发完成后依法享有著作权。《计算机软件保护条例》规定，该权利受著作权法保护，“保护期为自然人终生及其死后 50 年，截止于自然人死亡后第 50 年的 12 月 31 日。”

二、计算机软件著作权获得的条件

计算机软件著作权获得的条件，除了软件开发人资格要符合《计算机软件保护条例》规定，还要符合两个实质性条件：

1. 软件必须由开发者独立开发

独立开发（Software Must Be Independently Created by the Creator），是指开发者依靠自身的智慧和能力，进行创造性的劳动进行开发。独立开发又称独创性，或原创性（Orginality），即不是复制、抄袭、翻译他人已开发的软件。

2. 软件已固定在某种有形物上

“软件已固定在某种有形物上”（Software has been already Fixed on Any Form of Tangible Medium），是指计算机软件已被开发者固定在有形载体上。

计算机软件的核心是一种设计思想，其本身没有有形物质实体，只有将这种设计思想附着在某种有形载体上，才能使人们感知其存在，供人们在一定的条件下，反复地、稳定地加以利用。因此，软件固定在有形载体上，如纸带、磁带、磁盘上或只读存储器中，是计算机软件著作权受保护的重要条件之一。

根据《计算机软件保护条例》第 14 条的规定，“软件著作权自软件开发完成之日起产生。”并根据开发人的性质不同，规定了著作权保护期的原则不同：

（1）自然人对软件享有著作权的，保护期为自然人的终生至其死后 50 年，截至自然人死亡后第 50 年的 12 月 31 日；

（2）软件合作开发的，截至最后死亡的自然人死亡后第 50 年的 12 月 31 日；

（3）单位对软件享有著作权的，保护期为 50 年，截至软件首次发表后第 50 年的 12 月 31 日，但自软件开发完成之日起 50 年未发表的，条例不再保护。

三、计算机软件著作权人

1. 计算机软件著作权人的概念

计算机软件著作权人（Computer Software Copyright Owners），是指依法享有软件著作权的人。根据《计算机软件保护条例》第 3 条第 4 款规定，计算机软件著作权人是“对计算机软件享有著作权的自然人、法人或者其他组织。”

2. 计算机软件著作权人的类型

（1）中国公民、法人或者其他组织对其所开发的软件，不论是否发表，依法享有著作权。

（2）无国籍人的软件首先在中国境内发行的，依法享有著作权。

（3）无国籍人的软件，依据其开发者所属国或者经常居住地同中国签订的协议，或者依照中国参加的国际条约，享有著作权。

（4）合作开发的软件。两个自然人、法人或者组织等合作者之间有著作权归属协议的，著作权享有者依据协议；协议未明确著作权归属的，软件可以分割使用，可按各自开发的部分，分别单独享有著作权，但不得延及整体著作权；软件不可以分割使用的，著作权由全体开发者共同享有，通过协商一致行使。

（5）委托开发软件。受托人接受他人委托开发的软件，双方签订协议，明确规定著作权归属的，按协议执行。没有协议或者没有明确规定著作权归属的，著作权由受托人享有。

（6）职务开发软件。自然人在法人或其他组织中任职期间开发的软件，有下列任何一种情况的，著作权由法人或其他组织享有：① 针对本职工作中明确指定的开发目标所开发的软件；② 开发的软件是从事本职工作活动所预见的结果或者自然的结果；③ 主要使用法人或者其他组织的资金、专用设备、未公开的专门信息等物质技术条件所开发，并由法人或者其他组织承担责任的软件。

（7）国家下达任务开发的软件。国家下达任务开发的软件，著作权的归属与行使由项目任务书或者合同规定，项目任务书或者合同未规定的，软件著作权由接受任务的法人或其他组织享有。

（8）非职务开发软件。软件开发者不是执行本职工作，与本单位工作没有直接联系，也未使用本单位的资金、技术条件、设备，以及未公开的信息开发的软件著作权归开发者所有。

四、软件著作权人享有的权利范围

我国《计算机软件保护条例》第8条规定，软件著作权人享有的权利可分为两类："核心权利"和其他"派生权利"。

1. 软件著作权人享有的"核心权利"

（1）发表权，是指软件著作权人有权决定软件是否公之于众，或者何时、何地，以何种方式将软件在何种范围、对何种人公开。

（2）署名权，是指软件著作权人有表明软件开发者身份、在软件上署名的权利。

（3）修改权，是指软件著作权人有对其开发的软件进行修改、删节、增补软件内容、改变指令，或者改变语句序列的权利。

（4）复制权，是指软件著作权人有将其软件进行复制的权利，可复制一份或多份。

（5）发行权，是指软件著作权人有将其软件通过出售、赠与等方式，向公众提供软件的原件，或者软件复制件的权利。

（6）出租权，是指软件著作权人有将其软件许可他人在一定期限内有偿使用的权利。但是软件不是出租的主要标的的除外。

（7）信息网络传播权，是指软件著作权人有将其软件以有线或者无线方式向公众提供，使公众可以在个人选定的时间、地点获得软件的权利。

（8）翻译权，是指软件著作权人有将原软件从一种自然语言文字转换成另一种自然语言文字的权利。

2. 软件著作权人享有的"派生权利"

（1）许可权，是指软件著作权人有许可他人使用其拥有软件著作权的软件，并有权获得报酬的权利。

（2）转让权，是指软件著作权人将其软件著作权全部或者部分转让给他人，并有权获得报酬。

第四节 保护计算机软件著作权的有关法律

计算机软件具有著作权和专利权客体的双重性，但又不等同于其中任何一种，这就决定了计算机软件法律保护的特殊性。目前，国际上对保护计算机软件的法律有很多说法，如著作权法、专利法、商业秘密法、综合保护（以著作权法为核心，专利法、商标法、合同法和反不正当竞争法共同组成的多层次保护）。但是，普遍认同的保护法律主要有以下几种：

一、著作权法

20世纪70年代，菲律宾首先采用著作权法保护计算机软件。1980年，美国在修改著作权法时，也将计算机软件纳入著作权法的保护范围。不仅如此，美国为了保护自身利益，在国际上还竭力推行这种保护制度。

（一）著作权法保护计算机软件的优势

（1）著作权法保护，有利于计算机软件出口国的利益。工业发达国家是计算机软件出口大国，著作权法的“自动保护原则”使他们减少了很多复杂法律手续。

（2）将计算机软件直接纳入现有国内法律保护体系，有利于节约立法成本。

（3）著作权法保护条件较低，只要求原创性。

（4）软件作品一产生就自动受到保护，不需要审查程序。

因此，目前世界上大多数国家都采用著作权法保护计算机软件。

（二）著作权法保护计算机软件的缺陷

（1）著作权法只保护作品的表达形式，不保护其思想。而计算机软件是表达与思想高度统一的智力作品，最需要保护的是其思想。在这一点上，著作权法不给予保护，包括著作权法下的专门法规，都不延及软件编辑的思想、编辑的过程和数学概念。

（2）计算机软件编制的主要目的是解决实际问题，完成一定的工作任务，创造经济价值，推动社会发展和技术进步。因此，计算机软件保护的核心应该是“功能性使用”。在这方面，著作权法的保护力度也比较欠缺。

（3）计算机软件带有明显的技术特征，具有专用性强、技术含量高的特点。著作权法对其“专用性”的保护则力不从心。

有鉴于此，在著作权法下，不少国家制定了保护计算机软件的单项条例，针对计算机软件的特点，给予更完善的保护。

二、保护计算机软件的专门法规

国际上，日本、巴西、韩国等都曾考虑用特别法来保护计算机软件。法国则采取著作权法保护的特别形式。我国则比较彻底，依照《中华人民共和国著作权法》的规定，在1991年6月4日颁布了《计算机软件保护条例》。2001年12月20日又根据新修改的《中华人民共和国著作权法》颁布了新的《计算机软件保护条例》。这标志着我国对计算机软件保护的法律不断完善，也给世界各国树立了一个良好的榜样。

三、专利法保护计算机软件

（一）专利法保护计算机软件的起源

1969年，美国关税与专利上诉法院推翻了美国专利商标局做出的三项驳回计算机程序专利申请的裁定，判决授予申请人专利权。20世纪80年代后，大多数国家放松了计算机软件申请专利权的审查标准，同意采用专利法保护计算机软件。如美国专利和商标局曾于1980年10月就计算机软件保护问题，颁发了可以取得计算机软件专利权或著作权的规定。

根据规定，授予计算机软件专利权的标准是，仅仅是数学计算公式、计算方法及抽象的理论概念等计算机程序不能申请专利权，而对采用计算机程序控制的装置、具有一定物理结构并可用于计算机操作的存储介质、能够说明在计算机中运行或者利用计算机实现一系列操作的计算机操作程序，以及与硬件设备结合在一起的可以实际应用的计算机软件，可以申请专利保护。

其后，1991年12月，在日本东京召开的第三次计算机软件法律保护国际会议上，用专利法保护计算机软件得到了大多数国家的响应。

（二）专利法保护计算机软件的优势

（1）专利法赋予软件开发者以一定时期的独占权，有利于充分激发开发者的积极性，保障开发者开发计算机软件的合法权益；

（2）专利法要求开发者要将软件的内容公开，有利于促进计算机软件的推广和普及；

（3）专利法保护期比著作权法保护期短，有利于促进计算机软件的更新和应用，提高使用者的生产和管理水平。

（三）专利法保护计算机软件的缺陷

（1）专利法审查标准严格，计算机软件很难符合新颖性、创造性的标准；

（2）专利法并非对一切软件都给予保护，一般只对可取得技术效果的计算机软件予以专利保护，而对没有技术效果的软件，如游戏软件、行政管理软件、纯数学算法的软件、辅助设计软件等，不给予专利保护；

（3）专利申请手续复杂，申请时间长，对于更新换代快的计算机软件不利；

（4）申请和维持专利权有效性的费用高。

四、计算机软件的国际保护

在国际上，保护计算机软件的法律主要是《保护文学艺术作品的伯尔尼公约》和WTO《与贸易有关的知识产权协议》。但是，人们还是希望有一个国际上统一的保护计算机软件公约。为此，世界知识产权组织（WIPO）1983年提出了一份《计算机软件保护条约》草案，为缔结一项保护计算机软件的国际公约开辟了道路。该《条约》总原则是防止和制裁一切非法复制、使用或销售软件的行为。《条约》规定了若干条实质性条款，提出了参加该条约的成员国国内法律必须达到的最低要求。《条约》草案提出后，并未引起世界各国的广泛响应。尽管如此，《条约》草案仍然对各国制定国内法具有一定启迪和借鉴作用。

五、软件著作权侵权行为的表现和处理

（一）软件著作权的侵权行为表现

根据我国2001年颁布的《计算机软件保护条例》第23条的规定，软件开发者开

发的软件，不论是否发表，依法享有著作权。在规定的保护期内，著作权人享有法律授予的人身权和财产权，除法律规定不视为侵权行为的情况外，任何人不经著作权人的许可，故意或疏忽侵犯著作权人权利的行为均属侵权行为。

1. 直接侵权

（1）未经软件著作权人同意，发表其软件作品；

（2）将他人开发的软件当作自己的作品发表或者登记的；

（3）未经合作者许可，将与他人合作开发的软件当作自己单独完成的软件发表或者登记的；

（4）在他人软件上署名或者更改他人软件上的署名的；

（5）未经软件著作权人许可，修改、翻译其软件的；

（6）其他侵犯软件著作权的行为。

2. 间接侵权

未经软件著作权人许可，下列行为也属于侵权行为：

（1）复制或者部分复制著作权人的软件的；

（2）向公众发行、出租、通过信息网络传播著作权人的软件的；

（3）故意避开或者破坏著作权人为保护其软件著作权而采取的技术措施的；

（4）故意删除或者改变软件权利管理电子信息的；

（5）转让或者许可他人行使著作权人的软件著作权的。

（二）对侵犯著作权行为的处理

处理侵权行为，主要依据《计算机软件保护条例》，该条例规定，根据侵权的具体情节采取不同的处理办法：

1. 著作权行政管理部门处理

（1）对直接侵权行为的行政处理

① 侵权情节较轻的

著作权行政管理部门可以采取停止侵害、消除影响、赔礼道歉、赔偿损失等民事处理方式。

② 侵权情节较重的

侵权行为同时损害社会公共利益的，由著作权行政管理部门责令停止侵权行为，没收非法所得，没收、销毁侵权复制品，可以并处罚款。

③ 侵权情节严重的

著作权行政管理部门可以没收主要用于制作侵权复制品的材料、工具、设备等。

2. 司法处理

对侵犯计算机软件著作权的行为，著作权人也可以直接向法院起诉，要求法院采取法律措施加以制止。

（1）对侵权行为的民事处理

根据《计算机软件保护条例》第 23 条、第 24 条规定的侵权行为，侵权人应当停止侵权、消除影响、赔礼道歉、赔偿损失。

（2）刑事处理

对触犯刑律的，依照刑法关于侵犯著作权罪、销售侵权复制品罪的规定，依法追究刑事责任。

① 以营利为目的，实施刑法第 217 条所列侵犯著作权行为之一的，违法所得数额在 3 万元以上的，属于“违法所得金额较大”；非法经营数额 5 万元以上，复制数量 1 千张以上，属于“有其他严重情节”，应当以侵犯著作权罪判处 3 年以下有期徒刑或者拘役，并处或者单处罚金。

② 以营利为目的，实施刑法第 217 条所列侵犯著作权行为之一的，违法所得数额在 15 万元以上的，属于“违法所得金额巨大”；非法经营数额 25 万元以上，复制数量 5 千张以上，属于“有其他特别严重情节”，应当以侵犯著作权罪判处 3 年以上 7 年以下有期徒刑，并处罚金。（最高人民法院、最高人民检察院 2004 年 12 月 22 日颁布的司法解释第 5 条）

（三）诉前保全措施

1. 财产保全

为了进一步保护著作权人的合法利益，在有证据的情况下，法律允许著作权人在提起诉讼之前，向人民法院提出申请采取责令停止有关行为和财产保全措施。《计算机软件保护条例》第 36 条规定，“软件著作权人有证据证明他人正在实施或者即将实施侵犯其权利的行为，如不及时制止，将会使其合法权益受到难以弥补的损害的，可以依据《中华人民共和国著作权法》第 49 条的规定，在提起诉讼之前，向人民法院提出申请采取责令停止有关行为和财产保全措施。”

2. 证据保全

《计算机软件保护条例》第 27 条还规定，“为了制止侵权行为，在证据可能灭失或者以后难以取得的情况下，软件著作权人可以依据《中华人民共和国著作权法》第 50 条的规定，在提起诉讼前，向人民法院申请保存证据。”

第五节　计算机软件贸易的特点与贸易方式

一、计算机软件贸易的概念与特点

（一）计算机软件贸易的概念

计算机软件贸易（Trade in Computer Software），是指软件著作权人按约定的时间、方式、条件将软件使用权许可他人，或者将财产权转让给他人，以取得相应报酬的行为。

（二）计算机软件贸易的特点

计算机软件贸易特点主要表现在以下几方面：

（1）计算机软件著作权是一种财产性的权利，它是软件开发者通过智力劳动所取得的智力成果。在软件开发完成后，开发者依法自动享有著作权。开发者成为软件著作权人，权利在其控制下，可以自己使用、许可他人使用，或者转让给他人使用。在哪一个环节使用，著作权人都可以依法获得经济利益。因此，计算机软件使用是一种贸易行为，其贸易方式类似于技术贸易。

(2) 计算机软件贸易，均须通过协议或合同进行，即使对最终用户销售计算机软件，也要通过“启封合同”。《计算机软件保护条例》第 18 条规定，“许可他人行使软件著作权的，应该订立许可使用合同。许可使用合同中软件著作权人未明确许可的权利，被许可人不得行使。”第 20 条规定，“转让软件著作权的，当事人应当订立书面合同。”

(3) 计算机软件贸易，著作权人主要通过“软件的复制件”，向被许可方提供一定时间、一定地点、一定方式、一定范围、一定人员的功能性使用。提供软件主要是“目标程序”，不提供“源程序”，以防被许可方或受让方翻译、修改、越权使用，损害著作权人的合法利益。

二、计算机软件的贸易方式

计算机软件贸易方式主要有以下几种：

（一）发行（销售软件复制件）

发行（Sales）方式多用于通用软件，即通用性强、用户范围广的软件包销售。就贸易性质而言，这种方式实际也是软件使用许可，只是由于用户众多，发行商无法在销售时逐一与用户签订许可合同，于是在 20 世纪 80 年代初，美国实行了一种“启封许可合同”。

所谓“启封许可合同”（Unsealed Contract），是指软件销售商单方面拟定的许可合同，合同印好用透明薄膜将其封装在所发行的软件包装内，并另用显著标题告知用户：包装启封后，仔细阅读合同条款，如不同意，可以退回软件；如同意，就必须遵守。这种做法节约了交易成本，提高了交易效率，适合软件贸易发展的要求。因此，这种合同的使用日益广泛。

（二）软件使用许可

软件使用许可（Software License），是指软件著作权人或其受让人，在软件著作权保护期内，根据有关法规，与被许可方签订书面许可合同，许可被许可方以合同规定的方式、条件、范围和时间行使软件著作权人或其受让人拥有的软件复制件使用权。一般软件使用许可的标的多为专用软件，如银行财会软件、项目评估软件、质量控制与检测软件等。

软件使用许可一般有三种情况：第一种是向最终用户提供软件“功能性”使用许可；第二种是向出版商或分销商提供软件复制权或发行权许可；第三种是向计算机硬件制造商授予“软件预装”许可。

值得注意的是，我国《计算机软件保护条例》第 19 条规定，“许可他人行使软件著作权的，当事人应当订立书面合同。没有订立书面合同或者合同中未明确约定专有许可的，被许可人行使的权利应当视为非专有权利。”这就提醒合同当事人，许可合同中应当明确许可使用权的性质。

（三）软件著作权转让

软件著作权转让（Software Copyright Transfer），是指软件著作权人（出让人）依法与受让人签订书面合同，将软件著作权的全部财产权或者部分财产权转让给受让人的行为。转让全部财产权，包括复制权、发行权、出租权、信息网络传播权、翻译权等全部权利；转让部分财产权是转让上述权利中的部分权利。但是，软件著作权转让只转让财产权，不涉及软件著作权人的人身权利，即发表权、署名权、修改权。换言之，软件著作权人的人身权不能转让。

（四）委托开发软件

委托开发软件（Delegate Develop Software），是指计算机软件开发商（受托方）通过与委托方签订委托协议，接受委托方（最终用户或出版商）的委托，根据委托协议规定的条件开发软件，简称“委托软件”。受托方一般要完成软件的可行性研究、总体设计、详细设计、编写程序、编写用户手册、测试安装、移交、提供技术支持等。软件经测试合格后，由委托方支付报酬。

（五）软件交钥匙项目

软件交钥匙项目（Software Turnkey Projects），是计算机硬件买卖与软件使用许可或转让结合的一种综合贸易方式，其合同通常称为“交钥匙合同（System Turnkey Agreement）”。

交钥匙合同一般包括：计算机系统详述；硬件、附件和外围设备；系统软件与专用软件；硬件与软件测试；技术服务；实现合同规划等。

如上所述，计算机软件作为贸易对象，有多种贸易方式，每一种贸易方式都有一种符合其特点的合同，本章只介绍最常用的计算机软件许可合同。

第六节　计算机软件许可合同的概念、主体与客体及合同主要条款

一、计算机软件许可合同的概念

计算机软件许可合同（Computer Software Licensing Contract），是指软件著作权人（Software Copyright Owner）或著作权持有人许可他人按约定的时间、地点、范围和方式使用特定软件复制件，并向被许可方收取著作权使用费，所签订的具有法律约束力的书面文件。

就计算机软件使用许可性质而言，它是介于一般作品特许使用许可和技术使用许可之间的许可方式。因为计算机软件具有与一般作品相同的属性，但又与技术密切相关，即具有工具性，因此，软件使用许可授予被许可方的不仅是软件复制件的使用权，而且是软件的功能性使用。

二、计算机软件许可合同的主体与客体

（一）计算机软件许可合同的主体

许可方：软件著作权人或软件著作权财产权的受让人、软件著作权持有人。

被许可方：软件的最终用户、出版商、分销商、硬件制造商。

（二）计算机软件许可合同的客体

根据计算机软件是否具有技术性和经济性，可分为技术经济性软件和非技术经济性软件。技术经济性软件，是指使用后能产生经济效果的软件，通常作为技术贸易的客体。非技术经济性软件，是指使用后不能产生经济效果的软件，通常作为版权贸易的客体。

三、计算机软件许可合同的主要条款

（一）鉴于条款

在软件许可合同中，鉴于条款对合同正文起着导言作用。其内容一般是分段叙述。最主要是表明，许可方拥有何种权利、准备授予被许可方何种权利、被许可方希望获得何种权利，以及双方签订合同的目标和愿望等。

该条款实例：

许可方作为一切权利的所有者对于所开发的×××专用程序（Proprietary Program）拥有所有权和利益；

许可方愿意给予被许可方用于研究的非商业使用该程序的有限的、非独占的使用许可；

被许可方希望获得该程序有限的非独占的使用许可，作为教学工具和非商业的内部研究及行政管理活动的工具，作为排他的、非独占的、非商业性的使用程序；

被许可方承认许可方开发程序的知识产权价值，承认许可方为本合同的主体，并采取一切合理的措施，保护其在知识产权方面的利益。

（二）定义条款

计算机软件许可合同涉及大量的计算机软件的专有名词和计算机技术术语，特别是至今许多名词术语尚未完全规范化，有些名词术语含义如不加协商一致，可能导致当事人对技术术语产生误解。因此，合同当事人必须协商术语的概念，并取得共识，给重要的词语下定义，以保持合同整体上的一致性。特别是对许可合同中反复使用的名词术语规定明确定义，减少当事人之间误解，以利于合同顺利履行。实际业务中，需要下定义的名词术语主要有：

专用单元（Customer Unit），是指许可的软件可以用在哪种配置的计算机上。

替用单元（Substitute Unit），是指专用单元因维修暂停使用时，可以用哪些型号的计算机替代。

软件包（Enhancement Package），是指特别设计的软件程序组，可以把“源程序”写成除本程序（即所许可的程序）以外的任何语言，但该软件包的使用没有源程序是不可能的。

使用（Use），是指将该程序的任何部分输入到计算机中，或将计算机程序指导书、说明书或本程序资料加工、转换到计算机中的行为。

源程序（Source Program），是指适于由一台计算机、计算机组、转换计算机语言来表示的计算机程序。

缺陷（Bug），是指由于偏离用户程序指导书说明所引起的程序性错误。

（三）许可范围和对被许可方使用程序的限制

该条款主要是许可方为保护其本身的利益，对被许可方使用软件的范围所作的限制性规定。其规定往往是非常具体的，如：只限被许可方一家使用；只限某些人使用；只限在某地点使用；只限在某些计算机上使用；等等。

该条款实例：

被许可方同意，只由被许可方，其本系学生和职员排他地、非独占地使用该程序，并保证其系学生和职员不将该程序的任何部分销售、转让、许可给境内外的任何其他第三者、公司或企业；

被许可方进一步同意，将尽其最大努力保证其系学生、职员和其他人不为其本人和境内外的其他任何第三者对该程序做商业上的使用；

被许可方同意，只将该程序用在规定的计算机上；

被许可方同意，被许可方及其系学生或职员未经许可方授权代表的书面许可，都不对该程序做任何改变或扩展。

（四）提供的软件内容及软件形式

许可方提供软件的类型是很重要的，这也是许可方与被许可方争论的焦点之一。在普通使用权许可条件下，许可方通常只提供"目标程序"，即计算机可读程序，不提供"源程序"，这样被许可方就很难修改或发展所接受的软件。但在专用软件的许可合同中，被许可方应坚持许可方提供"源程序"，以便根据需要对目标程序进行修改。此外，许可方还应提供程序说明书和使用手册或指导书。

程序说明书一般包括：对软件功能的说明（即该软件所能完成的任务、数据处理要求、资料容量）；软件所适用的计算机、储存器、接口等要求；程序工作的条件；软件误差可修正和恢复的程度等。

指导书主要包括：怎样输入数据；怎样运用程序；怎样处理意外事故；程序进入工作状态的流程图等。

软件的形式可以是磁带、磁盘、光盘、穿孔卡片等，合同中要明确规定许可方提供的软件形式和数量。

该条款实例：

合同生效后三十天内，许可方将向被许可方提供一套磁盘形式的计算机可读程序副本和向每台计算机提供一套使用说明书，但许可方规定并经被许可方同意，将不向被许可方提供"源程序"。

（五）使用软件的地点

使用地点（Sites of Usage），是指计算机软件通常只限于在某一特定地点使用，与其他类型的许可合同中的“地域”概念不同，是特指某一通讯地址、某一座建筑物。

该条款实例：

使用本程序的指定计算机是：

计算机制造型号；

制造厂序号；

工作系统；

放置地点（完整的街名/地址、城市、国家）。

（六）支付条款

被许可方取得软件的使用权后，由于不能通过软件的使用生产出直接上市的产品，因此，软件的使用费也无法按其直接效益作为计算基础。目前，支付计算软件使用费大多采用以下几种方式：

1. 固定计价或固定使用费

固定计价（Fixed Price），是指软件使用费为一固定数额，在合同有效期内不变。这笔规定的使用费通常是根据工作的进度，按比例分期支付。例如：

（1）提供软件时，支付合同金额的10%；

（2）开始试用软件时，支付合同金额的30%；

（3）试用完毕时，支付合同金额的30%；

（4）担保期结束时，支付合同金额的30%。

2. 计时支付

计时支付，是指按照被许可方使用软件的时间计算使用费。这种支付方式是沿用了最早计算机软件以租赁方式使用时的做法。被许可方使用计时方式时，最好规定支付使用费的最高数额，这有利于被许可方支付满一定额度后，继续使用软件而不支付费用，另外，被许可方需要注意，许可方往往要求保留中途调整使用费的权利，如被许可方不同意，许可方有权中止合同。这种要求对被许可方不利，被许可方一般不应轻易接受。

（七）软件支持或支持服务

许可方为了被许可方更好地使用所提供的软件，应该提供支持服务。一般包括：为适应被许可方使用的计算机程序，许可方应提供一套完整的书面说明；在合同有效期内，免费提供改进或更新的版本；为使用程序的每台计算机配备一套使用手册等。

（八）担保条款

在软件许可合同中，许可方一般不承担担保责任，特别是不承担赔偿损失的责任；许可方也不担保使用程序的计算媒介的质量。许可方只担保程序的功能，担保功能与提供的说明书相符。被许可方为了使许可方提供的有限担保不至落空，在许可合同中，最好规定“担保期”，并且把担保期与使用费的支付联系起来，以便对许可方有一定的制约。

第七节 签订计算机软件许可、转让合同应注意的问题

一、明确软件许可方著作权的真实性

被许可方签订计算机软件使用许可合同前，应当弄清软件著作权的归属，否则，将引起著作权纠纷，影响合同的顺利履行。软件著作权归属有以下几种情况：

（一）合作开发软件的著作权

合作开发软件，是指由两个或两个以上的单位或公民合作开发的软件。在这种情况下，软件著作权由合作开发者共同享有。但是，在签订软件使用许可或软件著作权转让合同时，有权与他人签订合同的人可能出现以下情况：

（1）在所有著作权人都同意的情况下，共有著作权人即可签订许可合同，也可签订转让合同。签订合同时，共有著作权人可以推举代表办理。

（2）部分著作权人同意的情况下，签订许可或转让合同要分两种情况：

① 合作开发软件可以分割使用的，开发者对各自开发的部分单独享有著作权。在这种情况下，同意的人可以将自己拥有的部分许可或转让他人，但不得扩展到合作开发软件的整体著作权。

② 合作开发软件不能分割使用的，如其中部分人欲与他人签订使用许可或转让合同，同意许可或转让的人应依据《计算机软件保护条例》第 10 条规定处理："合作开发的软件不能分割使用的，由合作开发者协商一致行使。如不能协商一致，又无正当理由，任何一方不得阻止他方行使除转让权以外的其他权利，但所得收益应合理分配给所有合作开发者。"

由此可见，合作开发软件不能分割使用的，在合作者不能协商一致的情况下，合作开发者的任何一方均有权签订软件使用许可合同，但不能签订著作权转让合同，而且同意签订许可合同的人还应将所得收益合理分给其他合作者。

（二）委托开发软件的著作权

委托开发软件，是指软件公司或编制单位受他人（最终用户或出版商）委托编制的软件。在这种情况下，软件著作权的归属有两种可能性：

（1）软件著作权归委托方所有，即双方在签订委托协议时，明确了软件著作权属于委托方。

（2）软件著作权归受托方（软件公司或编制单位）所有，即在签订委托协议时，双方未在协议中明确约定著作权归属。根据《计算机软件保护条例》第 11 条规定，如委托方和受委托方未在协议中明确约定著作权归属，软件著作权属于受托方享有，即属于软件公司或编制软件的单位所有。

（三）职务软件与非职务软件著作权

职务软件，是指自然人在法人或者其他组织中任职期间所开发的软件。按我国

《计算机软件保护条例》规定，有下列情况之一的，该软件著作权由该法人或其他组织享有：

1. 公民在单位任职期间所开发的软件如属下列情况之一，称为职务软件：

（1）针对本职工作中明确指定的开发目标所开发的软件；

（2）开发的软件是从事本职工作活动所预见的结果，或者自然的结果；

（3）主要使用了法人或者其他组织的资金、专用设备、未公开的专门信息等物质技术条件所开发的并由法人或者其他组织承担责任的软件。

2. 非职务软件，是指：公民开发软件与执行其本职工作的结果无关；与开发者所在单位从事的工作无关；也未使用所在单位的物质技术条件。该软件属于非职务软件，著作权属于开发者个人。

总之，计算机软件著作权归属的情况不同，著作权人签订许可或转让合同的权利不同。因此，在签订软件许可或转让合同之前，被许可方或受让方弄清软件著作权的真正权利人是十分重要的。

二、明确规定软件使用权的性质

软件许可使用权分为专有使用权和非专有使用权。在专有使用权的情况下，许可方只许可一个被许可方独家使用许可的软件；在非专有使用权情况下，许可方可以同时许可多个被许可方使用同一软件。如果许可合同中未明确规定使用权是专有的，被许可方获得的软件使用权依法视为非专有。

此外，许可方和被许可方还应注意：在非专有使用权的情况下，被许可方有权利向第三方授予分许可，因为《计算机软件保护条例》第 19 条规定，“使用许可权的享有者可以把使用许可权转让给他人。”因此，许可方如不准备让被许可方将许可权转让给他人时，许可方必须在合同中明确被许可方不得将使用权转让给他人。否则，双方将可能发生争议。

三、许可使用权必须明确使用的范围

在签订软件许可合同时，双方应明确使用权的范围。因为《计算机软件保护条例》规定，软件使用的范围包括复制、发行、出租、信息网络传播、翻译等单项权利，“许可合同中软件著作权人未明确许可的权利，被许可人不得行使”。因此，在签订合同时，双方必须明确约定被许可方使用权的范围。否则，将可能导致被许可方越权使用。

练习题 EXERCISES

一、单项选择题

1. 计算机软件著作权的保护原则是（　　）

A. 自动保护原则　B. 申请审查原则　C. 登记原则　D. 注册保护原则

2. 计算机软件著作权转让，只转让　(　　)

A. 人身权　B. 财产权　C. 专用权　D. 保护权

3. 从法律上，计算机软件主要是指　(　　)

A. 文档　B. 使用手册　C. 流程图　D. 计算机程序

4. 在我国，法人和组织的计算机软件著作权保护期是　(　　)

A. 10 年　B. 20 年　C. 50 年　D. 30 年

5. 软件最终用户购买软件的目的是　(　　)

A. 转让获利　B. 许可获利

C. 销售获利　D. 使用软件的功能

二、多项选择题

1.《计算机软件保护条例》规定，计算机软件受保护的条件是　(　　)

A. 软件必须由创作者独立开发

B. 软件必须向知识产权部门登记

C. 软件必须固定在某种有形物上

D. 软件必须翻译成中文

E. 软件必须适合所有计算机使用

2. 依据有关法律，计算机软件“使用”的方式包括　(　　)

A. 软件复制　B. 发行　C. 出租　D. 信息网络传播

E. 翻译

3. 用专利法保护计算机软件的缺陷是　(　　)

A. 专利法保护软件标准高　B. 专利法不保护所有软件

C. 专利法保护软件手续复杂　D. 专利法保护软件费用高

E. 专利法保护软件比用著作权法保护期限短

4. 按构成计算机程序的语言划分，程序可分为　(　　)

A. 系统程序　B. 应用程序　C. 源程序　D. 目标程序

E. 软件包

5. 软件著作权属于开发者单位的原因是　(　　)

A. 单位指定开发的软件

B. 从事本职工作预见的结果

C. 使用本单位物质条件开发的软件

D. 任职期间业余开发的软件

E. 离开单位以后开发的软件

三、名词解释

1. 计算机软件　2. 计算机程序　3. 计算机软件著作权转让　4. 计算机软件贸易

5. 启封合同

四、简答题

1. 简述计算机软件与文学艺术作品的相同点。

2. 简述计算机软件与文学艺术作品的不同点。

3. 简述计算机软件贸易的方式。

4. 简述布图设计专有权获得的条件。

五、论述题

试述签订计算机软件许可合同应注意的问题。

第八章　集成电路布图设计许可合同

学习目标导言

集成电路布图设计和计算机软件发展是相辅相成的，集成电路布图设计是计算机的心脏，计算机和计算机软件是集成电路布图设计的平台和工具。例如20世纪70年代，集成电路替代晶体管进入计算机制造，极大地降低了计算机制造成本，出现了个人计算机（PC），促使计算机迅速普及到了千家万户，大大改变了世界的面貌。其后，大量的电子设备都广泛使用集成电路，大规模集成电路使手机智能化、电视机平板化、照相机数字化等等，不胜枚举。

20世纪80年代以来，中国出台多项政策鼓励半导体集成电路产业发展，将其作为国家优先发展的战略性新兴产业，作为国家四个现代化、信息化的核心和支柱。世界各国也竞相发展半导体集成电路产业，并竞相占领产业制高点。到20世纪末，集成电路技术、多媒体技术、网络技术、传感技术、光导纤维技术、人机对话技术等信息技术的产值已占到各种产业产值的20%。21世纪，信息技术将是最活跃、发展最迅速、影响最广泛的科技领域。

同时，保护集成电路布图设计的法律、法规也不断建立和完善。1984年，美国率先制定了《半导体芯片保护法》。中国于2001年3月28日颁布了《集成电路布图设计保护条例》。WTO《与贸易有关的知识产权协议》将“集成电路布图设计”列入知识产权保护的范围。世界知识产权组织（WIPO）1989年5月在美国华盛顿通过《关于集成电路的知识产权条约》，确定集成电路布图设计主要用著作权法保护的原则。

从产业发展层面看，中国集成电路布图设计产业发展较晚，很长时期需要从国外进口，特别是大量进口高端集成电路。但2001年以来，中国集成电路布图设计产业发展速度还是非常快的。例如，从事集成电路布图设计的企业和人员不断增加，申请登记、商业使用的企业和人员越来越多。集成电路布图设计销售收入不断增加，2005年销售收入占全球的比重为4.5%，2010年占8.6%。产量占全球约10%。可以预见，在第十二个五年计划的推动下，中国的集成电路布图设计产业将会有更大发展。（资料来源：中国知识产权报社）

重点难点提示

集成电路和集成电路布图设计的概念、性质与特点；集成电路布图设计专有权与贸易方式；集成电路布图设计专有权法律保护。

第一节　集成电路布图设计的概念、性质与特点

一、集成电路和集成电路布图设计的概念

对于集成电路布图设计，世界各国称呼不尽相同，美国称为“掩膜作品”（Mask Work），日本称为“电路布局”（Circuit Layout），欧洲国家称为“拓扑图”（Topography）。世界知识产权组织和我国称为“集成电路布图设计”（Layout Design of Integrated Circuits）。其定义的表述都是参照世界知识产权组织的定义，根据各国的国情稍加修改而成的，没有原则区别。

（一）世界知识产权组织的定义

世界知识产权组织（WIPO）对集成电路和集成电路布图设计的定义，主要反映在《关于集成电路知识产权条约》（以下简称《条约》）中，是各国有关法律拟订“集成电路和集成电路布图设计定义的标准”。

1. 集成电路的定义

《条约》第2条规定，集成电路（Integrated Circuit）是指“一种产品，在它的最终形态或中间形态，全部或部分互连或集成在一块材料之中和/或之上，以执行某种电子功能”。

2. 集成电路布图设计的定义

《条约》第2条第2款规定，集成电路布图设计（Layout Design of Integrated Circuits），是指“集成电路中多个元件，其中至少有一个是有源元件，和其部分或全部集成电路互连的三维配置，或者是为了集成电路制造而准备的这样的三维配置”。

（二）中国《集成电路布图设计保护条例》的定义

关于集成电路和集成电路布图设计的定义，主要反映在我国《集成电路布图设计保护条例》中第2条第1、2款。根据我国国情，又参考了世界知识产权组织的定义，对集成电路和集成电路布图设计两个概念做了如下定义：

（1）“集成电路，是指半导体集成电路，即以半导体材料为基片，将至少有一个是有源元件的两个以上元件和部分或者全部互连线路集成在基片之中或者基片之上，以执行某种电子功能的中间产品或者最终产品。”

（2）“集成电路布图设计，是指集成电路中至少有一个是有源元件的两个以上元件和部分或者全部互连线路的三维配置，或者为制造集成电路而准备的上述三维配置。”

二、集成电路布图设计的性质与特点

（一）集成电路布图设计的性质

1. 集成电路布图设计与集成电路的关系

通俗地讲，集成电路和布图设计是解决电子功能运用的两个环节：

第一环节，设定要求的电子功能后，设计员据此进行布图设计，将电子线路中的元器件及其相互连线转化为一层或多层的平面图形。然后，将图形按一定顺序逐次排列，构成三维图形结构，这种图形结构即布图设计。是制造集成电路的中间产品。

第二环节，制造集成电路，即将上述图形三维结构，通过特定的工艺方法，“固化”在半导体基片之中，或者基片之上，制造成集成电路产品，以期实现设定的电子功能。因此，它们的顺序应该是，企业设定要求的电子功能和目标，设计员进行布图设计，工厂制成集成电路。企业用集成电路制造电子产品，如计算机、传感器、智能手机、平板电脑、数码照相机、医疗器械等。

2. 集成电路布图设计的法律性质

从法律的角度考察，集成电路布图设计是一种知识产权保护的新客体，其具有《著作权法》保护客体的作品性。因为《著作权法》保护的作品包括工程设计图、产品设计图等。从《专利法》的角度，集成电路布图设计具有《专利法》所要求的创造性和工业实用性，但又缺少《专利法》要求的绝对新颖性。因此，简单采用《著作权法》或者《专利法》都难以对其提供有效的保护。因此，很多国家都先后采取专门立法，将集成电路布图设计当作一种独立的知识产权保护客体，对其给予直接而有效的保护。

在中国，将集成电路布图设计与计算软件视为同性质，具有《著作权法》和《专利法》保护对象的双重性，不论它们的表现形式如何，最终都是通过电子功能实现其价值。因此，根据2000年6月24日国务院颁布的《鼓励软件产业和集成电路产业发展的若干政策》第50条的规定，“集成电路设计产品视同软件产品，受知识产权方面的法律保护。国家鼓励对集成电路产品进行评测和登记。”另外，该《政策》的第51条还规定，“集成电路设计产业视同软件产业，适用软件产业有关政策。”由此可以证明，集成电路布图设计和计算机软件具有类似的法律性质。它们都是采取单项专门法规直接保护的。

（二）集成电路布图设计的特点

1. 集成电路布图设计是人们智力劳动的成果

集成电路布图设计，是创作者借助于计算机模拟，用尽心思、进行严密逻辑思考，将数十万或数百万计的电子元件进行排列组合，反复地调整位置，将电子元件的集成度最大化，再用电子线路将它们连接起来，利用特殊工艺，将其“固化”在半导体硅片之上或之中。然后，以数码方式将其存储在磁盘、磁带等载体上，成为工业应用的中间产品，它们是制造集成电路的基础和前提。

2. 集成电路布图设计是一种抽象的概念，只有固定在某种载体上才能被感知

集成电路布图设计，是各种电子元件配置的方式，是抽象的，它们以信息状态存在，没有有形的物质实体。只有将集成电路布图设计附着在一种载体上时，才能被感知，才可以根据载体的特性翻拍、复制。

3. 集成电路布图设计具有可复制性

集成电路布图设计的“可复制性（Reproduction）”，就是重复制作布图设计或者含有该布图设计的行为。复制是使用布图设计的重要方式，在集成电路产品生产中，布图

设计被大量复制到集成电路产品内。

4. 集成电路布图设计具有独创性和新颖性（非显见性）

《集成电路布图设计保护条例》第 4 条规定，受保护的布图设计应当具有独创性，即该布图设计是创作者自己的智力劳动成果，并且在其创作时该布图设计在布图设计创作者和集成电路制造者中不是公认的常规设计。

布图设计的独创性（Originality）和新颖性（not a Standard Design generally Accepted by the Layout Design Inventors and Integrated Circuit Manufacturers），是集成电路布图设计受法律保护的重要条件。但《集成电路布图设计保护条例》也并非要求布图设计达到《专利法》要求的绝对创造性和新颖性标准。因为布图设计的进步主要表现在“电子元件集成度”的提高，即在同样面积、体积的硅片上布局更多的电子元件，以增强集成电路功能。因此，布图设计只要能超越现有布图设计的水平，具有显著技术进步，就可以达到《集成电路布图设计保护条例》所要求的标准。

另外，要求集成电路布图设计具有独创性和新颖性，也是发展国家集成电路布图设计产业的需要，例如 2011 年 1 月 28 日《国务院关于印发进一步鼓励软件产业和集成电路产业发展若干政策的通知》指出，要求集成电路布图设计具有独创性和新颖性的目的，是促进我国软件产业和集成电路产业快速发展，产业规模迅速扩大，技术水平显著提升，增强科技创新能力，提高产业发展质量和水平。

5. 工业实用性

布图设计是生产集成电路的重要环节，集成电路是广泛应用的工业电子元器件，是实现电子功能的核心，通过电子在其间流通，开关启合，控制并实现信息传递与处理，操作各种电子设备，大的如雷达、卫星、传感器、数控机床，小的如电脑、智能手机、数码产品，等等。

第二节 集成电路布图设计专有权取得条件、专有权人及权利范围

集成电路布图设计，是新的独立的知识产权。根据其性质，可以采取多种法律予以保护，如著作权法、专利法，以及独立法规。中国保护集成电路布图设计主要是用单项法规直接保护。因此，本节的内容主要根据中国《集成电路布图设计保护条例》进行介绍。

一、集成电路布图设计专有权的概念

集成电路布图设计专有权（the Exclusive Right in a Layout Design），是指集成电路布图设计人将其独立开发的集成电路布图设计，提请国务院知识产权主管部门审查、认定、登记后依法享有的专用权。布图设计专有权是一种专用权、排他权、财产权，其反映的是布图设计专有权人与其他商业利用人之间的社会财产关系。

二、获得布图设计专有权的条件

中国《集成电路布图设计保护条例》第 4 条规定，集成电路布图设计创作者取得布图设计专有权有两个条件：

（一）积极条件

集成电路布图设计要具有独创性（Originality）和新颖性（Non-obviousness）：

（1）受保护的布图设计应当具有独创性，即布图设计应当是创作者自己的智力劳动成果；

（2）在创作者创作时，该布图设计在布图设计创作者和集成电路制造者中，不是公认的常规设计。

受保护的由常规设计组成的布图设计，其组合作为整体应当符合前款规定的条件。

（二）法律条件

布图设计创作者取得专有权的法律条件是：

1. 登记

《集成电路布图设计保护条例》第 8 条规定，“布图设计专有权经国务院知识产权行政部门登记产生。”创作者要向国家知识产权行政部门申请登记，要填写申请文件：申请表一式两份、一份布图设计复制件或者图样。经初步审查，未发现驳回理由的，由国家知识产权行政部门予以登记，发给证明文件，并予以公告。不履行登记手续，不能取得布图设计专有权。

2. 商业使用

布图设计在世界任何地方已开始“商业使用”，《华盛顿公约》和《与贸易有关的知识产权协议》赋予创作者以选择权，即“登记”和“商业使用”都可以产生布图设计专有权。这种规定与我国的要求不同，我国要求“商业使用”也需要在规定的期限内（2 年）向主管部门进行登记，过期不登记，主管部门不再予以登记，创作者即不能取得布图设计专有权。这说明我国是将“登记”作为获得集成电路布图设计专有权的条件。

三、布图设计专有权的保护期限

中国《集成电路布图设计保护条例》第 12 条规定，“布图设计的保护期为 10 年，自布图设计登记申请之日或者在世界任何地方首次投入商业利用之日起计算，以较前日期为准。”但是，无论是否登记或者投入商业利用，布图设计自创作完成之日起 15 年后，不再受该条例保护。《集成电路布图设计保护条例实施细则》规定，《条例》规定期限不得请求延长。

该条例规定和《与贸易有关的知识产权协议》规定的保护期相同，但与《华盛顿公约》规定不同，《华盛顿公约》规定保护期为 8 年。

四、布图设计专有权的权利范围

布图设计专有权的权利可以分为“核心权利”和“派生权利”：

（一）核心权利

核心权利（Core Rights），是指布图设计专有权人依法获得的基本权利，是其他非基本权利的前提和基础。核心权利包括：

1. 复制权

复制权（Right of Reproduction），是指重复制作受保护布图设计的全部或者其中任何具有独创性的部分。

2. 商业利用权

商业利用权（Right of Commercial Exploitation）是指受保护的布图设计、含有该布图设计的集成电路或者含该集成电路的物品投入商业利用。

中国《集成电路布图设计保护条例》的这项规定和《与贸易有关的知识产权协议》规定相同。但与《华盛顿条约》规定不同，《华盛顿公约》只规定了布图设计复制权和商业利用权的第一、二项，未规定第三项权利，即为商业目的进口、销售或者以其他方式提供含有该集成电路的物品。

（二）派生权利

派生权利（Derivative Rights），是指核心权利下派生出来的权利，派生权利须以核心权利存在而存在。派生权利主要有以下几种：

1. 转让权

转让权（Right of Assignment），是指布图设计权利人可以转让其布图设计专有权。根据我国《集成电路布图设计保护条例》第 22 条规定，“转让布图设计专有权的，当事人应当订立书面合同，并向国务院知识产权行政部门登记，由国务院知识产权行政部门予以公告。布图设计专有权转让自登记之日起生效。”

2. 许可权

许可权（Right of Licensing），是指布图设计专有权人可以许可他人使用其布图设计。根据我国《集成电路布图设计保护条例》第 22 条规定，布图设计权利人“许可他人使用其布图设计的，当事人应当订立书面合同。”

3. 放弃权

放弃权（Rights to Give Up），是指布图设计权利人在其布图设计专有权保护期届满之前，向国家知识产权局提交书面声明，放弃该布图设计专有权，并由国家知识产权局登记和公告后生效。

五、集成电路布图设计权利人的概念及其专有权归属

（一）集成电路布图设计权利人的概念

集成电路布图设计权利人（Holder of Right of Layout Design），是指对布图设计享有专有权的自然人、法人或者其他组织。

（二）布图设计专有权的归属

1. 直接享有布图设计专有权的人

根据《集成电路布图设计保护条例》第 3 条规定，直接享有布图设计专有权的人

有三种：

（1）中国自然人、法人或者其他组织创作的布图设计，享有布图设计专有权；

（2）外国人创作的布图设计首先在中国境内投入商业利用的，享有布图设计专有权；

（3）外国人创作的布图设计，其创作者所属国同中国签订有关布图设计保护协议或者与中国共同参加有关布图设计保护国际条约的，享有布图设计专有权。

2. 间接享有布图设计专有权的其他权利人

根据《集成电路布图设计保护条例》第 9、10、11 条规定，下列自然人、法人或者其他组织，也可以依法享有布图设计专有权：

（1）布图设计创作者；

（2）由法人或者其他组织主持、依据法人或其他组织的意志而创作，并由法人或者其他组织承担责任的布图设计，该法人或者其他组织是创作者，依法享有布图设计专有权；

（3）两个以上自然人、法人或者其他组织合作创作的布图设计，其专有权归属合作者约定，未做约定或约定不明的，其专有权由合作者共同享有；

（4）受委托创作的布图设计，其专有权归属由委托人和受托人双方约定，未做约定或约定不明的，其专有权由受托人享有；

（5）布图设计保护期内，布图设计专有权人死亡，依据继承法，布图设计专有权转移给继承人享有。

六、布图合计专有权的限制

集成电路产业是国家战略性的新兴产业，是国民经济和社会信息化的基础。因此，为了国家的利益和集成电路布图设计产业的健康发展，法律对布图设计专有权的行使也做了一些限制性规定，这些限制性规定主要有以下几方面：

1. 合理利用

合理利用（Sensible Use），是指我国《集成电路布图设计保护条例》第 23 条规定的“不经布图设计权利人许可，不向其支付报酬”以及“利用权利人布图设计、含有该布图设计的集成电路，或者含该集成电路的物品投入商业利用”的行为。

（1）为个人目的或者单纯为评价、分析、研究、教学等目的而复制受保护的布图设计；

（2）在依据前项评价、分析受保护的布图设计基础上，创作出具有独创性的布图设计；

（3）对自己独立创作的与他人相同的布图设计进行复制或者将其投入商业利用。

2. 权利用尽

权利用尽（Exhaustion of Rights），是指受保护的布图设计、含有该受保护的布图设计的集成电路或者含有该集成电路的物品，由布图设计权利人或者经许可投放市场后，他人再次商业利用，可以不经布图设计权利人的许可，不向其支付报酬。

3. 善意使用

善意使用（Bona Fide Infringement），是指商业利用者不知道也没有合理理由应当知道，物品中含有受保护的布图设计的集成电路，或者含有非法复制的布图设计的集成电路，而将其投入商业利用的，法律不视为侵权。但是，销售者在得到物品含有非法复制的布图设计的集成电路的明确通知后，继续销售存货或将此前的订货投入商业利用的，应当向布图设计权利人支付合理的报酬。

4. 非自愿许可

非自愿许可（Non-voluntary Licensing），是指“在国家出现紧急状态或者非常情况时，或者为了公共利益的目的，或者经人民法院、不正当竞争行为监督检查部门依法认定布图设计权利人有不正当竞争行为而需要给予补救时，国务院知识产权行政部门可以给予使用其布图设计的非自愿许可”。使用“范围应当限于为公共目的的非商业性使用”。(《集成电路布图设计保护条例》第 25 条规定）

WTO《与贸易有关的知识产权协议》做了比较严格的规定，要求使用者按《协议》31 条（a）至（k）规定的条件，使用非自愿许可，而且要向权利人支付报酬。报酬的金额应相当于许可使用费。

5. 反向工程

反向工程（Reverse Engineering），是指在依据评价，分析受保护的布图设计基础上，开发出具有独创性的布图设计，可以不经布图设计专有权人许可，复制或投入商业使用，不许向专有权人支付报酬。

6. 独立创作

独立创作（Independent Creation），是指个人独立创作的与专有权人相同的布图设计，复制或投入商业使用，不向专有权人支付报酬。

第三节 集成电路布图设计的法律保护

一、集成电路布图设计法律保护的必要性

集成电路也就是通常所说的芯片，是整个电子产业的基础，是信息产业的核心，是现代科技进步中发展最快、渗透力最强、应用范围最广的关键技术。20 世纪 70 年代以来，集成电路布图设计已成为一个独立的技术领域。同时，也成为仿制者掠取的对象。因此，其作为知识产权的一种新的保护对象，对其进行有效法律保护是集成电路布图设计和集成电路产业发展的必然要求。

保护集成电路布图设计专有权的主要目的，一方面是对集成电路布图设计专有权人合法利益提供充分的保护，另一方面是促进集成电路技术的创新和科学技术的发展。因此，国家通过立法将集成电路布图设计专有权保护与对专有权的适当限制结合起来，以实现集成电路布图设计专有权人、国家利益和其他开发者的利益的平衡。

（一）集成电路布图设计是一种新型知识产权

1989 年 5 月 26 日，世界知识产权组织（WIPO）在美国华盛顿通过了《关于集成

电路的知识产权条约》（简称《华盛顿条约》）。WTO《与贸易有关的知识产权协议》第35条至38条，对集成电路布图设计提出了明确的保护要求。我国在2001年4月28日国务院第36次常务会议上通过了《集成电路布图设计保护条例》，其中也规定了侵犯布图设计专用权的法律责任和对侵权的处理措施。这充分说明，世界各国都承认集成电路布图设计的知识产权价值，国家有关机构对布图设计专有权应该予以法律保护。

（二）集成电路布图设计盗版严重损害创作者的利益

集成电路布图设计开发成本很高，不是因为其使用的原材料昂贵，而是集成电路布图设计中凝聚的知识、技术、信息和开发者的智慧，最终价值体现在其电子功能上。好的布图设计制造出的集成电路，具有更高的性能和工作效率。因此，好的集成电路的价值与其使用的原材料价值相比，高出上千倍、上万倍。这就是为什么有人以盗版（Chip Piracy）方式不劳而获、坐收渔利。这种盗版行为不但严重损害创作者的利益，挫伤了创作者的积极性，也大大影响了各国集成电路产业发展。

（三）加强集成电路布图设计法律保护是发展集成电路产业的需要

目前，世界各国都将集成电路布图设计作为衡量一个国家发展水平的标准之一。因为集成电路是所有电子产品的核心，其研制水平决定着产品的水平和效能。因此，国家建立布图设计专有权保护制度，保护创作者的合法利益，是加速国家集成电路产业发展、提高技术创新能力、加速国民经济发展的迫切需要。

二、侵犯集成电路布图设计专有权的行为

侵犯专有权的行为包括：复制受保护的布图设计的全部，或者其中任何具有独创性的部分；为商业目的的进口、销售或以其他方式提供受保护的布图设计、含有该布图设计的集成电路或者含有该集成电路的物品。

三、侵犯布图设计专有权的处理办法

中国《集成电路布图设计保护条例》第31条规定，“未经布图设计权利人许可，使用其布图设计，即侵犯其布图设计专有权，引起纠纷的，由当事人协商解决；不愿协商或协商不成的，布图设计权利人或者利害关系人可以向人民法院起诉，也可以请求国务院知识产权行政部门处理。”具体处理办法是：

（一）协商解决

引起纠纷的，由当事人协商解决。协商不成或不愿意继续协商，可请求行政处理或直接向法院提起诉讼，依照法律程序处理。

（二）行政处理

布图设计权利人或者利害关系人请求国家知识产权行政部门处理。

1. 国家知识产权行政部门受理侵权纠纷案件的条件

（1）该布图设计已登记、公告；

（2）请求人是布图设计权利人或者与该侵权纠纷有直接利害关系的单位或者个人；

（3）有明确的请求人；

（4）有明确的请求事项、理由；

（5）当事人任何一方均未就该侵权纠纷向人民法院起诉。

2. 侵权纠纷行政处理办法

国家知识产权行政部门处理时，认定侵权行为成立的，则：

（1）责令侵权人停止侵权行为，没收、销毁侵权产品或者物品。

（2）侵犯布图设计专有权的赔偿数额，为侵权人所获得的利益或被侵权人所受到的损失，包括被侵权人为制止侵权行为所支付的合理开支。

（三）司法处理

（1）对国务院知识产权行政部门处理不服的，布图设计权利人或者利害关系人与侵权人可以自收到处理通知之日起15日内，依照《中华人民共和国行政诉讼法》向人民法院起诉。

（2）侵权人期满不起诉又不停止其侵权行为的，国务院知识产权行政部门可以请求法院强制执行。

（3）应当事人的要求，国务院知识产权行政部门可以就侵犯布图设计专有权的赔偿进行调解。调解不成的，当事人可以依据《中华人民共和国民事诉讼法》向人民法院起诉。

（4）布图设计权利人或者利害关系人有证据证明，他人正在实施或者即将实施侵犯其专有权的行为，如不及时制止，将会使其合法权益受到难以弥补损害的，专有权人可以在起诉前依法向人民法院申请，采取责令停止有关行为和财产保全的措施。

第四节　集成电路布图设计专有权贸易

一、集成电路布图设计专有权贸易方式

集成电路布图设计专有权贸易方式，主要是集成电路布图设计专有权使用许可，以及布图设计专有权转让。

由于集成电路布图设计许可和专有权转让合同与计算机软件使用许可和专有权转让合同类似，故不须详细介绍。

二、签订集成电路布图设计许可和专有权转让合同的注意事项

（1）许可他人使用布图设计，或者转让布图设计专有权的，当事人应当订立书面合同。

（2）转让布图设计专有权，当事人签订布图设计专有权书面转让合同后，应向国务院知识产权行政部门登记、公告。布图设计专有权合同自登记之日起生效。

（3）向外国人转让布图设计专有权，中国单位或者个人在向国家知识产权局办理转让登记时，应当提交国务院有关主管部门允许其转让的证明文件。

（4）当事人与他人订立布图设计使用许可合同，不须履行登记手续。

练习题
EXERCISES

一、单项选择题

1. 布图设计专有权保护原则是（　　）

A. 自动保护原则　　B. 申请审查原则

C. 登记原则　　D. 注册保护原则

2. 布图设计专有权转让合同生效日期自（　　）

A. 当事人合同上签字之日

B. 当事人向有关部门办理登记之日

C. 转让合同批准之日

D. 合同登记、公告后

3. 自然人创作的布图设计，专有权属于（　　）

A. 自然人所在单位　　B. 该自然人本人

C. 社会共有　　D. 法人

4. 自登记日起算，布图设计专有权保护期是（　　）

A. 20 年　　B. 10 年

C. 专有权人有生之年加死后 50 年　　D. 50 年

5. 自创作完成日起算，布图设计专有权保护期是（　　）

A. 15 年　　B. 10 年　　C. 50 年　　D. 20 年

二、多项选择题

1. 布图设计受保护的实质条件是（　　）

A. 必须由创作者独立开发

B. 在同行业中不是公认的常规设计

C. 必须固定在某种有形物上

D. 必须翻译成中文

E. 必须具有工业实用性

2. 布图设计受保护的法律条件是（　　）

A. 布图设计创作完成　　B. 布图设计使用

C. 向主管部门登记　　D. 商业上使用

E. 布图设计许可或转让

3. 法律不视为侵犯布图设计专有权的行为是（　　）

A. 为评价、分析、研究、教学目的复制他人布图设计

B. 不经许可复制他人布图设计

C. 分析研究他人布图设计基础上独立创作的布图设计

D. 不经许可进口他人布图设计

E. 复制独立创作与他人相同布图设计

4. 知识产权部门给予布图设计非自愿许可的原因是 （ ）

A. 国家出现紧急状态　B. 国家出现非常情况

C. 为了公共利益　D. 出现不正当竞争行为

E. 布图设计权利人有不正当竞争行为

5. 集成电路布图设计专有权的权利限制是 （ ）

A. 合理使用　B. 权利用尽　C. 善意使用　D. 反向工程

E. 独立研究

三、名词解释

1. 布图设计专有权人　2. 布图设计商业利用　3. 集成电路　4. 复制布图设计

5. 非自愿许可

四、简答题

1. 简述哪些自然人、法人、组织可以成为布图设计专有权人。

2. 发生布图设计专有权侵权纠纷，布图设计专有权人应如何处理？

3. 简述布图设计专有权的内容。

4. 简述布图设计专有权获得的条件。

5. 简述布图设计专有权贸易方式。

五、论述题

1. 集成电路布图设计有哪些特点 ？

2. 试述保护集成电路布图设计专有权的必要性。

第九章　商业秘密与未披露信息合同

学习目标导言

20世纪中期以来，科学技术飞速发展，市场竞争也日益激烈和复杂。在这种情况下，企业不但面临正当竞争的挑战，而且还面临不正当竞争的干扰。这就迫使企业不得不对其经营信息和技术信息进行保密，以保护企业的合法利益。对此，各国立法机构也逐步认识到应该制定《反不正当竞争法》，限制和制止不正当竞争行为，并给予经营信息和技术信息一定的法律地位，赋予经营信息和技术信息的所有者一定的权利，以维护市场良好秩序和公平竞争环境。

美国对这个问题的认识比较早，但也有一个逐步认识的过程。从美国立法的年代，我们就可以推断其对该问题的认识过程。1939年，美国在《侵权行为法重述》（第一次）第757条注释（b）中，初步界定了“商业秘密”的法律条件和范围。1979年，美国又制定了《统一商业秘密法》，进一步扩大了商业秘密的范围。1996年，美国又颁布《反经济间谍法》，该法第9条第3款又扩大了商业秘密的保护范围，并清楚界定了商业秘密的法律条件。

在美国颁布《反经济间谍法》前后，不少国家也颁布了本国的相关法律，如德国、日本、法国等，德国颁布了《反不正当竞争法》，1934年，日本颁布了《不正当竞争防止法》。1996年，中国台湾地区也颁布了《经营秘密法》等。1994年，WTO《与贸易有关的知识产权协议》，将“未披露信息”列入知识产权的保护范围，并在该协议的第39条界定了“未披露信息”的法律条件和范围。世界知识产权组织WIPO于1996年制定了《反不正当竞争示范法》，也对“未披露信息”的法律条件和范围做了类似的界定。

在中国，“商业秘密”一词第一次出现在1991年《民事诉讼法》中。后来，有些文件中也出现过“商业秘密”一词，但都未界定“商业秘密”的定义。直到1993年中国颁布《反不正当竞争法》，该法第10条第3款才正式界定“商业秘密”的法律条件和范围。

从上述简略的介绍中不难看出，各国及国际组织对“商业秘密”的理解和认识是一个逐步深化的过程。这也就是各国际组织、各国对“商业秘密”概念的表述存在差异的主要原因。因此，在了解本章内容时，我们不仅要理解这些定义，更要充分理解构成“商业秘密”的法律条件及其法律性质。

重点难点提示

商业秘密与未披露信息的概念、构成条件和法律保护；商业秘密、技术秘密与未披露信息的关系；商业秘密的贸易方式。

第一节　商业秘密和未披露信息的概念、构成条件

一、商业秘密和未披露信息的概念

（一）商业秘密的概念

各国和国际组织在其颁布的法律文件中，大都给商业秘密（Trade Secret）下了定义。在定义中，对商业秘密构成条件的概述基本一致。对商业秘密范围的界定则差异较大。以下我们只列举几种典型表述：

1. 中国《反不正当竞争法》的定义

1993 年，《中华人民共和国反不正当竞争法》第 10 条规定，“商业秘密是指不为公众所知悉、能为权利人带来经济利益、具有实用性并经权利人采取保密措施的技术信息和经营信息。”

2. 美国《统一商业秘密法》的定义

美国 1978 年《统一商业秘密法》的定义，“商业秘密包括公式、图样、汇编、计划、构造、方法、技巧或工序的信息。该信息具有独立的实际或潜在的经济价值，不被普遍所知，不能被从其泄露或使用中取得经济价值的其他人用适当方法查明。该信息在各种情况下保持其秘密都是正当的。”

（二）未披露信息的概念

WTO《与贸易有关的知识产权协议》将商业秘密称为“未披露信息（Undisclosed Information）”。其定义是：“在保证按《巴黎公约》（1967 年）第 10 条之 2 的规定违反不正当竞争提供有效保护的过程中，成员应依照本条第 2 款，保护未披露的信息；应依照本条第 3 款，保护向政府或政府的代理机构提交的数据。只要有关信息符合下列三个条件：

（1）在一定意义上，其属于秘密，就是说，该信息作为整体或作为其中的内容的确切组合，并非通常从事有关该信息工作领域的人们所普遍了解或者容易获得；

（2）因其属于秘密而具有商业价值；

（3）合法控制该信息之人，为保密已根据有关情况采取了合理的措施。”

二、商业秘密和未披露信息的构成条件

根据中国《反不正当竞争法》，商业秘密的构成条件可分为客观条件和主观条件：

（一）客观条件

1. 不为公众所知悉

不为公众所知悉（Being Unknown to the Public），又称秘密性，商业秘密和未披露信息都是属于秘密信息的范畴，它们的状态应是公众所不知道的。这里所说的“公众”不是指一般群众，而是特指该信息所有者同行业的人、准备进入信息所有者业务领域的

人，或其他想获得该信息的人，也就是权利人的现实竞争者和潜在竞争者。

秘密性，是构成商业秘密的核心条件，是商业秘密财产价值和商业价值的保证，一旦被公众所知悉，其财产价值和商业价值将不复存在。但是，商业秘密的秘密性并不是绝对的，绝对的秘密在生产、经营活动中亦会丧失其存在的意义。因为：

（1）企业应该将商业秘密在一定范围内向雇员披露，以便雇员据以实施，或者按一定条件许可他人使用，这种正常使用，并不会导致其秘密性的丧失。不过，企业披露商业秘密必须控制在工作需要的限度内，否则，可能会使商业秘密内容大量扩散，或者使用中保密措施不当，或者疏于管理，就会使商业秘密价值降低，甚至丧失。

（2）商业秘密所有者尽管注意保护其商业秘密，但其无法阻止他人独立研究商业秘密，或通过反向工程、继承、转让取得与其相同的商业秘密。从上述情况看，商业秘密的秘密性是相对的。

2. 能为权利人带来经济利益

能为权利人带来经济利益（can Bring Economic Benefits to the Oblige），又称“经济性”，是指商业秘密能给权利人带来现实的或潜在的经济利益。另外，我国《关于禁止侵犯商业秘密的若干规定》第 2 条第 3 款进一步明确，商业秘密“能为权利人带来现实的或者潜在的经济利益或竞争优势”。

在现实生活中，商业秘密的经济性和实用性是紧密联系的，实用性是商业秘密经济性的基础，经济性是商业秘密实用性的表现。换言之，商业秘密只要能起到给使用者带来现实的或潜在的经济利益或者竞争优势的作用之一，就说明该商业秘密具有实用性。因此，商业秘密的经济性和实用性相互依托，可以共同作为商业秘密的特点。

3. 具有实用性

具有实用性（Having Practical Utility）是指“确定的可应用性”，我国《关于侵犯商业秘密的若干规定》、美国《统一商业秘密法》都有商业秘密实用性的规定，“商业秘密的实用性包括现实的实用性和潜在的实用性”，其存在应体现在某种有形物上，便于复制，供人们反复使用，或者许可、转让给他人使用。商业秘密的载体通常是书面报告、计划书、录音带、录像带、图纸、公式、配方等。正如世界知识产权组织《关于反不正当竞争保护的示范法》注释指出的，“秘密信息还必须可被例如文件形式或通过存储在数据库的形式辨别。”这就是说，商业秘密尽管具有无形的特点，但其必须要附着在一定的物质载体上，让人们感知，而不能是特定人掌握原理或概念。

（二）主观条件

经权利人采取保密措施（the Oblige has Adopted Secret Keeping Measures），是指商业秘密所有者主观上已认识到商业秘密的价值，其商业秘密一旦被公众所知悉，商业秘密的价值就会减低或丧失。因此，其合法所有者主动地采取了具体保密措施。怎样做才算采取保密措施呢？我国《关于禁止侵犯商业秘密行为的若干规定》指出可“订立保密协议，建立保密制度、采取其他合理的保密措施”。世界知识产权组织《关于反不正当竞争保护的示范法》注释也明确指出，“在确定是否为信息保密采取了合理步骤时，应考虑到权利持有人开发该秘密信息所花费的精力和金钱，该信息对于他和他的竞争对手的价值，权利持有人为该信息保密所采取措施的范围，以及该信息为他人合法获得的难易程度。此外，秘密信息还必须可被例如文件形式或通过存储在数据库的形式辨别。虽然不需要有订立契约的义务，但权利持有人必须曾经表示出将该信息视为秘密信息的意图。”由以上文件的说明可以看出，商业秘密和未披露信息的保密措施并不要求十分严格，只要求合理，甚至“曾经表示出将该信息视为秘密信息的意图”即可。因为保密措施过于严格将不利于商业秘密和未披露信息的实施。

第二节　商业秘密范围和划定范围的原则

一、商业秘密的范围

1993 年，《中华人民共和国反不正当竞争法》第 10 条规定，“商业秘密是指不为公众所知悉、能为权利人带来经济利益、具有实用性并经权利人采取保密措施的技术信息和经营信息。”这就是说，商业秘密范围包括两类信息，即技术信息（Technology Information）和经营信息（Business Operation Information）。这两类信息各包括哪些内容，没有统一的标准。

（一）世界知识产权组织（WIPO）划定的范围

1996 年《反不正当竞争示范法》第 6 条规定，“秘密信息（Secret Information）由制造的或商业的秘密组成，它包括生产方法、化学公式、图纸、销售方法、分配方法、合同格式、经营计划表、价格协议细节、消费群体、广告方案、供应者或客户名单、计算机软件和数据库。”

（二）中国国务院国有资产监督委员会划定的范围

《中央企业商业秘密保护暂行规定》［国资发（2010）41 号文］第 10 条，将经营信息和技术信息划分比较清楚：

（1）中央企业依法确定本企业商业秘密保护范围，主要包括战略规划、管理方法、商业模式、改制上市、并购重组、产权交易、财务信息、投融资决策、产购销策略、资源储备、客户信息、投标事项等经营信息；

（2）设计、程序、产品配方、制作工艺、制作方法、技术诀窍等技术信息。

二、商业秘密范围划定的原则

从以上两个文件中可以看出，划定商业秘密范围各不相同。那么，如何划定商业秘密范围？根据什么原则呢？我们尝试将原则归纳如下：

（一）划定商业秘密范围的主体是企业

商业秘密直接关系着企业的生存和发展。哪些商业秘密是重点保护对象，只有企业自己知道。在国家法律、法规中列举的商业秘密范围只是普遍原则，并不针对特定企业。因此，商业秘密范围必须由企业自主确定。至于确定的商业秘密范围是哪些，采取哪些保密措施，企业也不必请任何机构做认定，或者申请审批。

（二）企业划定商业秘密范围，应该根据自身的性质

（1）企业性质决定其需要和拥有商业秘密种类。一般来说，小型商业或者服务业，

其商业秘密大多属于经营信息，如商品购销、营销网络、营销渠道、客户档案等。

（2）工业、制造业，其商业秘密大多属于技术信息，如设计图纸、工艺方法、公式、配方、实验数据、计算机软件和数据库、技术秘密等。

（3）大型综合企业的商业秘密范围与之就大不相同，它们的商业秘密范围通常是战略规划、改制上市、重组并购、产权交易、投资决策、资源储备、招投标计划。

（二）企业划定商业秘密范围，必须根据商业秘密对企业的重要程度

企业要根据商业秘密对企业的重要程度，以及万一泄密可能造成的损害程度和经济利益遭受损失的程度划定商业秘密范围。因此，企业必须对经营信息和技术信息进行甄别，找出一旦泄密，对企业可能造成损害的程度或可能失去的竞争优势，以此为依据，估定经济利益或遭受的损失，或者影响其竞争优势最大的经营信息和技术信息，作为企业加强保护的重点。因此，企业在甄别商业秘密时，对经营信息和技术信息必须区别对待。

（1）经营信息和技术信息并非都是商业秘密，大多数经营信息和技术信息是公众知悉的，一般不符合商业秘密的构成条件。企业应将这些信息排除在外。

（2）企业划定商业秘密范围，必须选择符合构成条件的经营信息和技术信息。并且不能将符合构成条件的经营信息和技术信息同等对待。要将它们分成“普通商业秘密（Common Trade Secret）”和“核心商业秘密（Core Trade Secret）”区别对待，明确哪些商业秘密可以让企业员工知晓，哪些商业秘密只能少数关键人员才能知晓。根据划分的“密级”确定保密措施的严格程度。

企业划定商业秘密范围虽然没有统一标准，但是企业划定商业秘密范围，应当实事求是、科学合理，以便企业采取合理保密措施和员工具体实施。

三、商业秘密涉及的几个概念之异同

（一）技术信息与经营信息的区别

1. 技术信息与经营信息的表现形式不同

技术信息的表现形式，主要是生产领域的图纸、公式、配方、零件清单、材料质量、制造数据、产品质量检查、控制规范、技术秘密等。值得注意的是，技术信息中包含有“技术秘密（Know-How）”，而不是有的书上说的，技术信息指的就是“技术秘密”。

经营信息的表现形式，主要是产品营销领域的供货商和用户档案、销售渠道和产品营销规划、广告宣传计划等。

2. 技术信息与经营信息的性质不同

技术信息，是长期生产实践和开发研究的结晶，是人们创造性劳动的技术成果，技术信息形态稳定，其中有些技术成果还可能符合申请专利的条件。

经营信息，是经营者在市场的竞争中积累的成功或失败的经验和教训，以及通过有关信息渠道取得并归纳的资讯。这些经验和信息会随市场环境的变化消失或改变，很不稳定。

3. 技术信息与经营信息的存续时间不同

技术信息（特别是其中的技术秘密）存续的时间可能延续到被新技术秘密替代为

止。如所有者保密得当，可能存续数年。经营信息可能转眼即逝，瞬间失去其价值。

（二）商业秘密与未披露信息的异同

1. 商业秘密与未披露信息的范围不同

未披露信息的范围比商业秘密范围大，未披露信息的范围除包括商业秘密外，还包括呈送政府或政府机构的数据，以及利用新型化学物质制造的药品或农业化学品的未公开的实验数据或其他数据。

2. 商业秘密与未披露信息的构成条件相同

构成条件都是秘密性、经济性和合法控制者采取了合理保密措施。概言之，两者的构成条件相同，主要是范围不同，未披露信息的范围大于商业秘密，商业秘密范围等于技术信息和经营信息的范围。

第三节　商业秘密的性质、特征和商业秘密权

一、商业秘密和未披露信息的性质

由于“未披露信息”与商业秘密构成的条件完全一致，商业秘密是未披露信息的主要组成部分，而且是当前人们关注的重点。因此，本文侧重介绍商业秘密的有关问题。

（一）商业秘密的法律性质

商业秘密达到法律规定的构成条件，就属于知识产权法的保护范围。在中国《反不正当竞争法》中，将商业经营者（Business Operator）权利称为“the Lawful Rights”。各国际组织在公约、条约和协议中，都将“商业秘密”列为知识产权的保护对象，这就进一步证实，商业秘密是属于知识产权的范畴。

（二）商业秘密的知识产权特征

1. 商业秘密是人类智力劳动的成果

商业秘密，是人们长期生产或经营实践的总结，是其所有者投入大量人力、物力、财力研究的结晶，是智力劳动的产物。依自然获得原则，智力成果是一种财产权。因此，其所有者依法对成果拥有专用权。

2. 商业秘密是一种财产性的权利

（1）它能给权利人带来现实的经济利益，获得比同行更多的利润；

（2）它能增强权利人的市场竞争地位，给权利人带来潜在的经济利益；

（3）它可以使权利人避免或减少某种不必要的经济损失，节约费用支出；

（4）权利人将商业秘密的权利许可或转让给他人，可以获得报酬。

例如，美国联邦最高法院认为：“商业秘密不仅具有某些有形财产所具有的一些性质，而且在商业交易中，也是被当作财产来处理的。”

3. 商业秘密具有知识产权的特性

（1）商业秘密是知识，没有有形物质实体，具有非物质性特征；

（2）私有性，权利人有权采取保密措施，拥有商业秘密的私人所有权；

（3）不具有完全的占有性，法律允许他人独立研究获得，或者通过反向工程获得同样的商业秘密；

（4）使用商业秘密时，不发生有形损耗；

（5）转让给他人使用时，不发生所有权实质性转移，即交易不剥夺权利人对商业秘密事实上的占有能力；

（6）同一项商业秘密可同时转让给多人使用。

因此，商业秘密不仅在实质上具有知识产权的特征，而且在法律上也符合财产权保护的要求。

二、商业秘密权的概念、特点及其内容

（一）商业秘密权的概念

商业秘密权（Right of Trade Secret），是指法人、其他经济组织或个人从事商品经营和营利性服务中，积累、开发、研究的符合法律构成条件的商业秘密依法享有的专用权。

（二）商业秘密权的特点

商业秘密权比起其他知识产权的权利，如专利权、商标权，有以下特点：

1. 商业秘密权与其他知识产权取得的原则不同

商业秘密权取得，是基于智力劳动，智力劳动成果具有价值和使用价值，其权利取得类似于著作权的取得原则，即“自动取得”（Principle of Automatic Gain）原则。不需要履行任何法律手续。而其他知识产权取得原则是“法律原则”（Lawful Principle），智力成果不但要符合法律规定的条件，而且要经国家知识产权行政部门审查、批准，或者履行登记手续。

2. 商业秘密权的效力没有法律规定时间和地域限制

商业秘密权的效力没有法律规定有效期，其存在取决于：

（1）其所有者保密措施是否严密；

（2）有无更先进的相同或类似商业秘密出现；

（3）是否有其他人独立研究，或者采取反向工程获得相同的商业秘密。

如果没有上述情况出现，商业秘密可以长时间存在。另外，商业秘密也不受地域的限制，商业秘密只要在国内外任何地方未公开，或者已公开但有人对该商业秘密仍不知悉，而对其有需要，商业秘密就有继续存在的可能，以各种方式实现其价值。

3. 商业秘密权的专有性、排他性比较弱

（1）不能排除其他人独立研究，并获得相同的商业秘密；

（2）不能阻止他人从正当途径获得相同的商业秘密；

（3）无权对抗他人通过“反向工程”，获得与其相同的商业秘密。

（三）商业秘密权的内容

商业秘密权的内容，包括专有使用权、保密权、收益权、处置权、请求保护权。

1. 专有使用权

专有使用权（Exclusive Rights of Use），是指商业秘密权人有权使用其掌握的商业秘密，直接从事营利性的商业活动，或者利用其商业秘密提高市场竞争力，为以后的营利奠定基础。

2. 保密权

保密权（Rights of Secrecy），是指商业秘密权人有权采取合理保密措施，保护其商业秘密不被他人以不正当手段获取。根据国家工商行政管理局《关于禁止侵犯商业秘密行为的若干规定》，权利人采取保密措施包括：

（1）软件措施，主要指制度上的保密措施，如签订雇用合同，与员工订立保密协议，制定保密制度，在保密材料上加印“绝密”、“机密”或“秘密”等字样，限制文件发放范围和数量，加强对员工保密教育等。

（2）硬件措施，主要是指隔离机器设备、加强门卫、文件上锁等。

以上这些措施都属于合理范围，也说明权利人已对其商业秘密保密问题给予了足够的关注。

3. 收益权

收益权（Right of Income），是指商业秘密权人有权将其拥有的商业秘密，通过签订许可或转让合同，将商业秘密许可或转让给他人使用，获得经济利益的权利。或者用其商业秘密向他人投资、合作，获得经济利益。

4. 处置权

处置权（Right of Disposition），是指商业秘密权人根据自己的意愿，有权对其拥有的商业秘密采取处置措施。例如，将商业秘密与他人投资、合作，或者公开使其进入共有领域，或者将商业秘密赠与他人等。

5. 请求保护权

请求保护权（Right for Protection），是指商业秘密权人发现他人以不正当手段侵犯其商业秘密时，可以根据侵权者的身份和侵权行为的类型区别对待，采取不同的途径，维护自身的合法利益。例如，商业秘密权人与本企业员工订有“内部员工保密协议”、“竞业禁止协议”的，可以按协议规定，对有意或过失泄密的员工采取行政处分。对许可合同中订有保密条款，被许可方违反保密责任和保密义务的违约行为，可以通过协商、仲裁、工商行政部门处理，或直接诉诸法律。对其他侵权者（盗窃商业秘密者），可直接请求法院处理。

第四节　商业秘密的法律保护

当今，世界很多国家尚未制定保护商业秘密的专门法律。一般是根据商业秘密受侵犯的性质和采取的手段，援引《反不正当竞争法》和有关国内法进行法律救济。因此，保护商业秘密的法律有很多，主要有以下几种：

一、国际公约原则对商业秘密的保护

在国际技术贸易中，涉及商业秘密的侵权纠纷通过国际公约原则予以解决是一条有效途径。有关这方面的国际公约主要是《巴黎公约》和WTO《与贸易有关的知识产权协议》。

（一）禁止不正当竞争行为的国际公约

《巴黎公约》规定的需禁止的不正当竞争行为如下：

（1）不论以什么方法，性质上对竞争者的营业所、商品或工商业活动造成混乱的一切行为；

（2）在经营商业中，性质上损害竞争者的营业所、商品或工商业活动的信誉的虚伪说法；

（3）在经营商业中，使用会使公众对商品的性质、制造方法、特点、用途或数量易于产生误解的表示或说法。

（二）WTO《与贸易有关的知识产权协议》

WTO《与贸易有关的知识产权协议》第39条第1款确认了《巴黎公约》的上述保护原则，并指出："在保证依《巴黎公约》1967年文本第10条之2的规定，为反不正当竞争提供有效保护的过程中，成员应依照本条第2款，保护未披露过的信息。""自然人及法人均应有可能防止他人未经许可，而以违背诚实商业行为的方式，披露、获得或使用合法处于其控制下的该信息。"

很显然，利用国际公约原则，是公约成员国或成员在国际经济、贸易、投资等领域保护商业秘密的有效方式之一。

二、保护商业秘密判例法和成文法

在保护商业秘密方面，美国采取了判例法和成文法两种方式：

（一）判例法

判例法主要是与侵权法有关的判例，美国司法部曾根据法院的一些判例，发表过一些准则（Guide Lines），成为判断侵犯商业秘密的重要法律依据之一。

在判例中，美国法院确定商业秘密是否存在和是否构成侵权行为，主要考虑以下因素：

（1）在多大程度上这项秘密已为外界所知悉；

（2）在多大范围内这项秘密已为雇员所知悉；

（3）为保护这项秘密采取的保护措施；

（4）该项商业秘密的价值及其对竞争者的价值；

（5）为发展该项秘密所花费的费用；

（6）取得该项秘密的难易程度；

（7）被告为获得该项秘密所采用的方法。

（二）成文法

保护商业秘密的成文法，主要是指1967年美国国会通过的《自由信息法（Freedom of Information Act）》和《美国法典》第18篇的《商业秘密法》。这两部法律对商业秘密的法律保护是很重要的。但是，这些法律主要是针对政府掌握的数据进行保护，以防止不正当的商业使用。

对侵犯商业秘密行为的法律救济，主要反映在美国《侵权行为法重述·第二次（Restatement of Contracts，Second，1981）》的规定中：错误地使用他人工商秘密，负有将所得利益返还的责任。对于违反合同明示的规定，可以采用金钱赔偿和判决禁令。

三、《合同法》对商业秘密的保护

保护商业秘密的合同有两种：

（一）商业秘密转让合同

合同中，当事人都订有保密条款，要求技术受方在约定的范围、期限内，承担保密义务，如果其中一方违反保密约定，即构成违约，就要承担违约责任，赔偿经济损失。

（二）雇佣合同

在雇佣合同中，雇主要求雇员对任职期间所掌握或了解的商业秘密承担保密义务，在离职之后一定时间内也要承担保密义务，雇员如违反保密义务，特别是向雇主的竞争者披露由其掌握的商业秘密，雇主有权依法追究其责任。

值得注意的是，合同法保护商业秘密有很大局限性。因为合同只能约束缔约方，不能约束第三者。

四、《反不正当竞争法》对商业秘密的保护

在世界上，很多国家如德国、日本、瑞士等，一般都采取《反不正当竞争法》对商业秘密给予有效保护。我国于1993年9月2日颁布了《中华人民共和国反不正当竞争法》，该法是我国目前保护商业秘密的最完整的法律。其中指出了侵犯商业秘密行为的表现形式和侵犯商业秘密行为的法律救济。现介绍如下：

（一）侵犯商业秘密行为的表现形式

1. 违法获取并占有他人商业秘密

（1）以盗窃、利诱、胁迫或其他不正当手段获取权利人的商业秘密；

（2）采取违反商业道德原则做法，获取他人商业秘密，如以谈判、技术鉴定会、评审会等为掩护，套取他人商业秘密；

（3）第三人明知或者应知上述违法行为，获取、使用商业秘密。

2. 违法处置不正当手段获取的商业秘密

（1）披露、使用或者允许他人使用以不正当手段获取的权利人的商业秘密；

（2）第三人明知或者应知上述违法行为，披露、使用或者允许他人使用其所掌握的商业秘密。

3. 违反合同约定或者违反权利人有关保守商业秘密的要求

（1）违反合同权利人有关保守商业秘密的要求，向第三者披露或允许第三者使用根据合同获得的商业秘密；

（2）超越合同规定的使用权限，如超越授权范围、方式、地域等向第三者披露合同授权的商业秘密。

（二）侵犯商业秘密行为的法律救济

侵犯商业秘密的行为不仅是侵犯他人的民事权益，而且危害社会公共利益，破坏正常的市场竞争机制，故必须依法予以制止。《中华人民共和国反不正当竞争法》第 20 条、第 25 条，1998 年《国家工商行政管理局关于禁止侵犯商业秘密行为的若干规定》第 7 条以及《刑法》219 条规定了侵犯商业秘密的三种处理方式：行政、民事和刑事。

1. 行政处理

对商业秘密侵权者采取行政处理方式，目的是维护行政权威和对市场公平竞争秩序的有效管理。由工商行政部门根据情节对商业秘密侵权者责令停止违法行为，依法处以 1 万元以上 20 万元以下罚款。

2. 民事处理

民事处理主要涉及合同违约和侵权责任。人民法院对合同违约的处理，一般主张采取当事人协商解决，协商不成或不愿采取协商的，向人民法院提起诉讼，处理方式主要是停止违约行为、处以违约金，或者赔偿损失，赔偿金额为侵权人在侵权期间因侵权所获得的利润。并承担权利人调查不正当竞争行为所支付的合理费用。

3. 刑事处理

根据我国《刑法》第 219 条的规定，侵害他人商业秘密，给权利人造成重大损失，构成犯罪的，处三年以下有期徒刑或者拘役，并处或单处罚金；造成特别严重后果的，处 3 年以上，7 年以下有期徒刑，并处罚金。

值得注意的是，权利人向工商主管机构，或向法院提请处理商业秘密的侵权案件时，要承担举证责任。我国最高人民法院《关于民事诉讼证据的若干规定》第 2 条规定，“当事人对自己提出的诉讼请求，所依据的事实或反驳对方诉讼请求所依据的事实有责任提供证据加以证明。没有证据或证据不足的，由负有举证责任的当事人承担不利后果。”

因此，权利人请求法律保护时，首先要充分把握商业秘密的构成要件、商业秘密的特点，准确找出商业秘密的秘密点。其次要搜集侵权人侵犯商业秘密的证据，主要是直接证据，隐蔽取证有可能得不到法律的支持。

第五节 商业秘密许可合同的主要条款

一、商业秘密许可合同的种类

商业秘密许可合同的标的有两种：（1）合同标的为技术信息；（2）合同标的为经营信息。合同标的为技术信息，合同的主要条款与“技术秘密转让合同”相同，已做了说明，在这里无须赘述。

二、合同标的为经营信息的合同主要条款

（一）合同的主题与范围

（1）主要说明商业秘密的主题，授权使用的范围、使用的地区、使用的方式、使用的时间；

（2）授权的性质，即独占使用权或非独占使用权；

（3）披露的具体内容与形式，包括提供资料的种类、份数、质量、实效，交付资料的方式、时间、地点；

（4）为使受让方取得预期利益，许可方应采取的具体措施包括人员指导、培训等。

（二）保密条款

保密条款包括保密范围、保密措施、保密期限等。对于合同届满后的保密义务，双方可以约定保密义务延至合同有效期之后。在未约定的情况下，基于诚实信用原则和《合同法》第 92 条的规定，被许可方也应当承担保密义务。

（三）保证与索赔

1. 许可方的保证

（1）按约定期限提供有关资料，包括种类、份数、使用文字；

（2）保证信息实用、可靠，并且是出让方当前正在使用的；

（3）保证对所提供信息保密。

2. 被许可方的保证

（1）保证按约定使用所提供的信息；

（2）保证按约定支付费用、支付方式、金额、期限；

（3）保证履行保密责任。

当事人任何一方如违反所做保证，受损失的一方有权提出索赔。

（四）使用费的构成与支付方式总付方式或者提成方式

使用费主要由资料、培训、指导等费用构成。支付方式多根据使用商业秘密的效果，提取一定比例作为使用费。

（五）争议的解决

具体内容，将在合同通用条款中详细说明。

练习题 EXERCISES

一、单项选择题

1. 商业秘密作为知识产权新客体，在我国哪部法律中首次被确认 （　　）

A. 专利法　　B. 反不正当竞争法

C. 著作权法　　D. 民法

2. 商业秘密的概念最早产生于　(　　)

A. 美国　B. 德国　C. 欧盟　D. 英国

3. 构成商业秘密的核心条件是　(　　)

A. 知识性　B. 实用性　C. 秘密性　D. 可复制性

4. 商业秘密和未披露信息的区别主要是　(　　)

A. 性质不同　B. 构成条件不同

C. 范围不同　D. 秘密程度不同

5. 法律要求权利人对商业秘密采取保密措施的程度是　(　　)

A. 严格的　B. 绝对的

C. 任何人都不应知道的　D. 合理的

二、多项选择题

1. 商业秘密的财产性具体表现在　(　　)

A. 能给权利人带来现实的经济利益

B. 能给权利人带来潜在的经济利益

C. 能给权利人带来竞争优势

D. 能给权利人减少某种经济损失

E. 许可或转让给他人可以获得报酬

2. 商业秘密的知识产权特征主要是　(　　)

A. 具有非物质性特征　B. 不具有完全的占有性

C. 使用时，不发生有形损耗　D. 交易时，不发生实质性转移

E. 可同时被多人使用

3. 下列行为不属于侵犯商业秘密的行为　(　　)

A. 通过独立研究获得的商业秘密

B. 通过反向工程获得的商业秘密

C. 通过许可合同获得的商业秘密

D. 通过权利用尽获得的商业秘密

E. 通过转让合同获得的商业秘密

4. 经营信息主要是指　(　　)

A. 供货商和用户档案　B. 销售渠道

C. 产品营销规划　D. 图纸、配方

E. 广告宣传计划

5. “不为公众所知悉”中的“公众”是指　(　　)

A. 商业秘密所有者同行业的人

B. 商业秘密的权利人

C. 想获得商业秘密的人

D. 普通人

E. 准备进人商业秘密所有者业务领域的人

三、名词解释

1. 商业秘密　2. 未披露信息　3. 商业秘密权利人

四、简答题

1. 简述商业秘密的知识产权特征。

2. 简述商业秘密的特点。

3. 简述未披露信息的构成条件。

4. 简述技术信息与经营信息的区别。

5. 简述侵犯商业秘密的形式。

五、论述题

1. 试论商业秘密的法律性质。

2. 试论划定商业秘密范围的原则。

第三篇

Part Three

知识产权贸易合同的一般性条款

General Terms of the Contract of Intellectual Property Rights

第十章　技术的作价与支付

学习目标导言

在国际技术贸易中，知识产权许可的作价最为复杂。因为：

第一，技术类知识产权没有有形的物质实体，其价值和使用价值无法准确确定。

第二，在技术许可、转让交易中，被许可方希望获得的，就是许可方的先进技术，以提高本企业的技术能力，制造有竞争力的产品，提高市场竞争力，或者为节约原材料和能源消耗，以降低生产成本，提高企业的经济效益。可是，被许可方在与许可方签订技术许可或转让合同时，并不完全了解技术的实际情况，对获得技术使用权后，使用该技术的效果能否达到其所期望的目标也心中无数，因此，被许可方对获得技术使用权应付多少费用很难把握。担心付费过多，得不偿失；付费太少，得不到所需技术。

第三，许可方对被许可方的技术水平、消化吸收技术的能力、技术设备条件、技术人员构成的状况也不了解。担心授予被许可方技术使用权后，是否能获得技术使用费。

在这种情况下，双方都不敢贸然签订合同，将技术使用费金额固定下来，承担难以承受的技术风险、财务风险。于是，双方愿意选择以技术使用效果（产量、销售价、利润）做基础，以利润分成的方式（Licensors Share on Licensees Profit）计算技术使用费，以防止出现直接的财务亏损。

因此，本章内容主要介绍国际技术贸易中使用的主要计价与支付方式，以及各种技术作价与支付所涉及的问题。

重点难点提示

技术作价的前提条件；技术价格的概念及其与一般商品价格的区别；估定技术使用费考虑的医素、影响基本使用费的合同条件；总付、提成支付、入门费与提成支付相结合三种支付方式的使用条件、特点；技术使用费结算。

第一节　技术作价的前提

国际技术贸易对象如属于知识产权——专利权、技术秘密专有权、商标权、计算机软件著作权、集成电路布图设计专有权、商业秘密专有权，这些权利的许可或转让，因合同标的不同，其作价和支付方式也差异很大。因此，当事人签订合同时，必须慎重了解技术价格的构成与支付方式，并确定作价的前提条件。否则将铸成大错。

一、技术作价的针对性

本章技术作价，不针对上述所有权利，而是专门针对以下情况：

（1）技术作价针对的是专利技术的使用权和技术秘密使用权。

（2）贸易方式是针对“专利技术实施许可”与“技术秘密转让”。这里所说的“转让”不是“技术所有权转让”，而是技术使用权转让，主要是因为“技术秘密”权不是法律授予的权利，不存在法律“许可”问题。因此，双方签订合同时，以“转让”一词代替“许可”一词。

二、许可与转让的方向性

从方向上，专利技术许可和技术秘密转让区分为：纵向许可、转让和横向许可、转让。

（一）纵向许可、转让

纵向许可和转让包括两种情况：

1. 纵向许可（Vertical Licensing），是指跨国公司母公司向其海外子公司许可、转让技术使用权

跨国母公司向海外子公司许可、转让技术使用权时，要求的使用费大多高于向其他企业收取的使用费。目的是增加其海外子公司的费用支出，以减少其海外子公司在所在国缴纳的所得税，实现利润最大化。

2. 科研单位向企业许可、转让技术使用权

科研单位向企业许可、转让技术使用权时，由于其技术一般是实验室产生的技术成果，未经实际生产实践检验，他们对技术使用后产生的经济效果并不了解。因此，科研单位要求的技术使用费一般按研制成本加利润方式估算。这种做法不符合技术许可的作价原则。

上述两种作价办法，因掺杂的人为主观因素太多，作价背离技术市场的作价原则，偏离了技术的价格定位。因此，国际技术贸易中一般不采用这种做法。

（二）横向许可、转让

横向许可（Lateral Licensing）、转让，是指企业与企业间的技术使用权许可、转让。

企业与企业的地位相同，而且重视使用技术的经济效果。因此，横向许可、转让技术使用权的作价，主观因素相对较少，能比较好地反映技术的价格定位。

鉴于横向许可、转让能较客观地反映国际技术贸易的特点，而且国际上也有成熟做法和惯例，因此，本章以国际上的成熟做法、惯例为基础，结合中国的国际技术贸易实践，详细说明技术价格的概念、构成、估定方法和支付方式。

第二节　技术价格的概念及其与一般商品价格的区别

一、技术价格的概念

世界知识产权组织 WIPO 编写的《供发展中国家使用的许可证贸易手册》指出，

"技术的价格，是指技术被许可方为取得技术使用权所愿支付的、许可方可以接受的一定货币量。也可以从双方所处的不同立场和所提供的技术内容出发，把技术的价格称为：补偿（Compensation）、酬金（Remuneration）、收入（Income）、收益（Profit）、提成费（Royalty）、使用费（Fee）、服务费（Service fee）等。"从上述概念可以看出，技术价格并非是指技术之所值，也不是技术实际价值的货币表现，技术价格应理解为上述各种词语的总称。

从合同标的来看，技术许可并不是技术所有权的转移，而是技术使用权的授予，被许可方支付的应是技术使用费，而非技术之所值。因此，将被许可方支付的价格称为"技术使用费"更为确切。

二、技术使用费与物质商品价格的区别

为了更好地说明技术使用费的含义，我们有必要将技术使用费与一般商品价格做一比较：

（一）技术使用费形成的规律与一般商品价格形成的规律不同

一般商品价格是以价值为基础形成的。价值，是在现有社会生产条件、社会平均劳动熟练程度和劳动强度下，由制造某种使用价值所需要的社会平均必要劳动时间决定的。社会平均必要劳动时间，是通过生产同一商品的无数生产者之间的相互比较确定的。而技术是一种特殊商品，其生产过程不同于一般商品：

（1）技术生产的过程具有非重复性，技术不可能"批量生产"。

（2）同样的技术所采用的研制手段和研究条件不同，所花费的劳动和成本不同。

（3）如果若干单位、企业或个人同时研究一项新技术，只有首先提出申请，并获得知识产权行政主管部门授予专用权的技术成果，才会得到社会的承认。因此，技术使用费不能用所消耗的社会平均必要劳动时间来确定。

（4）从技术许可交易的实际来看，当事人洽谈技术使用费时，被许可方愿意支付的使用费，是以利用该技术所能带来的经济效益大小为转移。利用该技术产生的经济效益越大，其愿意支付的使用费也就越高。相反，其愿意支付的使用费也就越低。

（5）被许可方愿意支付的技术使用费，不是其收益的全部。因为被许可方将全部效益作为技术使用费支付给许可方，就意味着要将技术创造的全部价值支付给许可方，而且，还要将自己的技术和劳动所创造的价值支付给许可方，这是被许可方所不能接受的。换言之，被许可方自己的技术和劳动所创造的价值，应从其使用许可技术获得的经济效益中扣除。这样，被许可方支付的技术使用费，就不是以全部经济效益为基础，而是以技术本身创造的新增价值（Incremental Value）为基础。

（6）技术本身创造的新增价值也不能作为使用费全部支付给许可方。因为被许可方将技术本身创造的新增价值全部支付给许可方，就失去了使用许可技术的意义。因此，被许可方愿意支付的技术使用费，只能是技术本身创造的新增价值的一部分。

新增价值中以多大比例作为技术使用费，是根据国际技术贸易实践，采用利润分成

法（Licenses Share on Licensees Profit）确定的。许可方在被许可方新增利润中的比例，一般相当于行业利润率，即10% ~30%之间。

综上所述，技术使用费，是以被许可方利用技术所创造的新增价值为基础，采用利润分成法，分配给许可方的新增价值的一小部分。

（二）技术研制成本和使用费与商品生产成本和价格的关系不同

物质商品的价格是生产成本加利润，生产成本与其销售价格是正比关系，即商品生产成本越高，其售价就越高。但是，技术使用费不是以技术研制成本为基础，研制成本高的技术，其研制者获得的使用费不一定就越高。反之，研制成本低的技术，研制者获得的使用费不一定就低。因为，决定使用费的关键是技术利用之后所创造的新增价值，而不是研制成本多少，以至有些花了大量劳动和财力、物力研制出的技术，因其创造的新增价值低，而不能受到社会认同，不得不低价转让，甚至出现无人问津的现象。这种使用费与技术研制成本的背离，也正是"技术价格"特殊性的反映。

（三）技术使用费的表示方法与一般商品价格的表示方法不同

商品价格一般采用固定价格（明码标价）。有些大型设备不采用固定价格，而采用滑动价格，即以固定价格为基础，根据劳动力和原材料物价指数的变动进行调整。

技术使用费与利用技术后取得的新增价值联系在一起。签订合同时，当事人很难确定利用技术后产生的新增价值，新增价值只能靠估计。如果其中一方估计错误，将冒遭受经济损失的风险。因此，当事人都不愿采用固定金额确定技术使用费，而是用一定百分数来表示提取的使用费。

（四）技术使用费与技术需求和商品价格与商品需求的关系不同

物质商品价格高低与该商品的市场需求关系十分密切，市场需求会直接影响商品的价格，价格变化也会影响市场需求。因此，在需求不旺时，商品销售者可以用降低价格的办法，作为刺激需求的手段，使该商品的销售量大大增加。而技术使用费与技术需求的弹性很小，技术所有者通过降低使用费来刺激需求，往往起不到任何作用。

第三节 技术使用费的估定

一、技术使用费估定的步骤

根据国外的有关资料，理论上，估定使用费涉及一百多项因素。但是，当事人通过长期的业务实践和总结，归纳出估定使用费的一些关键因素。以下我们分步骤说明使用费形成的一般规律。

当事人估定技术使用费一般分4步：

第一步，根据各自的立场和意图，制定使用费的基本标准；第二步，根据具体合同条件，对基本使用费进行调整；第三步，在具体交易磋商中，进行讨价还价，力争有利于己方并能为对方所接受的使用费金额；第四步，与同行业利润率比较。具体说明如下：

二、第一步，估定基本使用费

（一）许可方估定基本使用费考虑的主要因素

1. 技术转让的直接费用或称转让成本

技术转让的直接费用（Transfer Costs），是指许可方从交易开始至实际收到技术使用费之前需要垫付的费用，一般是根据开支的有关项目计算出来的。根据美国学者大卫·蒂斯对26个技术转让项目的调查，直接费用最低占总使用费的2%，最高的占总使用费的59%。根据联合国跨国公司研究中心的资料，直接费用约为合同使用费总额的8%至14%，直接费用是合同使用费总量中一个重要构成部分，是由下列费用构成的：

（1）基本费用，是指基本设计、生产流程、维修保养方法、质量控制规程、试验方法等合同所需的全部技术资料编制费；

（2）特别设计费，是指为满足被许可方的特殊要求，修改基本设计所支出的费用；

（3）技术文件费，是指纸张、人工的费用；

（4）技术交流费，是指派遣专家进行技术座谈等所需的费用；

（5）技术服务费，是指被许可方人员到供方工厂考察、培训等所支付的费用；

（6）技术指导费，是指许可方派遣专家进行技术指导的费用。

2. 沉入成本

沉入成本（Sunk Costs），是指技术开发费用，又称为历史成本（Historical Costs），是研制所转让技术过程中形成的人力、物力和资金等投资。之所以称为沉入成本是因为：

（1）技术开发过程是长期的，企业一般都没有技术研制费用的完整记录；

（2）有的技术往往不是单独开发的，而是同时开发几种技术，或是开发其他技术时产生的副产品，许可方未曾对该许可技术的开发做任何单项投入；

（3）技术即使是单独开发的，企业的原始动机也是为本企业使用，并非以转让他人为目的；

（4）企业使用技术过程中，已逐步将开发费用分摊到产品上，在进行许可时，开发费用实际已大部分或全部得到回收，而且在技术许可给被许可方后，许可方还可以继续在使用中进一步回收。

基于上述原因，需要分摊到技术使用费中的开发费用几乎为零。因此，在实际业务中，许可方一般并不强调技术研制费用的分摊问题，也就是说，技术研制费可以忽略不计，而将技术开发费用作为沉入成本。

3. 机会成本

机会成本（Opportunity Costs），是指许可方因转让技术失去被许可方国家市场，或让给被许可方部分销售市场，失去销售机会所致的利润损失。例如美国一公司每年可向中国销售1亿美元的程控交换机，而转让制造技术后，向中国的出口减少5千万美元，如该公司利润率为20%，估计将损失1千万美元的利润，则1千万美元就是该公司转让技术的机会成本。因此，许可方考虑技术使用费时，就希望将其丧失的销售机会所致利润损失，通过使用费获得一定的补偿。

另外，机会成本估计取决于许可方对目标市场的预测。如果许可方从未向被许可方市场直接销售过产品，意欲通过转让技术打入被许可方市场，那么许可方转让技术的机会成本为零。如果已经销售过产品，意欲通过技术转让进一步扩大在被许可方市场上的占有率，销售产品机会不但未受影响反而增加，机会成本为正数。总之，机会成本的大小，主要取决于许可方对销售市场前景的估计，如估计市场销售前景暗淡，机会成本就小，如果估计市场销售前景看好，机会成本就大。总之，机会成本估算的伸缩幅度很大，其对基本使用费的影响有限。

4. 对被许可方新增利润的估计

许可方对被许可方新增利润的估计，是影响基本使用费的最重要因素。新增利润一般称为“边际收益（Margin Return）”，又称“新增价值（Incremental Value）”。新增价值的估计与被许可方使用技术的目的有关。被许可方使用技术的目的有三种可能性：一是降低生产成本或节约费用：二是提高产品质量、性能、档次，增加产品售价；三是增加产品的销售量，扩大市场占有率。因此，许可方一般根据被许可方使用技术的目的和产品销售价，估计被许可方新增利润总量，及其在新增利润中所占的份额，确定可能获得的技术使用费。以下介绍许可方估计新增利润的方法：

（1）对生产成本降低或费用节约产生的新增利润的估计

被许可方因使用许可技术带来了生产效率提高，或节约了原材料、能源消耗，使单位产品生产成本明显降低，利润比未使用技术前大大增加，增加的部分即为新增利润。其估算方法如下：

$$MR = (C_1 - C) \times Q \times N$$

其中，MR——利用技术后新增价值总量；

C——采用技术前的单位成本；

C_1——采用技术后的单位成本；

Q——产品的年产量；

N——合同有效年限。

如某企业引进电话机制造技术，引进前每台的生产成本为 10 美元，引进后的单位生产成本 6 美元，年产量 50 万台，合同有效年限为 6 年，则 6 年的新增利润总量为：

$$\begin{aligned} MR &= (10 - 6) \times 500\ 000 \times 6 \\ &= 12\ 000\ 000(\text{美元}) \end{aligned}$$

（2）对因产品质量、档次提高，因而售价提高产生的新增利润的估算

引进技术的目的是提高产品质量，使产品更新换代，提高产品档次，从而使单位产品销售价提高，在产品生产成本不变的情况下，新老产品的销售价格差，即为新增利润，其估算方法与上述方法相同。

（3）对因销售量增加带来的新增利润的估算

被许可方在引进技术的同时，有时会同时引进许可方的商标使用权，假如技术对产品的生产成本和销售价并未产生很大影响，但因商标的信誉也会增加产品的销售量，从

而使销售利润增加。新增的销售利润即为新增价值，估算的方法与上述方法相同。

（4）各年成本或销售价不同条件下新增利润的估算

上述估算是在各年生产成本或销售价未变的情况下的估算。实际上成本或销售价完全不变的情况比较少。在这种情况下，应根据合同有效期内各年成本或销售价变化，分别计算各年的新增利润，然后相加，计算出合同有效期内各年新增利润之和。

5. 技术服务和技术协助的数量

技术服务和技术协助的费用是许可方垫支的，属于转让技术直接费用的一部分。被许可方要求的技术服务和技术协助数量越多，许可方转让技术直接费用就越大。反之，转让技术直接费用就越小。这部分直接费用是一定要收回的。因此，被许可方要求服务和协助数量的多少，直接影响许可方收取技术使用费的高低。

6. 竞争性因素

竞争因素（Competition Effect），是指许可方对其他外国企业报价竞争程度的估计。许可方如能确定提供技术的只有其一家，就会报出垄断性高价。如国外其他企业也可提供相同或类似技术，为了获得生意，许可方就不得不报出有竞争性的价格。但是，许可方压低报价不是无限度的，最低也只能是转让技术的直接费用。因为许可方即使不想通过转让技术获利，而是以开拓产品市场为目的，使用费低于直接费用，就表现为交易上的直接损失。因此，无论竞争多么激烈，许可方也绝不会为了做成交易而承担直接经济损失。

7. 机动系数

机动系数（Take Whatever is Avail abl e），是指许可方在基本使用费基础上争取多收的部分。

许可方考虑了上述各种因素后，要制订出要求使用费的最低标准，即最低限度的技术使用费（Minimum Price），又称为“底价（Floor Price）”。其构成如下：

基本使用费 = 转让成本 + 新增利润分成 + 沉入成本系数 + 机会成本系数 + 技术服务数量 + 其他因素

（二）被许可方考虑支付技术使用费的主要因素

在许可方考虑最低技术使用费的同时，被许可方也要考虑支付多少使用费，才能既获得许可的技术，又获得预期的经济利益。因此，被许可方也必须从自己的角度，考虑影响支付使用费的各种因素，综合平衡后，确定支付使用费的最高限度。其考虑的因素主要是：

1. 自行开发拟引进技术的成本

被许可方为提高本企业技术水平，必须在自行研制和从国外引进技术之间做出抉择，即“做或买（Make or Buy）”。抉择的办法，是将自行开发成本与引进技术的费用进行比较，如果开发成本大于或等于引进技术的费用，引进比自行开发有利。反之，自行开发比引进技术有利。

但是，被许可方考察开发成本不能只停留在静态考察层面，而应动态考察开发成本的时间价值和失败的风险。例如，被许可方自行开发所需技术需三年时间，开发成本需400 万元。而引进技术只需一年时间，技术使用费 400 万元，第二年就开始受益，每年可新增利润300万元，两年合计600万元。静态看，引进费用与自行开发费用相等。动态看，引进比自行开发多增效益200万元，时间节省两年。另外，被许可方还需考虑自行开发的风险因素，万一自行开发失败，研制成本和效益损失将大幅增加。

2. 利用技术后的新增利润

被许可方愿意支付多少技术使用费的关键，取决于利用引进技术后能带来多少新增利润，新增利润是使用技术前和使用技术后所获经济效果（成本、节约、利润、售价）之差。但是，被许可方从自身的利益和掌握的信息出发，估计的新增价值与许可方的估计肯定有很大出入，不过被许可方可以不考虑许可方的估计，根据自己的实际情况自行做出估计，作为支付使用费的计算基础。被许可方估计新增利润的方法与许可方估计的方法基本相同，可以按前面介绍的方法去估算。

3. 对拟引进技术本身状况的了解

对拟引进技术本身状况的了解，主要是：

（1）技术的法律保护状态，即保护的期限距保护期届满所剩余的时间。

（2）技术所处的生命周期阶段。技术生命周期分研制期、成熟期和衰老期。拟引进技术所处的生命周期阶段不同，其技术价值不同，应支付的使用费不同。

4. 有无可供选择的技术来源（竞争因素）

有无可供选择的技术供应者（Alternative Supplier），也是被许可方考虑支付使用费多少的依据之一。被许可方所需技术属许可方垄断的技术，又无类似的技术来源可供选择，被许可方往往要支付垄断高价。如所需技术有多个供应来源，被许可方就有较大的选择余地，并且可以利用竞争，“货比三家”，从中选择条件相同技术使用费优惠者。

5. 间接成本

间接成本（Indirect Costs），是指被许可方除考虑支付多少使用费外，还必须适当考虑引进技术的间接成本，即技术消化吸收和创新、设备改造、上岗职工培训等费用。这些费用虽然对技术使用费总量不产生直接影响，但对衡量一项技术的总体经济效益是十分重要的。

在考虑了上述因素以后，被许可方要制订出愿意支付使用费的最高标准（Maximum Price）或顶价（Ceiling Price）。其极限值为自行开发成本、预期新增利润总量、竞争价三者中的最低数值。

三、第二步，影响基本使用费的合同条件

基本使用费与相关合同条件密切相关，两者必须达到平衡。换言之，合同条件的改变必然影响基本使用费的调整，反之亦然。影响基本使用费的合同条件主要有：

（一）使用权的性质

技术使用权性质，是指独占使用权、排他使用权和普通使用权。许可方授权的性质不同，要求的使用费也不同。即独占使用权使用费最高，排他使用权使用费略低，普通使用权使用费最低。独占使用权使用费比普通使用权使用费一般高20%左右。之所以如此，是因为使用权性质不同，对许可方获得使用费的保证程度不同。

（二）产品的销售地域范围

被许可方利用许可技术生产的产品销售市场大小，是许可方重视的问题之一。因为，许可方让出的市场越大，机会成本越大。因此，许可方千方百计限制被许可方的销售地域范围，如果被许可方要求扩大销售范围，许可方就以提高使用费加以限制。如美国某公司转让制造柴油机技术，被许可方如在本国销售，提成率为2.5%，如出口时，提成率为7.5%。

（三）支付方式选择

支付方式主要有三种：总付方式、提成支付方式和入门费与提成支付相结合方式。

（1）被许可方要求使用总付方式，许可方可以较早地收到使用费，又不承担被许可方利用技术的风险，技术使用费最有保证，许可方要求的使用费较低，所减低的比率相当于现金折扣。

（2）被许可方要求采用提成支付方式，因为技术使用费与被许可方使用技术的效果相联系，技术使用费没有确定的保证，许可方收取使用费的风险最大，故其要求的技术使用费最高。

（3）被许可方要求采用入门费与提成支付相结合方式，对许可方使用费收入保证程度略低，在合同生效后，许可方即可收到一定数量的入门费。

（四）支付货币的选择

被许可方选择许可方国家货币作为支付货币，汇率的变动一般对使用费不产生影响。如被许可方选择本国货币或第三国货币作为支付货币，许可方要考虑汇率变动的风险，并将汇率变动风险加到使用费中。因此，被许可方选择许可方国家货币支付使用费，比使用其他国家货币支付使用费要低。

（五）保证条款的严格程度

许可方保证技术资料完整、清晰和按时交付，并对产品质量达到合同规定技术指标等提供保证是其基本责任。但是，被许可方如提出苛刻的保证要求，许可方一般均根据最高罚金金额，将风险因素加进所要求的使用费总额中，技术使用费就会提高。相反，被许可方将保证与罚金条件适当放宽，如资料交付日期放宽一个月，或将应交的履约保证金改由保函代替，许可方即会酌减使用费金额。

四、第三步，技术使用费的谈判

（一）谈判模式

双方经过准备和对使用费的估算，许可方按照估算出的使用费下限加一定比例的减价空间做出报价，被许可方按照估算出的使用费上限或许可方报价减一定比例做出还价。在此基础上，双方通过反复磋商，找出均可接受和比较满意的使用费总量。以下用图10.1（见下页）说明谈判的基本模式。

在谈判过程中，被许可方根据许可方报价进行还价，双方谈判的范围在许可方的报价之下，被许可方的还价之上，其平衡点主要取决于双方的谈判实力（Bargaining Power）和采取的对策，以及合同相关条件的变化。

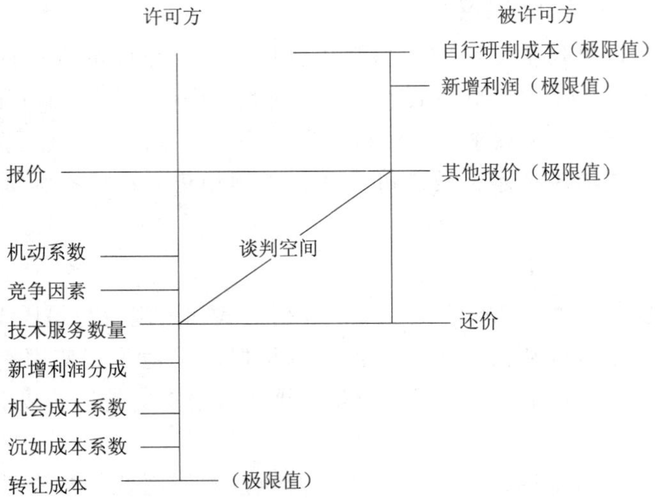

图 10.1 技术使用费谈判的基本模式

（二）谈判对策

谈判对策有很多种，但并非所有对策都适于技术使用费的谈判。技术使用费的谈判适合采用合作型对策（Cooperative Strategy），即对双方“双赢”的对策。从对策论的角度，就是从不平衡逐渐使之处于平衡状态。这种平衡状态称为纳什均衡（Nash Equilibrium），也称纳什解（Nash So1ution）。合作型对策的出发点，是着眼于长期合作，不追求过高的利益分配份额，避免可能导致谈判失败的因素，不以“胜、负”为终结，不使谈判的结果出现一方赢得较高份额，另一方吃亏的局面。因此，合作型对策是使用费谈判的首选对策，它有利于双方长期合作，合同顺利履行，较好地实现被许可方顺利引进技术的目标。

五、第四步，其他外部因素

估算使用费主要是以基本费用、合同条件和双方谈判实力三方面因素为依据，得出许可方可以接受、被许可方愿意支付的使用费数值，是当事人估定使用费最基本的、决定性的因素。在上述三种基本考虑之外，实际使用费还受其他外部因素的影响，即当事人所属部门利润率水平的影响。

根据联合国工业和发展组织的调查，不同产业部门的使用费水平是不同的，各产业门类使用费水平可参看表 10.1。

表 10.1　各产业门类使用费水平

部门	使用费比率等级（%）					
	被许可方销售利润等级	1～2	2～3	3～4	4～5	5～6
基础工业	10～20	5～20	10～30	15～40	20～50	25～60

续表

部门	使用费比率等级（%）					
工业中间产品	20～30	3～10	7～15	10～20	13～25	17～30
	被许可方销售利润等级	1～2	2～3	3～4	4～5	5～6
耐用消费品	30～40	2～7	5～10	7～13	10～17	12～20
非耐用消费品	40～50	2～5	4～8	6～10	8～13	10～15
高级技术产品	50～60	1～4	3～6	5～8	6～20	8～12

一般来讲，许可方在被许可方利润中所占的份额不应超过 10%～30%。这样，从上表中可以得出使用费率大致概念：

基础工业约为 2%～3%；

工业中间产品约为 3%～4%；

耐用消费品约为 3%～4%；

非耐用消费品约为 4%～5%；

高级技术产品约为 4%～5%。

当事人有了这个总的概念，就可以在洽谈具体技术许可合同时，结合行业、门类因素，对基本技术使用费进行调整。

第四节 技术使用费的支付方式

使用费的支付方式，是将双方谈判的使用费具体化，计算出一次或分期支付的使用费金额。在国际技术贸易交易中，使用费支付方式主要有以下 3 种：

一、总付

（一）总付的概念

总付（Lump Sum Payment），是指在签订合同时，许可方与被许可方谈妥一笔固定的使用费金额，在合同生效后，由被许可方按合同约定，一次或分期支付的办法。如一次付清，支付时间可确定为合同生效后 30 天，或第一批资料交付时；如分期支付，一般按合同执行的进度，如资料交付、技术培训和产品开始商业化生产等过程，分若干批次支付，也称“里程碑”式支付。

（二）总付方式的特点

1. 被许可方支付使用费的时间早

在合同生效后，被许可方使用技术之前，就得按合同约定支付技术使用费，支付时间早于其他支付方式。

2. 总付金额在合同有效期内不变

总付金额，是双方签订合同时商妥的，不随被许可方利用技术的效果、市场销售量、价格变动而变动，即使被许可方受上述不利因素影响，未取得预期的经济利益，规定的金额也得照付。

3. 使用技术的风险全部由被许可方承担

合同签订之后，许可方只要履行了合同规定的义务，被许可方就得支付使用费，使用技术的效果与其支付使用费无关。因此，被许可方承担了使用技术的全部风险。

4. 许可方提供技术协助不积极

总付方式，对许可方使用费收入有确定的保证，致使其积极提供服务，使用费收入不会增加；不积极提供技术服务，技术使用费收入也不会减少。因此，在提供技术服务方面，许可方缺乏积极性、主动性。

（三）总付方式的利弊

总付方式对许可方和被许可方各有利弊。总的来说，对许可方利多弊少，对被许可方则利少弊多。

1. 总付对许可方的利弊

（1）有利方面

① 许可方使用费不受被许可方生产状况、产品销售量和销售价格变化等因素影响，收入有保证；

② 避免大量查账、计算使用费等繁琐工作。

（2）不利方面

签订合同时，许可方如对被许可方可能获得的新增利润估计不足，而被许可方生产状况或销售状况好于预期，取得了超预期的新增利润，许可方无权要求分享超额利益。

2. 总付对被许可方的利弊

（1）有利方面

① 有利于较快地摆脱对许可方的依赖；

② 可以避免货币汇率变动对支付产生的汇率风险等。

（2）不利方面

① 财务负担重。在实际使用技术前，被许可方就要付出大笔资金。如果此项资金需向银行借贷，由于融资费用高，经济负担比较重，可能影响其资金周转。

② 技术风险大。总付金额是固定的，可能产生类似一笔销售或购买行为的财务效果，市场萎缩、技术效果差和价格低等风险与许可方无关，一切风险全部落在被许可方身上。

③ 许可方技术服务不积极。合同规定许可方须承担技术服务义务，但由于被许可方生产量、销售额的增加，对许可方没有直接好处或收益。因此，许可方多采取表面上履行，实际并不完全履行，或者只提供一些简单的技术情报，真正有价值的技术情报则不提供。

（四）国际上对总付方式使用的限制

鉴于总付方式对被许可方存在明显的不利，世界上很多国家，特别是发展中国家，往往通过法律或审查转让合同等行政措施，对总付方式使用加以限制。限制方式有如下几种：

（1）总付金额必须在估计的销售额基础上确定，并且该金额应当是在对该部门或该项产品所能规定的最高金额以内。例如印度有关部门规定，可以批准的使用费通常为净销售价的 5%，并且规定采用分期支付。

（2）有条件地采用总付方式，如新西兰政府规定，一次总付的合同通常不予批准，除非它能表明这种支付方式是完全合理的。

（3）拒绝采用总付方式，如斯里兰卡政府规定，列有总付方式的合同将不予批准。

（4）限定总付方式的适用范围，如澳大利亚政府规定，通过转让取得专利权以及购买某些类型的技术服务时，才允许采用总付方式。用于消费品、一般原料的生产，机器、设备或其他资本货物的技术转让或许可合同，不允许采用总付方式，只能采用提成支付方式。

（五）总付方式的使用条件

总付方式虽然对当事人双方利益存在明显的不均衡，不少国家对使用总付方式存有疑虑。但是，有的国际组织认为，如被许可方具备以下条件，也可以考虑使用总付方式：

1. 被许可方有能力接受并掌握许可的技术

在短时间内，许可的技术可以全部转移给被许可方，而且被许可方又有能力全部接受并能很快掌握所许可的技术。

2. 被许可方不需要许可方不断提供技术协助

许可的技术并非尖端的、复杂的技术，被许可方不需要许可方不断提供有关技术进步或产品推销方面的技术情报，也不需要许可方不断提供技术服务与协助。

3. 被许可方有充足的资金，并打算尽快摆脱对许可方的依赖。

如果具备上述条件，被许可方也可以适当使用总付方式。

二、提成支付方式

（一）提成支付方式的概念

提成支付（Royalty），是指在签订合同时，当事人双方约定一个提取使用费的百分数，待被许可方利用技术开始生产并取得经济效果（产量、销售额、利润等）之后，以经济效果为基础，定期（每 6 个月或 12 个月）连续提取使用费的办法。

（二）提成支付的特点

1. 支付使用费的时间较晚

合同生效后，被许可方不支付使用费，只有当其利用技术并取得实际经济效果之后，才按期将使用费支付给许可方。因此，使用费的计算与支付时间比总付晚。

2. 使用费数额与被许可使用技术的效果直接联系

在提成支付方式下，当事人的利益和风险捆绑在一起，利益共享，风险共担。被许可方利用技术效果好，许可方获得的使用费多。相反，许可方获得的使用费少，甚至完全收不到使用费。

3. 许可方提供技术服务和技术协助积极主动

由于许可方获得多少使用费，完全取决于被许可方利用技术的效果，许可方为了自身利益，往往积极主动提供技术服务和技术协助，甚至主动提供技术情报和产品销售市场。

（三）提成支付方式下，当事人应确定的基本数据

为了准确计算提成费，当事人应确定三个基本数据：提成基础、提成率和提成期限。

1. 提成基础

提成基础有三种：产品产量、产品销售价、利润。有时还在上述提成基础上，附加一些调整方法，以下就三种提成基础和附加的调整方法分别加以说明。

（1）以产品单位或产量为提成基础

① 概念

以产品单位或产量为提成基础，是指提成费按照所制造的每件产品、每单位产品重量（每吨或每公斤）或容积（每加仑或每公升）或符合产品特点的其他单位（功率、马力）等，规定一个固定的提成金额（如每单位产品支付提成费××美元），以单位产品提成额乘以一定期限的产品总产量，即为应支付的提成费。因此，这种做法又称“固定提成”（Fixed Royalty）。例如法国雷诺公司与日本一家公司签订技术转让合同.规定被许可方每装配一辆汽车，支付技术使用费25美元。美国威斯康星制铝公司转让生产维生素D的技术，规定被许可方每生产维生素D一百万单位，支付技术使用费10美分。

② 特点

第一，使用费金额与生产成本、销售价格和利润无关。被许可方只要开始生产，就可以根据总产量计算出技术使用费总量，这种做法对许可方十分有利。因为许可方不必过问产品是否售出，或售出后是否有盈利，被许可方只要生产出产品，许可方就可获得使用费收入，而且被许可方生产量越大，许可方的使用费收入越多。

第二，被许可方的产品产量与许可方的收益直接关联，因此，许可方愿意提供技术改进和技术协助，以增加被许可方的产品产量。因为被许可方产品产量的增加会直接导致许可方技术使用费收入增加。

③ 被许可方使用“固定提成”应注意的问题

第一，谨慎地确定产品的单位金额。笼统地按产品产量确定单位金额，对被许可方不利。因为单位产品除了包括许可技术创造的价值外，还包括许可方所供的零部件或中间产品或原材料价值，被许可方投入的人工、材料、设备折旧费，自身和其他来源的技术创造的价值等。所有这些因素都是产量的组成部分，如果不加区别，笼统地按产量单位计算提成金额，就等于被许可方多支付了使用费。因此，被许可方应将上述非技术因素创造的价值从总产量中扣除，只计算许可技术所创造的产量部分。解决这个问题的办法，是在确定产品单位提成金额时，扣除非许可方技术所创造的产量部分。例如在不做任何扣除的情况下，单位产品的提成费为10美元，扣除许可方提供的原材料2美元，

自有和其他来源技术 1 美元，被许可方本身投入的设备、原材料、劳动力成本 2 美元，最后确定单位产品的提成费应为 5 美元。

第二，确切规定单位产品的衡量标准。单位产品产量的衡量标准，应选择最能代表一项产品生产量的主要指标，例如尿素的产量，既可按自然吨计量，也可按产品中的含氮量折成标准吨计量，确定提成金额时，按标准吨计量比按自然吨计量对被许可方有利。

第三，注意某些国家的法律规定。有的国家不允许根据产量计算提成费，而要求按产品的销售价格计算提成费，也有的国家规定，只有利用技术生产的产品国内价格比国际销售价格高得多时，才允许按每一单位产品的固定金额计算提成费。

值得注意的是，上述措施有助于保护被许可方利益。但许可方也应采取措施，维护自身利益。主要是防止被许可方将所转让技术束之高阁，不尽早进行商业化生产。为此，许可方应要求被许可方保证在合同生效后，尽早开始商业化生产，以免许可方无法获得技术使用费收入。

（2）以产品销售价为提成基础

① 概念

以产品销售价为提成基础，是指以产品的销售价格为基础，提取一定百分比，如 3% 或 4% 的使用费，此种方式又称“从价提成”（the Price Royalty）。

② 特点

第一，被许可方利用技术生产的产品实际售出后，有了实际销售收入，才开始计算和支付使用费。

第二，支付提成费与产品出售后是否获得利润无关。也就是说，被许可方产品售出后，有盈利要支付使用费，无盈利也要支付使用费。

③ 以销售价作为提成基础应注意的问题

第一，确定销售价的概念。产品销售价分总销价和净销价，不同国家的“总销价”概念是不同的。有些国家技术转让的法律将总销价定义为：工厂实际销售产品或付出劳务的发票价值。值得注意的是，按总销售价计算提成费简便易行，只要检查被许可方的销售发票或销售账册，即可确定应付提成费金额。但是，以总销价为基础计算提成费，对被许可方不利。因为总销售价中不但包含许可技术所创造的价值，也包含非该技术所创造的价值。很显然，总销价为基础，增加了许可方额外收益，被许可方多支付了技术使用费。因此，有些国家法律不允许以总销价作为提成基础，要求用净销售价作为提成基础。

第二，以净销售价为提成基础。净销售价，是指从产品总销价中扣除其他特定项目的成本、价值或费用而得出的价格。在实际业务中，扣除的项目主要取决于当事人的愿望、产品性质、销售习惯，以及各国技术转让法律的规定。一般应扣除的项目主要有：包装费用；保险费用；运输费用：出口税和进口税、海关关税；营业税或销售税；普通商业折扣；退回货物的价值；在产品使用地的安装费用；许可方供应的原料、中间货物、零部件的价值；购入设备的价值；产品价格中反映提成费的部分；被许可方为维持专利或商标的效力而付出的费用等。

各国法律对扣除项目规定不尽相同，当事人谈判时，应根据法律规定和国际惯例，通过协商确定。

（3）以利润为提成基础

以利润作为提成基础，是指以产品销售后被许可方所获利润为基础。从理论上讲，以利润作为提成基础比较合理。因为被许可方使用引进技术后，提高了劳动生产率，改善了生产管理，提升了原有产品质量，增加了产品销售价，获得了更多利润。因此，以利润作为提成基础比较合理。但是，以利润作为提成基础存在一些实际困难，主要是：

第一，许可方不接受以利润作为提成基础。因为被许可方使用技术初期，常因掌握技术不熟练，或由于市场尚未打开，不得不薄利推销，甚至亏本出售，不能获得利润，导致许可方长期无法提取技术使用费。

第二，以利润为基础，双方很难确定利润的标准。其一，确定利润的定义分歧很大；其二，许可方要了解和确定企业真实利润存在很大困难，因为企业大多不愿意公布实际利润；其三，确定税前和税后利润困难，按税前利润对被许可方不利，按税后利润会影响许可方的实际使用费收入。

由于以上原因，在国际技术转让交易中，当事人采用利润为基础计算提成费的极少，除非许可方直接负责引进企业的经营管理，并对获利的前景极为乐观。否则，许可方一般不会接受以利润作为提成基础。

（4）提成基础的调整方法

提成基础的调整方法，是指在基本提成基础上，许可方或被许可方为了维护自身利益采取的变通办法，常用的调整办法有以下几种：

① 按公平市场价格

以销售价为基础计算提成费时，许可方担心被许可方以低价将产品销售给有特别关系的第三者或其子公司，使其提成费减少。为避免这种损失，许可方要求以该产品的“公平市场价格”（Fair Market Price）或“现行的国际市场价格”或其他类似的价格作为提成基础。国际上确定公平市场价格，一般采用下列三种办法：

第一，自由价格法，是指被许可方向与其无特殊关系的第三者提出的报价，或达成的成交价，或类似产品的成交价，作为公平市场价格。

第二，转售价格法，是指被许可方产品的买主转售产品的价格扣除该买主转卖时的加价部分。

第三，成本加利润法，是指被许可方产品生产成本加一定的百分数，或一个固定金额的利润计算的价格。

② 最低提成费

最低提成费（Minimum Royalty），是指以产品产量或以产品销售价为提成基础的同时，双方确定一个最低限度的提成费金额。当按提成方式计算的使用费金额大于最低提成费金额时，被许可方支付按提成方式计算的提成费；如果提成计算的使用费金额小于最低提成费金额，被许可方支付最低限度的提成费。许可方要求规定最低提成费的目的，是为保证许可方获得最低限度的使用费收益。尤其是授予被许可方独占使用权利情况下，许可方不能再向其他第三者许可合同项下技术使用权，使用费收入只能依赖该被许可方的生产和销售能力。因此，最低提成费一方面作为许可方取得一定收益的保证措施，另一方面促使被许可方尽快安排生产，扩大生产，充分发挥引进技术的作用。

值得注意的是，此种做法对被许可方不利，因为这等于解除了使用费与使用技术效果的联系。因此，被许可方应采取一些对应措施。例如，A. 限定最低提成费不超过预计提成费的一定百分比；B. 提成率按照递增原则来确定，即在合同生效开始阶段规定较低的比率，以后按产品生产或销售情况适当加大比率；C. 将最低提成费视为定金或预付的金额贷记在账上；D. 以规定最高提成费限额与最低提成费限额相对应；E. 要求许可方承担完成最低出口量的义务等，以加重许可方的责任。

另外，当事人还应注意有关国家技术转让的法律，例如印度、哥伦比亚、新西兰等国法律规定，不允许支付最低提成费，或合同中已规定按产量或销售价确定提成费时，就不得再规定最低提成费，或有最低提成费规定的合同将不予批准。

③ 最高提成费

最高提成费（Maximum Royalty），是指合同规定以生产量、销售价为提成基础时，被许可方要求规定的最高提成费限额，即在实际提成费超过限额时，被许可方对超过限额的部分不再支付提成费，以保护被许可方利益。在实际业务中，最高提成费限额规定，多是作为被许可方接受最低提成费限额的对等条件使用的。

另外，被许可方要求规定最高提成费限额，应考虑使用技术的状况，如估计销售价格或销售量稳步上升，市场不断扩大，销售前景较好的情况，就有必要规定最高提成费限额。如果被许可方估计消化、吸收技术的能力有限，在短期内又不能使销售价或销售量迅速增加，最高提成费限额规定即无实际意义。

④ 递减提成费

递减提成费（Progressive Decrease of Royalty），是指根据生产量或销售价计算提成费时，提成比率随生产量或销售价增加而逐步减低提成率的做法。如产量为 1 000 台时，提成率为 3%；1 001 ~ 5 000 台时，提成率减为 2%；5 000 ~ 10 000 台时，提成率减为 1.5%。

递减提成费，是对当事人双方都有利的一种做法。一方面，被许可方可以不必因生产量或销售价的增加支付过多的提成费，还可以收到生产量或销售价增加部分的好处。另一方面，这种做法对许可方也无不利，因为提成率虽然减低了，但被许可方生产量或销售价增加了，提成费绝对金额不但不会减少，还可能略有增加。因此，递减提成费安排对双方都是有利的，而且还可起到鼓励被许可方扩大生产和增加销售的作用。

⑤ 滑动提成

滑动提成（Sliding Royalty），是指在按单位产品固定金额计算提成费时，许可方担心被许可方国家发生通货膨胀，造成技术使用费收入减少，要求按签订合同时的工资和原材料物价指数，调整单位产品提成费金额的做法。

2. 提成率

(1) 提成率的概念

提成率（Royalty Rate），是指许可方在被许可方新增利润中所占份额以百分数表示的比率。在国际技术贸易合同中，一般不直接将许可方在新增利润中所占份额表示出来，而是采用间接表示方式，即将许可方所占份额换算为一个百分数，通称提成率。但是，如上所述，直接使用新增利润作为提成基础有很多困难。因此，国际技术贸易合同规定提成基础多使用产品净销价、产品产量等代替。

（2）换算的方法

双方经过谈判确定，许可方在估计的产品净销价中占20%的份额，利用技术后，单位产品净售价从8美元提高到10美元，提成率应为：

$$R = S(P_1 - P) \div P$$

其中，R——提成率；

P——单位产品原售价（8美元）；

S——供方所占净销价份额（20%）；

P_1——单位产品现售价（10美元）。

将数值代入公式，得：提成率 = 20% ×（10 - 8）÷ 8 = 5%。

3. 提成期限

提成期限（Time Limited of Royalty），是指许可方从开始提取技术使用费到终止提取技术使用费的实际年限。

提成基础和提成率确定以后，提成年限的长短直接关系到被许可方支付使用费总量。提成年限越长，支付的使用费就越多。因此，被许可方应力争较短的提成年限。一般提成期限有两种规定方式：一是提成期限与合同有效期相等；二是提成期限较合同有效期短。

值得注意的是，提成期限不得长于合同有效期。因为各国法律一般都禁止合同有效期届满后，被许可方继续支付使用费，并将此作为一种限制性商业惯例对待。那么，为什么提成期限可以比合同有效期短呢？其理由如下：

（1）使用费作为分配被许可方新增利润的一种方法，在提成基础或提成率不变的情况下，产品销售价下降，许可方在被许可方净销价中所提取的使用费将会增加，出现利润分配不合理的状况。如提成率为6%，产品销售价格为5美元/公斤，被许可方利润为1.5美元/公斤，许可方在被许可方新增利润中所占的份额为20%。但当被许可方产品销售价格下降，如被许可方利润仅为0.5美元/公斤，许可方使用费在被许可方产品利润中的份额为60%，这种情况表明，当被许可方利润率下降时，收入分配有利于许可方。为了防止这种不利的分配情况，技术使用费应推迟到被许可方盈利较高时再支付。

（2）合同生效后的最初年份，被许可方生产量和销售价较低，许可方一般提取不到技术使用费。被许可方只有正式商业化生产后，产品才能批量化，产品销售价才会提高。因此，提成期限较合同期限短，对许可方使用费收入不会产生太大影响。

三、入门费与提成费结合方式

（一）入门费与提成费结合方式的概念

入门费与提成费结合方式（Initial Payment and Royalty），是指合同生效后若干天内或收到第一批资料后若干天内，由被许可方先行支付一小笔约定的费用，其余的使用费在被许可方利用技术开始生产并取得经济效果之后，再按规定的提成办法提取。这笔合同约定的先行支付的费用通称入门费或初付费（Initial Payment）。

（二）入门费的性质

（1）入门费不同于总付，总付是支付技术使用费的全部金额，而入门费是技术使用费的部分金额。

（2）入门费不同于定金，定金是履约保证金，如支付定金的一方违约，定金不能退回。

（3）入门费实质是预付的提成费，被许可方支付入门费前，可以要求许可方出具保函，并要求从其后支付的使用费中扣除。

（三）入门费的作用

（1）有利于许可方尽早收回垫支的直接费用。

（2）补偿许可方提供某些特殊或专门技术协助所垫支的费用，如为适应被许可方特殊需要进行某些专门设计，或修改原设计参数等花费的费用。

（3）作为披露技术的补偿费或称“技术公开费”，被许可方引进技术之前，许可方需要对技术的有关情况进行介绍，或邀请被许可方到其工厂进行考察，许可方要向被许可方披露一些技术内容。许可方为弥补披露技术可能的损失，往往以入门费作为经济补偿。

（4）作为履约保证，许可方估计，在合同初期被许可方吸收消化技术的能力较差，收益没有确实保证，一般要求较高的入门费作为最低限度收益的保证。

（四）值得注意的问题

（1）目前，国际上出现不要或少要入门费的趋势，主要因为技术转让交易可以使许可方的制造和销售工作转由被许可方承担，许可方省去了自己在海外建立销售网点，以及从事直接出口所花的费用。因此，国际上，许可方要求支付入门费的情况已日趋减少，即使要求入门费，金额一般也不大。

（2）在实际业务中，我国技术引进企业支付入门费一般偏高，其主要原因是：① 我方对技术资料选择不细，要求许可方提供资料种类和套数偏多。② 我方要求派遣的培训人员数量较多，而且培训人员费用通常包括在合同中，结果增大了入门费金额，加重了我方的经济负担。因此，在技术引进中，我方应力争不付或少付入门费，如果我方须支付入门费，应明确规定入门费应在将来支付提成费中予以扣除。

四、各种支付方式的运用

各国技术转让法律都有一种明显的倾向，即尽可能保护被许可方的利益，避免使被许可方单独承担风险。同时，强调正确选择和运用各种支付方式，并将支付与传授技术的进度紧密联系。为此，被许可方选用各种支付方式时，必须进一步注意以下问题：

（一）总付方式与提成费支付的关系

总付方式实际是提成费支付方式的一种替代办法。因为它们不仅在概念上相同，而且在计算上也基本相等。换句话说，使用费的总付金额可以换算为整个合同期间的平均提成比率。它们的等值关系可从表 10.2 中看出。

表 10.2 使用费总付与合同期间平均提成的等值关系

年份	货物销售值（美元）	提成使用费 3%（美元）	净现值系数	使用费 1978 年净现值（美元）
1978	100 000	3 000	1	3 000
1979	100 000	3 000	0.909 1	2 727
1980	150 000	4 500	0.826 4	3 719
1981	250 000	7 500	0.751 3	5 635
1982	350 000	10 500	0.683 0	7 172
1983	650 000	19 500	0.620 9	12 109
合计	1 600 000	48 000		34 362

上表说明 48 000 美元分为 6 年支付或 34 362 美元一次总付是等值的。

同样，一次总付的金额也可换算为合同期间的平均使用费率。在许可方要求一次总付金额为 34 362 美元时，估计 6 年中的销售合计 1 600 000 美元。那么平均提成率计算公式如下：

$$P=P_0(1+r)^n=RS$$

其中，R——平均使用费比率；

S——n（6）年合同期内合计的总销售额；

P_0——总付使用费现值；

P——提成支付 n（6）年的提成费总额；

r——折扣系数（如为 10%）。

求：P（提成支付 n 年的提成费总额）。

$$\begin{aligned}P&=34\ 362\times(1+0.10)^6\\&=34\ 362\times1.771\\&=60\ 855(\text{美元})\end{aligned}$$

这说明 1 600 000 美元销售额，6 年里应支付使用费 60 855 美元，平均每年支付 10 142 美元。

平均使用费率应为：

$$\begin{aligned}R&=10\ 142\div(1\ 600\ 000\div6)\times100\%\\&=10\ 142\div\ 266\ 700\times100\%\\&=3.8\%\end{aligned}$$

当然，这里的 3.8% 提成率是按平均数值推算的，比率略高于实际提成率，不过仍可从推算中了解许可方要求总付金额的水平，作为洽商使用费的参考。

尽管总付金额与合同期间历年提成费之和基本相等，但被许可方和企业大多乐于采用提成费支付方式。主要是因为，提成支付方式有利于维持双方的长期合作关系，不断从许可方得到技术改进情报，双方共同承担转让技术的风险，减轻被许可方一笔总付的沉重经济负担。

（二）提成支付方式和入门费与提成支付结合方式的关系

入门费与提成支付结合方式，实质上就是提成支付。因为入门费是可以从提成支付金额中扣除的，入门费实质是预付的提成费。因此，入门费与提成支付结合方式只是提成支付方式的灵活运用，两种支付方式并无原则区别。

第五节　技术使用费的清算

使用费的各种支付方式，不仅与被许可方利用技术的经济效益有着直接联系，而且与许可方提供资料、派遣人员、传授技术等履行合同过程有直接联系。因此，支付与计价方式解决的问题，是如何计算和提取使用费。而使用费安全地从被许可方转移给许可方是一个清算过程。这个过程涉及支付工具、支付时间、账册建立及审核等环节。

一、支付工具

国际技术贸易中，清算使用费所使用的支付工具主要是货币和汇票。

（一）货币

货币分为两种：一种是作为支付义务尺度的货币；另一种是用来支付款项以解除付款义务的货币。通常将前者称为债务货币，后者称为支付货币。

1. 债务货币

当事人要依据技术贸易的方式和惯例，选用不同的债务货币。例如：在总付方式下，债务货币可以是许可方国家的货币，也可以是被许可方国家的货币，还可以是第三国货币。

在提成支付的情况下，提成费和产量联系在一起时，债务货币可以是生产国的货币，也可以是第三国货币。提成费与销售价相联系时，债务货币可以是被许可方国家货币或出口地区国家的货币。提成费与被许可方利润相联系时，一般使用该国法律允许的货币。

技术服务与协助费用，债务货币可选用委托方国家货币，或受托方国家的货币。但专家生活费和其他医疗保险、交通等费用大多使用委托方国家当地货币。

2. 支付货币

支付货币，是指被许可方履行偿付义务的货币。支付货币可以和债务货币是同一种货币，也可以是双方同意的其他货币。

选择支付货币时，要考虑下列因素：

（1）货币在货币发行国的通货膨胀率及其在国际市场上的稳定性。

（2）支付货币与债务货币不是同种货币的情况下，当事人要选择适当汇率进行折算，并明确是官方汇率，还是商业汇率；是该货币的卖出价，还是买入价，还是两种货币汇率的中间价，以及折算的具体时间。

(3) 根据贸易习惯选择支付货币，在技术引进中，大多使用许可方国家货币，或双方同意的其他货币。如，被许可方从美国引进技术使用美元，从英国、德国引进技术用欧元，从日本引进技术用美元或日元。

（二）汇票

债务货币和支付货币只用于计价，实际支付并不直接用货币，而是使用票据作为支付工具。业务中主要是用汇票，汇票是一个人向另一个人签发的、要求受票人即期或规定期限内、向某人或其指定人支付一定金额的无条件书面支付命令。

按付款时间，汇票可分为即期汇票和远期汇票。按出票人划分，分为商业汇票和银行汇票。按受款人抬头划分，分为限制性抬头、指示性抬头和来人抬头。

在技术转让交易中，许可方一般开立即期汇票连同有关单据，通过银行向被许可方办理托收。或者在双方核实账目之后，由被许可方使用银行汇票主动付款。

二、支付时间

国际技术转让交易是一个较长的过程，被许可方为尽可能减少技术和商业风险，通常将支付使用费的时间与许可方履行义务的环节联系起来，用支付使用费制约许可方履行合同义务的质量和进度。

（一）在总付方式下的支付时间

总付方式下，被许可方支付使用费，通常采用分期支付，支付的时间、次数和比例根据技术的难易程度、金额大小和传授技术的环节，由双方协商确定。如：

合同生效后 30 天内，支付合同金额 10%；

合同生效后 3 个月，收到第一批资料后 30 天内，支付合同金额的 15%；

合同生效后 12 个月，完成技术培训后 30 天内，支付合同金额的 15%；

合同生效后 18 个月，收到第二批资料后 30 天内，支付合同金额的 15%；

合同生效后 24 个月，完成产品考核验收合格后 30 天内，支付合同金额的 20%；

合同生效后 36 个月，支付合同金额的 10%；

合同生效后第 4 年至第 6 年，每年支付合同金额的 5%。

（二）在提成费支付方式下的支付时间

提成费支付方式下，技术使用费支付时间一般规定为季度、半年或一年，然后据此计算每个时期的提成费总金额。每个付款期的最后一天作为结算日，如在第一季度终了（三月三十一日）后三十天内支付，或年终结算（十二月三十一日），或次年三十天内支付。

三、使用费的清算方式

（一）托收

托收，是指许可方开立即期汇票，连同有关单据一起通过许可方所在地银行，由该行委托被许可方所在地银行向被许可方收取技术使用费的一种方式。

托收使用费时，许可方应提供的单证有下列几种：

（1）商业发票，是许可方寄送资料，履行某项责任义务的总说明，是双方核对账目、记账、报关交税的依据。在不用汇票的情况下，商业发票可替代汇票作为支付工具，根据需要规定正、副本份数。

（2）邮寄技术资料的凭证，如正式邮运单或空运单复印件，以证明许可方履行寄送技术资料责任的真实日期和情况。一般要求一式两份。

（3）许可方政府出具的有效出口许可证，或不需出口许可证的证明文件。有些国家对高技术出口有限制，许可方需先行办理上述有关文件，并寄交被许可方后，经被许可方审核无误，再办理支付，以保证支付款项的安全。

（4）汇票（即期）正副本各一份。

（5）保函（简称 L/G），保函是银行应债务方（许可方或被许可方）申请所开立的保证信，保证在责任方未履行或未完满履行其应承担的责任时，出示证明，保证对遭受损害的一方给予经济上的补偿。

合同生效后，被许可方如需先行支付入门费或预付款，许可方需要通过银行出具保函做担保，以减少被许可方支付这部分款项的风险。反之，如许可方担心，其履行所承担的义务后，被许可方不付或迟付使用费，也可要求被许可方通过银行开立保函作为支付保证。

在签订合同时，保函由当事人双方草拟，并作为合同附件，附于合同之后。但双方草拟的保函格式须先征得有关银行的同意，方为有效。

（二）汇付

汇付，是指被许可方购买银行汇票，主动向许可方支付款项的一种方式。在入门费与提成支付相结合方式下，被许可方先根据合同规定，将入门费汇付给许可方。许可方通过银行开立以被许可方为受益人的保函，保证收到入门费后，如不履约或违约，银行保证退回受益人所付入门费连同利息。

四、账目的建立与审核

在以产量或净销售价为提成基础的情况下，被许可方应本着诚信的原则，如实将实际产量或销售价告诉许可方，并据以计算提成费。但是，许可方对被许可方所提供的情况并不完全信任，故要求建立必要账目，并保留检查该项账目的权利，以便核对被许可方计算提成费是否有误。如被许可方同意检查有关账目，双方应进一步明确会计师或审计师人选、受检查的账目、查账的时间和地点、查账费用的分摊等。

该条款实例：

许可方有权检查有关生产、库存变动量及工厂销售发票，被许可方应建立专门账册，记载订货销售情况，并于每年 6 月底、12 月底分两次将正式销售记录副本寄交许可方。

五、外汇管理

（一）国际通行做法

被许可方将使用费等款项支付给许可方，通常需要被许可方国家外汇管理当局的批准。根据某些国家有关技术转让法律，凡按照工业产权许可或技术转让协议的规定，需要汇往国外的款项，只有在遵守金融当局所规定的外汇规章时，才能得到执行。例如：

阿尔及利亚政府规定，许可费汇兑需根据阿尔及利亚中央银行的特别汇兑批准书进行。德国对外经济条例第 59 条规定，国内被许可方向国外许可方办理许可报酬的汇兑必须向联邦银行申报。法国政府规定，被许可方必须在每年 3 月 31 日向工业资产局呈报一份汇出的许可费或其他报酬的报表。

总之，各国政府对技术使用费的汇出都有一定的管理措施，因此，许可方在正式向被许可方索取使用费之前，通常先要提供一份形式发票，供被许可方向有关当局申报外汇之用。

（二）中国的外汇管理

我国国家外汇管理局《关于加强对引进无形资产售付汇管理有关问题的通知》[（1998）汇管函字第 092 号] 和商务部 2004 年 3 月《关于加强技术进口合同售付汇管理的通知》明确规定，办理引进无形资产售付汇，需审核相关凭证，无条件地接受外汇管理局的监督、检查。对违反规定的，将予以警告、没收违法所得、罚款的处罚。

1. 专利权引进的用汇

（1）专利权许可用汇，审查下列凭证：

① 专利实施许可合同；

② 国家专利局颁发的专利实施许可合同备案《回执》；

③ 国家专利局颁发的《专利公告证明》；

④ 商务部及其分支机构颁发的有关证明文件：限制进口的技术，提交《技术进口许可证》和《技术进口合同数据表》；自由进口的技术，提交《技术进口合同登记证书》和《技术进口合同数据表》。

（2）专利权转让用汇，审查下列凭证：

① 专利权转让合同；

② 国家专利局颁发的《专利登记簿副本》或《专利公告证明》；

③ 商务部及其分支机构颁发的有关证明文件：限制进口的技术，提交《技术进口许可证》和《技术进口合同数据表》；自由进口的技术，提交《技术进口合同登记证书》和《技术进口合同数据表》。

2. 商标权引进的用汇

（1）不包含专利、专有技术许可或转让的商标许可，审查下列凭证：

① 商标使用许可合同；

② 国家商标局颁发的《商标使用许可合同备案通知书》。

（2）包含专利、专有技术许可或转让的商标许可，审查下列凭证：

① 商标使用许可合同；

② 国家商标局颁发的《商标使用许可合同备案通知书》；

③ 商务部及其分支机构颁发的有关证明文件：限制进口的技术，提交《技术进口许可证》和《技术进口合同数据表》；自由进口的技术，提交《技术进口合同登记证书》和《技术进口合同数据表》。

除上面列举的规定外，文件中还列有著作权、计算机软件和非专利技术引进用汇的审查规定，需要时可查阅上述文件。

练习题 EXERCISES

一、单项选择题

1. 技术价格称为________比较确切　　（　　）

A. 补偿　B. 酬金　C. 收益　D. 技术使用费

2. 技术使用费谈判，当事人应坚持的策略是　　（　　）

A. 对抗策略　B. 合作策略　C. 拖延策略　D. 竞争策略

3. ________和________之间许可交易的使用费最能反映市场价格水平　　（　　）

A. 跨国公司母公司和其海外子公司　B. 科研机构和企业

C. 企业和企业　D. 国家机构和企业

4. 转让成本是指　　（　　）

A. 被许可方为达成交易垫支的费用　B. 许可方为达成交易垫支的费用

C. 中介公司为促成交易垫支的费用　D. 外贸代理公司为促成交易垫支的费用

5. 机会成本是指　　（　　）

A. 许可方因失去市场销售机会所致的损失

B. 被许可方因支付使用费所致的利益损失

C. 中介公司未能促成交易所致的损失

D. 外贸代理公司因违反授权所致的损失

二、多项选择题

1. 入门费的主要作用是　　（　　）

A. 许可方尽早收回垫支的直接费用　B. 作为履约保证

C. 作为披露技术的补偿费　D. 作为预付款

E. 补偿许可方提供某些特殊协助所垫支的费用

2. 总付方式的特点是　　（　　）

A. 被许可方支付使用费的时间早

B. 总付金额在合同有效期内不变

C. 使用技术的风险全部由被许可方承担

D. 许可方提供技术协助不积极

E. 被许可方有能力解决消化吸收创新问题

3. 可以反映被许可方使用技术经济效果的指标是　　（　　）

A. 产品的产量　B. 销售价　C. 利润　D. 使用费

E. 新增利润

4. 提成支付方式下，提成期限可以　　（　　）

A. 长于合同有效期　　B. 与合同有效期相等

C. 短于合同有效期　　D. 略长于合同有效期

E. 与合同标的法律保护期相等

5. 被许可方估定支付使用费考虑的因素是　　（　　）

A. 自行研制技术的成本　　B. 使用技术后所获得的新增利润

C. 技术的生命周期和法律保护状况　　D. 有无其他技术来源

E. 间接费用

三、名词解释

1. 技术价格　2. 总付　3. 提成支付　4. 入门费　5. 提成率　6. 最低提成费

四、简答题

1. 简述许可方估定基本使用费要考虑哪些主要因素？

2. 简述哪些合同条件对基本使用费有重要影响？

3. 简述总付方式对被许可方有哪些不利影响？

4. 为什么采用提成支付方式对被许可方有利？

5. 怎样计算提成率？

五、论述题

1. 试述估定技术使用费需要考虑哪几项前提条件？

2. 试述使用费与一般物质商品价格的区别。

第十一章　国际技术贸易中的税费

学习目标导言

国际技术贸易涉及税种很多，如关税、增值税、营业税和所得税等。但是，多数税种只涉及一方国家和一方当事人，只有技术使用费的“所得税”涉及当事人双方国家和双方当事人。因为许可方有来自被许可方国家的技术使用费收入，根据被许可方国家的税法，许可方有在被许可方国家依法纳税的义务。同时，许可方又是其所在国的居民，根据其所在国的税法，又必须将其来源于国外的所得，在其所在国依法履行纳税义务，致使使用费的纳税问题具有显著的国际性。因此，许可方和被许可方必须以税费条款的形式明确划分纳税义务和责任，以免违反有关国家税法，受到税务部门的处罚。

这种制度虽然符合各国的税收制度，满足了各国增加税收的目的，但导致当事人的税费负担过重，影响了当事人从事国际技术转让的积极性，进一步影响了国际技术转让的良好环境，也恶化了各国的国际收支。因此，国际组织和各国政府都积极推动国际税法的改革，建立起一套避免双重征税的税收制度。

20 世纪六七十年代，经济合作和发展组织（OECD）颁布了《关于对所得和资本避免双重征税协定的范本》，联合国经社理事会颁布了《联合国关于发达国家和发展中国家间避免双重征税的协定范本》，这两个范本对国家间解决和避免双重征税问题树立了良好的范例，对国际贸易发展与繁荣产生了深远的影响。带动了国与国之间纷纷签订避免双重征税协定，扫除了国际经济技术合作发展道路上的重要障碍。在经济合作和发展组织（OECD）与亚太经合组织（APEC）联合举办的跨国企业税收国际研讨会上，大家一致肯定“税收协定是各国政府为资本、劳动力和服务跨国界流动，提供的一个稳定和有利的税收的主要手段之一”。

为了发展国际商品贸易、服务贸易、技术贸易、吸引外资和对外投资，中国已与很多国家签订了避免双重征税协定。据国家税务总局资料，截止到 2013 年 1 月 21 日，中国共与世界 99 个国家签订了避免双重征税协定。其中，正式生效的协定为 96 个，尚未生效的协定 3 个。

重点难点提示

跨国所得征税的特点和征收所得税的一般原则；双重征税对国际技术贸易的影响及解决途径；解决双重征税的具体方法和中国技术进出口所得税的征收办法；拟订技术引进合同税费条款应注意的问题。

第一节　跨国征收所得税的原则和征收的具体办法

一、跨国征收所得税的原则

为了促进国际经济技术合作的发展，提高国际间商品、技术、劳务、资本交流水平，实现国内外两种资源、两个市场的合理配置，各国的交往越来越密切，随之而来的是各国的利益分配和再分配问题，这个问题解决不好就会事与愿违。解决之道就是通过税收机制，平衡分配作为税收核心的所得税。以下介绍的就是所得税的征税原则：

（一）征收所得税是针对纳税人的一切所得

世界大多数国家对纳税人（Taxpayer）征收所得税（Income Tax），都是针对纳税人的一切收入，包括国内收入和国外收入，技术使用费就属于许可方的国外收入。

（二）使用费所得税的征收涉及双重管辖权

1. 税收管辖权的概念

税收管辖权（Tax Jurisdiction），是指国家行使的征税权力，是国家行政管辖权的组成部分。税收管辖权的范围就地域而言，包括国境以内的全部地区；就人员而言，包括本国所有公民和在本国居住一定期限的外国自然人和法人。

2. 征收所得税原则

世界上确定税收管辖权的基本原则是属地原则（Territorial Principle）和居民原则（Resident Principle）。按属地原则确定的税收管辖权，称为“从源管辖权（Revenue from its Jurisdiction）”；按属人原则确定的税收管辖权，称为“居民管辖权（Resident Jurisdiction）”。许可方来源于被许可方的技术使用费属跨国收入，涉及两个国家税收管辖权，即“从源管辖权”和“居民管辖权”。

（三）跨国所得涉及国家间税收利益的分配

许可方的技术使用费来源于被许可方国家，同时许可方又是其所在国的居民。因此，许可方的技术使用费受双方国家的管辖，以致许可方的一笔技术使用费需要缴纳两次所得税，通称“双重征税（Double Taxation）”。

二、跨国征收所得税的具体办法

跨国征收所得税，大多数国家都是依据居住地征收和所得来源地征收相结合的办法。其具体办法是：

（一）对收入来源地设有营业机构的纳税人

对收入来源地设有营业机构的纳税人，其技术使用费所得并入营业利润，计征企业所得税，美国称为公司所得税，日本则称为法人所得税。

常设机构，是指各企业进行其全部或部分营业的固定场所，主要包括管理场所、分支机构、工厂、车间、办事处，以及开发资源的场所，如建筑工地、安装工程等，还包括有权代表企业签合同的不具有独立地位的代理人，以及代表某一企业行事的佣金代理人等。

（二）对收入来源地未设营业机构的纳税人

对收入来源地未设营业机构的纳税人，税务机构对使用费采取“从源”控制，即要求被许可方向许可方支付使用费时，由其代税收机构扣缴。称为“预提所得税（Withholding Tax）”。代税务部门扣缴的被许可方称为扣缴义务人。根据资料，在世界上大多数国家征收使用费所得税，都是采取预提所得税征收方式，预提所得税率一般在所得总额的30%以下。

预提所得税不是一个独立的税种，而是所得税的一种征收方式。这种方式主要是针对所得来源地未设立机构的外国公司、企业、外国人。因为其来源于被许可方的技术使用费所得，当地税务部门直接向其征税比较困难，而要求其主动缴纳，税务部门也很难控制。因此，税务部门将征税的任务交给被许可方，并作为被许可方（本国公民或法人）的一项义务。如我国税务部门规定，我方企业向许可方支付使用费时，把许可方应缴的使用费所得税预先扣留下来，上缴国库，并向当地税务部门报送扣缴所得税报告表，同时向纳税义务人出具纳税证明。

（三）以预提方式扣缴使用费所得税，税率一般低于公司所得税

因为在来源地未设营业机构的纳税义务人是外国自然人或法人，税务部门很难按正常征税程序和税率计算应纳税所得额，只能采取按使用费全额计征。但是，税务部门按使用费全额计征，纳税人的税负过重。因此，税务部门以降低税率的方式来平衡纳税人的税负。有关资料显示，很多国家预提所得税的税率比对一般企业所得税率低10%～20%，即相当于在纳税额中扣除了费用部分，使纳税人的实际纳税额与一般企业扣减费用后的应纳税额保持平衡。

第二节　双重征税对国际技术贸易的影响及解决途径

一、双重征税对国际技术贸易的影响

在国际技术贸易中，由于各国对技术使用费所得平行行使征税权，以致许可方一笔使用费收入两次纳税，造成许可方实际使用费收入减少，这不仅影响了许可方转让技术的积极性，而且也对国际技术贸易的发展造成阻碍和不良影响。具体表现在以下几方面：

（一）双重征税迫使许可方提高转让技术的报价，导致被许可方引进技术成本增加

双重征税造成许可方实际收益减少，迫使其通过提高转让技术的要价，转嫁税费来弥补使用费收入减少。假如在正常情况下，许可方向中国企业转让某项技术，可以获得

技术使用费 1 000 000 美元。如按中国所得税率 20%、许可方国家所得税税率 30% 双重征税后，许可方实得技术使用费为：

$$
\begin{aligned}
\text{实得使用费} &= 1\,000\,000 - (1\,000\,000 \times 20\%) - (1\,000\,000 \times 30\%) \\
&= 1\,000\,000 - 200\,000 - 300\,000 \\
&= 500\,000(\text{美元})
\end{aligned}
$$

在这种情况下，许可方要保持使用费收入仍为 1 000 000 美元，就必然提高技术使用费报价。报价为：

$$X(1-0.2-0.3)=1\,000\,000$$

$$X=1\,000\,000\div(1-0.2-0.3)$$

$$X=2\,000\,000(\text{美元})$$

这说明许可方要保持 1 000 000 美元的使用费收入，就得将报价从 1 000 000 美元提高到 2 000 000 美元。使被许可方引进技术的成本增加 1 000 000 美元。

（二）双重征税减低了许可方的市场竞争力，减少了成交机会

在两个国家，企业均可提供相同技术，两国许可方均要求技术使用费 1 000 000 美元。在被许可方国家所得税率 20% 不变的情况下，甲国许可方本国所得税率为 30%，乙国许可方本国税率 20%，可以计算两家报价：

$$\text{甲国许可方报价} = 1\,000\,000 \div (1-0.2-0.3) = 2\,000\,000(\text{美元})$$

$$\text{乙国许可方报价} = 1\,000\,000 \div (1-0.2-0.2) = 1\,666\,666(\text{美元})$$

$$\text{两个报价相差} = 2\,000\,000 - 1\,666\,666 = 333\,334(\text{美元})$$

结果，乙国许可方比甲国许可方报价少 333 334 美元，仅就税率这一点，甲就失去了这笔生意，而乙国许可方获得了该笔生意。

（三）双重征税对许可方和被许可方国家的国际收支带来消极影响

许可方国家原本希望扩大本国技术出口，带动技术相关设备、零部件等产品出口，从而达到改善本国国际收支的目的。但双重征税降低了本国企业在国际技术市场的竞争力，减少了技术贸易成功的机会，也使相关产品出口减少，影响了外汇收入，恶化了许可方国家的国际收支。

同样，双重征税造成被许可方多花费了引进技术的费用，增加了技术引进成本。被许可方国家外汇支出增加，恶化了被许可方国家的国际收支。

综上所述，双重征税无论对许可方和被许可方，还是对双方国家都未带来任何好处。相反，双重征税还伤害了有关国家和当事人从事技术贸易的积极性，恶化了国际技术贸易宏观环境。

二、解决双重征税的途径

双重征税是有关国家平行行使税收管辖权所致。因此，解决双重征税问题，减轻技术贸易当事人的税务负担，还得由当事国采取减税措施。解决的途径主要有两种：

（一）许可方国家通过国内立法，确定一种减免税原则

例如，许可方国家立法规定，承认使用费来源国先行行使征税权，然后依据纳税义务人（许可方）在所得来源国纳税的实际情况，采取免税措施。也有的国家规定，无论纳税人是否在所得来源国纳税，只要将国外所得汇回国内，一律免税。采用这种做法的主要是欧洲国家，如法国、荷兰、比利时等，用以解决双重征税问题。

（二）通过政府间避免双重征税协定，共同解决使用费双重征税问题

1. 避免双重征税协定的概念

避免双重征税协定（Convention for the Avoidance of Double Taxation），是指国家间为了避免和消除对同一纳税人，在国外已纳所得税基础上，在居住国再次纳税的重复征税问题，根据平等互惠原则签订的双边税收协定。

现在，国家间签订避免双重征税协定都是参照两个范本：

第一，是经济合作和发展组织（OECD）范本，简称经和组织范本，范本全称为《关于对所得和资本避免双重征税协定范本》（Model Convention for the Avoidance of Double Taxation with Respect to Income and Capital）；

第二，是联合国经济及社会理事会范本，简称联合国范本，范本全称为《联合国关于发达国家和发展中国家间避免双重征税协定范本》（Model Double Taxation Convention between Development and Developed Countries），这个范本是由工业发达国家和发展中国家的税务专家联合起草的，比较能够兼顾多方的税收利益，特别是对发展中国家吸引外资、引进技术比较有利。

2. 避免双重征税协定的宗旨

（1）所得来源国承诺减低所得税率，居民所在国承诺对纳税人已纳税费进行抵免，使税收利益在有关国家间均衡分配。

（2）兼顾多方的税收利益，是指保护投资者、技术转让者、服务业者的合法利益，提高其投资、转让技术的积极性，同时使投资和技术转让的接受者通过降低征税标准，达到吸引外资、引进技术、促进本国经济发展的目的，进一步促进国际经济技术合作健康发展。

3. 避免双重征税协定的文本内容

避免双重征税协定的文本内容大体是协定范围、用语定义、分类定税、排除双重征税方式、纳税无区别待遇、有关事项的协商程序、税收情报交换等。有的协定还列有防止逃税、漏税条款。避免双重征税协定中最核心的条款是协定适用的人和限定的税种。

（1）协定适用的人

协定在适用人方面，通常只限缔约国一方的居民，或者同时是缔约国双方的居民，没有特别规定的情况下，不适用于其他人。“居民”，是指按所在国法律，基于居住期、居所、总机构或管理机构所在地负有纳税义务的自然人、法人和其他在税收上视同法人的团体。

（2）协定限定的税种

① 企业所得税。对设有常设机构，或者与设有常设机构经营的业务相同或属于同一类，对其获得利润视同常设机构的利润进行征税。

② 个人所得税。在收入来源地征税原则下，主要是劳务所得在其居住国依居民管辖权原则征税。主要包括：从事国际运输的船舶、飞机乘务员的所得；缔约国一方的教学、研究人员到对方国家讲学、研究，为期不超过两年的报酬所得。

③ 对投资所得（股息、利息、特许权使用费）。对投资所得直接涉及双边权益，在协定中，一般明确双方具有征税权，所得来源国家享有优先征税权。征税的方式为“预提所得税”，并限制所得来源国征税的税率。如经济合作组织范本提出股息税率不超过15%、利息税率不超过10%等。

三、解决双重征税的具体方法

由于各国所得税率存在差异，各国税收政策又有所不同，导致具体税收抵免做法也有所不同。归纳起来，主要有下列几种做法：

（一）全额抵免（自然抵免）

全额抵免（Tax Credit in Full），是指在许可方国家和被许可方国家的所得税率相同，或者双方国家签有避免双重征税协定的情况下，许可方来源于被许可方的使用费已在所得来源国缴纳所得税，其回国后，提供已纳税证明，经本国税务部门审查核实，被许可方在本国不再纳税，即全额抵免。

（二）补差抵免（差额抵免）

差额抵免（Balance of Tax Credits），是指在许可方国家所得税率高于被许可方国家所得税率情况下，许可方可办理申请抵免。首先向本国税务部门提交申请税收抵免书，并须附上在所得来源国的纳税证明。经本国税务部门核准后，即抵免许可方在国外所缴纳税款之后，还要按照本国和外国的所得税率之差，向本国税务部门补交差额税款。

例如，许可方国内所得为8 000美元，来自被许可方所得为2 000美元，许可方国内税率为40%，国外所得税率为30%。许可方全部所得为10 000美元。

许可方向被许可方国家缴纳使用费所得税后，再向本国政府补交税款。具体计算公式为：

$$[(8\,000+2\,000)\times 40\%]-(2\,000\times 30\%)=3\,400\text{（美元）}$$

须向本国税务部门补交的因外国所得税率低于本国所得税率而形成的差额税款为：

$$(2\,000\times 40\%)-(2\,000\times 30\%)=200\text{（美元）}$$

任何居民应缴纳的所得税，绝不能低于其原应该在国内所承担的本国税赋。

（三）最高限额抵免

最高限额抵免（Maximum Amount of Tax Credits）是指在许可方国家所得税率低于被许可方国家所得税率的情况下，如许可方国家税率为20%，被许可方国家税率为30%。许可方国内所得为8 000美元，来源于被许可方的所得为2 000美元；许可方在本国的最高抵免限额为：

最高抵免限额 = 许可方全部所得应缴纳的本国的所得税 ×（来自被许可方所得 ÷ 许可方全部所得）

最高抵免限额 = (8 000 + 2 000) × 20% × (2 000 ÷ 10 000)
= 10 000 × 0.2 × 0.2
= 400(美元)

这说明，许可方来源于被许可方的所得为 2 000 美元，已缴纳所得税 = 2 000 × 30% = 600 美元，国内最高抵免限额为 400 美元，许可方境外所交 600 美元税款，只能抵免 400 美元，其余 200 美元境外所得税不能抵免。

（四）费用扣除法

费用扣除法（Fees Deduction of Credit）是指跨国纳税人将其国外已缴纳的所得税作为已开支费用，从其总所得额中扣除，汇回本国，按本国所得税率进行纳税。例如，许可方来源于被许可方的 10 000 美元技术使用费，被许可方国家所得税率为 20%，许可方国家所得税率为 30%。按费用扣除法计算，结果如下：

税前所得 10 000 美元扣除被许可方国家所得税 20% 后的余额
= 10 000 − (10 000 × 20%) = 8 000(美元)

则许可方在本国应纳税额为：

纳税额 = 8 000 × 30% = 2 400（美元）
许可方少交所得税 = 3 000 − 2 400 = 600（美元）

（五）使用税收抵免法应注意的问题

（1）解决双重征税的 4 种抵免法，在一个国家是根据情况同时使用的，并不是只使用一种。

（2）在实际业务中，一个跨国纳税人同期向数个国家出售技术，并同时向数个外国税务局缴纳所得税。在这种情况下，一般采用“分国不分项限额法”，即将来源于同一个国家的所有收入（技术使用费、特许权使用费、红利等）汇总，统一办理所得税抵免。

（3）根据本国税法办理所得税抵免，纳税人须提供在所得来源国已纳税的证明，经税务部门审查后，才可以进行抵免。

第三节　中国对技术进出口贸易所得税的征收办法

技术进出口经营者，无论引进技术还是出口技术，均会遇到所得税问题。在引进技术时，有代扣外国许可方所得税的义务。在出口技术时，有依所得来源国法律缴纳使用费所得税和在国内缴纳所得税的义务。因此，技术进出口经营者不仅应该了解本国的税法，也应了解国外的有关税法，以便准确核算应缴税款，避免交易上的直接损失。

一、引进技术使用费所得税征税的规定

（一）对一般进口的征税办法

从国外引进技术时，国外许可方有来源于中国的技术使用费收入，根据“从源管辖权”原则，要求其就该项收入依照中国法律，向税务机关缴纳所得税。纳税的办法主要是依据《中华人民共和国外商投资企业和外国企业所得税法》及其《实施细则》，该法2002年9月20日由全国人民代表大会修订，并于当日发布执行。该法对技术使用费所得征税的规定主要有以下几方面：

（1）外国企业在中国境内未设立机构、场所，而有取得的来源于中国境内的特许权使用费（专利权、专有技术、商标权、著作权等）而取得的使用费，应当缴纳百分之二十的所得税。

（2）实际受益人为纳税义务人，支付人为扣缴义务人。税款由支付人在每次支付的款项中扣缴，所扣的税款应当于5日内缴入国库，并向当地税务机关报送扣缴所得税报告表。扣缴义务人不履行本法规定的扣缴义务，不扣或者少扣应扣税款的，由税收机关限期追缴应扣税款，并处以应扣未扣税款一倍以下的罚款。

（二）减、免征所得税的规定

2005年3月17日，国家税务总局、商务部共同下发了《国家税务总局、商务部关于技术进口企业所得税减免审批程序的通知》（国税发［2005］45号）。《通知》对技术进口项下的外国企业所得税减免程序进行了进一步规范。其主要内容如下：

1. 所得税减免范围

《通知》重申，《中华人民共和国外商投资企业和外国企业所得税法》第19条和该法《实施细则》第66条规定的所得税减免范围，为科学研究、开发能源、发展交通事业、农林牧业生产以及开发重要技术提供专有技术所取得的特许权使用费，经国务院批准，可以减按百分之十的税率征收所得税，其中技术先进或者条件优惠的，可以免征所得税。

2. 外国企业申请办理所得税减免手续

（1）办理所得税减免手续的主体：外国企业、代办人（技术进口受让方）。

（2）办理所得税减免手续的程序：① 受让方应向为其登记技术进口合同的主管部门申请办理《关于建议减免外国企业所得税函》（建议函分A类、B类）；② 提供资料，包括包括技术进口合同副本、技术进口合同登记证书、技术进口合同数据表、外国企业所得税减免申请函、外国企业委托受让方办理减免税手续的委托书、受让方提出的减免税申请函。

3. 不属于所得税减免优惠的技术进口合同

（1）进口限制类技术的；

（2）合同条款中存在严重限制性条款等违背《中华人民共和国技术进出口管理条例》内容的；

（3）以提成方式支付特许权使用费，提成率超过5%的。

二、技术出口境外所得纳税的规定

（一）纳税的主体

根据我国有关所得税的法律，涉及境外所得税务的处理分为：国内公司、外商投资企业和有境外所得的个人。

（二）公司境外所得的税务处理

1. 公司境外所得税务处理的总原则

纳税人源于中国境外的所得，已在境外实际缴纳的所得税款（不包括减免税或纳税后又得到的补偿，或他人代为承担的税款），准予在汇总纳税时，从其应纳税额中扣除。但是，扣除额不得超过其境外所得依照中国税法规定计算的应纳税额，即最高限额抵免。如中国与有关国家已签订避免双重征税协定，且该协定已经生效，可按协定的有关规定办理。

2. 税务处理的具体办法

应纳税所得额为境外所得额减去成本、费用、损失等，再据此计算纳税人应缴的税款额。这一数额即为准予纳税人对境外已交税款的扣除限额。

计算扣除限额时，应分国别（地区），不分项。即将来源于某国、某地区的收入汇总在一起，作为总所得额，再按我国税法计算扣除限额。来源于不同国家或地区的所得应分别计算扣除限额。

（三）个人境外所得的税务处理

1. 个人境外所得税务处理的总原则

准许个人在其应纳税额中，扣除已在境外缴纳的个人所得税税款。但扣除额不得超过该纳税人境外所得依我国税法规定计算的应纳税额。

2. 税务处理的具体办法

个人对外转让无形资产，应纳税所得额为每次所得总额扣除20%费用后的余额；个人境外所得扣除限额为该余额乘以20%（法定税率）所得出的数额。

如果在同一国家（地区）有不同应税项目，则按我国个人所得税法分别计算出应纳税额之和，即为该国家（地区）的扣除限额。

（四）避免双重征税协定的税务处理

纳税人在与中国缔结避免双重征税协定的国家，按所在国税法及政府规定获得的所得税减免税，可由纳税人提供有关证明，经税务机关审核后，视同已交所得税进行抵免，即自然抵免。

值得注意的是，这种做法只适合两国所得税率相同的情况。如果所得来源国所得税率高于我国所得税税率，那么抵免额不应超过该项所得按照中国税法和规章计算的中国税额。也就是说，纳税人在抵免了国外所得税税款后，还需补缴按照中国税法和规章计算的税款差额。

第四节　拟定技术引进合同税费条款应注意的问题

一、在技术引进合同中，当事人应明确规定税费条款，明确划分国内、外所得税由何方负担

该条款实例

被许可方政府依据中华人民共和国税法，对许可方征收的与执行合同有关的一切税收，由许可方支付。

被许可方政府依据中华人民共和国税法，对被许可方所征收的与执行合同有关的一切税收，由被许可方支付。

在中国境外，有关国家政府课征的与执行合同有关的一切税收，由许可方支付。

二、技术引进合同中，不得规定违反我国税法的条款

在技术引进合同中，有的合同曾这样规定：

案　例

某外国公司要求，在履行本合同期间，仅支付中华人民共和国以外所征收的有关税费。在中华人民共和国征收税费的情况下，该公司应交付的所有税费将加进合同价格中。

这种做法属于“包税条款”，即以国界划分当事人的纳税义务。其根本错误是违反我国税法。根据我国《外国企业所得税法》和《个人所得税法》，我国政府对来源于中国境内的所得，除有的给予税收减免优惠外，均须征收外国企业所得税和个人所得税。上述规定等于我方承担了许可方的纳税义务，代替许可方缴纳所得税，这不仅不符合国家主权原则，破坏国家法律尊严，而且损害国家经济利益。

三、对外商在中国境内所得给予减、免税优惠待遇，必须依法办理必要手续

根据国家法律，如所转让技术属于给予减、免税优惠待遇的范围，必须履行法定手续。根据规定，凡是依法可以给予减税优惠的，应由技术受让方代技术转让方连同有关文件、资料送当地税务机关审核确定，其中技术先进、条件优惠需要给予免税的，由商务部及其授权登记技术进口合同的地方商务部门提出书面减免税意见，并出具减征或免征所得税建议函，呈报国家税务总局批准。因此，引进单位未履行有关减免税手续，即自行确定给予转让方使用费所得税减、免优惠，不仅是越权行为，而且也是违法行为。

四、技术进口单位必须履行扣缴义务人的职责

根据规定，税款由支付人在每次支付的款项中扣缴，扣缴义务人每次所扣的税款，

应当于5日内缴入国库，并向当地税务机关报送扣缴所得税报告表。这是法律赋予技术进口单位的义务。如其不履行该项扣缴义务，不扣或者少扣应扣税款，或未按规定期限缴入国库，支付人将受到罚款的处分。情节严重的，将追究其法定代表人和直接责任人员的刑事责任。

五、技术引进合同税费条款实例

1. 与尚未签订避免双重征税协定的国家的许可方签订引进合同时，税收条款可做如下规定：

中国政府根据现行税法对被许可方课征的有关执行本合同的一切税费由被许可方支付。中国政府根据《中华人民共和国个人所得税法》和《中华人民共和国外商投资企业和外国企业所得税法》对许可方课征的有关执行本合同的一切税费，由许可方支付。

上述外国企业所得税将由被许可方从本合同第X章的支付中予以扣除并代向中国税务当局缴纳。被许可方应向许可方提供税务当局出具的税款收据正本一份。

在中国境外课征的有关执行本合同所发生的一切税费，将由许可方支付。

2. 对已与我国签有避免双重征税协定国家的许可方，税费条款应做如下规定：

根据中国政府现行税法，被许可方在履行本合同时所发生的一切税费，由被许可方负担。

根据中国政府和日本国政府签订的《中华人民共和国政府和日本国政府关于对所得避免双重征税和防止偷漏税的协定》，许可方在履行本合同时，在中国发生的一切税费由许可方负担。

上述规定的税费，由被许可方从本合同第X章的支付中扣除，并代替许可方向中国税务当局缴纳，被许可方应向许可方提供中国税务当局出具的纳税证明正本一份。

练习题
EXERCISES

一、单项选择题

1. 涉及技术贸易合同当事人的税种主要是　（　）

A. 海关关税　B. 营业税　C. 所得税　D. 增值税

2. 技术使用费所得税的纳税义务人是　（　）

A. 被许可方　B. 许可方　C. 中介公司　D. 代理公司

3. 对在被许可方国家未设机构的许可方征税的方式是　（　）

A. 由支付技术使用费的被许可方缴纳

B. 由许可方直接缴纳

C. 由税务机构向许可方收取

D. 由支付使用费的被许可方代税务机构扣缴

4. 许可方国家对其本国公司、公民来源于国外的使用费征收所得税的原则是　（　）

A. 从源管辖权原则
B. 居民管辖权原则
C. 非居民管辖权原则
D. 国家主权原则

5. 中国采用预提方式征收使用费所得税针对的纳税义务人是 （　　）
A. 在我国设有常设机构的纳税义务人
B. 在我国未设常设机构的纳税义务人
C. 在我国设有常设机构的中国雇员
D. 在我国设有常设机构的外国雇员

二、多项选择题

1. 中国法律规定给予使用费减免所得税优惠的范围是 （　　）
A. 为发展我国商品出口提供技术秘密收取的使用费
B. 为发展我国农、林、牧、渔业提供技术秘密收取的使用费
C. 为发展我国交通事业提供技术秘密收取的使用费
D. 为发展我国科学研究、科学实验提供技术秘密收取的使用费
E. 为开发能源提供技术秘密收取的使用费

2. 国际上解决使用费所得税双重征税的下列途径是正确的 （　　）
A. 被许可方代许可方承担纳税义务
B. 通过立法承认所得来源国的征税权，对国外已纳税予以税收抵免
C. 国家间签订避免双重征税协定，使税收利益在双方国家均衡分配
D. 以国境为界划分许可方和被许可方的纳税义务
E. 对许可方提供的所有先进技术实行使用费减、免税优惠

3. 技术进口合同有下列情况之一，不给予使用费减免税优惠 （　　）
A. 属于自由进口类技术
B. 属于禁止进口类技术
C. 属于进口限制类技术
D. 合同条款中存在违背有关法规内容的
E. 以提成方式支付特许权使用费，提成率超过5%的

4. 各国采用的技术使用费所得税抵免办法有 （　　）
A. 全额抵免　B. 补差抵免　C. 最高限额抵免　D. 费用扣除抵免
E. 减免税优惠抵免

5. 中国公司出口技术使用费所得，回国后办理抵免的方式是 （　　）
A. 所得来源国税率与我国相同，全额抵免
B. 所得来源国税率比我国税率高，补差抵免
C. 所得来源国税率比我国税率低，最高限额抵免
D. 使用费扣除费用后纳税额比按我国税率计算的纳税额多，最高限额抵免
E. 使用费扣除费用后纳税额比按我国税率计算的纳税额少，补差抵免

三、名词解释

1. 预提所得税　2. 双重征税　3. 避免双重征税协定　4. 全额抵免
5. 税收管辖权

四、简答题

1. 简述跨国所得征税的一般原则。
2. 税收管辖权适用哪些人？
3. 避免双重征税协定限于哪些税种？
4. 签订避免双重征税协定的宗旨是什么？

五、论述题

试述双重征税对国际技术贸易的影响。

第十二章 国际技术贸易合同法律适用、争端解决与不可抗力

学习目标导言

国际技术贸易主要是国内外当事人通过合同来实现的，这种合同与其他合同具有同样准据法特征，但又有自身的特殊性。其特殊性的表现是：

（1）合同标的没有有形的物质实体，在当事人签订合同时，其价值难以准确确定；

（2）合同当事人分处在不同国家，合同标的要跨越国境，这就导致合同要受双方国家的法律管辖，而双方国家的法律又存在差异；

（3）合同标的大多是知识产权法保护的对象，它们的有效性受知识产权法的制约，即法律性、时间性、地域性的制约；

（4）合同标的是法律的产物，其表现为法律授予的权利，如专利权、商标权、技术秘密专有权、计算机软件著作权、集成电路布图设计专有权、商业秘密专有权。在当事人签订国际许可、转让合同时，许可方只保证法律授予的权利在规定时间、地域范围内的有效性，并不保证权利实施一定能给被许可方带来经济利益。

因此，双方当事人签订合同时，由于对上述问题考虑不周，往往导致合同执行过程中出现纠纷，致使合同处于不确定状态。为了及时、合理地处理这些纠纷，双方当事人预先协商，在合同中订立合同“法律适用条款”、“争端解决条款”和“不可抗力条款”。这些条款的目的，并不是双方希望发生纠纷，而是为避免发生纠纷后，争议久拖不决，影响合同继续履行，造成损失扩大。有了这些条款，双方就可以按条款规定尽快解决纠纷，维护双方的合法利益。即使双方协商不能够继续执行合同，也应按照上述条款办事，以便双方日后继续合作和发展业务关系。

重点难点提示

国际技术贸易合同法律适用的一般原则、选择方式和选择合同适用法律的限制；解决国际技术贸易合同争端的方式和使用条件；构成不可抗力的法律条件与合同不可抗力条款的拟订方法。

第一节 国际技术贸易合同的法律适用

合同法律适用（Applicable Law）、争端解决（Settlement of Disputes）和不可抗力（Force Major）是合同中三个重要的法律性条款，它们不仅涉及合同当事人之间的权利义务关系，而且还涉及有关国家的法律、法规，以及合同当事人与国家行政部门的管理与被管理关系。本节和以后两节将分别说明三个条款的内容。

一、国际技术贸易合同法律适用的原则

（一）国际技术贸易合同法律适用的基本原则

世界大多数国家都主张，国际技术贸易合同首先适用当事人自主选择的法律，即“意思自治原则（the Principle of the Autonomy of Parties）”。1980 年《合同义务法律适用公约》第 3 条确认“当事人可以自主选择合同准据法”。对于当事人自主选择的法律，各国国内立法和国际条约都规定了“意思自治原则”。

（二）中国技术贸易当事人选择合同法律适用的一般原则

1. 中国合同法律适用的对象是“涉外合同”

国际技术贸易合同就是“涉外合同”。涉外合同的特征是：

（1）当事人一方是外国人；

（2）交易标的在国外，或者已从国外转移到国内；

（3）交易合同的权利义务关系的重心发生在国外，或者已转移到国内。

换言之，涉及上述三种事实中的任何一项的合同都属于涉外合同。

2. 涉外合同的特点

（1）同一个合同与不同国家的法律有联系，导致不同国家的法律对该合同的整体或部分进行管辖；

（2）不同法律对合同当事人的权利义务关系有不同的规定，导致合同法律适用的冲突，以致不得不通过国际公约和国际惯例加以解决。

（三）涉外合同适用法律的原则

目前，涉外合同适用法律的原则主要分散在《民法通则》、《合同法》和最高法院的司法解释当中。

1. 《民法通则》和《合同法》规定的原则

《民法通则》第 145 条规定，“涉外合同的当事人可以选择处理合同争议所使用的法律，法律另有规定的除外。”《合同法》第 126 条的规定与《民法通则》第 145 条规定相同。并且要求当事人选择法律采取“明示的选择方式”。

2. 涉外合同法律适用的是“实体法”

（1）国内立法是国际技术贸易合同适用的主要法律

国内立法一般有两种：普通法和特别法。普通法是当事人所在国家的一般法律规范。如我国的《民法通则》、《合同法》等，它们是从宏观上对有关民事关系做的基本规定。普通法由国家立法机构或其常设机构制定并颁布实施。

特别法是针对专门问题所制定的民事关系的法律、法规。如《中华人民共和国对外贸易法》、《中华人民共和国技术进出口管理条例》等，它们是由国务院有关机构制定，由国务院颁布执行的专门法律规范。

这两类法律、法规适用的一般原则是特别法优于普通法。《中华人民共和国合同法》第 123 条规定：“其他法律对合同另有规定的，依照其规定。”该法第 355 条还规定：“法律、行政法规对技术进出口合同或者专利、专利申请合同另有规定的，依照其规定。”这就充分说明了两者的关系。

（2）适用国际条约

国际条约，是指当事人所在国家缔结或加入的国际公约、协定，其中有“多边条约”和“双边条约”。合同当事人对本国缔结或加入的国际条约应该遵守。特别是国内立法未规定或国内法与国际条约规定不一致时，应按国际条约办理（除非该国加入公约时做了保留）。此时，国际条约的效力优于国内法，也就是国际条约优先适用。

（3）适用国际惯例

国际惯例，是指长期国际交往实践中形成的、普遍接受和承认的习惯做法。在国际技术贸易业务中，如有关事项国内法和国际条约均未规定，即可适用国际惯例。

二、国际技术贸易合同法律适用的选择

（一）明示选择

明示选择（Express Choice），是指当事人在合同中订立法律适用条款，明确规定当事人的权利义务、合同争议由何国法律解释或解决。如合同明确规定“本合同适用中国法”，或“本合同适用英国法”等。如我国最高人民法院曾在《涉外经济合同法》的司法解释中指出，“当事人的选择必须是经双方协商一致和明示的。”《合同义务适用法律公约》第3条第1款规定，“当事人的法律选择必须通过合同条款或具体情况相当明确地加以表示或表明。”明示选择方式的好处，是合同在法律适用上具有确定性，避免当事人将来发生争议时，在选择合同适用法律上发生分歧。

（二）默示选择

1. 默示选择的概念

默示选择（Implied Choice），是指当事人在合同中未订立法律适用条款，或者只订立解决争议的仲裁条款。合同适用法律交由将来解决争议的法院或仲裁机构，根据当事人的意思及合同有关规定去推定。默示选择通常是，当事人忽略了在合同中订立法律适用条款，或者未能就合同适用法律达成一致，导致合同空缺法律适用条款。但这无疑意味着合同法律适用具有很大不确定性，当事人将合同适用法律的选择权利赋予了解决合同争端法院，或者仲裁机构。尽管这种做法无须任何人确认，但是它有悖于“意思自治原则”。世界上有些国家不提倡合同当事人采取默示选择方式。

2. 默示选择时合同适用法律的确定

《民法通则》第145条第2款规定，“涉外合同的当事人没有选择处理合同争议所适用法律的，适用与合同有最密切联系的国家的法律。”《合同法》第126条也做了相同的规定。

在国际技术贸易合同中，当事人未订立法律适用条款，就表示默示地选择了合同适用法律，也就意味着将合同适用法律交由法院或仲裁机构去解决。在这种情况下，法院或仲裁机构如何推定合同适用法律呢？一般的做法是，根据合同中的有关规定，以及与交易有关的各种因素确定“合同的重心”（the Centre of Gravity of the Contract），根据“有最密切联系原则（the Most Significant Relationship Principle）”推定为合同适用法律。

“有最密切联系原则”，是法院或仲裁机构推定合同适用法律的一项基本原则。根

据这一原则，并结合交易的具体情况、案件的事实、重要程度等因素，确定合同适用的法律。但是，值得注意的是，适用与合同最密切联系原则，关键是判定与合同有最密切联系的依据，或者推定哪个国家的法律与合同有最密切的联系。在国际技术贸易中，与合同有最密切联系的依据一般有以下几种：

（1）法院或仲裁机构所在地法

当事人未明示规定合同法律适用条款，但订立了仲裁条款。法院或仲裁机构就可以此为根据，推定合同适用法院所在地法，或者仲裁机构所在地法，并以该法作为解决争端的法律依据。例如，在英国的一个判例中，里德爵士说："当然，当事人业已同意，仲裁应在伦敦进行，这一事实是个重要的因素，且在许多情况下还可能是个决定性的因素。不过我个人还认为，如果我们法规一定要求在英国仲裁，就等于决定以英国法为契约准据法，则上述情况下，未选择英国法会是十分反常的。"但更多的解释是，当事人指定了某国的仲裁机构，通常是选择了该国的仲裁程序法。至于适用合同的实体法，需要根据其他规则来确定。

不过，由于国际技术贸易的特殊性，法院或仲裁机构推定合同适用法律时，还要受当事人所在国家专门法律及该国强制性法规和公共政策的限制。因此，推定适用仲裁地或法院所在地法律有时也会遇到一定的困难。

（2）合同履行地法

法院或仲裁机构推定合同适用法律的第二种原则，是将"合同履约地"法作为合同适用法律。但是，合同履行地有两种可能的选择，一种是许可方所在地，另一种是被许可方所在地。但究竟哪一方的所在地才被认为是合同的履行地呢？一般的原则是采用"特定履行原则（the Characteristic Performance Principle）"，即看哪一方当事人的履行最能够"体现合同的特性"。如果法院或仲裁机构认定被许可方所在地最能"体现合同特性"，则被许可方所在国的法律为合同适用法律。但是在实践中，判定最能"体现合同特性"的履行地又可能存在三种不同的看法：

① 被许可方履行最能"体现合同特性"。应以被许可方国家法律作为合同适用法律。理由是，被许可方负责技术的实施，并承担利用技术风险等。许可方只不过是"收取技术使用费"，即使还有技术协助的责任，也是短时间的，并不是在整个合同有效期内都提供。因此，被许可方履行最能"体现合同的特性"。

② 许可方履行最能"体现合同的特性"。理由是，许可方是技术的所有者，特别在独占许可的情况下，许可方不仅要授予被许可方使用技术的权利，在合同规定的时间和地域内，还不得将相同内容的技术使用权授予其他第三方，以及承担发生侵权时的经济和法律责任。因此，许可方的履行最能"体现合同的特性"，许可方国家的法律应作为合同适用法律。但是，必须注意，如被许可方国家对合同适用法律有特别规定，必须以被许可国家法律为合同适用法律，这种推定可能不能成立。

③ 有人认为，"体现合同特性（Reflect the Characteristics of Contracts）"不应只根据当事人在交易中活动的程度，而且应根据合同的决定性因素，或交易的典型目的，如被许可方仅限于支付使用费义务，而不涉及其他义务，许可方的履行最能"体现合同特性"，就应适用许可方国家的法律。如合同系独占许可合同，被许可方要支付使用费，

并要承担技术实施等相关义务，则被许可方的履行最能“体现合同特性”，就应适用被许可方国家的法律。

（3）合同签约地法

合同签订地点是当事人国家以外的第三国，或是当事人营业所在地。法院或仲裁机构也可以推定当事人愿意适用签约地国家的法律，以签约地国家法律作为合同适用法律。

（4）知识产权保护地法

国际技术贸易合同的对象是工业产权技术和非工业产权技术，合同标的受知识产权法保护，知识产权法的有关规定自然成为解释当事人默示义务的重要依据之一。因此，法院或仲裁机构也可以推定合同适用该技术知识产权保护地的法律。

三、选择合同适用法律的时间、改变选择和选择的限制

（一）选择合同适用法律的时间

选择合同适用法律的时间原则上没有限制。合同当事人可以在签订合同时、在合同签订后，或发生争议后做出选择，但最迟须于法院或仲裁机构开庭审理之前做出选择。对此，各国立法和司法实践往往有不一致之处，但大多数国家对此持肯定态度。

（二）改变原来选择

在签订合同时，当事人选择了合同适用法律。在合同履行过程中，当事人可否改变原有的选择呢？回答是肯定的。因为根据“契约自由原则”，当事人有权约定合同的内容，修改或终止合同，也就意味着当事人可以改变原来的法律选择。但是，国际技术贸易合同是经主管机构许可或履行登记手续生效的合同，如改变原来选择属于重大修改，当事人应报请原合同主管机构批准。

另一种改变是在合同履行期间，当事人未改变法律选择，而所选择的法律本身改变了，当事人选择的法律应该适用改变前的法律，还是适用改变后的法律？原则上讲，应该适用改变前的法律。这是因为，各国立法都规定法律没有溯及力。但是，在某些特殊情况下，也有适用改变后新法的可能。

（三）合同整体或部分适用法律的选择

合同整体或部分适用法律的选择，是指当事人将合同作为一个统一的整体适用所选择的某国法律，或将合同分割为若干方面，分别适用所选择的不同法律。对此，各国法律规定并不一致。一般允许当事人选择合同整体适用某国法律，也允许合同中的不同方面分别适用不同的法律。如合同包括当事人的缔约能力，合同的订立、合同的内容、合同履行、违约责任等，所有这些均在当事人选择法律适用的范围之内。而且，当事人即使未分别选择适用法律，如合同中明确规定本合同适用“英国法”。但就当事人的缔约能力而言，中国当事人只能适用中国法律、法规，即当事人必须具有技术进出口经营权。否则就不具有缔约能力。不过，在实践中，当事人多是就合同整体适用的法律做出选择。

（四）选择合同适用法律的限制

根据“意思自治原则”，当事人有选择合同适用法律的自由，但这并不意味着当事

人可以无限制地自由选择。从国际司法实践看，法院对当事人选择合同适用法律有以下几种限制：

1. 选择合同适用法律不得违反国家公共政策和公共秩序

当事人选择合同适用法律时，不得违反有关国家的公共政策和公共秩序。否则，所做的选择无效。我国最高人民法院明确规定："在应适用的法律为外国法律时，如果适用该外国法违反我国法律的基本原则或社会公共利益，则不予适用。"《民法通则》第150条规定："依照本章规定适用外国法律或者国际惯例的，不得违背中华人民共和国的社会公共利益。""当适用外国法律的结果违反我国基本政策、社会公共良俗、法律的基本原则规定时，应该认定该外国法律的适用违反了我国的公共秩序，法院应该根据《民法通则》第150条排除该外国法律的适用。"

2. 选择合同适用法律不得有意规避强制性的法律规范

当事人选择合同适用法律时，不得有意规避强制性法律规范，如国际技术贸易合同，许可有来源于被许可方的技术使用费，其作为纳税义务人必须向使用费所得来源地缴纳所得税，而它将应纳税费包括在合同总量中，变相让被许可方负担。或者采取"转移价格"，将利润转移到他国，而在使用费来源国谎报亏损。这种做法是违反税法原则的。我国《最高人民法院关于贯彻执行〈民法通则〉若干问题的意见（试行）》第194条规定，"当事人规避我国强制性或禁止性法律规范的行为，不发生适用外国法律的效力。"

3. 选择合同适用法律不允许选择与交易毫无联系的法律

大多数国家都承认，当事人有选择合同适用法律的自由，但都禁止选择与交易不相干的国家的法律。如英国一项案例说明如下原则："以某一不相干的法律为借口而做出选择，理应是有效的。不过这种选择是故意用来规避另一种法律的有关条款，而后者按正常情况却是适合于该合同的，则法院还是可以驳斥基于此种借口的法律选择条款，从而使此种选择归于无效。"

第二节 国际技术贸易合同争端的解决

国际技术贸易合同具有有效期长，条款复杂、涉及面广的特点。当事人之间对合同履行的情况产生分歧在所难免。分歧或争议一旦发生，当事人的权利与义务关系就处于一种不确定状态，不利于正常贸易关系的发展。因此，当事人选择恰当的解决争端方式，使争端顺利解决，既有利于维护当事人的合法权益，也有利于当事人日后的进一步合作。

为此，《中华人民共和国合同法》第128条规定："当事人可以通过和解或者调解解决合同争议。当事人不愿和解、调解或者和解、调解不成的，可以根据仲裁协议向仲裁机构申请仲裁。涉外合同的当事人可以根据仲裁协议向中国仲裁机构或者其他仲裁机构申请仲裁。当事人没有订立仲裁协议或者仲裁协议无效的，可以向人民法院起诉。当事人应当履行发生法律效力的判决、仲裁裁决、调解书；拒不履行的，对方可以请求人民法院执行。”

从上述规定中可以看出，解决国际技术贸易合同争端的方式有4种，以下将各种方式的概念及其使用条件加以介绍。

一、和解

和解（Reconciliation），是指合同当事人愿意通过友好协商，在分清是非、明确责任基础上，彼此做些让步，承担一定的责任或损失，使争端得以解决的一种方式。这种方式的好处，是防止事态扩大或第三者插手，导致矛盾激化，影响当事人日后进一步合作。

和解方式解决合同分歧或争议，一般要具备三个条件：第一，双方保持着良好关系，自愿通过友好协商解决争议；第二，分歧或争议的金额不大；第三，所达成的谅解或协议能够自愿执行。

但是，和解方式并不是万能的，如双方争端是实质性问题，或一方违约的性质特别严重，或争端的金额巨大，就不易或不能通过和解方式解决。因此，在实际业务中，虽然有关各方提倡和解方式解决合同争端，但也不能一味强调采用和解方式。因为这可能导致争端久拖不决、损失扩大、责任方逃避责任的后果。

二、调解

调解（Mediate），是指聘请第三者协助当事人解决合同分歧或争端的一种方式。在解决合同分歧或争端过程中，第三者站在客观的立场上，帮助当事人分析争端的始末和责任，提出解决争端的建议，使当事人从各自的立场上有所退让，找到双方均可接受的条件，使争端得以解决。在国际技术贸易中，协助解决争端的调解人有两种：一种是有关方面专家，另一种是仲裁机构。

（一）有关专家协助调解

当事人双方如未能通过善意的协商解决分歧，可以将分歧或争端提交给一名独立的专家，由该专家提出建议或解决办法。这种做法适于解决某些专门问题，特别是技术方面的争议，如产品质量、技术标准等。专家协助解决分歧也需根据一定的程序：

（1）双方需达成指派专家的协议，书面的或口头的。

（2）专家的资格。专家应是独立的、信誉卓著的人。根据分歧的性质，调解专家可以是会计师、法律顾问、顾问工程师或适宜处理分歧的其他专家。双方如未能就指派专家达成协议，可由一方提出申请，由某专业组织主席指派。

（3）专家的责任。专家只按其身份行事，不是仲裁员。专家应按当事人要求，在一个合理的时间内提出报告。

（4）费用负担。当事人应明确约定专家调解费用的负担，专家费用由双方公平分担，或者由责任方一方承担。

（二）由仲裁机构充当调解人

当事人如果将争议提交仲裁机构，仲裁机构均愿意受理，并鼓励通过调解方式解决当事人之间的争议。在仲裁实践中，仲裁机构必须根据调解规则进行调解，如《联合国国际贸易法委员会调解规则》、《国际投资争端解决中心调解规则》以及《国际商会调解规则》等。中国国际经济贸易仲裁委员会实行仲裁与调解相结合，并且发展出一种“联合调解”方式，即由中国和国外仲裁机构联合调解，各方指定一名调解人联合进行调解，使调解的结果更具公正性。

（三）调解方式解决当事人的分歧或争端应具备三个条件

（1）在当事人自愿基础上进行，当事人可以随时提出调解申请，也可以随时要求停止调解；

（2）分歧或争议非当事人故意行为；

（3）当事人自愿执行调解结果。

值得注意的是，调解是一种独立方式。调解不成或当事人不愿继续调解，仍可以将争议提交仲裁或进行司法诉讼。但是，调解无论因何种原因终止或经调解达成和解，调解人均应提出调解报告或调解协议，说明调解的经过和结果。调解协议对当事人不具有约束力，不能作为日后仲裁或诉讼的证据，也不影响当事人在仲裁或诉讼中的任何权利。但是，当事人可以请求仲裁机构依据双方的调解协议做出“调解裁决书”，该“调解裁决书”具有正式仲裁裁决的效力。

三、仲裁

（一）仲裁的概念

仲裁（Arbitration），是指合同当事人通过合同仲裁条款或提交仲裁协议，约定将可能的争端或已发生的争议提交约定的仲裁机构协助裁决的一种方式。

（二）仲裁解决合同纠纷的优点

（1）程序简便、结案快、费用开支较少；

（2）独立、迅速、公正解决争议；

（3）审理具有保密性，裁决具有终局性。

（三）与仲裁有关的国际公约

1. 联合国《国际法委员会仲裁规则》

1976 年 4 月 28 日，联合国国际法委员会公布了《国际法委员会仲裁规则》，同年 12 月 15 日经联合国大会批准。该规则不包括在任何一项国际公约内，对任何国家均不具有法律约束力，仅供合同当事人选用。

在贸易和发展会议讨论联合国《国际技术转让行动守则（草案）》的第六届会议上，会议主席建议：“应鼓励当事人各方使用国际上承认的仲裁规则，例如联合国《国际法委员会仲裁规则》。”

该规则共 4 节 41 条，其主要内容包括：引导性规则；申请仲裁；仲裁庭的组成；仲裁程序等。

2.《承认和执行外国仲裁裁决的公约》

《承认和执行外国仲裁裁决的公约》是在联合国主持下于 1958 年缔结的，简称

1958年《纽约公约》。我国于1987年4月22日加入该公约。截至2004年底，加入该公约的国家达135个。

该《公约》规定：缔约国应该承认仲裁裁决的约束力，并依照裁决请求，承认按执行地的程序规则予以执行，并且不应该比承认和执行本国仲裁裁决规定实质上较为麻烦的条件，或征收较高的费用和开支。《公约》还规定：只有请求承认和执行裁决的被诉人向请求地管辖机关证明下列情况时，才可以拒绝承认和执行裁决。如缺乏有效的仲裁协议；没有经被诉人指定仲裁员或进行仲裁程序的适当通知；仲裁庭的组成或仲裁程序与协议不符等。另外，如果被请求和执行裁决的国家认为，依据该国法律，争执的事项不可用仲裁方式解决，或承认或执行裁决与该国的公共秩序相抵触，也可以拒绝执行。

（四）当事人采用仲裁方式解决争议应注意的问题

1. 明确规定仲裁地点

订立仲裁条款时，仲裁地点往往是当事人双方争论的焦点，双方一般均力争在本国进行仲裁。其主要原因是：

（1）当事人对本国的仲裁机构和仲裁规则比较熟悉，对外国的仲裁机构和仲裁规则缺乏了解，而且还可能存在一定的语言障碍。

（2）仲裁地点与争议适用的实体法有密切关系。在合同中，当事人未明确规定合同适用法律时，仲裁庭可能要将仲裁地国家法律作为合同适用法律，对仲裁裁决的最后结果可能有一定影响。因此，国际技术转让交易中，我方应争取将仲裁地点确定在中国。如果对方不接受，应将仲裁地点确定在第三国。在我国技术引进合同中，规定第三国为仲裁地的情况相当普遍。原因是考虑加快引进工作进度，不愿因仲裁地点分歧拖延签订合同时间。在技术出口合同中，规定第三国作为仲裁地点也比较多，主要是为了扩大技术出口。

值得注意的是，我方选择第三国作为仲裁地点，应注意该国对我国的政治态度，以及该国仲裁机构的经验和业务能力。

2. 明确指定仲裁机构

当事人约定了仲裁地点并不等于指定仲裁机构，因为在同一地点有常设仲裁机构和临时仲裁机构。因此，在仲裁协议或提交仲裁的协议中，当事人应明确指定一个常设仲裁机构，或者指定仲裁员组成临时仲裁机构。我国公司多采取指定常设仲裁机构的方式，如中国国际经济贸易仲裁委员会（2000年10月1日起，称为“中国国际商会仲裁院”）、瑞典斯德哥尔摩商会仲裁院等。

3. 明确规定仲裁规则

当事人指定仲裁机构也不等于指定仲裁规则。一般来讲，当事人指定哪个仲裁机构，就使用哪个机构的仲裁规则。但是，也有的当事人指定仲裁机构，而不使用该机构仲裁规则的，如使用联合国《国际法委员会仲裁规则》。因此，在订立仲裁协议或提交仲裁的协议时，当事人既要指定仲裁机构，又要指明仲裁规则。如规定：“凡因执行本合同所发生的或与本合同有关的一切争议，双方应通过友好协商解决；如果协商不能解决，应提交北京中国国际商会仲裁院，根据该院的仲裁规则进行仲裁。”

4. 规定仲裁裁决的效力

仲裁裁决是终局性的，对双方当事人均具有约束力，任何一方都不能借故不执行，或向法院起诉要求变更。除非仲裁程序上有问题，或被诉人提起程序方面的申诉，法院才予以审理，或宣布裁决无效。

四、司法诉讼

司法诉讼（Justice Lawsuit），是指当事人将争议提请法院，通过司法程序解决国际技术贸易争端一种方式。一般注意以下问题：

（一）管辖权

管辖权（Jurisdiction），是指法院对争议案件审理的权利。通过法院解决争端，首先要确定法院的管辖权问题。确定管辖权的原则通常是根据“以原就被原则（To the Original Principle）”，即被告所在地法院对争议案件有管辖权。但是，随着国际经济关系日益复杂，各国大都在上述原则基础上发展出一些补充规则，来扩大本国法院对涉外经济贸易争端的管辖权，以致各国对管辖权规定产生分歧，如《中华人民共和国民事诉讼法》规定，“合同订立地法院对案件有管辖权。除非合同中规定有法律选择条款。”而英国则主张履行地法院有管辖权，并认为无论合同在何地订立，只要根据合同条款，其履行是在管辖范围内，而又在管辖范围内违反了该合同，则该管辖范围内的法院对诉讼有管辖权。在讨论联合国《国际技术转让行动守则（草案）》的会议上，发展中国家主张，引进国法院对争端有管辖权，特别是争议涉及引进国的公共政策时，引进国法院对争端有管辖权。

上述管辖权的主张虽然不同，但各国都出于发展本国对外经济贸易的基本考虑，对法院的管辖权都有一定的灵活性。目前，管辖权原则主要有以下几种：

（1）“当事人意志”为基础的管辖原则，又称“协议管辖（Jurisdiction by Agreement）”，即尊重当事人订立的“法院选择条款”。但是，当事人选择的法院所在国与合同必须有“直接、有效和永久的联系”。

（2）“国家利益原则（the National Interests Principle）”为基础的管辖权，又称“专属管辖”，如争议涉及技术引进国的重大经济技术利益，技术引进国法院有管辖权。

（3）“地域管辖原则（Regional Jurisdiction Principle）”为基础的地区管辖权，即最能“体现合同特性”的履行地、签约地、法律事实发生地等法院有管辖权。

（二）诉讼人的诉讼地位

关于诉讼人的诉讼地位，大多数国家都实行国民待遇原则，即外国人与本国国民在诉讼中享有同等的诉讼权，并承担同等的诉讼义务。但也有的国家实行诉讼权“对等原则”（Reciprocity Jurisdiction Principle）。

（三）司法协助

司法协助（Juridical Assistances），是指一国法院委托另一国法院代为执行一定的诉讼行为，如转送诉讼文书、执行判决等。司法协助通常是按双边协议或共同参加的国际条约，在互惠基础上进行的。

此外，司法协助不得违反协助国的公共政策和公共利益；司法协助必须在协助法院的职权范围内；根据司法协助国的法律，被协助法院须对案件有管辖权等。

（四）诉讼与仲裁时效

诉讼与仲裁时效（Time Limits for Submission of Lawsuit and Arbitration），是指法律规定的允许当事人为保护自身合法权益，向法院或者仲裁机构提起诉讼或者仲裁的法定期限。当事人必须在法定期限内将有关争议提交法院或仲裁机构，超过规定期限，法院或者仲裁机构将不再受理。诉讼与仲裁时效是强制性法律规范，当事人、法院和仲裁机构都必须遵守。如《中华人民共和国合同法》第 129 条规定："因国际货物买卖合同和技术进出口合同争议提起诉讼或者申请仲裁的期限为 4 年，自当事人知道或者应当知道其权利受到侵害之日起计算。因其他合同争议提起诉讼或者申请仲裁的期限，依照有关法律的规定。"

第三节　不可抗力的概念、法律条件与法律后果

一、不可抗力的概念

不可抗力（Force Majeure），又称人力不可抗力，是指合同有效期内，发生当事人无法预见、不能避免并不能克服的事件，影响合同正常履行的情况。我国《民法通则》第 153 条明确规定："不可抗力是指不能预见、不能避免并不能克服的客观情况。"

二、不可抗力的法律条件

不可抗力事件是客观的、非人为的，其发生直接影响合同的正常履行，损害当事人的期得利益。因此，合同当事人处理不可抗力事件，必须依据不可抗力的法律条件判断。根据《中华人民共和国合同法》第 117 条和第 118 条的规定，构成不可抗力的法律条件为：

（1）不可预见性，签订合同时无法预见；

（2）不可避免性，非当事人可以设法回避；

（3）不可克服性，当事人虽尽最大努力仍无法克服；

（4）履行期间性，必须是在合同签订之后、合同有效期内发生的。

三、不可抗力的法律后果

不可抗力的法律后果，要依据不可抗力事故对合同履行的影响程度和持续的时间加以确定。不可抗力事故造成的后果有三种情况：合同全部不能履行；合同部分不能履行；合同不能如期履行。

根据我国《合同法》第 117 条规定："因不可抗力不能履行合同的，根据不可抗力的影响，部分或者全部免除责任，但法律另有规定的除外。当事人延迟履行后发生不可

抗力的，不能免除责任。”

根据上述规定，在出现不可抗力事故时，导致合同全部不能履行，可以免除全部责任；导致合同部分不能履行，可以免除部分责任；导致合同不能如期履行，可免除延迟履行的责任。但免除延迟履行的责任有一个前提条件，即不可抗力事故必须发生在合同有效期内，如因合同履行延迟，在合同有效期后发生不可抗力事故，遭受事故的当事人不能免除责任。

四、通知和提供证明的责任

不可抗力事故发生后，遭受事故的一方应以最快捷的方式通知另一方，说明不可抗力事故发生的情况及对合同履行的影响，并在合同规定的期限内，提供不可抗力事故的详细说明，以及有关机构出具的证明文件。

我国《合同法》第118条规定：“当事人一方因不可抗力不能履行合同的，应当及时通知对方，以减轻可能给对方造成的损失，并应当在合理的期限内提供证明。”

五、应注意的问题

（一）在合同中应订立“不可抗力条款”

在合同中，当事人应该订立“不可抗力条款”。目的是：第一，约束当事人的行为，防止当事人以不可抗力为借口，逃避履约责任。第二，发生当事人主观上不能预见、不能避免和不能克服的不可抗力事件时，根据法律规定的免责条件和免责事由免除责任，保护当事人的合法权益。

（二）订立“不可抗力条款”，应合理确定不可抗力事故的范围

不可抗力条款的免责范围直接关系着当事人的合法利益。因此，确定不可抗力事故范围不应过于笼统，如规定，“凡发生与本合同有关的不可抗力事故，致使合同不能履行或不能如期履行，当事人可免除责任。”这种笼统规定极易引起争议，而且还会造成不法当事人对不可抗力事故的滥用，并以此为借口推却合同责任。但是，当事人确定不可抗力事故范围也不应采取将不可抗力事故一一列出的办法，这种做法表面上明确、具体，但有可能产生遗漏，造成隐患。因此，确定不可抗力范围最好采用综合列举方式。

条款实例

“签约双方任何一方由于战争、严重火灾、地震以及双方同意的其他人力不可抗力事故影响本合同履行时，可适当延长合同履行的期限，延长的期限相当于事故所影响的时间。

如不可抗力事故延续到90天以上时，双方应通过友好协商尽快解决合同继续履行问题。对此类事故产生的后果，遭受事故的一方不负有责任。但应及时通知对方，并须于15日内以航空邮寄方式提交相关事故报告和有关机构出具的事故证明。”

练习题
EXERCISES

一、单项选择题

1. 国际技术贸易合同适用法律首先是 ( )

A. 国内法　B. 国际法　C. 国际公约　D. 国际惯例

2. 当事人选择合同适用法律的时间最迟须于 ( )

A. 合同签订时　B. 合同签订后

C. 争议发生后　D. 争议提交仲裁或法院前

3. 当事人将争议提交仲裁必须有 ( )

A. 诉讼协议　B. 调解协议　C. 仲裁协议　D. 和解协议

4. 在国际上，当事人选择合同适用法律的原则是 ( )

A. 意思自治原则　B. 国家主权原则

C. 国民待遇原则　D. 最惠国待遇原则

5. 在中国，仲裁或诉讼时效是________年 ( )

A. 2　B. 4　C. 5　D. 6

二、多项选择题

1. 涉外合同有什么特征 ( )

A. 合同当事人双方是外国人　B. 合同当事人双方是中国人

C. 合同当事人一方是外国人　D. 合同交易标的在国外

E. 合同权利义务关系发生在国外

2. 当事人选择合同适用法律的方式有 ( )

A. 明示选择　B. 自愿选择　C. 默示选择　D. 强制选择

E. 随意选择

3. 按“最密切联系原则”推定合同适用法律依据是 ( )

A. 仲裁机构或法院所在地法　B. 合同当事人所在地法

C. 合同履行地法　D. 合同签约地法

E. 合同标的知识产权保护地法

4. 不可抗力的法律后果和免责事项是 ( )

A. 合同有效期内全部不能履行，免除全部责任

B. 合同延期后全部不能履行，免除全部责任

C. 合同有效期内部分不能履行，免除部分责任

D. 合同有效期内延期履行，免除延期履行责任

E. 合同有效期后延期履行，免除延期履行责任

5. 采用和解方式解决争端，应具备下列条件 ( )

A. 争端涉及金额巨大

B. 争端涉及金额不大

C. 双方关系良好，并愿意通过和解方式解决争端

D. 所达成的谅解或协议能自愿执行

E. 当事人一方有故意违约行为

三、名词解释

1. 仲裁 2. 不可抗力 3. 明示选择 4. 默示选择 5. 调解

四、简答题

1. 当事人选择合同适用法律有哪些限制？

2. 仲裁方式比司法诉讼解决合同争端有哪些优点？

3. 简述构成不可抗力的法律条件。

4. 确定不可抗力事故范围有哪几种做法，哪种做法比较好？

5. 默示选择中，法院、仲裁机构推定合同适用法律可以依据什么原则？

五、论述题

拟定合同仲裁条款应注意哪些问题？

第四篇

Part Four

国际技术服务、技术咨询与
国际经济技术合作合同

Contracts for International Technology Service and Consultant and Contracts for International Economic Technical Cooperation

第十三章　国际技术服务与技术咨询合同

学习目标导言

国际技术服务和国际技术咨询不属于知识产权贸易的范畴，它们是国际技术贸易中两种独立的贸易方式。1977 年，世界知识产权组织（WIPO）出版的《供发展中国家使用的许可证贸易手册》指出，“……或者反映在专家为设计、安装、开办或维护一个工厂或管理一个企业活动而提供的服务或协助等方面。”这里所指的就是“技术服务和技术咨询”。

在《中华人民共和国合同法》第 18 章第 4 节的第 356 条至 363 条中专门规定了签订“技术咨询合同和技术服务合同”的主要条款。在发展技术咨询和技术服务业方面，中国有关部门也制定了很多鼓励措施。

工业发达国家，如英国、德国、美国、加拿大等，国际技术服务和技术咨询业发展较早。特别是它们在国家政策、协会组织的支持和协调下，利用自身的科学技术优势，已经形成完整的产业链，其业务不断向发展中国家扩展，与发展中国家本土咨询、服务业进行竞争。现在，它们已经在中国技术服务和技术咨询市场上占据主导地位，特别在高端市场上，人们很少能见到中国自己的技术服务和咨询机构的身影。最显著的例证就是北京的标志性建筑，如鸟巢、水立方、国家大剧院、中央电视台新址等等，无一不是国外设计机构设计的。

20 世纪 90 年代以来，技术服务与技术咨询业成了国际服务贸易的重要组成部分，成为技术的创新者，它们承担着大量研发、设计、传播新技术的任务。不仅如此，随着服务贸易的迅猛发展，技术服务与技术咨询又成了跨国企业的主要业务。如一些大制造企业从传统的制造商逐步转变为技术服务和技术咨询提供商，它们将产品制造转给新兴工业化国家，而将大量精力投入到技术研发、产品设计中，如苹果、微软、惠普、IBM 等。以此增强本身的核心技术，获取市场竞争优势。

当然，国际技术服务和技术咨询机构在发展中国家的业务活动对有关国家科学技术水平的提高，以及建立新企业、改造老企业等方面也起到十分积极的作用，做出了很大的贡献。但是，我们仍然希望中国的技术服务和技术咨询产业能尽快发展壮大起来，成为产业的一支重要力量。

重点难点提示

国际技术服务和国际技术咨询的概念、共同点和区别点；它们的业务程序；委托方和受托方的责任和义务；咨询和服务费的构成与支付方式；签订这类合同应注意的问题。

第一节　国际技术服务与技术咨询的概念、共同点与区别点

一、国际技术服务与技术咨询的概念

（一）国际技术服务的概念

国际技术服务（International Technical Service），是指受托方应委托方的请求，运用所掌握的专业技术知识和经验，就解决特定技术课题为委托方提供的知识性服务。

特定的技术课题，是指有关改进产品的结构、改良工艺流程、提高产品质量、降低产品生产成本、节约原材料和能源消耗、生产安全操作、治理污染等特定技术课题。

（二）技术咨询的概念

国际技术咨询（International Technical Consultancy），是指受托方应委托方请求，就解决重大技术课题或特定技术项目，运用其掌握的理论知识、实践知识和信息，通过调查研究，运用科学方法和先进手段进行分析、评价、预测，为委托方提供建议或者几种可供选择的方案。

国际技术咨询课题或项目一般包括技术评估、技术预测、专题技术调查、重大工程项目可行性论证、技术项目招投标文件拟订或审查等。

二、国际技术服务与技术咨询的共同点

（一）国际技术服务与技术咨询都是解决技术课题

技术服务与技术咨询的课题都是技术领域的课题。不同于一般服务或咨询，如政治、法律、医疗保健等非技术问题，它们不属于技术服务或技术咨询范围。

（二）国际技术服务与技术咨询所用的知识都是普通知识

普通知识，是指某一技术领域从业人员普遍掌握的、成熟的、实用的，甚至是经验等一般知识。在技术服务和技术咨询中，普通知识完全可以满足解决约定的技术项目和技术课题的需要。因为服务、咨询项目或课题并不一定是新问题，可能是他人早已解决，而委托方尚未解决的问题。再者，委托方如需要新技术，如专利技术或技术秘密等，要通过签订专利实施许可合同，或者技术秘密转让合同加以解决。

（三）国际技术服务与技术咨询机构是完全独立的

国际技术服务与技术咨询的“价值”在于其科学性和可靠性，而科学性与可靠性来源于从事服务、咨询机构与人员的“独立性”。因为只有独立机构才能排除外界利害关系的干扰，完全站在客观的立场上，凭借广泛的专业技术知识，高尚的职业道德进行工作，提出正确、可靠的技术解决方案或咨询结论。因此，技术服务和技术咨询机构的独立性是技术服务、咨询产业的生命。

（四）国际技术服务与技术咨询受托方和委托方的关系是买卖关系

国际技术服务和技术咨询业务中，受托方提供给委托方的成果是咨询报告、技术方案，以及技术课题的最终解决等。技术服务或咨询机构将成果提供给委托方。委托方支付报酬后，成果“所有权转移给委托方”，受托方无权再使用，或者允许其他人使用。所以，技术服务和技术咨询类似于商品买卖。

三、国际技术服务与技术咨询的区别点

如上所述，国际技术服务与技术咨询有很多共同之处，甚至有时很难截然分开。但是，它们也存在很大差别。在实际业务中，当事人不应混淆两者的界限。否则，人们很难判断合同的性质和当事人的权利义务。因此，人们不仅应该了解它们的共同点，而且应该了解它们的区别点：

（一）国际技术服务与技术咨询适用的范围不同

1. 国际技术服务适用的范围

国际技术服务适用的范围主要是单项具体技术课题，包括产品设计、质量控制、材料鉴定、工艺流程改进、降低原材料或能源消耗等。

2. 国际技术咨询适用的范围

国际技术咨询适用的范围主要是宏观的、重大的、前瞻性技术课题：

（1）科学发展战略和规划的研究；

（2）技术政策和技术路线选择研究；

（3）重大工程项目、科技成果转化项目、重要技术改造、科技成果推广可行性分析研究；

（4）特定技术领域、行业、技术发展的研究；

（5）产业、技术开发与技术创新分析论证；

（6）产品换代技术方案、工艺路线分析研究等；

（7）传统企业改造、升级、转型的建议或方案。

（二）国际技术服务与技术咨询机构的责任不同

国际技术服务受托方的责任，是提出技术课题解决方案，并负责方案的实施，使委托方的技术课题得到圆满解决。如开发一项新产品、产品更新换代、降低原材料和能源消耗，最终成果必须达到规定的技术指标。如成果实施未达到规定的技术指标，或者实施给委托方造成经济损失，技术服务受托方应承担赔偿责任。

国际技术咨询受托方的责任，是按合同约定的时间、质量，提供符合咨询合同要求的咨询报告，但不负责咨询报告的实施。实施咨询报告的责任在委托方，委托方按咨询报告实施，即使结果不理想或者失败，造成经济损失，咨询受托方也不承担责任。除非失败或经济损失是因受托方未遵循咨询职业道德，未恪尽职守或故意行为所致。

（三）国际技术服务与技术咨询使用的知识范围不同

国际技术服务过程中，技术服务受托方使用的知识是专业技术知识和经验，即解决

实际问题的知识，其知识能满足解决约定技术问题要求，不需要无助于技术课题解决的高深理论或大道理。

国际技术咨询过程中，咨询受托方使用的知识，是理论与实践结合的知识、广泛的专业技术知识以及前沿技术信息。在技术咨询过程中，受托方必须在实地考察、评价，以及科学分析、逻辑推理、精确计算的基础上，实事求是地提出有创见性的咨询报告，报告的质量应体现在 4 个方面："经济上合理、技术上先进、生产上可靠、实践上可行。"

（四）国际技术服务与技术咨询的成果形式不同

国际技术服务的成果，是委托方所期望的"结果"，即技术课题或疑难技术困难的圆满解决。例如委托方开发一项新产品，遇到技术难题，经多方努力，仍不能达到设计的技术标准，聘请受托方克服了遇到的技术难题，取得了满意结果。

国际技术咨询的成果，是书面咨询报告、建议书、方案，通常还包括咨询过程中的图纸、图表、资料等。

（五）国际技术服务与技术咨询的时间不同

委托方要求技术服务的时间，一般是现有老企业或新建企业的技术课题。委托方要求技术咨询的时间，一般在项目规划阶段、实施阶段或企业建成之前。

四、国际技术服务与技术咨询产业形成的基础

在生产社会化程度不断提高，国际产业分工不断深化的形势下，企业面临各种错综复杂的技术问题，单靠本身的技术资源、人力资源解决面临的技术课题已力不从心，急需社会智力资源予以协助。面对这种需求，技术服务和技术咨询机构应运而生，它们在特定业务范围内，掌握了多学科专业知识，拥有丰富的实践经验，具备前瞻性的预测能力，有能力满足企业的迫切需要。而且服务或咨询的效果实用、可靠、经济、节约，深受委托方的欢迎。因此，在其为委托方提供智力服务过程中，其自身也得到发展和壮大，并逐步形成和发展为一种独立的产业部门。

技术服务与技术咨询产业形成和发展，除了其本身的优势之外，更主要是社会需求旺盛，市场广阔。

（一）技术课题复杂化与企业技术知识的专业化矛盾日益突出

技术课题复杂化使解决课题的难度加大，企业单凭现有技术人员和学科知识，难以解决面临的技术课题。因此，企业不得不寻求社会人力资源和智力资源提供协助，以弥补企业人才资源和学科知识的不足。

（二）科学技术迅猛发展，国家间技术差距扩大，技术发展滞后的国家和企业不得不依赖国外提供技术咨询和技术服务

经济全球化趋势加快了技术创新步伐，技术发展滞后的国家和企业越来越被边缘化。在这种形势下，它们为了发展本国经济和改造落后的产业，急需国外的人力和智力资源提供专业智力服务，客观上为技术服务和技术咨询产业的国际化发展提供了有利条件。

（三）中小企业技术先天不足为技术服务和咨询产业提供了用武之地

综观世界各国，无论是工业化国家，还是发展中国家，中小企业在企业总数中都占很大比例，有的国家甚至占到90%以上。它们大多具有一定专门技术知识，可以满足市场对产品的多种需求。或者成为产业链中的一个环节，为大企业产品配套。但是，中小企业大多资金不足、人才缺乏、专业知识面狭窄，遇到复杂的技术课题很难依靠自身的力量来解决。因此，它们对技术服务和咨询机构的智力资源有很大需求。

（四）国际技术服务与技术咨询机构的独立性为自身发展创造了有利条件

国际技术服务与技术咨询机构的独立性形成了超脱性，使它们可以排除其他机构或人员的干预和制约，运用其掌握的专业技术知识，独立地对特定的技术课题做出高质量、客观的结论。这一特性深得社会的重视和欢迎，也大大推动了技术服务与技术咨询产业自身的发展。有些大企业即使自身具有较强的技术实力和充足的智力资源，但是，本企业专家和技术人员为本企业解决某项技术课题时，也往往因人员之间的利害关系，领导或其他人员的制约，影响其做出正确和客观的结论。而技术服务和技术咨询机构是独立企业，与其他企业不存在隶属关系，与机构外人员也无直接的利害关系。因此，技术服务和技术咨询机构完全可以避开不利影响，站在局外人客观的立场上，以高度的职业道德，运用所掌握的专业知识，做出符合实际的判断和高质量成果，为委托方缩短解决技术课题的时间、节省费用。

第二节　国际技术服务与技术咨询的业务程序

国际技术服务与技术咨询的业务范围很广，课题难易程度有别，致使业务程序也不完全相同。但是，国际上还是有可以遵循的规则和业务程序的，其规则和一般业务程序大致如下：

一、选择合适的技术服务或技术咨询机构

技术服务和技术咨询机构很多，不同机构的业务范围、专业化程度和经验各异。因此，在邀请服务和咨询之前，委托方必须对社会上各种技术服务、技术咨询机构进行认真的调查了解，选择最能胜任服务、咨询任务的合适机构。社会上的技术服务和技术咨询机构主要有以下几种类型：

（一）独立开业的服务、咨询专家或专家组

有名望的专家或若干位专家、学者、教授单独或组成小组独立开业。他们是某个技术领域公认的权威，具有较深的专业造诣和知识水平，特别擅长解决所属领域专业性很强的技术课题，或对技术课题提出有价值的评估建议。他们的优点是解决课题质量好、速度快、费用低，缺点是组织不够严密、专业范围较窄、缺乏实验设施、办公条件较

差。因此，他们适合解决特别专门的技术课题。

（二）专业技术服务和技术咨询公司

专业技术服务和技术咨询公司，是专门从事技术服务和技术咨询的法律实体，有完善的组织机构、固定的业务范围、多学科专业人员。它们的优点是人员学科知识面广、素质高，服务、咨询经验丰富；拥有测试、试验手段和辅助人员，以及工作程序和管理规范。因此，这类机构有能力解决多学科、多专业的复杂技术课题，承担大型项目的各种技术服务、咨询任务。缺点是服务费用较高。

（三）工程公司

工程公司的主要任务是，承担项目的建设和施工，但也具有工程设计力量和项目前期准备的实际经验。因此，它们除承担工程项目建设和施工外，也可以承担其所属领域的技术服务和技术咨询工作。

（四）科学研究机构

科学研究机构集中了大量理论和专业人才，他们不但善于基础研究，也善于应用研究，并能把研究成果转化、应用到工业生产领域。但是，他们理论知识虽然丰富，但解决生产实践技术课题经验不足。而且，技术服务和技术咨询工作不是他们的主要业务，接受服务和咨询任务后，往往投入的人力不足，时间上难以保证。

（五）高等院校

高等院校是科学技术发展的一支重要力量，它们拥有著名的专家、教授等各类专业人才，不仅理论知识丰富，而且又有很强的研究能力和实验手段。如果雇主委托它们进行专题研究、技术服务或咨询，或者将企业生产与服务、咨询结合起来，效果会非常理想。

总之，社会上技术服务和技术咨询机构很多，它们都有各自的专业范围和特长。因此，在邀请进行技术服务或技术咨询时，委托方应根据课题的性质、范围、难易程度，通过各种途径了解各机构的组织规模、业绩、水平、人员构成、信誉及其经营状况，从中选择专业对口、经验丰富、信誉卓著者。

二、拟定技术服务和技术咨询业务程序

（一）拟定技术服务和技术咨询任务书

技术服务和技术咨询任务书（Terms of Reference），是委托方拟定的服务、咨询项目的初步说明书，其内容包括项目名称、主题、范围、质量和时间要求，以及工作环境、条件、资金来源等。

委托方拟妥服务、咨询任务书之后，要将其发送给选定的技术服务或技术咨询机构。发送方式有两种：一是由委托方做成“标书”，在主要的报刊上发布，让技术服务或技术咨询机构购买。二是做成询价书，向选定的技术服务和技术咨询机构发出询价，邀请它们按标书或询价书的要求进行投标或报价。

（二）对报价或投标书进行比价或评标

技术服务或技术咨询机构收到询价书或买到咨询、服务标书后，要认真研究服务、

咨询询价书或标书的内容，确定课题是否属于本机构的专业范围；评估课题难易程度、所需知识结构和知识水平、工作量大小等。如认为有能力承担该课题，就按询价书、标书的要求，拟定报价书或投标文件。并在规定的最后时限之前，向询价方或招标方提出报价书或投标书。询价方或招标方收到报价书或投标书后，进行综合分析、比较、评标，并从中选择条件、费用最符合要求者作为受托方。

（三）磋商技术服务或技术咨询条件

根据技术服务或技术咨询报价书、投标书的评定结果，双方要就咨询或服务的条件进行磋商，澄清双方的立场，缩小双方在服务或咨询条件上的差距，取得相互谅解后，最终达成交易。一般磋商的内容主要是：

（1）服务、咨询的主题和工作范围；

（2）成果形式及质量要求；

（3）双方的责任和义务；

（4）工作进度和提供服务或咨询成果的最后期限；

（5）成果验收与接受；

（6）服务咨询费的金额与支付办法；

（7）违约责任等。

（四）签订技术服务或技术咨询合同

双方经反复磋商，对各项条件达成一致后，签订具有法律约束力的书面合同。书面合同是受托方执行技术服务或技术咨询工作的依据和成果的考核标准，也是委托方承担责任、权利、义务的依据。因此，当事人应该仔细斟酌合同的各项规定，避免出现错漏，以保证合同顺利履行。

第三节　国际技术服务和技术咨询合同的主要条款

国际技术服务和技术咨询合同条款应根据课题性质、复杂程度、服务期限长短，以及服务、咨询费用金额大小拟订。一般来说，服务、咨询课题的难度越大，技术水平要求越高，受托方承担责任越大，合同条款也越全面、越细致。反之，合同条款则比较简明概括。不过，双方都应避免合同细节过多，导致合同重点模糊，造成合同执行困难。因为技术服务与技术咨询业务有很多相同之处，上面的介绍大多合并在一起，但就合同而言，为了不造成混淆，我们需要分别说明两种合同的主要条款。

一、国际技术服务合同

（一）技术服务合同的概念

根据《中华人民共和国合同法》第 356 条的规定，技术服务合同（Technical

Service Contract)，是指当事人一方以技术知识为另一方解决特定技术问题所签订的合同。

（二）技术服务合同的主要条款

1. 主题与范围

该条款主要规定技术服务的主题和范围、进度、期限和应达到的技术指标。如技术指标和技术参数很多，可采用合同附件形式逐项列明。

2. 委托方的责任

（1）按照合同约定提供工作条件。是指受托方进行技术服务时，委托方应该给受托方的服务人员提供良好的工作条件，如交通、食宿、办公室等。

（2）完成配合事项，是指受托方服务人员到技术问题的现场察看技术问题出在哪个环节，分析出现问题的原因，找出解决问题的办法。在这个过程中，委托方应派相关技术人员、翻译等配合工作。

（3）接受工作成果，是指受托人按合同约定的时间、质量完成服务项目，或者解决了技术问题后，应该接受服务成果，不得以任何借口拖延。

（4）支付报酬，是指委托方不得以任何理由不付或者延期支付服务费。

3. 受托方的责任

（1）受托人应该按合同约定完成服务项目，或者解决约定的技术问题。

（2）保证工作质量，是指受托人完成的技术质量，或者解决约定的技术问题应该达到合同规定的技术标准。

（3）在技术服务过程中，受托方不但应恪尽职守，努力解决合同规定的技术问题，而且还应该向委托方技术人员传授解决技术问题的知识。

4. 违约责任

（1）委托方如果：① 不履行合同义务；② 履行合同义务不符合合同约定，影响工作进度和质量；③ 不接受或逾期接受工作成果。这些都属于委托方的违约行为。对此种行为，我国合同法规定，委托方已支付的报酬不得追回，未支付的报酬应当支付。

（2）受托方未按合同约定完成服务工作的，应当承担免收报酬等违约责任。

5. 新技术成果归属

我国《合同法》第363条规定，“技术服务合同履行过程中，受托方利用委托方提供的技术资料和工作条件完成的新的技术成果，属于受托人。委托人利用受托人的工作成果完成的新技术成果，属于委托人。当事人另有约定的，按照其约定。”

二、国际技术咨询合同

（一）国际技术咨询合同的概念

根据《中华人民共和国合同法》第356条的规定，技术咨询合同（Technical Consultancy Contract)，是指当事人一方为另一方就特定技术项目提供可行性论证、技术预测、专题技术调查、分析评价报告等所签订的合同。

（二）国际技术咨询合同的主要条款

1. 咨询的主题和范围

合同的主题和范围，是委托方和受托方所签合同权利义务共同指向的对象，法律上称为合同的标的。这个条款主要是规定咨询的主题、范围、进度、期限、质量、技术标准、成果形式等。该条款是整个合同的基础，也是检验咨询工作质量和审查咨询报告的标准。

该条款实例：

X 公司同意由日本 Y 公司对 Z 省煤矿设计院所做的矿井及洗煤厂的设计进行技术咨询，Y 公司同意接受此项咨询服务。

设计咨询的目标是保证 Z 省矿井的初步设计在技术上达到世界先进水平。

设计咨询的原则、内容、工作范围、进度以及互派人员的安排见附件一、二、三、四。

咨询服务自合同生效之日起 7 个月内完成，将在 6 个半月内提交最终报告，包括图纸、计算依据、参数和资料等。中国 X 公司组织专家进行审查。

2. 委托方的责任

（1）说明咨询的主题和提供技术项目的背景、有关技术数据

委托方应该按约定说明咨询项目的问题，提供技术背景资料及有关技术资料、数据。因为委托方只有向受托方清楚说明咨询项目面临的主要问题、背景、有关技术数据，受托方才能真正弄清咨询的目标和方向，找出问题的关键和解决办法，做出符合委托方要求的咨询成果。

（2）在受托方实地考察中，委托方应提供必要的协助

在咨询过程中，受托方专家一般都要对技术课题所在地进行实地考察。在考察期间，委托方应积极配合，提供陪同人员、翻译，以及交通、办公条件、食宿等，并根据受托方要求承担费用，安排医疗、人身保险等。

（3）接受工作成果

受托方根据合同规定完成咨询报告、建议书，提交给委托方，只要提交时间和质量符合合同规定，并通过专家评审，委托方就应该接受咨询成果，不得借口拖延。

（4）支付约定的服务、咨询费

委托方应按约定支付咨询费，因为技术咨询是一种商业活动，是咨询成果与服务费的交换。通俗地说，是委托方用货币购买受托方的咨询成果。

3. 受托方的责任和义务

（1）按照合同规定的期限完成技术咨询任务

在合同规定的期限内，受托方应按约定完成咨询报告，并提供给委托方。咨询报告的形式和内容应该符合合同要求。如咨询报告或服务的结果有错误或不完善之处，受托方应负责改正。

（2）保证咨询工作的质量

① 受托方应尽最大努力，利用所掌握的技术知识，实现合同规定的各项目标。提供的咨询报告、有关资料及建议，应是在科学分析的基础上做出的，其结论应在经济上

合理、技术上先进、生产上可靠、实践上可行。

② 委托方应派遣合格的咨询人员。因为咨询工作的质量在很大程度上取决于咨询人员的知识、技术水平、职业道德和工作经验。因此，受托方应保证派遣知识、技术上合格，数量上满足咨询任务的人员。如有的人员不合格，受托方应根据委托方的要求进行人员调换。

③ 解答委托方提出的问题

受托方解答委托方提出的问题，是其重要责任之一。咨询过程中和咨询成果提交之后，委托方有可能提出问题或有疑义，或认为有错误，受托方有责任做出解释，充分阐明理由，让委托方了解或得到委托方的认同。报告中的错误，如明显是受托方的疏忽所造成，受托方有责任及时进行改正。

④ 咨询成果的验收

受托方咨询成果提交后，委托方要组织成果鉴定或评估会议。按照合同约定，受托方派人参加，介绍咨询报告的内容和解答问题。专家确认受托方咨询报告或建议书符合合同规定的质量标准，双方签订成果验收证书。

该条款实例：

日本Y公司选派参加Z省矿井设计咨询服务的人员应是技术专家，具有高等技术水平和丰富的专业经验，并事先提交名单。

如中途需要更换人员时，须征得中国X公司的同意。

在设计咨询报告完成后，中国X公司组织专家审查组进行审查。日本Y公司派专家参加，并负责介绍报告内容和解答审查提出的问题。

4. 咨询费的支付

技术咨询不直接产生经济效果，咨询费的计算方法也不以成果的直接经济效益为标准。因此，技术咨询的收费是很不确定的。特别是聘请技术高超、经验丰富的咨询专家，其咨询费可能高得惊人，但由于他们可以提出获得最大经济效益的最佳方案，或提出不宜建设的权威结论，从而避免盲目建设造成的巨大损失，委托方宁愿出高价聘请。除上述特殊情况外，技术咨询费一般由基本费用和附加费用两部分构成：

（1）技术服务、咨询的基本费用

服务、咨询费通常是服务、咨询的成本加预期利润。因此，服务、咨询费的估定非常类似于商品价格的估定方式。具体构成如下：

① 专家服务费，包括：专家的基本工资；附加工资；福利费，如健康保险、人寿保险、退休金、社会福利金等，不同国家的人员，标准不同；出国津贴、家属分居津贴、工作环境和工作条件津贴等。

② 直接费用，是指直接从事服务、咨询工作专家的差旅费、生活费、住宿费、通信费、交通费、资料费、办公费和税收等。

③ 间接费用，是指受托方的直接咨询人员、管理人员和一般服务人员的工资、费用、咨询机构的办公费，如电费、办公用品折旧费等。间接费用按直接咨询人员费用的一定百分比提取。

④ 预期利润（酬金），通常为上述三项费用之和乘以双方协商的一定百分数。

（2）技术服务、咨询费的附加费用

除上述基本费用外，实际的咨询费还要受其他附加因素的影响，影响的因素主要是：

① 咨询项目的复杂程度。技术项目越复杂，需要的知识水平越高，要求服务、咨询人员的技术资格和素质越高，基本费用的附加部分就越高。

② 咨询项目的重要程度，是指该项目对委托方的重要性，对委托方取得经济效益和未来发展的影响程度。项目对委托方的重要程度越大，附加费也越高。

③ 受托方的权威程度，权威来自受托方的业绩、信誉、成果质量以及社会的认知和信赖。受托方的权威程度越高，邀请其服务、咨询的委托者就越多，受托方收费自然也越高。

5. 咨询服务费的计价方式

国际上，咨询费的收费方式多种多样，常用的有以下几种：

（1）计时收费方式

按受托方在技术咨询中所消耗的劳动时间计算，再结合咨询人员的级别、声望，规定每天（或每小时）的收费标准，如教授级每小时×××美元，讲师级每小时××美元。这种方式适合工作时间短、工作量不易固定的咨询项目。

（2）按工程投资百分比计算

按工程项目总投资的一定百分比计算，首先定出最低投资费用的提成比例数，然后再按实际投资额、难易程度、承担的责任等加以调整，这种方式适合于工程设计、工程咨询、项目投资等项目的收费。

（3）固定收费或一揽子收费

根据咨询工作总量，商妥一笔固定的咨询费用，商妥的费用总额在整个合同期内不变。这种方式适合项目任务明确、工作量比较固定，或可以分解分项核算的项目。

该条款实例：

本合同规定提供全部设计咨询服务的总金额为100万日元（大写为壹佰万日元）。

上述合同的总金额为固定价格，是包括报告、图纸及文件资料的包装费、航运费、保险费在内的到岸价格（CIF）。

（4）固定费用加利润分成

固定费用加利润分成，是指签约后，委托方先付一笔固定的、最低限度的技术咨询费。投产后，再以委托方的产品净销价或利润为基础，按一定百分数提取一定年限的提成费。这种方式适合与产品有关的咨询项目。

（5）咨询费的支付

支付方式主要规定：

① 支付货币

支付货币，可以采用受托方所在国的货币，也可以采用委托方国家的货币，还可以使用双方同意的第三国货币。支付货币一般与计价货币相同。如果计价货币与支付货币不是同一种货币，双方应明确约定两种货币之间的折算汇率。

② 支付时间

A. 一次支付，在合同生效后一定时间内，委托方支付全部咨询费。在实际业务中，这种方式极少采用。因为在受托方具体开展咨询工作之前，委托方对咨询的质量尚无把握，一般不愿一次支付全部费用。而咨询任务完成后再一次支付，受托方一般也不接受。因为最后支付受托方必须自己垫付费用，并且要承担咨询费不能按时收到的风险。因此，咨询费多采用分期支付的办法。

B. 分期支付，是按咨询的工作进度，根据任务完成的情况，将合同规定金额分为若干批次支付的一种办法。这种办法有利于促使受托方更好地完成咨询任务，也可以减少委托方所承担的技术和经济风险。

C. 支付单证。委托方支付咨询费之前，受托方须先行提供有关单证。一般需提供：商业发票正本一式若干份；汇票（一般为即期汇票）一式若干份；资料及咨询报告的邮寄单或空运单一式若干份。委托方收到上述单证后，经审核无误，即通过双方指定的银行，将有关款项支付给受托方。

该条款实例：

本合同项下的全部咨询费用总金额一律以日元电汇支付。并通过北京的中国银行和三菱银行东京支行办理，支付办法如下：

合同总价的20%即20万日元（大写贰拾万日元）的支付。在合同经双方政府批准后一个月内日本Y公司提出如下单据：形式发票一式三份；即期汇票一式三份。

中国X公司收到这些单据后三十天内，经审核无误后，由中国X公司通知中国银行支付给日本Y公司。

日本有关当局出具的出口许可证影印本一式三份。如无须出口许可证时，提供说明本合同出口时无须出口许可证的证明影印本一式三份。

日本三菱银行开立的以中国X公司为受益人的不可撤销的保证函正副本各一份，格式详见附件五。

合同总金额的其余80%分两次支付。

第一次，支付合同总价的50%即50万元（大写伍拾万日元）。自咨询工作生效之日起195天内，中国X公司收到寄出的最终报告的航运单据一式三份，经审核无误后十天内，由中国X公司通知中国银行支付给日本Y公司。

第二次，支付合同总价的30%即30万日元（大写叁拾万日元）。自咨询工作生效之日起210天内，中国X公司在北京组织全面审查，日本专家介绍最终报告，当咨询报告通过，双方签订会谈纪要后十天内，经审核无误，中国X公司通知中国银行支付给日本Y公司。

值得注意的是，委托方每次支付前，都要对受托方出具的相关单据进行认真审查，经审查无误后，再通知银行对外支付。

6. 保证与违约责任

(1) 委托方的保证与违约责任

① 保证按合同约定提供必要的资料和数据

委托方未按合同约定提供必要的资料，或提供的资料不足，或有严重缺陷，就会影响受托方的工作进度和工作质量，或者造成咨询报告发生失误。委托方支付的费用不得追回，未支付的费用应当支付。

② 保证按合同约定接受咨询成果

受托方按照合同规定的期限完成了咨询工作，提出了咨询报告。而委托方无正当理由拒绝接受或逾期接受，委托方支付的费用不得追回，未支付的费用应当支付。保证按合同约定支付咨询费。

委托方无正当理由拖延支付或拒不支付咨询费，属严重违约，应承担违约责任。因为这是对他人劳动成果的不尊重，对所做保证的违反，是违反商业道德的行为。对委托方违反保证的行为，受托方有权要求委托方予以纠正，并如数支付未付的报酬加延期利息。

（2）受托方的保证与违约责任

① 保证按合同约定的期限提出咨询报告

受托方未按照合同约定的期限提出咨询报告，属于严重违约行为。委托方有权暂停支付咨询费。

② 保证咨询报告符合合同规定

按合同规定的验收办法评估或鉴定的结论认为，受托方提供的咨询报告不符合合同规定，受托方应当承担违约责任。委托方有权根据违约程度扣减咨询费。严重违约则免付咨询费，包括退回已经收取的咨询费。

该条款实例：

提交的设计咨询报告应符合本合同的规定以及地质条件和建设条件，做到技术上先进、生产上安全可靠、经济上合理。

应以可行的方式为实现本合同的目标，努力有效地进行咨询服务，并按规定的时间提供报告。如未按期完成，中国X公司将保留索赔权利。

交付的咨询报告应保证文字清晰，质量良好。如因工作差错造成遗漏或考虑不周，不符合6.1条规定，则应在接到中国X公司通知后十天内给以答复，并商定时间免费提出修改或补充完善设计咨询文件。

本合同的保证期为审查最终报告时双方签订会谈纪要之日起六个月。

第四节　签订国际技术服务和技术咨询合同应注意的问题

一、明确区分技术服务与技术咨询的界限

国际技术服务与技术咨询合同的结构、内容基本相同，它们的主要区别在于受托方的责任不同。

国际技术咨询合同中，受托方应按合同要求完成技术咨询报告或建议书，并通过验收。到此，受托方的合同义务已经履行完毕。咨询报告或建议书的实施与否由委托方自

己决定，实施的后果，甚至损失，完全由委托方承担。

国际技术服务合同中，受托方要提出技术方案，并负责实施技术方案，保证委托方的技术课题按约定获得圆满解决。如技术方案实施未达到合同约定的技术目标，或者给委托方造成损失，受托方要减收或免收报酬。严重的要支付违约金或赔偿损失。

二、明确规定技术服务、技术咨询时间

按工作量计算收费额时，工作量是以咨询服务人员每人每天的工作时间来计算的。在合同中，双方要规定总的咨询服务时间，以及每周工作的天数及时数。记载工作的时数通常用“咨询服务技术人员记时卡”，记时卡一式两份，由双方总代表签字，作为支付咨询服务技术人员的技术服务费和加班费的依据。

咨询服务时间要与咨询服务项目进度相衔接，在总的咨询服务时间下面要规定具体的工作进度，每天工作进度要记载在“工作日志”上，每天由双方总代表监督审查，经双方总代表同意签字，“工作日志”一式两份，双方各执一份，保证咨询服务项目进度按计划完成。

三、建立工作联系制度

工作联系制度的目的，是便于双方对有关事宜互通情况，加强工作联系，特别是监督服务项目的实施，发生问题相互通知，及时予以纠正和解决。例如，项目实施过程中，发现技术资料、数据、材料或工作条件不符合合同约定，或者发现继续实施可能对材料、设备有损坏的危险，双方总代表通过工作联系制度就可以及时协商解决。

四、税费的规定应符合有关国家税法

技术咨询费和人员的个人所得税，按税法规定应扣缴所得税。委托方应督促咨询机构和人员向税务当局缴纳公司和个人所得税，或者根据税法要求，在委托方向受托方支付咨询费时，代税务部门扣缴，防止漏扣、漏缴所得税，给委托方带来不必要的麻烦。

练习题 EXERCISES

一、单项选择题

1. 国际技术服务和技术咨询的当事人一般称呼是 （　　）

A. 许可方和被许可方　　B. 买方和卖方

C. 委托方和受托方　　D. 出让方和受让方

2. 技术服务和技术咨询的当事人关系是 （　　）

A. 许可和被许可关系　　B. 转让和被转让关系

C. 出口和引进关系　　D. 委托和被委托关系

3. 国际技术服务和技术咨询使用的知识属于　(　　)

A. 专利技术知识　　B. 保密技术知识

C. 普通技术知识　　D. 技术理论知识

4. 国际技术咨询的成果实施由________负责　(　　)

A. 委托方　　B. 双方

C. 受托方　　D. 第三方

5. 委托方支付技术服务和技术咨询费的时间大多采用　(　　)

A. 合同生效后一次支付

B. 合同生效后分期支付

C. 服务、咨询任务完成后一次支付

D. 成果验收通过后分期支付

二、多项选择题

1. 国际技术咨询委托方的主要责任是　(　　)

A. 说明咨询的主题和项目背景、有关技术数据

B. 接受工作成果

C. 监督检查

D. 支付约定的咨询费

E. 在受托方实地考察中，委托方应提供必要的协助

2. 国际技术咨询受托方的主要责任是　(　　)

A. 按照合同规定的期限，完成咨询任务

B. 保证咨询工作的质量

C. 解答委托方提出的问题

D. 通过咨询成果的验收

E. 负责咨询成果的实施

3. 技术服务和技术咨询的基本费用包括　(　　)

A. 技术使用费　　B. 专家费　　C. 直接费用

D. 间接费用　　E. 预期利润

4. 影响国际技术服务和技术咨询的基本费用的附加因素是　(　　)

A. 项目的复杂程度　　B. 项目的重要程度

C. 项目费用的计价货币　　D. 项目费用的支付方式

E. 服务、咨询机构的权威程度

5. 技术服务和技术咨询的一般业务环节包括　(　　)

A. 选择合适的服务咨询机构　　B. 拟定服务、咨询任务书

C. 比价或评标　　D. 磋商服务、咨询条件

E. 签订服务、咨询合同

三、名词解释

1. 国际技术服务　2. 国际技术咨询

四、简答题

1. 简述国际技术服务与技术咨询的共同点。
2. 简述国际技术服务与技术咨询的区别点。
3. 简述国际技术服务与技术咨询的主要计价方式。
4. 简述国际技术服务与技术咨询受托方的主要责任。

五、论述题

试述签订技术服务与技术咨询合同应注意的问题。

第十四章　国际经济技术合作合同的概念及其签订

学习目标导言

根据《中华人民共和国技术进出口管理条例》第2条的规定，“……通过贸易、投资或者经济技术合作的方式转移技术的行为。前款规定行为包括专利权转让、专利申请权转让、专利实施许可、技术秘密转让、技术服务和其他方式的技术转移。”

从上述规定可以看出，国际技术贸易的方式有三类：(1) 知识产权许可、转让；(2) 技术服务、技术咨询；(3) 其他方式，即经济技术合作的方式。我们对前两类方式的有关问题已经做了比较详细的介绍，现在，我们将介绍第三种类型的经济技术合作的方式，其中包括国际合作生产合同、国际工程承包、国际合作设计合同、国际合作开发合同。我们也称其为混合型技术贸易合同，这些合同的突出特点，是专利权转让、专利申请权转让、专利实施许可、技术秘密转让等知识产权的许可或转让，或者技术服务技术咨询与经济合作合同相结合，一个合同中有两种或三种贸易标的，其中必须有一种知识产权技术，或者技术服务或技术咨询。如果合同不包括知识产权技术或者技术服务或技术咨询任何一项，就不能称为国际经济技术合作合同。

除此之外，还有很多贸易方式，如国际补偿贸易、国际直接投资、特许经营、企业兼并等，这些方式也有技术转移的内容或因素。但这些方式不以获得技术或出口技术为出发点，订立合同的标的也不是以技术为主。因此，这些方式应该放到服务贸易中去解决。

重点难点提示

国际经济技术合作合同的概念、特点；国际合作生产的概念与合同主要条款；国际工程承包合同概念与合同主要条款；国际合作设计和国际合作开发的概念与合同主要条款，以及各自的特点与交易方式。

第一节　国际经济技术合作合同的概念及特点

一、国际经济技术合作合同的概念与类型

（一）国际经济技术合作合同的概念

国际经济技术合作合同（Contracts for the International Economic Technical Cooperation），是指经济合同含有工业产权、非工业产权许可或转让、技术服务等任何一项或多项内容的具有合作性质的合同。

（二）国际经济技术合作合同的类型

按结合的形式有：

(1) 与生产合作结合的技术转让、许可或技术服务合同；

(2) 与劳务贸易结合的技术转让、许可或技术服务合同；

(3) 与成套设备、关键设备或生产线买卖结合的技术转让、许可或技术服务合同；

(4) 与合作设计、合作开发结合的技术转让、许可或技术服务合同；

(5) 与国际直接投资结合的技术转让、许可或技术服务合同等。

二、国际经济技术合作合同的特点

国际经济技术合作合同的特点主要表现在以下方面：

（一）一个合同中至少有两种贸易对象，其中至少包含一种技术贸易对象

国际经济技术合作合同，除包含商品、劳务、工程承包、直接投资或合作设计、合作开发等内容外，至少包含一个技术贸易对象。如果合同中不包括任何一项技术贸易对象，就不能称为国际经济技术合作合同。

（二）合同中的两种对象分别按各自的规则处理

技术贸易对象按技术转让或许可规则处理，其他对象按符合其特点的规则处理。在合同中，两种对象的条款分别规定，如果其中一个对象为主，另一个对象为辅，一般以基本合同和附件加以列明。因此，表面上看，国际经济技术合作合同是一个合同包括两种或两种以上交易对象，实质是两种或两种以上贸易对象的结合，两种对象的贸易规则并不相互混合。

（三）合同中两种或两种以上贸易对象相互紧密联系

合同中两种对象直接紧密联系，相互作为实施手段，如成套设备买卖与某种技术许可结合，其中技术必定与成套设备使用、制造等直接相关，即技术为设备所用，设备为技术使用服务，绝不可能一个合同中的两种贸易对象毫无联系。

第二节　国际合作生产合同

一、国际合作生产的概念

国际合作生产（International Cooperative Production），是指一国的公司、企业与另一国或地区的公司、企业通过签订合同，合作生产某种产品或联合设计某种产品，并转让相关技术的一种综合贸易方式。合同一般包括双方共同制订生产计划、分工生产零部件，相互提供、转让相关生产技术，以及产品合作销售方面的安排。

按两者技术水平，我们可将技术较强的一方简称供方，技术较弱的一方简称受方。

二、国际合作生产的特点

（一）合作生产过程具有长期性

合作生产比单纯转让（许可）技术使用权时间长。因为在合作生产过程中，双方需要调整和扩大受方生产零部件比例，逐步缩小供方生产零部件比例，并转让生产技术，最终使受方学会全部零部件的制造技术，掌握组装完整产品的技能。因此，供、受双方合作期限需要较长的时间。

（二）合作生产的当事人是多方的合作

合作当事人不仅有合作生产的供、受双方，还包括合作生产产品的制造工厂、产品的最终用户，有时还会涉及第三方的技术许可。因此，在国际合作生产方式下，供、受双方不仅要订立合作生产基本合同，而且要以基本合同为中心与制造单位签订配套合同，与第三方签订技术转让合同，与产品的最终用户订立销售合同等，各方共同构成以基本合同为中心的多方合作关系。

（三）合作生产的零部件分别核算

合作生产的环节很多，技术转让、机器设备、配套件、零部件的提供，无论是互相提供或者单方提供，对于提供的技术和其他零部件都要分别计价，按供、受双方议定的价格分别或者单方支付价款。转让技术部分的计价和支付按许可贸易的方式进行。

三、合作生产的基本形式

（一）根据合同产品的分工，供、受双方分别生产不同的部件，各自装配成完整的成品，各自出售

在产品合作的方式下，供、受双方按各自的技术特长或者力量强弱进行分工。供方生产关键零部件并提供全套图纸和技术指导，受方按提供的图纸生产次要的零部件。按合同规定的期限，相互提供各自生产的部件给对方，分别组装成完整的成品各自出售，相互提供的部件分别计价。

（二）供方提供关键部件、图纸和技术指导，受方生产次要部件，并组装成完整产品单独销售

供方提供关键部件、图纸和相关技术，受方生产次要部件，并组装成完整产品单独销售。供方不收取图纸、资料和技术使用费，其报酬通过受方购买其关键部件进行补偿。

（三）供方提供图纸、技术和特殊工具、检测仪表等，按各自的专业分工制造零部件，在接近最终用户的一方工厂共同组装成完整产品，并联合销售

例如，大连起重机器厂与德国德马克公司长期合作生产桥式起重机，由德国德马克公司提供生产桥式起重机的技术秘密、配套件、特殊工具、检测仪表等，在大连起重机器厂共同组装成完整产品，联合销售给上海宝山钢铁总厂无缝轧管厂。在这种合作方式

下，技术秘密与配套件、特殊工具、检测仪表等需分别按技术转让办法和商品买卖处理。

简而言之，国际合作生产三种方式可以概括为：供方提供产品图纸、转让技术，按分工分别生产产品零部件，相互进行交换。在分别计价的前提下，分为三种做法：

（1）供、受双方分别组装成完整产品，各自销售；

（2）一方组装成完整产品，一方销售；

（3）供、受双方共同组装成完整产品，联合销售。

四、国际合作生产合同的主要条款

合作生产合同的条款应依据合作生产的形式确定，其主要条款如下：

（一）定义

（1）基本合同，供、受双方签订的合作生产合同。

（2）制造单位，是指承担零部件生产和向最终用户出售合作产品的生产制造单位。

（3）最终用户，是指购买合作产品的单位。

（4）合作产品，是指在合同范围内，合作双方制造的零部件总装成最终用户所需要的产品。

（5）技术服务，是指供方派遣或由制造单位派遣技术人员到对方单位，进行合作产品的设计、制造、装配、检验、调整和试验等技术指导及技术培训等工作。

（6）技术合作，是指在合同范围内，自合同生效之日起，供、受双方按商定的分工比例，制造合作产品，经联合检验后提交最后用户，直至合作产品保证期届满为止。在此期间，供、受双方共同完成既定目标，分别按合同规定承担各自的义务。

（二）合作生产合同的范围

合作生产合同的范围一般包括：供方向受方或制造单位提供专利技术和技术秘密及技术资料的种类、名称、份数和交付日期；提供机器、设备的名称、型号、规格和交货日期；提供特殊工具、检测仪表的名称、型号、规格、数量和交货期；以及合作制造产品的名称、规格、重量、数量和向最终用户交货的日期等。

（三）供受双方的责任和义务

1. 受方与制造单位的责任和义务

受方和制造单位保证按供方提供的技术规格制造合同产品，并按期向用户交货；保证按期向供方支付技术服务费及机器设备、仪器、工具等的价款。

2. 供方的责任和义务

供方保证，按规定时间向受方和制造单位提供正确、完整的技术资料，并对因提供错误技术资料造成的损失负责；保证按规定时间向受方和制造单位提供性能优良的机器设备、配套件和工具等，并对合同产品的规格、性能和设计参数负责。

（四）技术服务

技术服务的内容包括供方负责培训受方单位的技术人员，以及向受方单位派遣技术指导人员的数量、资格、生活待遇和费用负担等。

1. 技术指导人员的责任

（1）保证向受方单位的有关技术人员提供和传授制造合同产品的技术秘密和加工、热处理、焊接、装配、调试、试验和检验方面的技术知识。

（2）保证与受方人员密切合作，以技术指导支援受方，按照双方商定的期限制造出合格的合同产品。

（3）保证技术指导正确无误，因技术指导错误造成的一切直接损失由供方负责赔偿。

2. 培训内容

供方保证受方技术人员全面熟悉供方提供的技术资料；对技术资料进行详细讲解，解答有关技术问题，并负责讲授合作产品的设计、制造和检验方面的技术知识，传授经验和技术秘密。受方技术人员在供方技术指导人员的帮助下，应该重新准备合作产品的图纸，以适应受方的生产条件。

（五）技术资料的交付

技术资料交付的时间、地点、方式、份数、包装和包装标志，以及具体交付日期，一般以合同附件予以列明。

（六）机器设备、配套件和工具的交付

供方提供机器设备、配套件和工具等，按陆运或海运的交货条件，以陆运运单或海运提单的日期作为实际交货的日期。

（七）计价和支付

计价内容包括实物部分和技术服务部分：实物部分，是指供方提供的机器设备、配套件、工具等，按一般商品买卖计价和支付；供方提供技术秘密、技术资料和技术培训，需要计费时，明确计费的范围，分清免费和计费。

（八）销售合作

销售合作条款的内容包括以下几方面：

1. 合作产品的接收条件

在产品质量保证期限内，经检验和鉴定，符合合同要求的为合格。如产品有瑕疵，属于哪一方的责任，由哪一方向用户进行补救和赔偿。

2. 合作产品的销售范围

双方尽一切努力向双方国家销售合同产品，或联合将合同产品投放国际市场。

3. 合作产品的销售价格和商标

合同产品销售的价格，由双方按议价的原则，每 3 个月议定一次，分别执行。为了扩大合作产品销售，受方应使用供方商标，商标标识和宣传品由供方提供。

除了上述条款外，合作生产合同还要订立仲裁、不可抗力、合同生效和终止、联络、技术保密等条款。

五、国际合作生产对受方引进技术的利弊

（一）有利方面

（1）受方可以获得供方技术，节约外汇支出。受方购买供方一定数量的关键零部

件，供方可以少要或不要技术使用费。

（2）受方可以借助供方的技术和信誉，使受方产品顺利进入国际市场。

（3）受方可以通过供方转让的技术，迅速提高本身的技术水平和制造能力。

（4）受方获得的技术可靠、实用，避免了直接引进技术出现不可靠、不实用的问题。

（二）不利方面

（1）供、受双方的技术水平不同，合作的出发点不同，难以找到合作的结合点。

（2）受方利用合作生产方式难以引进先进技术。

（3）受方引进技术的速度慢，因为供方转让技术是随着产品生产过程逐步转让的。

第三节　国际工程承包合同

一、国际工程承包的概念与承包合同的特点

（一）国际工程承包的概念

国际工程承包（International Engineering Contracting），是指国家政府部门、公司、企业或项目所有人（一般称业主或发包人）委托国外的工程承包人，按规定条件完成某项工程任务，转让相关技术或技术服务的综合贸易方式。

（二）国际工程承包合同的特点

1. 工程承包合同内容复杂

技术方面，涉及基本设计、详细设计，采购设备和原材料，施工、试车、项目移交等一系列环节。商务方面，涉及材料购买、信贷、运输、保险、分包、技术转让等多项内容。合同主体方面，涉及工程业主、总承包商、分承包商、设备供应商、金融机构等。法律方面，涉及公司法、劳动法、合同法、投资法、招投标法，以及国际条约和国际惯例。

2. 合同有效期长，可变因素多

国际承包工程从招投标、谈判、签约、履约到合同终止，是一个十分复杂的过程，持续时间少则一两年，多则四五年。在合同履行过程中，可能出现很多影响合同履行的不确定因素，如资金不到位，原材料供应脱节，总承包合同与分包合同不协调，总承包商与分包商、业主意见分歧等诸多问题，所有出现的问题，有关各方都必须妥善解决。否则，将会影响合同的履行。

3. 合同履行环境突变，风险大

合同履行过程中，合同履行环境变化是事先难以预料的，如政治环境（内乱、战争）、经济环境（原材料、人工费用的涨价，货币贬值）、自然环境（自然灾害）等，都会对合同顺利实施造成很大影响，如二十世纪九十年代亚洲的金融危机、非洲国家的政权更迭、阿富汗战争、伊拉克战争，都使承包商蒙受了巨大损失。

二、国际工程承包合同的种类

国际工程承包合同（International Project Contracting Contract），是确定合同当事人

（业主与承包人）之间法律关系和权利义务关系的具有约束力的法律性文件。

其合同类型主要有：

（一）按承包人承担责任不同划分

（1）分项工程承包合同，是指工程业主将一项完整的工程项目分为若干部分，分别与若干承包人签订合同，每个承包人只对自己所承担的具体项目负责，整个工程项目的协调工作由工程业主负责。

（2）“交钥匙”工程承包，是指承包人不仅承担可行性研究、勘察、设计、制订施工计划、工程建设、安装、试车和投产等，还要承担一定时间的正式生产、考核产品质量、产量及原材料消耗等。当项目完全达到合同规定标准，履行交接手续后，再将建成的工程项目移交给工程业主。

（3）“半交钥匙”工程承包，是指承包人承担工程项目的可行性研究、勘察、设计、制订施工计划、工程建设，经过安装、试车、运转，项目质量符合合同规定标准，即将工程项目移交给发包人。

（4）“产品到手”工程承包，是指承包人不仅负责工程项目的可行性研究、勘察、设计、施工、安装、试车、运转，使项目质量符合合同规定标准，还必须承担工厂投产和工程项目使用后的一定时间（一般为两、三年）内的技术指导、设备维修和技术培训等项任务，在产品质量稳定、产量逐步提高、产品符合合同标准时，再正式移交给项目发包人。

（二）依合同的计价方式划分

（1）固定价格合同，或称总包价格合同，是指在工程项目范围、工期固定的条件下，工程业主采用一揽子估价，确定工程费用总额，一次或分期支付的方式。如工作范围内发生根本性变动，合同价格随之调整。

（2）“成本加费用”合同，是指承包人垫付项目所需费用，并将实际支出费用向工程业主报销，项目完成后，由工程业主向承包人支付约定的报酬。

三、工程承包的成交方式

国际工程承包的成交方式主要有两种：一种是通过招投标方式成交；另一种是通过谈判方式成交。一般多采用招投标方式，因此，以下着重介绍招投标成交方式。

（一）招投标的概念

招标（Invitation Tender）和投标是一个业务环节的两方面，招标是一方（招标人）欲建设工程项目，以规定方式发出邀请，征求应征人的行为。投标（Submission of Bid），是指应征人按招标人提出的条件，将标书寄交招标人或直接送达招标人的行为。

（二）招标方式的类型

当前，国际招标方式主要有：

1. 公开招标

公开招标，又称竞争性招标，是指招标人在国内外主要报刊上刊登招标广告，邀请对该工程项目有兴趣的所有承包商（本国的和外国的）进行投标。所有承包商都有均等的机会购买招标资料，准备自己的投标文件。这种招标方式的好处是：招标人可以广泛吸引投标者，充分选择投标者；最大限度地利用竞争；获得最有利、最优惠的成交条件。

竞争性招标是国际上采用最广的成交方式，特别是使用国际金融机构贷款的项目，如世界银行贷款兴建的项目，都要求采用国际竞争性招标方式。

2. 选择招标

选择招标，又称邀请招标或有限竞争性招标，是指招标人不公开刊登广告，仅根据掌握的情报资料或咨询公司提供的承包商情况，向享有盛名、经验丰富的承包人发出招标邀请，由它们提出投标条件，并根据各承包人的投标条件进行选择。这种方式的好处是，对工程质量和进度有可靠保障。

3. 谈判招标

谈判招标，是指招标人物色一两家承包商，直接提出条件进行谈判、磋商，达成交易。这种方式适用于技术性很强的项目，其好处是，手续相对简单、对双方约束性小，竞争者少，成交比较迅速。

4. 两段招标

两段招标，是指招标分两个阶段进行，第一阶段按公开招标方式，对投标人进行初步审查评价。第二阶段，邀请条件优惠的少数几家投标人进行第二次投标。这种方式的好处是，有利于博采众家之长，选择最优方案，以最优惠的条件成交。在招标人缺乏经验的情况下，这种方式比较稳妥。

（三）招标的程序

国际竞争性招标的程序一般经历下列几个阶段：

1. 招标前的准备工作

国际竞争性招标成败的关键是招标前的准备工作。准备工作主要是，组织项目招标委员会、发布招标公告、对投标人进行资格预审以及制定标底等。

（1）项目招标委员会的组成

项目招标委员会，一般由项目主管部门聘请工程、商务、外汇、法律等有关方面专家组成。其具体任务是指导招标工作，负责解决项目招标中遇到的各种问题。

（2）招标公告

招标公告，是招标人在国内外有影响的报刊上发布招标信息。其内容包括招标通知和招标广告两个部分，具体说明项目名称、地点、概况、工程范围、索取招标文件的日期、地址及截止日期、招标条件、价格以及有关事项的咨询单位等。必要时，招标人应将招标公告分别送给项目主管单位及有关国家的外交和商务机构。

（3）资格预审

资格预审，是招标人对投标人的施工经历、财力、财务状况、施工设备、工程技术人员的数量和水平等进行评审，以确定投标人是否满足拟招标项目要求的过程。资格预审一般由招标委员会或受聘的咨询公司承担，采取分发资格预审调查表或现场访问方式调查投标人，并根据调查了解的资料认真评审，然后将结果通知符合投标资格的投标人。

（4）制定标底

招标委员会通过项目概算，确定合同的价格水平，也称为“标底”，由招标委员会掌握，标底绝对保密。

2. 公开招标

公开招标，是指招标委员会通知符合投标资格的投标人索取或购买招标文件。招标文件系统、完整、准确地说明项目的全面情况，以及投标人为编制投标文件所必需的全部资料和各项条件，如投标人须知、投标书及附件、协议书，投标保证金或保函、合同条件（一般条件及特定条件）、规定与规范、图纸及设计资料附件、工程量表等，以便投标人据以编制投标文件。如有必要，投标人可按招标文件的规定，前往现场进行勘察，以取得编制投标文件所需的第一手资料。

从公开招标之日至投标截止日为投标文件编制期，或称投标准备期。这段时间的长短取决于项目的规模及其复杂程度。在投标截止日期前，投标人应将投标文件寄到或交到招标委员会，逾期交付无效。

3. 开标

开标，是指招标委员会将截止日期前收到的全部投标文件，在规定的日期、时间和地点，向在场的投标人或其代表，当场拆封投标文件，并宣读各投标人的投标条件，以使投标人了解各家的报价。

4. 评标与决标

开标以后，招标委员会将投标文件的标价及其他条件逐一汇总列表，选取其中报价最低的四五份投标文件，进行审查、鉴别、比较，直至决定中标单位。评标是在秘密条件下进行的。

决标，是指招标委员会以评标报告及推荐意见为依据，决定中标人，同时向中标人发出“中标通知书”。对未中标的投标人一般可不通知，或只简单通知某承包人中标即可。

5. 签订合同

中标人接到正式“中标通知书”后，在规定的时间内，应与工程业主签订项目承包合同。合同文本一般采用国际顾问工程师联合会和国际建筑与公共土木工程联合会拟订的合同范本，并在此基础上进行磋商，做些必要修改，达成一致后签订。

四、国际工程承包合同的主要条款

国际工程承包合同不是单一内容的合同，而是一组合同文件。对此，以下不准备全面介绍，只就基本合同的主要条款做概要介绍。基本合同包括一般条件和特殊条件。一般条件适用发包人和承包人一般权利义务规定；特殊条件适用每次交易的具体合同。国际上通用的合同条件一般包括：

（一）监理工程师和监理工程师代表权责条款

监理工程师和监理工程师代表是项目发包人的代理人，负责监督工程施工和处理履约过程中出现的问题。发包人任命监理工程师后，必须及时通知承包人。

（二）工程承包的转让和分包条款

承包人未经发包人或其代理人同意，不得将全部合同、合同的任何部分、合同的任何利益和权益转让给第三者。承包人如需将部分工程分包给他人，应经发包人或其代理人同意，但仍须对全部工程负责。

（三）承包人一般义务条款

承包人负责工程项目的全部设计和施工，并无偿提供施工所必需的劳务、材料、机器设备及管理知识。

（四）特殊自然条件和人为障碍条款

如因特殊自然条件，或者人为障碍给工程施工带来困难，承包人应采取一定的措施加以排除。如果变更导致增加承包费用，或者推迟工程进度，必须经监理工程师或者监理工程师的代表确认，并经发包人同意。

（五）竣工和推迟竣工条款

工程完成后，经监理工程师或其代表验收无误，承包人发给竣工证明。如出现工程变更、自然条件变化、人为障碍使工程延误，经监理工程师同意，承包人可以延长工程的竣工期限。

（六）专利权和技术秘密条款

承包人或分包人须向发包人提供专利和技术秘密，并承担被第三方控告合同范围内专利权为非法，以及专利权被第三方侵犯时的责任；承包人提供的技术秘密，双方应保守。

（七）维修条款

维修期限从竣工证书签发之日起计算，维修期为十二个月。在维修期内，承包人应按监理工程师的要求，对工程缺陷进行维修、返工或弥补。如果工程缺陷是由于承包人的疏忽造成，由承包人负担由此而引起的一切费用。

（八）工程变更条款

发包人或监理工程师有权改变合同中规定的工程项目，承包人应按变更后的工程项目要求进行施工。工程增加或减少的费用，应在合同总价中做相应调整。

（九）支付条款

支付条款属于合同的“特殊条件”，主要包括：

（1）预付款，工程开工前，发包人应按合同规定，支付给承包人预付款，预付款金额为合同总价的5%～15%，用于承包人购买机械设备和采购材料等。

（2）临时结算，发包人每月向承包人支付一次，每月支付的金额应扣除承包人的保证金，但保证金累计金额达到合同总价款的5%时，即不再扣留。在工程竣工和维修期满后，承包人交付的保证金应全部退还给承包人。

（3）支付期限，监理工程师签发结算单之日起十五至三十天以内，发包人要向承包人付清费用。

（4）迟付加息，发包人如逾期付款，应按工程项目所在国中央银行贷款利率支付利息。

（5）最后总算，维修期满后，承包人向监理工程师提交维修证书，随附完工总价值证明文件及其他费用证明，经监理工程师审核无误后，签发最后结算证书。自监理工程师签发最后结算证书之日起三十天内，发包人付清全部价款。

（十）违约惩罚条款

（1）凡未经发包人书面同意，承包人转让和分包承包工程，无正当理由，承包人不按时开工，未按合同规定标准准备材料，不听从监理工程师的正当警告，忽视工程质量等，均属承包人的违约行为。对此，发包人有权终止合同，没收承包人的履约保证金，或者采取其他必要的惩罚措施。

（2）发包人未向承包人按时支付费用，干扰、阻碍或拒绝向承包人签发付款证明，无正当理由中途决定停工，故意制造事端挑剔和责难承包人等，承包人有权终止合同，要求赔偿承包人准备开工或施工中所有费用和机器设备折旧费用、运输费用等。

除上述合同条款外，当事人应订立仲裁、不可抗力、特殊风险等条款。

第四节　国际合作技术设计与技术开发合同

一、国际合作技术设计与技术开发的概念与特点

（一）国际合作技术设计与技术开发的概念

国际合作技术设计与技术开发（International Cooperative Technology Design and Development），是指不同国家的法人、经济组织或自然人之间，在现有技术基础上，开发、完善或扩大现有技术的使用深度和广度而进行的合作。这种合作的范围侧重在产品的改型、工艺变更、材料配方调整等方面。其成果不要求是“全新的”，但要求比订立合同时掌握的产品、工艺、材料知识有所改进，技术方案更完整、更系统、更可靠。

国际技术设计开发设计是就新技术、新产品、新工艺、新材料进行研究开发。这种合作开发要求高，要求研究成果具有新颖性、创造型、实用性，达到申请专利的水平。

（二）国际合作技术设计与技术开发的特点

1. 共同投资

共同投资（Co - invest），是合作当事人的首要义务，是开展合作研究、合作开发的物质基础和前提条件。合同必须约定，投资由双方共同投资。投资可以是资金，也可以是设备、技术资料、材料、场地、试验条件以及其他物质条件。

2. 共同研究

共同研究（Joint Research），是指当事人共同参与设计、研究、开发工作，是区别于其他交易活动的基本特征。当事人参与的形式有两种：第一种，是按照合同规定的计划和步骤，组成各方人员共同参加的统一研究小组，共同实施设计、开发计划；第二种，是按照合同规定的计划和步骤，将设计、开发工作分解为技术单元，合理分工，分别开展设计、开发工作。

同时，各参与者要建立协调机构，规定会议制度、联络办法、资料使用与交换、保密制度等。在合作设计、开发过程中，相互协作，密切配合。如果合作方单方面出资，或只管协调，不直接参与研究开发，就属于另一种合作方式，即委托开发。

3. 共担风险

共担风险（Joint Adventure）有两种情况：第一，是指合作方共同组成研究开发小组，在双方约定的地点，共同合作方从事研究开发活动，在这个过程中，出现合同约定范围内的风险，由双方共同承担。第二，在当事人按分工各自研究开发所承担任务时，一方发现可能导致合作研究开发失败，或者部分失败的情况时，应当及时通知另一方，并适当采取措施减少损失，损失合理分担。如果一方发现可能失败的情况而未通知另一方，致使损失扩大，应承担损失扩大的责任。

4. 共享成果

共享成果（Sharing the Fruits）总的原则是以合作方“约定在先原则（Convention Principle of First）”为依据约定分享成果。

合同没有约定的，总的原则是开发成果“共同拥有”，其所有权共同拥有，使用权共同拥有，转让权共同拥有，经济利益共享。但是，也有法律规定的例外情况，如：

（1）成果属于技术秘密，其使用权、转让权和经济利益分配，如果合同中未明确约定，当事人应当签订补充协议。否则，各方不能达成一致意见时，任何一方都可以通过使用、转让，获得经济利益，另一方或其他有关方无权要求分享。

（2）如果另有约定，研究成果不为各方共有，而由一方享有。在这种情况下，当事人转让其专利申请权时，其他各方享有以同等条件优先受让的权利；或者转让第三方取得经济利益，其他合作方有权分享约定的经济利益。

（3）合作开发的当事人一方声明放弃其共有的专利申请权的，可以由另一方单独申请或者由其他各方共同申请，申请人取得专利权的，放弃专利申请权的一方可以免费实施该专利。

二、国际合作技术设计与技术开发合同的概念与主要条款

（一）国际合作技术设计与技术开发合同的概念

国际合作技术设计与技术开发合同（International Cooperative Technology Development Contract），是指国内公司、企业或经济组织与国外公司、企业或经济组织合作，为设计、开发、完善或扩大现有技术的使用深度和广度等技术课题，或者为研究开发新技术、新产品、新工艺、新材料，按共同投资、共同研究、共担风险、共享成果的原则所签订的有法律约束力的书面文件。

（二）国际合作技术设计与技术开发合同的主要条款

国际合作技术设计与技术开发合同并无统一的标准格式，一般根据“意思自治原则”（Principle of Autonomy of Will）由当事人自行拟订，这一原则在《中华人民共和国合同法》中也有规定。合同主要条款如下：

1. 合作的主题

合作主题，是指国际合作技术设计与技术开发项目的名称，如“关于×××××技术的合作技术设计与开发合同”。该名称的表述应反映出合同技术特征和法律特征，项目名称要与合同内容相一致。名称的表达应采用规范化合同语言。

2. 开发技术的内容与成果形式

开发的技术领域规定必须具体，成果形式必须明确。在现实合作业务中，合作方必须分清合同目标的层次：

第一层次，新技术、新产品、新工艺，或者新材料的研究、设计开发。

条款实例：

“本合同的标的技术是订立合同时双方尚未掌握的，经过双方创造性劳动所获得的一套完整技术方案，该技术成果应该具有创造性和新颖性。

合作双方应保证该技术成果具有创造性，即订立合同时该技术成果并不存在，而是经过双方创造性劳动，探索前人或他人未知领域中的发明创造项目，这种发明创造的项目，可以是世界上的项目，也可以是国内首创的项目，还可以是地区或行业中的新项目。

合作双方应保证该技术成果具有新颖性，即该技术成果不是现有的技术，没有被他人公开、为公众所知晓。

合作双方应约定的技术形式，是属于以技术报告、文件为载体的书面技术设计、资料。”

第二层次，产品设计、制造技术，工艺技术、材料配方改进和完善。

条款实例：

“合作双方应明确本合同开发技术项目的技术领域，说明成果工业化开发程度，比如，是属于小试、中试等阶段性成果，还是可以直接投入生产使用的工业化成果；是属于科技理论，还是属于产品技术、工艺技术等。

合作双方应约定的技术形式，是以产品、材料、生产线等实物形态为载体的技术成果。本合同的标的技术应达到如下技术水平和经济指标……”

3. 开发计划和进度

合作双方应通过友好协商，共同拟定一项周密、合理的研究开发计划，包括实施研究开发的总体计划、年度计划、季度计划。明确规定各阶段要解决的技术问题、内容、目标，以及研究开发步骤、方法、技术路线和措施。

条款实例：

“合作双方拟定的研究开发计划应包括以下主要内容：

（1）与本合同标的技术有关的国内外技术现状、发展趋势以及该领域专利申请和授权情况。

（2）现有的技术基础和条件以及目前存在的主要问题。

（3）研究开发本项目的主要任务。

（4）研究开发本项目的攻关目标和内容。

（5）研究开发本项目应达到的技术水平、经济效益和社会效益。

（6）研究开发本项目的实验方法、技术路线和开发计划进度等。

甲乙双方拟定的研究开发计划应在合同生效后两个月内完成。”

4. 合作开发项目的投资

双方应该约定对研究开发本项目投资的方式和比例。双方投资的方式可以是资金、设备、材料、场地、实验条件、技术情报资料、非专利技术成果，以及各项投资在总投资中的比例。

双方以实物或以技术投资，应折算成相应的金额。如：

（1）合作方 A 投资于研究开发本项目的设备、仪器、材料折价的金额为 RMB ________万元（大写____________）；

（2）A 方投资于研究开发本项目的现金金额为 RMB ________万元（大写____________）；

（3）A 方投资于研究开发本项目的技术折合金额为 RMB ________万元（大写____________）；

（4）A 方投资于研究开发本项目的设备、仪器、材料、现金、技术总额折合 USD ________（大写____________）。

B 方对于研究开发本项目的投资金额，也以上述方式逐项列明。

5. 技术资料和情报的保密

合作双方应在合同中规定对技术资料和情报承担保密义务的内容、期限和泄露技术秘密应承担的责任。

（1）保密的范围，涉及研究开发本项目的进展程度、生命周期、在竞争中的优势方面的技术情报、资料、数据、信息、技术秘密。

（2）保密的期限，双方约定，不论本合同是否变更、解除或终止，合同的保密条款不受其限制而继续有效，双方均应继续承担保密条款约定的保密义务。

（3）泄密的责任，双方均应承担泄密的责任，发生泄密的责任，双方应协商补救，并合理承担所造成的损失。

6. 技术成果的分享

双方合作完成的技术成果，除另有约定外，按以下原则处理：

（1）申请专利的权利，由合作双方共有；

（2）合作开发一方转让其共有的专利申请权的，另一方享有以同等条件受让的权利；

（3）合作开发一方声明放弃其共有的专利申请权的，可以由另一方单独申请。申请人取得专利权的，放弃专利申请权的一方可以免费实施该专利；

（4）合作开发一方不同意申请专利的，另一方不得申请；

（5）合作开发完成的技术秘密使用权、转让权以及利益的分配方法由双方约定，没有约定或者约定不明确的，双方均有使用、转让的权利；

（6）合作开发完成的技术成果的精神权利，如身份权，依法取得的荣誉称号、奖章、奖励证书和奖金等归双方共享。

（7）合作开发双方实施许可、转让专利技术、非专利技术获得的经济收益由双方共享。

练习题
EXERCISES

一、单项选择题

1. 国际经济技术合作属于技术贸易范畴是因为其中包含（　　）

A. 经济合作　B. 投资合作　C. 技术合作　D. 生产合作

2. 国际合作生产的目的是（　　）

A. 产品研发　B. 产品销售　C. 产品生产　D. 产品技术转让

3. 国际经济技术合作合同中的标的必须有一项＿＿＿＿对象（　　）

A. 劳务贸易　B. 加工贸易　C. 设备买卖　D. 技术贸易

4. 国际合作生产的主体是（　　）

A. 国家机构　B. 同一国家的公司企业

C. 不同国家的公司企业　D. 不同国家的科研机构

5. 使用国际金融组织贷款兴建项目，要求采用的投标方式是（　　）

A. 竞争性招标　B. 选择性招标　C. 谈判招标　D. 两段招标

二、多项选择题

1. 国际合作生产的方式有（　　）

A. 供、受双方分别组装成完整产品，各自销售

B. 供、受双方一方组装成完整产品，一方销售

C. 供、受双方共同组装成完整产品，联合销售

D. 供、受双方提供零部件给第三方，组装成完整产品，第三方销售

E. 第三方向供、受双方提供零部件，联合销售

2. 国际经济技术合作方式一般包括（　　）

A. 国际合作生产　B. 国际补偿贸易

C. 国际直接投资、　D. 国际工程承包

E. 国际合作设计、合作开发

3. 国际工程承包，按承包人承担责任划分为（　　）

A. 分项工程承包　B. 交钥匙工程承包

C. 半交钥匙工程承包　D. 产品到手工程承包

E. 总包工程承包

4. 政府主导型国际合作设计和合作开发的特点（　　）

A. 属于技术交流的性质　B. 不强调权利、义务对等

C. 不强调等价有偿　D. 不带有贸易性质

E. 参加主体多元化

5. 国际工程承包依合同的计价方式划分为（　　）

A. 固定价格　B. 成本加费用　C. 计时支付

D. 提成支付　E. 分期支付

三、名词解释

1. 国际合作生产　2. 国际工程承包　3. 国际合作开发

四、简答题

1. 简述国际经济技术合作合同的特点。
2. 简述国际工程承包的特点。
3. 简述国际合作技术开发的特点。

五、论述题

试述国际合作生产对受方引进技术的利弊。

第五篇

Part Five

中国的技术进口和技术出口贸易工作

Chinese Technology Import and Export Trade Work

第十五章　中国技术进口概述、主要成就和经验教训

学习目标导言

新中国成立初期到改革开放之前，中国技术进口结构中主要是整套工厂、成套设备、关键设备等硬件技术，以及恢复生产、满足人们生活急需的产品。在当时的形势下，技术进口不仅填补了国家一些技术空白、培养了大批技术人才，还为国家工业化奠定了坚实基础。成效巨大，功不可没。

改革开放以后，中国通过大量引进技术，为实现国家四个现代化准备了必要的条件。

(1) 改造了传统产业，提高了产业技术水平，改变了落后产品结构，增强了企业竞争力。

(2) 优化了经济结构，转变了经济增长方式，增强了国家软实力和硬实力。

(3) 建立了完整的科学技术研发体系，培养了大批科技人才，涌现了大批科研技术成果。在很多技术领域跟上了世界科技革命和产业变革的步伐，有些达到了世界先进水平，增强了自主创新能力。

(4) 加速了国家四个现代化步伐，缩短了与工业发达国家的技术差距。

(5) 引进技术使中国人民享受到先进的技术成果，大大改变了人们的生产、生活方式，提高了人民的生活质量。取得了令人瞩目的巨大成就。

但是，我们技术引进中尚存在一些问题。例如，“重引进，轻创新”，对国外技术的依存度偏高，对引进技术创新的投资比重偏低等。这些问题，中国政府主管部门、企业如不及时采取措施加以解决，对中国发展科学技术、增强自主创新能力，掌握当代产业革命的前沿核心技术、关键技术，建设创新型国家是十分不利的。

重点难点提示

技术进口的概念与内容；中国技术引进的情况、特点、主要成就和经验教训；增强技术引进的政策意识，做好技术引进工作。

第一节　技术进口的概念与内容

一、技术进口的概念

技术进口的概念有很多不同的说法，下面列举几种说法，供读者参考：

(1)《中华人民共和国技术进出口管理条例》第 2 条规定，“技术进口，是指从中华人民共和国境外，向中华人民共和国境内……通过贸易、投资或者经济技术合作的方

式转移技术的行为。”

（2）《技术引进和设备进口工作暂行条例》规定，“技术引进，是指通过国际技术贸易、科技合作等途径，以各种不同方式，从国外获得发展我国国民经济和提高我国科学技术水平所需的先进技术。”

（3）“技术引进（Technology Introduction）最简单的说法是从国外引进新的技术和设备，其中技术包括产品设计、配方、图纸、工艺流程等，设备包括仪器、样机等。”（吴贵生主编《技术引进与自主创新》2010 年 7 月，知识产权出版社。）

（4）技术进口（Technology Import），习惯称为技术引进（Technology Introduction），是指技术进口经营者（Technology Import Operator）通过贸易、外国直接投资、国际经济技术合作等方式，将国外先进软件技术、硬件技术依法转移到中华人民共和国境内的行为。（本书作者的观点）

二、技术进口的内容

技术进口的内容，说法也不完全一样，以下列举几种供读者参考：

1.《中华人民共和国技术进出口管理条例》第 2 条第 2 款规定的范围

“……前款行为包括专利权转让、专利申请权转让、专利实施许可、技术秘密转让、技术服务和其他方式的技术转移。”

2.《技术引进和设备进口工作暂行条例》规定的范围

（1）从国外公司、企业和科研单位获得生产工艺技术、设备制造技术和经营管理技术等，包括购买设计、流程、配方、设备制造图纸工艺和工艺检验方法等技术资料；

（2）委托外国咨询公司或科研单位提供技术咨询和其他技术服务；

（3）聘请外国专家进行技术指导或委托外国科研单位或公司培训人员；

（4）随技术引进进口的关键设备、测试仪器和样机；

（5）由国外提供的各种科技援助项目和科技合作项目。

第二节 中国技术引进情况与特点

新中国成立初期至今，中国技术引进工作走过了 60 多年的历程，经历了四个大的发展阶段：第一阶段 1950—1978 年；第二阶段 1979—1994 年；第三阶段 1995—2005 年；第四阶段 2005 年至今。前两个阶段，中国技术引进工作因受国内外政治经济环境影响，进口项目数、项目结构和资金投入起伏较大，形成了各具特点的若干时期。第三阶段，技术引进工作进入良性发展期，在项目种类、技术水平、贸易方式和法制管理等方面都取得了新进展。

一、第一阶段（1950—1978 年）

在第一阶段，中国共签订技术引进合同 845 项，合同金额为 119.7 亿美元。这个阶段又可以分为三个历史时期：

（一）国民经济恢复时期（1950—1959 年）

中国国民经济恢复时期，国内各行各业百废待兴，面临着巩固国防、发展经济和改善人民物质、文化生活的艰巨任务。为迅速改变不利处境，国家加大了从国外引进技术的力度，出现了技术引进的第一个高潮。这一时期，中国与前苏联共签订技术设备引进合同 304 项；与东欧国家签订成套设备引进合同 116 项；与瑞典、丹麦签订设备引进合同 3 项。此外，还从上述国家进口多项单项技术设备，技术引进工作取得了巨大成绩。具体表现如下：

1. 生产力水平大大提高

引进设备投产的生产能力：生铁 590 万吨，钢 650 万吨，钢材 489 万吨，铜 2.5 万吨，铝 4.1 万吨，原煤 2 570 万吨，发电机组容量 450 万千瓦，合成氨 22.5 万吨等。

2. 设备制造能力有了很大提高

在引进合同中，规定外方提供设备时，应提供设备图纸，由中方根据图纸制造部分配套设备，从而使我国机械设备制造水平得到了很大提升。

3. 培养了大批生产人才和经济管理人才

引进的项目大多具有规模大、产业新、工艺先进的特点，工程技术人员面对现代化大生产的要求，需要在“干中学，学中干，边学边干”。在这个过程中，管理人员和工程人员的技术水平和管理能力大大提高，逐渐形成了工程勘测、设计、施工、设备制造和管理整个工厂的人才队伍。

4. 建立了国家、地方两级科研体系和高等教育体系

在引进技术的同时，各行业还聘请了大批外国专家，主要是前苏联专家。他们将前苏联的科研、教育制度和管理制度带进中国，对中国迅速摆脱半封建、半殖民地的落后局面起了积极的推动作用，为中国培养了一大批科研和教育人才。

（二）国内外政治经济环境剧烈变化时期（1960—1969 年）

这一时期，中国经历了三方面的重大变化：第一个变化，三年自然灾害；第二个变化，“文化大革命”；第三个变化，前苏联单方面撕毁合同、撤走专家。这种不利的政治经济环境严重影响了技术引进工作，导致技术引进工作跌入低谷。尽管如此，这一时期仍有少量的技术引进：

1. 技术引进渠道向多元化发展

1960 年以前，中国技术引进局限于前苏联和东欧国家。由于前苏联单方面撕毁合同和撤退专家，迫使中国将技术引进的目光转向其他国家，如日本、联邦德国、意大利、法国、瑞典、瑞士、荷兰、比利时、丹麦等国。

2. 调整了技术引进结构

为了减轻自然灾害的不利影响，技术引进的产业结构也发生了重要变化，从过分重视重工业发展，开始向解决人民的“吃、穿、用”问题转化。技术引进工作开始侧重引进了合成纤维、维尼龙、腈纶、乙烯、丙烯、高压聚乙烯、聚丙烯、合成氨和尿素等生产设备和技术。

3. 引进新技术与改造传统产业并举

这一时期，成套设备、单项设备和单项技术引进仍然占主要地位，但引进的重点有所转变，开始注意对传统产业进行技术改造，提高现有企业的技术水平。

（三）“四三方案”和“六五方案”时期（1970—1978 年）

这一时期，国内外政治经济环境开始逐步改善，使几乎中断的技术引进工作又重新提上工作日程，国家计划部门制订了庞大的引进计划，即“四三方案”和“六五方案”。据此，可以分为两个时间段：

1. “四三方案”时间段

“四三方案”，是 1973 年 1 月国务院根据国家计划委员会提出的《关于增加设备进口，扩大经济交流的请示报告》批准的长期技术引进计划，计划用汇 43 亿美元，故称“四三方案”。后来又追加了一些项目，计划使用外汇达 51.4 亿美元。实际上，该项计划并未全部执行，对外签订合同金额仅为 39.6 亿美元。“四三方案”时间段的特点：

（1）引进项目主要以石油化工和合成材料为主

中国引进的重点集中在石油化工及合成材料领域，据统计，石油化工项目约占全部成交金额的 46%，冶金工业项目约占 18.4%，能源工业项目约占 19.4%，机械工业项目约占 11.6%，其他行业项目所占比例很少。

（2）项目的技术水平有所提高

中国国家有关部门开始注意项目系列生产能力和效率的提高，以及生产、质量管理、控制体系的系统配套和上下游的有机配合，从而对一些相关行业技术水平提高起了很好的带动作用。

（3）基本上解决了当时国民经济发展的急需解决的问题

当时，国民经济发展的急需解决的问题主要是两方面：一是人民的“吃、穿、用”；二是工业现代化。例如，引进的合成纤维项目使生产能力提高了 40 万吨；13 套大型化肥项目大大缓解了化肥供应的紧张局面，而且减少了用于进口化肥的外汇支出。

2. “六五方案”时间段

1976 年 10 月，国内政治形势出现了重大转折，恢复国民经济成为最紧迫的任务。在这种形势下，1977 年 7 月，国务院批准了国家计划委员会提出的《关于引进新技术和进口成套设备规划的请示报告》，计划用汇 65 亿美元，故称“六五方案”。在这一时间段，我国对外共签订 1 230 多项技术引进合同，总金额达 78 亿美元，再一次掀起了技术引进的高潮。但是，这一时期技术引进也出现了过热的偏向，引进规模超过了国家经济承受能力，致使一些合同被迫撤销或延期，又使我国技术引进工作受到一定挫折。“六五方案”时间段的特点：

（1）建立了一批全国很有影响的大企业

陕西咸阳彩色显像管项目、贵州电解铝厂项目、乌鲁木齐和大庆石油化工项目、上海宝山钢铁厂项目等都是这一时期建立的。

（2）技术引进方式有所改变

在这一时间段，机械、冶金、化工等工业部门从引进成套设备，逐步向引进软件技术转变，签订了一些引进软件技术为主的合同。此外，有的企业还采取了“合作生产”

方式。

（四）第一阶段我国技术引进工作的主要特点

根据上述情况，我们可以将第一阶段我国技术引进工作特点归纳以下：

1. 技术引进的项目主要是基础工业项目

项目集中在煤炭、电力、石油、冶金、化学、建材、林业加工、机电、纺织、轻工、邮电、广播、电影等领域，填补了一些工业领域空白，建立了一些新的产业部门，有力地推动了我国重工业部门的发展。

2. 技术引进方式主要是成套设备引进的单一方式

这一时期，技术引进方式主要是整个工厂的成套设备，国际技术贸易中通行的许可方式基本未采用。这种做法有助于提高直接生产能力，但对自主开发能力的提高有不利影响。

3. 技术引进工作的组织管理高度集中，资金来源基本是国家拨款

技术引进工作主要由中央各部委负责，其他部门的权限很小。技术引进的资金也基本来自国家外汇拨款，以致限制了技术引进的规模和企业引进技术的积极性。

4. 技术引进业务完全由专营公司负责

各企业、部门的技术引进工作都必须委托专营公司办理。当时，唯一的专营公司就是“中国技术进出口总公司”。

二、第二阶段（1979—1994年）

第二阶段，中国对外共签订技术引进合同5 784项，合同总金额为539.8亿美元。这个阶段又可以分为两个时期：

（一）改革开放初期（1979—1990年）

1978年12月中国共产党召开了十一届三中全会，提出了具有深远意义的“改革开放”方针，并指出“在自力更生的基础上积极发展同世界各国平等互利的经济合作，努力采用世界先进技术和先进设备”。

1982年中国共产党第十二次全国代表大会报告中更具体地指出：“实行对外开放，按照平等互利的原则扩大经济技术交流，是我国坚定不移的战略方针。我们要促进国内产品进入国际市场，大力扩展对外贸易。要尽可能地多利用一些可以利用的外国资金进行建设，为此必须做好各种必要的准备工作，安排好必不可少的国内资金和各种配套措施。要积极引进一些适合我国情况的先进技术，特别是有助于企业技术改造的先进技术，努力加以消化和发展，以促进我国的生产建设事业”。

党中央和国务院的一系列重要指示，为我国技术引进工作指明了方向，也为我国技术引进工作的进一步发展做好了理论和思想准备。

在这一时期，中国对外签约总金额约300亿美元，引进项目主要是能源、原材料、机电、交通、通信和纺织等行业，以及扩大商品出口需要的技术项目。

（二）“八五”计划时期（1991—1994年）

1991年至1994年，“八五”计划要求“要合理地安排进口，把有限的外汇集中用

于引进先进技术和关键设备”，“保证技术引进持续均衡地发展”。按照这一精神，中国除增加自有外汇投入外，还积极争取和利用外国政府贷款，致使中国技术引进规模回升幅度较大。

1991 年开始，技术引进规模逐渐回升，1991 年引进技术 359 项，用汇 34.6 亿美元；1992 年引进技术 504 项，用汇 65.9 亿美元；1993 年引进技术 493 项，用汇 61.10 亿美元；1994 年引进技术共 444 项，用汇 41.1 亿美元。项目集中在机械、电子、通信、冶金、有色、能源、石油化工、轻工和纺织等行业。“八五”计划时期的特点：

1. 加大了基础产业领域的引进力度

在这一阶段，中国将项目集中在以电力为中心的能源工业、交通运输、通信、冶金等基础产业。通过引进，形成了大型火电站的成套生产能力；改善了运输调度指挥系统，提高了铁路运输能力；引进数字程控交换机、数字微波通信、卫星通信、光纤光缆、移动通信等技术，大大提高了国家的通信水平；引进建设宝山钢铁公司一、二期工程所需技术和设备，以及首钢、鞍钢、本钢等钢铁企业技术改造所需的技术和设备，大大提高了国家钢铁生产能力；引进了齐鲁、扬子、金山、兰州等 10 多套 30 万吨乙烯装置，大大缓解了化工、纺织等原材料短缺的局面。这些项目不仅规模大，而且技术先进，对国家基础产业发展、农业发展和人民生活水平的提高都起到了重要作用。

2. 优化了技术引进结构

产品设计、工艺、制造和生产管理等软件技术比重有所增加。20 世纪 90 年代初，软件技术在技术进口总金额中的比重达到 22% 。

3. 技术引进方式向灵活、多样化发展

过去单一的成套设备引进方式有所改变，国际上通用的技术许可、技术咨询和服务、合作生产、补偿贸易等方式都有不同程度的采用。

4. 技术引进资金来源多样化

技术引进资金主要靠国家拨款的传统做法有所改变，开始使用政府贷款、国际金融组织贷款、商业贷款、国外出口信贷等。

（三）第二阶段技术引进工作的主要特点

根据上述情况，我们可以将第二阶段技术引进工作的主要特点归纳如下：

1. 技术引进的决策与管理体制出现了较大变化

国家经济体制改革和对外贸易体制改革，使技术引进管理和决策机制也发生了较大变化。具体表现在以下方面：

（1）由中央统一管理转变为中央和地方分级管理

过去，技术引进的决策和管理方式一直采取集中管理的方针。在国家开始经济体制改革，特别是强调加速现有企业的技术改造以后，按用汇限额下放了审批权限，对一些沿海省份、计划单列市和经济特区实行了特殊政策。

（2）技术引进的管理逐步走向科学化、规范化、法制化的轨道

1985 年 5 月 24 日，国务院发布了《技术引进合同管理条例》；1988 年 1 月 20 日，外经贸部又颁布了《中华人民共和国技术引进合同管理条例实施细则》；1994 年 7 月 1

日，《中华人民共和国对外贸易法》开始实施。至此，中国管理技术引进的系列法规已经形成。

2. 引进先进技术和成套设备与现有企业的技术改造并举

引进先进技术和成套设备，实现现有企业的技术改造，是建立现代化生产力的重要手段，对于缩短我国与工业发达国家的技术差距，实现“四个现代化”具有重要作用。因此，1979 年 6 月，国务院提出了技术引进要与老厂的挖潜、革新、改造相结合的指导方针，加强了对老企业技术改造的组织领导，并制定了支持技术改造项目的优惠政策。

3. 引进技术的消化、吸收工作得到一定程度的加强

国家经委、财政部安排了一些重大消化吸收项目，而且将国内的科研与引进技术的消化吸收结合起来。国家科委明确要求“把学习、消化、吸收国外技术成就作为发展我国科学技术的重要途径”。由于国家的推动，引进技术的消化吸收工作取得一定的成绩。

三、第三阶段（“九五”计划、“十五”计划，1995—2005 年）

（一）第三阶段技术引进的基本情况

第三阶段技术引进的基本情况如表 15.1 所示。

表 15.1　　第三阶段技术引进的基本情况

年份	合同数	合同总金额（亿美元）	技术来源国（地区）数	技术引进主要行业	许可等方式占合同总金额百分比（%）
1995	3 629	130. 32	15	机械、电子、冶金、能源	19. 73
1996	6 074	150. 57	17	石油、邮电、交通、轻纺	17. 10
1997	5 984	159. 23	美、日、德等	能源、交通、通信、软件	13. 68
1998	6 252	163. 75	美、日、德、意	能源、通信、化工、软件	25. 00
1999	6 678	171. 62	56	交通、通信、化工、能源	31. 39
2000	7 353	181. 76	42	成套、关键设备、生产线	41.11
2001	3 900	90. 91	55	发电、冶金、通信、化学	48. 34
2002	6 072	173. 89	美、欧、日等	电子、能源、化工、冶炼	82.56
2003	7 130	135. 51	美、欧、日等	电力、蒸汽、热水、通信	70. 71
2004	8 605	138. 60	欧、日、美等	电子、通信、冶炼、热水	69.50
2005	9 902	190. 50	美、德、日等	铁路、黑色冶金、通信	62. 10
总计	71 579	1 686.66			

（二）第三阶段技术引进的特点

（1）技术引进的规模在每年 150 亿美元上下浮动。

（2）技术含量不断提高，技术许可等方式的比重逐步增加，成套设备、关键设备、生产线等比重逐步下降。

（3）技术来源国（地区）越来越向美国、欧盟、日本等少数工业发达国家集中。

（4）技术引进行业主要集中在电子、通信、能源、机械、化工、黑色冶金、软件、蒸汽、热水等行业。

（5）技术引进主体多元化，包括了国有企业、外资企业、民营企业和跨国公司。

四、第四阶段（“十一五”计划，2006—2010 年）

（一）第四阶段技术引进的基本情况

1. 技术引进的基本情况评价

2006 年以来，我国技术进口取得了新进展，全国技术进口屡创新高。但是，“技术贸易呈现逆差状态，每年逆差在 100 亿美元以上”。（资料来源：商务部服务贸易司 2012 年 12 月国际技术进出口交易会新闻发布会）

2. 2006—2010 年技术进口数据（见表 15.2）

表 15.2　　2006—2010 年技术进口数据

年份	总金额（亿美元）	合同数	增幅（%）	软件比（%）	主要进口商品	主要进口国别	
2006	220.2	10 538	15.6	67.0	电子、通信、铁路、交通	欧盟、日、美	
2007	254.2	9 773	15.6	76.4	核电、电力、通信、交通运输、电子设备制造	欧盟等 88 个国家	
2008 上半年	126.0	4 955	21.1	88.2	电子设备制造、交通运输化学原料、黑色金属冶炼	欧盟等 60 个国家	
2009					计算机信息服务 专用权、特许权使用费 咨询		
2010	256.4	11 253	18.8	85.2	通信设备、计算机、交通运输、电子设备制造	欧盟等 71 个国家	

资料来源：商务部，中国服务贸易指南网。

（二）第四阶段技术引进的特点

1. 技术引进方式多样化

技术引进方式包括：知识产权许可或转让（专利技术、专有技术、商标使用许可、计算机软件著作权许可）技术咨询、技术服务；国际经济技术合作（合资生产、合作生产）；成套设备、关键设备、生产线购买。

2. 软件技术在引进总合同金额中的比重创新高

专利技术许可、专有技术转让、技术咨询、技术服务、计算机软件及软件服务、商标使用许可在技术引进总合同金额中的比重平均占到80%以上。改变了过去成套设备、关键设备、生产线购买比重过大的局面。

3. 技术来源国广泛，工业发达国家为主

技术来源国包括：欧洲国家（德国、意大利、法国、瑞士、英国、俄罗斯、丹麦、芬兰等）；亚洲国家（日本、韩国、新加坡等）；美洲国家（美国等）。

4. 越来越多的企业从过去的技术受让方转变为技术的出让方

经过60多年的技术引进实践，在自力更生和大量引进国外先进技术的基础上，我国已经具有比较完整的学科体系、丰富的科技人力资源、良好的科技发展基础。中国企业不断发展壮大，企业参与技术转移的能力进一步提高。它们已不再是技术的受让方，而是逐步成为技术的出让方。

第三节　中国技术进口工作的主要成就和经验教训

当今，世界经济已从过去以传统工业为基础，以稀缺自然资源为主要依托，向以高新技术产业为支柱，以智力资源为先导的“可持续发展经济”转变。在这种形势下，各国越来越认识到，引进国外高新技术成果，加快高新技术产业建立，改造传统工业，是转变国民经济增长方式的重要条件之一。经验证明，中国必须保持引进技术的适度规模，加强引进技术的消化、吸收、创新力度和自主创新力度，才能实现技术赶超和技术跨越的目标。因此，我们有必要回顾新中国成立以来中国技术引进工作的主要成就，总结经验教训，以更好地促进中国技术引进工作健康发展。

一、中国技术引进工作的主要成就

中国技术引进工作的成就是巨大的、有目共睹的，具体成就已在各时期技术引进的情况和特点中详细介绍过，这里只做一个简单归纳：

（一）引进了国外先进技术、设备、管理经验

技术引进使中国企业获得了国外新技术、先进设备和先进管理经验，迅速地提高了企业装备水平、生产力水平和管理水平，填补了一些领域的技术空白，缩短了和工业发达国家的技术差距。

（二）改造了传统工业

技术引进加速了中国传统工业技术改造，促使产业结构调整和产品更新换代，促进了国民经济增长方式从粗放型向集约型转变。

（三）优化了进出口商品结构

技术引进促进了中国进出口商品结构优化，迅速改变了长期出口原料性商品、劳动

密集型产品为主的局面，提高了产品的档次和附加值，促进了技术密集、知识密集和智力密集技术产品的出口，如机电、电子和航空、航天等产品。

（四）扩大了科技交流

技术引进加快了改革开放的步伐和外向型经济的发展，促进了国际经济技术合作与科技交流广泛深入发展。

（五）提高了科学技术水平

技术引进加速了国家整体科技水平提高，培养了大批现代管理人才、科技人才，增强了科研部门、企业的技术自主开发创新能力。

（六）节约了自行研制技术成本

技术引进是进口国外技术为我所用。从投入产出来看，节省了自行研制技术的成本，即节约了资金、时间，避免了研制风险，使国家比较快地解决了人们的生产生活的需要，比较快地获得了经济效益和社会效益。

二、中国技术引进工作的主要经验教训

（一）成套设备引进比重居高不下，软件技术引进比重偏小

技术引进的第一阶段，引进的几乎全部是成套设备和单项设备。技术引进的第二阶段，情况有所改变，但成套设备和单项设备的比重仍然很高，1981—1985 年成套设备引进所占比重为68%，1986—1990 年所占比重为 80%。直到“八五”计划、“九五”计划期间，成套设备和关键设备、生产线在技术引进中的比重仍然占 80% ~85% 以上。“十五”计划期间，这种形势才有所改变。造成这种局面的主要原因，是政府和企业过分重视直接现实生产力的提高，对软件技术引进重视程度不够。

（二）不合理的“重复引进”现象严重

技术引进的第一阶段未发生不合理重复引进的现象。但第二阶段后期，由于技术进出口经营权的下放和企业自主经营权的扩大，重复引进的现象严重。在 20 世纪 80 年代，几乎所有的省、市都热衷于发展彩电、电冰箱、洗衣机等耐用消费品，以及汽车生产线、饮料食品、铝材加工、石材加工、西装生产等。以致不少引进项目不能充分发挥作用，很多生产线利用率不高，这不仅浪费了大量外汇，而且极大地影响了企业投资效益，造成国家巨大经济损失。

重复引进的另一种表现是，在有些技术领域国内已具备设备的制造能力，基本满足国内建设需要的情况下，继续从国外进口成套设备。例如 1978 年，中国机械制造部门已掌握了年产 52 万吨尿素大型设备的制造技术，但国家审查部门仍批准继续引进 4 套年产 52 万吨尿素的成套设备。由于重复引进现象长期未得到有效控制，以致造成某些产品生产过剩，企业低价竞争。这种现象不但对企业本身不利，而且直接影响国家的经济效益，也阻碍国内技术能力的积累和技术进步。

（三）企业对引进技术的消化、吸收、创新重视不够，重引进、轻创新

消化、吸收并加以创新是技术引进工作的三个环节。在前两个环节上，企业做了很大的努力，取得了积极的效果。但是，在创新环节上，则未取得突破性进展。具体表现

如下：

1. 中国技术引进的道路走入了“成套设备引进—模仿—国产化”的误区

从积极的方面来看，“成套设备引进—模仿—国产化”是技术相对落后的发展中国家学习国外先进技术的必由之路，对于迅速提高国内生产力水平效果明显。但是，其消极作用也十分明显，即在企业模仿和国产化的过程中，国外技术又向前发展，新一代产品又推向市场。这样，在企业尚未将引进的技术完全国产化之前，就面临再次引进国外技术的压力，从而使企业进入“成套设备引进—模仿—国产化”的恶性循环之中，形成长期依赖国外技术的局面。直到现在，中国对国外技术的依存度仍然在50%以上。

2. 用于消化、吸收和创新的资金比例过低

日本和韩国的经验证明，用于消化、吸收引进技术和创新的资金比例应大大高于直接引进技术的费用。例如日本引进技术的花费与用于消化、吸收和创新的研制费用之比为：钢铁、化工为1:8；电器技术为1:9；精密机械为1:10。而中国的情况正相反。如1991年技术引进支出90.23亿元，消化吸收支出为4.05亿元；1992年技术引进支出116.06亿元，消化吸收支出5.4亿元；1993年技术引进支出192.84亿元，消化吸收支出8.71亿元；1994年技术引进支出275.7亿元，消化吸收支出9.7亿元。（资料来源：国家科委《中国科技统计年鉴1994》）这种状况不仅影响企业技术水平的提高，而且影响国家关键技术和核心技术的形成。

（四）引进技术的消化吸收创新仍然是中国企业的薄弱环节

2012年7月9日，在全国科技创新大会上，国家领导人胡锦涛指出，“深化科技体制改革的中心任务，是解决科技与经济结合的问题，推动企业成为技术创新主体，增加企业创新能力。这是一项事关国家长远发展的基础性、全局性、战略性重大任务。企业强则国家强。我国是制造业大国，已经具备很强的制造能力，但仍不是制造强国。总体上处于国际分工和产业链的中低端，根本原因就是企业创新能力不强。如果能在‘中国制造’前面再加上‘中国设计’、‘中国创造’，我国的经济产业格局就会发生根本性变化。企业的创新能力，很大程度上决定我国经济的发展前景。”

不少企业在认识上仍然存在“重引进、轻消化，重洋货、轻国产，重使用、轻创新”的浮躁思想，行动上“说得多，做得少”。具体表现在，“技术引进费与企业技术引进消化吸收创新的费用占技术引进经费的比例过低。2006年，中国内资企业技术引进消化吸收创新的费用占技术引进经费的比例平均为0.34:1。其中，国有企业为0.12:1，外商投资企业为0.11:1；国有大型企业为0.01:1；民营企业为0.55:1。”（资料来源：商务部《中国服务贸易发展报告》2008）

练习题
EXERCISES

一、单项选择题

1. 中国技术引进第一阶段垄断经营技术进口业务的单位是　（　　）

A. 国家科委　　B. 外经贸部

C. 技术引进企业　　D. 中国技术进出口总公司

2. 中国技术引进第一阶段引进技术的资金主要来源于（　　）

A. 企业自筹　　B. 国家拨款

C. 国际金融机构贷款　　D. 商业银行贷款

3. 中国技术引进第一阶段我国技术引进的方式主要是（　　）

A. 技术许可　　B. 成套设备购买

C. 补偿贸易　　D. 直接投资

4. 中国技术引进工作第一个高潮出现在技术引进的第________阶段（　　）

A. 一　　B. 二　　C. 三　　D. 四

5. 中国技术引进第三阶段技术引进主体不包括________的状况发生改变（　　）

A. 国有企业　　B. 民营企业

C. 外资企业　　D. 私有企业

二、多项选择题

1. 中国技术引进第一阶段第二时期技术引进工作跌入低谷的原因是（　　）

A. 三年自然灾害

B. “文化大革命”

C. 前苏联单方面撕毁合同、撤走专家

D. 国家引进政策调整

E. 资本主义国家技术封锁

2. 中国技术引进工作第一阶段，技术来源国主要是（　　）

A. 前苏联　　B. 东欧国家

C. 北欧国家　　D. 日本

E. 东南亚国家

3. 中国技术引进工作第三阶段，技术来源国越来越集中在（　　）

A. 欧盟成员国　　B. 美国

C. 日本　　D. 巴西

E. 墨西哥

4. 当前中国技术引进的资金除国家拨款、企业自筹外还使用（　　）

A. 私人贷款　　B. 商业贷款

C. 政府贷款　　D. 国际金融组织贷款

E. 国外出口信贷

5. 目前，中国技术引进项目从基础工业项目向________项目集中（　　）

A. 电子　　B. 通信　　C. 能源　　D. 软件

E. 热水

三、名词解释

技术引进（进口）

四、简答题

1. 简述中国第一阶段技术引进工作的主要特点。

2. 简述中国第二阶段技术引进工作的主要特点。
3. 简述中国第三阶段技术引进工作的主要特点。
4. 简述中国第四阶段技术引进工作的主要特点。

五、论述题

1. 试述中国技术引进工作的主要成就。
2. 试述中国技术引进工作的主要经验教训。

第十六章 中国技术进口交易的程序及管理

学习目标导言

中国企业从事技术进口交易历史悠久。自中华人民共和国成立之初到现在60多年的时间里，技术引进业务从未中止过。在这个过程中，中国技术引进企业积累了丰富经验，形成了一套完整的业务程序。本章将这套程序完整呈现出来，给新加入技术贸易行列的人员提供一条学习的捷径。

在长期技术贸易实践中，随着中国技术贸易发展，全国人民代表大会常务委员会、商务部和科技部制定完善了管理技术贸易的法律、法规，统一了全国国际技术贸易的法制管理。所有技术贸易企业必须依据这些法律、法规的规定，并在实际业务中加以贯彻。

对中国技术进口企业来说，中国法律、法规是工作的指导方针，同时，法律、法规也是对技术进口企业工作的监督。如违反法律、法规的规定，将要追究其责任。因此，本章的内容都是根据这些法律、法规阐述的。

重点难点提示

技术引进准备工作的必要性；技术引进企业的准备工作；对外经营公司的准备工作；中国技术引进工作的业务环节；政府主管部门管理技术引进工作的法律、法规；管理技术进口的基本原则、具体管理措施。

第一节 技术进口交易程序的概念及准备工作的必要性

一、技术引进交易程序的概念

技术引进交易程序（the Procedures of Technology Import Transactions），是指技术进口企业和代理技术进口企业按批准的可行性研究报告，实施技术引进工作的业务环节，包括准备工作、对外初步询价、考察、技术交流、选择国外技术供方、谈判、拟订合同条款、签订合同等，以及当事人在各环节应做的工作和注意的问题。

二、技术引进交易准备工作的必要性

技术进口是一项系统工程，业务环节多，涉及面广，法律性强。因此，技术进口企业，或者受技术进口企业委托代理技术进口业务的对外经营公司，都必须事先做好准备工作，以防止因考虑不周延误工作进度，或承担不必要的经济风险和技术风险。

（一）准备工作决定技术引进的成败

从广义来说，任何技术引进都是投资行为，都是以获得一定的收益为目的。根据国际通行做法，每个投资项目都要经历前期准备、投资施工和生产等环节，它们之间是一个互相联系的整体。前期准备工作充分、正确，项目的执行就有了可靠的基础，施工建设和生产经营就会比较顺利。如其不然，将导致人力、物力、资金的巨大浪费。

（二）准备工作有助于降低商业和技术风险

技术引进涉及许多风险因素，有些因素是使用技术前难以预见或避免的。但是，企业做好前期准备工作，有助于将商业风险和技术风险降低到最低程度。

（三）准备工作，是正式谈判和签约的依据

在正式谈判和签约之前，企业必须独立、实事求是地对多个技术引进方案进行分析、预测、比较和综合平衡，准确确定引进技术的内容、规模、方式和它们的优先序列，并将其作为企业同国外厂商正式谈判和签约的依据。

第二节　技术进口企业的准备工作

一、企业编制技术进口立项文件

（一）编制“项目建议书”

1. 编制“项目建议书”的目的

“项目建议书”（Proposals for the Projects），是技术引进企业将“技术需求”用书面形式向上级主管部门提出建议的书面文件。

2. “项目建议书”的内容

（1）项目名称。

（2）项目的主办单位及负责人。

（3）项目的内容与申请理由：说明拟引进技术的名称、内容及与国内外技术差距和概要情况。

（4）进口国别与厂商：说明拟探询的国家和厂商名称。

（5）承办企业的基本情况：说明项目类型，新建、改建、扩建及工厂地点和基本条件。

（6）产品：产品名称、简要规格、生产能力和销售方向。

（7）实施条件：主要原材料、电力、燃料、交通及协作配套，以及近期和未来已具备的条件。

（8）项目资金与来源：项目所用外汇总额及其来源，国内配套资金估算与来源。

（9）项目进度安排；资料交付、人员培训、试车投产的时限。

（10）初步技术、经济分析；企业效益、社会效益、投资回收期等估算。

除上述内容要求外，项目单位还应提出邀请外方来华技术交流计划、出国考察计划和可行性研究计划等。

"项目建议书"编制完成后，项目单位必须报送上级主管部门，经审查批准，列入技术年度引进规划，即所谓"立项"。"立项"之后，项目单位就可以进行以"可行性研究"为目的的各项工作，包括调查研究、出国考察、与外商进行技术交流，以及进行非正式询价和初步洽谈等。

（二）可行性研究及可行性研究报告的编制

1. 项目可行性研究报告的概念

项目可行性研究报告（the Feasibility Study Report），是指技术进口企业在可行性研究工作基础上，通过调查研究、科学分析、鉴别、测算、比较、预测等手段，提出的书面综合研究报告。

2. 可行性研究及可行性研究报告编制的目的

可行性研究（Feasibility Study），是对技术引进项目涉及的各种因素进行深入的科学论证，比较、选择的过程，也是决定技术引进工作是否继续进行的关键阶段，这一阶段工作质量的好坏，对项目成败和决策正确与否具有决定性作用。

项目可行性研究的基本任务，是项目规划、技术论证、经济核算和引进方案分析比较，为项目决策提供可靠依据和建议。项目可行性研究要求，研究者采用的数据应尽可能采用精确数据，有些数据也可采用推算或假设。但是，研究者必须对推算和假设的数据做出说明，不加说明的假设是不允许的。另外，研究者必须保证可行性研究的精确度，按国际标准，精确度的误差允许在 ±10%。

3. 项目可行性研究报告的内容

项目可行性研究报告内容主要包括：

（1）总说明

项目名称；项目主办单位及负责人；可行性研究的主要技术负责人和经济负责人；项目建议书的审批文件；可行性研究的总概况、结论与建议。

（2）承办企业的基本情况与条件

产品名称、规格、技术性能与用途；国内需求情况调查研究与预测；国外市场情况调查研究与预测；产品进入国际市场的设想与措施等。

（3）物料供应规划

原材料、半成品、配套件、辅助材料以及其他共用设施等的使用、来源、价格；若干物料选用方案的比较与论证。

（4）厂址选择

厂址的自然、经济、社会、交通等条件的概述，可选择方案的比较与论证，选定的理由。

（5）技术与设备

技术选择方案的比较与论证，选定的理由；技术来源国别与厂商；技术转让费用的估算；设备选择方案的比较与论证，选定的理由；进口设备的来源国别与厂商，设备费用的估算。

（6）生产组织、劳动定员和人员培训计划。

（7）环境污染的防治。

（8）项目实施的综合计划

询价、谈判、签订合同、工程设计、技术与设备交付、工程施工、调试与正式投产年月。

（9）资金的概算与来源

项目的总用汇额，包括：准备工作阶段实际发生的费用；外汇资金来源与偿还方式；国内资金概算；项目全部资金费用及来源。

（10）经济分析

生产成本与销售收益的估算；分年的现金流量；分年的损益计算表和资金平衡表；根据分年的现金流量，计算投资回收年限与投资回收率；按分年的现金流量，按“现值”法计算“净现值”与内部回收率；项目的敏感度分析和盈亏分析；其他经济技术指标分析。

其他需要详细说明的问题，应以“附件”形式分别列出，并附在可行性研究报告之后。

4. 报批

项目可行性研究完成后，项目单位应将可行性研究报告报请上级主管部门审批，这是项目前期准备工作的第三阶段。

二、评估与决策

（一）评估

国家主管部门收到可行性研究报告后，将组织有关人员和专家进行项目评估。评估过程中，国家主管部门不仅考虑项目本身的财务效益，而且考虑项目的经济效益和社会效益。所谓项目的财务效益，是指反映项目本身有无足够的盈利；项目的经济效益，是指反映对经济整体的影响和贡献（利、税）；项目的社会效益，是指反映项目对社会整体（行业、产业政策导向）的影响和贡献。

（二）决策

主管部门对可行性报告评估后，评估小组根据项目的财务效益、经济效益和社会效益提出综合评估结果，做出批准或不批准项目可行性研究报告的建议，或提出修改意见。国家主管部门结合其他因素（外交、外贸、安全、环保等），综合平衡后，最后做出决策。

三、委托代理

项目可行性研究报告被批准之后，有技术进出口经营权的企业可以自行承担项目的对外商务工作，也可以自由委托，或请对外经贸主管部门推荐有技术进出口经营权的外贸、工贸公司代理其项目的对外商务工作。但是，在办理委托代理时，项目单位必须注意以下几点：

（一）选择代理公司

项目单位选择代理公司应了解以下情况：

（1）公司有无技术进出口经营权；

（2）公司的经营规模及承担、代理技术、设备进出口的经历；

（3）公司负责技术引进的业务部门和人员数量，以及项目经营业务水平。经营业务水平，是指业务人员熟悉国家相关法律、法规，国家各部门的项目运作程序，外语能力和对外谈判水平。代理公司只有具备上述经营业务水平，才能保证所签合同既符合国家法律、法规和政策，又充分地保护项目单位的权益。同时，代理公司还要保证让项目单位掌握自身的责任、承诺、权利、义务、风险，以及可享受的各种鼓励措施。

（二）签订正式委托代理协议

委托代理协议，也称委托代理合同，是委托方和受托方约定，由受托方代表处理委托方技术引进事务的协议（合同），是划分委托方和受托方权利、义务的基本依据。委托代理协议应该以书面形式签订，充分反映双方的意愿。委托代理协议的内容至少应该包括代理的项目、范围以及双方的责任、权利、义务、风险、报价、补偿等。

（三）办理“技术进口意向书”

正式委托代理协议签订后，受托方（对外经营公司）应到外经贸主管部门办理“技术进口许可意向书（Letter of Intent for Technology Import License）”，作为开展对外商务工作的依据。

第三节 对外经营公司的准备工作

对外经营公司办妥“技术进口许可意向书”之后，正式对外联系之前，需要做一些内部准备工作，应做的准备工作主要是：

一、对拟引进技术进行调查和了解

技术本身是无物质实体的知识，不仅其内容具有相当的隐蔽性，而且技术所处生命周期阶段和法律保护状态也差异很大，客观上增加了引进方的技术风险。因此，国际上，有些技术贸易专家认为：“减少技术引进风险的根本办法，就是在签约前对国外企业的信誉、技术的先进性和适用程度有较清楚的了解，决不能单纯依靠合同，来达到顺利引进技术的目的。”

（一）调查了解的内容

（1）有关技术的发展情况，包括其历史、现状和前景；

（2）可供选择的同类外国技术的内容、特点，以及使用的外部条件；

（3）国内已有的技术水平与国外技术水平的差距；

（4）有关国家技术输出、转让的管制和相互竞争的状况；

（5）有关技术产品的市场供求、价格现状、前景及使用该技术应具备的环境条件，包括自然环境、基础设施、建设条件、生产配套条件，以及对环境和生态平衡的影响。

（二）调查的途径

（1）组织技术交流，由对外经营公司邀请有关外国厂商介绍其技术、设备、工艺和产品的情况；

(2) 出国考察，对外经营公司联合技术引进企业，派出专业技术引进小组，前往开发技术卓有成效的主要国家，直接与有关厂商接触，或参观考察使用该项技术的工厂、车间，进行“试看”(Look and See)；

(3) 查阅有关学术会议和国内外有关杂志发表的文献资料，或委托国内科技情报部门进行专利文献检索；

(4) 向国内科研单位、大专院校、外经贸部门咨询；

(5) 向国外的专业咨询机构进行咨询；

(6) 通过我驻外机构进行调查研究；

(7) 通过外国驻华商务机构、金融机构了解；

(8) 组织国内同行业的技术交流，了解国内的技术发展和技术引进情况，以及已引进类似技术的技术水平。

二、对可能提供技术的国外企业进行调查了解

对外经营公司对可能提供技术的国外企业进行调查了解，重点是了解可能并愿意转让技术的企业，因为国外拥有技术的企业或技术来源国对输出技术的态度不同。如有的国外企业比较保守（如日本企业），不愿转让技术，只愿销售产品；有的国外企业愿意转让技术，但其国家有严格限制（美国）；有的国外企业愿意转让技术，而且国家政策限制较少（欧盟）。总之，国外企业的情况比较复杂。对外经营公司只有事先调查了解，才能找到合适的国外企业，在技术引进交易中掌握主动。

（一）调查了解的内容

(1) 国外企业的经营范围、组织机构、规模、资金实力；

(2) 所属技术领域、技术特长，从事技术转让的经历以及习惯采取的转让方式；

(3) 经营状况、信誉程度；

(4) 对向我国转让技术的态度，包括企业本身的态度和其所在国政府的态度，以及管制技术输出的政策。

（二）调查了解的途径

(1) 在技术座谈或技术考查中，观察和听取公司情况介绍；

(2) 搜集有关公司的背景介绍和年度财务报告；

(3) 通过国际技术交流中心或有关国家的贸易促进组织了解；

(4) 委托银行、专门咨询机构或法律事务所等进行资信调查；

(5) 通过有关国家使领馆商务机构了解该国技术出口政策、法律。

第四节 对外商务工作的环节

在技术引进企业和对外经营公司充分准备的基础上，对外经营公司就应着手开展对

外商务工作。对外商务工作包括很多环节，现将各环节的具体做法和可能遇到的问题说明如下：

一、对外询价

（一）对外询价的概念

询价（Inquiry）是技术引进方向选择的国外公司、企业提出所需技术、范围、商务等一般交易条件，邀请国外公司或企业据此提出转让技术的条件、方式、价格等条件的一种初始交易行为。

由于国际技术贸易的特殊性，技术引进方的询价必须采取正式、完整的书面形式，即“询价书”（Letter of Inquiry），不应采取简单的、非正规的书面形式或口头形式。因为，正式、完整的书面询价书内容完整、明确，表明引进方对交易的期待和重视，收到询价书的国外企业会认真对待，并做出积极回应。

（二）询价书的内容

正式、完整的询价书应至少包括三部分内容：

1. 技术引进企业的基本情况介绍

技术引进企业的基本情况介绍，是让被询价方了解技术引进企业的现状。是被询价方有针对性地做出报价的重要依据。情况介绍一般包括技术引进企业厂址、交通、公用设施、环境和能源供应，特别是介绍技术引进企业现有的技术人员结构、技术来源、生产设备、主要产品种类、生产规模和技术水平等。

2. 技术条件要求

说明拟引进技术的名称、范围，工艺要求、产品应达到的数量和质量标准，以及环境保护要求等。

3. 商务条件要求

说明拟采取的技术转让方式、使用费构成与支付方式、产品销售的地域范围等。

（三）拟定和发出询价书应注意的问题

拟定和发出询价书是一项十分严肃的工作，稍有差错就会造成时间、人力、财力的浪费，影响引进工作进度。错误严重的，还会对外造成不良影响。因此，对外经营公司应特别注意以下问题：

（1）询价书所列各项条件必须完整、具体、准确，不能有任何遗漏或差错。因为询价书是被询价方做出报价的基本依据。询价书的遗漏或差错不仅会造成被询价方报价书不符合询价方要求，而且也会造成人力、物力的浪费。

（2）严格控制询价对象的数量，对外经营公司应选择最有成交可能的两三家国外企业发出询价书，以便进行比较或利用竞争。如果对外经营公司发出的询价书过多，不仅会引起国外企业观望，而且会给成交可能性不大的被询价方造成不必要的损失，以致遭到抱怨，影响询价方的信誉。

（3）对外经营公司发给不同企业的询价书内容应完全一致，以利于比价工作。

（4）询价书发出前，对外经营公司还应进一步核实技术引进企业的各项准备工作，如：应办手续是否完备；资金（人民币配套资金和外汇）是否到位；技术条件和技术范围等有无变化。对外经营公司如果发现有的事项尚未完全落实，应待问题解决后，再将询价书发出。否则，对外经营公司将陷入进退两难的境地。

二、比价

（一）比价的概念

比价（Compare Bids），是指对外经营公司收到国外企业的“报价”（Offer）以后，尽可能将其中的技术条件和商务条件换算为同一基础，加以综合比较，以确定报价的合理程度、条件优劣、价格高低的一种平衡选择过程。之所以称为比价，是因为价格是交易的核心，在其他条件相同的情况下，价格决定交易的成败。在比价工作中，对外经营公司应紧紧根据技术引进企业委托协议中的要求，实事求是地做出科学的分析。必要时，对外经营公司应与技术引进企业协商，或者将比价结果交由引进企业确认。

（二）比价的方法

1. 直观法

直观法（Direct-vision Method），又称简易比价法，是把各国外企业的报价条件换算为统一的基础，横向对比各企业报价的高低、条件优劣，从中选出价低、技术条件优者作为商谈的对象。例如：

国外企业 A 报价：总付 80 万美元，三年内分五次支付；国外企业 B 报价：入门费 30 万美元，提成率为净销售价的 5%，提成年限与合同有效期相同，均为七年。产品预计销售 1 000 台，每台净销售价 10 000 美元。假设其他条件均相同，比较 A 企业和 B 企业的报价。

B 企业总的使用费为：

$$
\begin{aligned}
& 300\ 000+10\ 000\times 1\ 000\times 5\% \\
=\ & 300\ 000+500\ 000 \\
=\ & 800\ 000\text{（美元）}
\end{aligned}
$$

结果是 A 企业和 B 企业报价均为 80 万美元。简单的结论是，B 企业的报价比 A 企业报价对引进方有利，因为与 A 企业成交，在三年内需付完使用费，而与 B 企业成交，七年才付完使用费。

2. 类比法

类比法（Method of Analogue），是指利用历史资料或其他类似技术合同条件，与现有的报价进行对比。类比法通常用于两种情况：一是只有一家报价，无法横向比较；二是衡量现实的报价水平。值得注意的是，类比法使用的资料是历史资料，与现实的报价资料不一定完全对应。为了解决不对应的问题，对外经营公司可以要求国外企业把拟引进技术分解为若干技术单元，分项进行报价，再以技术单元报价与历史资料的可比内容进行比较，以得出现有报价高低的一般概念，作为将来讨价还价的依据。

3. 经济效益评价法

经济效益评价法（Evaluation Method of Economical Benefit），是指将报价中估计的经

济效益与引进方期望的经济效益进行对比，以得出报价与期得利益的差距，即报价降低到什么程度才能达成交易。

例如：目前，引进方每件产品成本为 9 美元。利用技术后，如单位生产成本可降低 2 美元，年产产品 1 万件，可获增值利润 2 万美元，合同期为 6 年，可得增值利润总额 12 万美元，如把其中 20% 作为使用费给许可方，则应支付 2.4 万美元。报价为提成率 5% 。引进方能否接受，实际差距又是多大呢？

现利用提成率的公式进行计算：

$$R = S \times (C - C_1) \div C$$

其中，R = 提成率；S = 许可方占引进方新增利润的比率；C = 原生产成本；C_1 = 利用引进技术估计成本。

代入数据得，$5\% = S \times (9 - 7) \div 9$

因此，$S = 5\% \div [(9 - 7) \div 9] = 22.7\%$

$$120\ 000 \times 22.7\% = 27\ 240 \text{（美元）}$$

这就说明报价提成率 5% ，许可方在新增利润中占 22.7% ，比原估计的 20% 多 2.7 个百分点。实际使用费金额比原预计 24 000 美元多 3 240 美元。这就说明报价是基本可以接受的，可以作为谈判的基础。

三、技术引进交易谈判

技术引进交易谈判分为两个阶段：技术谈判和商务谈判。

（一）技术谈判

技术谈判（Technology Negotiation），是指当事人为解决技术条件的不一致所进行的磋商过程。在技术谈判过程中，询价方进一步说明询价书中的技术条件，被询价方说明报价书中的技术条件，并对存在的不一致之处进行协商，阐明各自的理由，达成共识。被询价方再依据双方达成的共识，重新报价，作为商务谈判的基础。

（二）商务谈判

商务谈判（Business Negotiation），是在技术条件和范围确定的条件下，双方就有关的商务条件进行磋商的过程。在这个过程中，双方主要就合同权利、义务、使用费等进行磋商。磋商一般要进行多次，遇到严重分歧，双方可能要反复协商，讨价还价，才能使各项条件达到双方均可接受的程度。为了提高谈判效率，在谈判前，东道方应做好准备工作，包括内部准备、谈判策略运用和应掌握的原则、底线。

1. 谈判前的内部准备

（1）组织准备

技术贸易谈判涉及的问题多，内容复杂，包括技术、商务、法律、财务等。任何谈判人员都不可能是所有问题的行家。因此，谈判前，对外经营公司必须选择各方面人员，组成强有力的谈判班子，参加人员适当分工，以主谈人（组长）为核心，相互协作。

（2）思想准备

谈判之前，主谈人必须招集所有参加谈判的人员，对每次谈判的主题和要达到的目标进行充分讨论，做到每个成员都清楚了解我方的条件、利益和目标，以便集思广益，充分发挥每个成员的作用。同时，谈判人员也要研究对方的条件，摸清对方底线和可能提出的问题，并找出应对的办法。

（3）谈判计划

谈判计划（Negotiation Program），是对谈判过程的总体安排，包括谈判主题、谈判程序及时间表。东道主一般应准备谈判计划草案，在谈判开始时，征求对方的意见，经双方协商后确定。

（4）谈判方案

谈判方案（Negotiation Options），是谈判小组为实现既定目标，争取最大利益所做的战略性和战术性安排。谈判方案的内容主要是：

① 理清谈判的议题，按由易到难的原则，安排好谈判议题的顺序；

② 对双方分歧较大的问题，逐个研究，找出据理力争的条件；

③ 确定可以让步的条件、程度、时机和方法等。

谈判小组应将研究结果写成书面谈判方案，报上级批准。

2. 谈判的策略

谈判策略（Negotiation Strategy），是指双方为实现各自具体商业利益和商业目标所采取的行动方针和方式方法。具体体现在谈判人员的心理、态度、手法、语言和受心理支配而表露的举动上。

（1）谈判过程策略

谈判过程大体分为四个阶段：开始阶段、摸底阶段、实质性谈判阶段和总结性谈判阶段。以下分别加以说明：

① 开始阶段，通常是双方谈判人员相互寒暄，介绍谈判人的身份，就谈判日程交换意见。在这一阶段，谈判人员应该多倾听、多观察、多了解，特别要弄清对方人员的身份、职务。对各自介绍的情况不进行评论或做出反应，以求建立相互信任和良好的谈判氛围。

② 摸底阶段，在双方各自阐述观点的基础上，进一步摸清对方对本次谈判的重视程度和意欲达到的目标，以及在主要分歧点上各自所持的立场，找出一致的方面和不一致的方面。在这一阶段，谈判人员应注意力高度集中，反应灵敏，捕捉信息准确。

③ 实质性谈判阶段，双方对存在的分歧展开实质性探讨，充分说明各自的理由和依据，驳斥对方的理由和依据，迫使对方让步。在这一阶段，谈判人员应该有耐心，坚持以理服人。特别要找出支持我方观点的有说服力的依据，如对市场的客观分析、国际贸易惯例、科学推理等。

④ 总结性谈判阶段，经过多个回合的谈判后，谈判的前景逐渐明朗，如果出现谈判成功的迹象，我方应不失时机明确态度，最好是迫使对方先表态，我方及时回应，以求尽快达成交易。如果可以肯定这一次谈判达成交易的可能性不大，我方应该在多数问题已取得一致的情况下，明确指出尚未解决的问题或折中方案，供对方进一步考虑。同

时，对谈判达成一致的方面加以归纳，写成书面小结或签订备忘录，为下一次谈判奠定基础。

（2）谈判技巧的运用

谈判技巧多种多样，但基本技巧可以归纳为五种：

① 顺应（柔软战略），倾听、陈述、耐心交换意见；

② 对抗（强硬战略），坚持己方立场，毫不妥协，迫使对方让步；

③ 合作（软硬兼施战略），有坚持，有让步，诱使对方做相应让步；

④ 调和（折中妥协战略），不断提出建议，调和双方意见；

⑤ 撤退（不软不硬战略），宣布休会、撤出主谈人，或暂时中止谈判。

3. 商务谈判应掌握的原则

商务谈判有很高的原则性和策略性，运用得当，可加速谈判的进程，否则也会拖延达成交易的时间，甚至使谈判陷入僵局、贻误有利时机，导致交易久拖不决。因此，商务谈判时，谈判小组人员应掌握下列原则：

（1）摸清谈判对象的特点

一般来讲，各国商人的谈判作风都不一样．如日本商人受儒家影响，在文化背景和价值观方面与我国比较相近。但是，在谈判风格上也有其特点；有礼貌，喜欢建立私人关系，表态往往比较含糊，较少使用命令式、警告性言论。但日本人很精明，容易以让步迷惑对方，常打埋伏，引诱对方上当。美国商人作风自信、高傲，喜欢直截了当，希望一个问题接一个问题的讨论，尽快取得谈判进展，时间观念很强，在谈判中强调“把人和事区分开来”，感兴趣的主要是实质性问题。西欧商人的特点是，谈判计划性强，态度严肃认真，所答应的条件一般能严格遵守，比较注意商业信用，所报价格一般虚头较小。以上仅是一般的现象，就具体谈判人员来说，由于其学历、资历、职务等背景不同，在谈判桌上的表现也不一样。

（2）掌握“双赢”的原则

谈判双方由于总体目标和达成交易的愿望是一致的。因此，双方在力争有利于己方结局的同时，也要照顾到对方的利益。不应像体育比赛一样，一定要决出胜负。在“双赢”的原则下，谈判人员都要做出努力，共同创造良好的谈判氛围，达到双方满意的谈判效果。

（3）原则性与灵活性相结合

“原则”谈判，即原则性问题不妥协，非原则性问题适当让步，把让步作为维护原则的筹码。如国际技术贸易中，许可方常提出一些限制性要求，其中有的是法律禁止的限制性商业惯例，有的属于合理限制。我方应仔细研究哪些属原则性问题，哪些属非原则性问题，以便谈判中心中有数，应对自如。

（4）谈判人员应作风严谨

① 谈判人员应严肃认真，紧紧抓住谈判主题，不谈题外话，特别不应谈一些政治性强的或个人生活问题。

② 谈判态度不卑不亢，在达到我方要求时，不喜形于色。达不到要求时，不急躁，不态度生硬，怒目横眉。

③ 谈判过程中，谈判人员应精力集中，不随便议论，或以为外国人不懂中文，就无所顾忌地交换意见。上述表现不利于谈判的进行，有时还会使外商摸到我们的底线。

(5) 掌握谈判节奏，争取主动

谈判人员应争取主动，掌握谈判的进度，适时成交。同时防止急于求成，使对方感到奇货可居，造成被动。或者抛开谈判主题，在次要问题上与对方无休止地纠缠，以致被对方牵着鼻子走。

四、合同签订与合同生效

双方谈判人员经过多次谈判、反复磋商、讨价还价，最终对技术条件、商务条件、法律条件等主要问题达成共识，就可以准备拟订合同了。

(一) 拟订合同（草案）

草拟合同（Draft Contract），双方经过协商，大多数情况可根据谈判结果拟订合同草案，由技术引进方承担，或者使用权威部门拟定的格式合同，根据谈判结果由双方在格式合同上修改。然后，经双方研究、推敲，协商一致，由一方打印正式合同。正式合同可打印多份，2 ~4 份为合同正本，由企业法人或其授权人在合同上签字，其余为合同副本，分发给公司内部有关部门作为履行合同依据。一部分合同副本用于向商务部或其委托机构办理《技术进口许可证》或办理登记手续。

(二) 合同生效

在我国，根据《中华人民共和国技术进出口管理条例》，合同生效（Contract into Force）有三种情况：

(1) 对属于限制进口技术，双方在合同上签字后，技术进口经营者要向商务部申请《技术进口许可证》，许可证上的日期即为合同生效日期。

(2) 对属于自由进口的技术，双方在合同上签字后，合同依法成立时生效。但技术进口经营者要向商务部或其委托部门办理登记。合同生效不受合同登记影响。

(3) 双方在合同上签字后，如技术出口方国家要求对合同审批，合同生效以最后一方国家批准的日期为准。

第五节　中国主管部门对技术进口工作的管理

中国对技术进口工作的管理主要根据国家法律和行政法规。

一、管理技术进口工作的法律、法规

(一)《中华人民共和国合同法》

《中华人民共和国合同法》，是由中华人民共和国第九届全国人民代表大会常务委

员会第二次会议1999年3月15日通过，自1999年10月1日起施行的。该法专门列了第十八章技术合同。该章内容主要有：第一节，合同一般原则；第二节，技术开发合同；第三节，技术转让合同；第四节，技术咨询合同和技术服务合同。并对各种合同当事人的权利义务做了明确的规定。该法的这一章虽然是针对“国内技术贸易”的，但也适用于我国的技术进出口。因为该法的355条规定：“法律、行政法规对技术进出口合同或者专利、专利申请合同另有规定的，依照其规定。”这一规定的意思很明确，即法律、行政法规对技术进出口合同或者专利、专利申请合同没有另行规定的，就可以依据该合同法的规定。

（二）《中华人民共和国对外贸易法》

《中华人民共和国对外贸易法》，是1994年5月12日第八届全国人民代表大会常务委员会第七次会议通过，2004年4月6日第十届全国人民代表大会常务委员会第八次会议修订。该法第三章明确了我国管理技术进口的基本原则。但是，该章将技术进出口与货物进出口混在一起，对技术进出口的规定显得不够突出。

（三）《中华人民共和国技术进出口管理条例》

《中华人民共和国技术进出口管理条例》，是根据《中华人民共和国对外贸易法》制定的、管理技术进口的专门法规。

二、《技术进出口管理条例》的内容

（一）《技术进出口管理条例》总则

《技术进出口管理条例》总则是该管理条例第一章，共计六条，综合起来，其内容主要是规范技术进出口管理、维护技术进出口秩序、促进国民经济和社会发展。以下根据我们理解做些说明：

1. 维护技术进口秩序，促进国民经济和社会发展

当前，技术已成为国民经济和社会发展的关键因素之一。但是，各国都不可能依靠自己的力量解决所有技术问题。在这种形势下，从国外引进技术和人才，就成为世界各国弥补本国技术资源和人才资源不足的重要途径和捷径。中国是一个发展中国家，技术开发能力相对薄弱，从国外引进技术就成为促进国民经济和社会发展一种重要手段。为了提高技术引进的效率和效果，政府部门、企业和外贸经营者的责任，就是在国家统一政策管理下，遵循技术引进促进国民经济和社会发展的基本原则，禁止和限制盲目引进、重复引进，确保技术进口的良好秩序和环境。

2. 维护国家的产业政策、科技政策和社会发展政策

维护国家的产业政策、科技政策和社会发展政策，就是对进口的技术项目进行规范。2006年1月9日，中国国家主席胡锦涛同志在全国科学技术大会上的讲话指出，要贯彻不进口国内已具备研究开发能力的技术，高消耗、高污染和已被淘汰的落后装备，这是我国技术进口工作的基本要求。贯彻“走新型工业化道路，调整经济结构，转变经济增长方式，缓解能源资源和环境的瓶颈制约，加快产业化升级，促进人口健康和保障公共安全，维护国家安全和战略利益”的方针，这是企业和外贸经营者的基本

义务。因此，在技术进口工作中，企业和外贸经营者必须坚持上述方针，切实做好技术引进工作，才能对中国产业、科技和社会发展做出贡献。

3. 实行技术有管理的自由进口，维护国家经济技术利益

技术自由进口，是国家技术进口努力的目标，符合国际技术贸易的发展方向。但是，为了维护国家的经济技术利益，至少现阶段，技术还不能完全自由进口。《中华人民共和国技术进出口管理条例》第 5 条明确规定："国家允许技术的自由进出口；但是，法律、行政法规另有规定的除外。"

4. 鼓励先进、适用的技术进口

《中华人民共和国技术进出口管理条例》第 7 条规定："国家鼓励先进、适用的技术进口。"这项规定的意义在于，在技术进口时，企业和外贸经营者应将技术的先进性与适用性有机地结合起来。因为技术引进企业脱离现有条件，片面追求引进技术的先进性，而忽视技术的适用性，或者注意了引进技术的适用性，而忽视技术的先进性，都不利于企业的发展。甚至造成人力、物力和外汇资金的浪费。

5. 技术许可合同中不得包含限制性商业做法，以维护技术进口方的利益

《中华人民共和国对外贸易法》第 5 章第 30 条明确规定，限制性商业做法，是技术许可中的反竞争行为，损害被许可方国家和当事人的利益，是法律所禁止的。并指出限制性商业做法的集中表现："知识产权权利人有阻止被许可人对许可合同中的知识产权的有效性提出质疑、进行强制性一揽子许可、在许可合同中规定排他性返授条件等行为之一，并危害对外贸易公平竞争秩序的，国务院对外贸易主管部门可以采取必要措施消除危害。"

（二）对技术进口管理的具体措施

1. 技术进口主体（对外贸易经营者）实行登记管理

《对外贸易法》第 9 条规定："从事货物进出口或者技术进出口的对外贸易经营者，应当向国务院对外贸易主管部门或者其委托的机构办理备案登记；但是，法律、行政法规和国务院对外贸易主管部门规定不需要登记备案的除外。……对外贸易经营者未按照规定办理备案登记的，海关不予办理进出口货物的报关验放手续。"

备案登记的具体程序是：领取"对外贸易经营者备案登记表"—填写"登记表"—向备案机关提交"登记表"及相关材料—备案机关收到"登记表"相关材料，5 日内办理备案登记手续—备案机关在"登记表"上盖章。对外贸易经营者应在 30 天内与海关、检疫、外汇、税务办理相关手续，否则"登记表"自动失效。

2. 技术进口项目实行分类管理，

《技术进出口管理条例》将进口技术分为三类：禁止进口的技术、限制进口的技术和自由进口的技术。为此，国家主管部门制定了《中国禁止进口限制进口技术目录》，对列入该《目录》的技术实行贸易审查和技术审查。

（1）贸易审查的内容

① 是否符合我国对外贸易政策，有利于对外经济技术合作的发展；

② 是否符合我国对外承诺的义务。

（2）技术审查的内容

① 是否危及国家安全或社会公共利益；

② 是否危害人的生命或健康；

③ 是否破坏生态环境；

④ 是否符合国家产业政策和经济社会发展战略，有利于促进我国技术进步和产业升级，有利于维护我国经济技术权益。

3. 合同管理

技术进口合同实行许可证和登记管理：外经贸主管部门对技术进口合同真实性进行审查，审查合格者，对限制进口的技术颁发技术进口许可证；对自由进口的技术实行合同登记管理，经审查合格者，颁发技术进口合同登记证。管理的具体程序如下：

（1）限制进口的技术

① 引进方须填写《中国限制进口技术申请书》；

② 技术进口申请经审查获得批准后，由国家主管部门颁发《中华人民共和国技术进口许可意向书》；

③ 签订技术进口合同后，外贸经营者应持《技术进口许可意向书》、合同副本及其附件、签约双方法律地位证明文件到国家主管部门申请技术进口许可证，经审查合格后，颁发技术进口许可证，技术进口许可证上日期为合同生效日期。

（2）自由进口的技术

对属于自由进口的技术，实行合同登记管理。合同签订后，外贸经营者应持《技术进口许可意向书》、合同副本及其附件、签约双方法律地位证明文件，到国家主管部门履行登记手续，经审查合格，国家主管部门颁发技术进口合同登记证。合同自依法成立时生效，不以登记为合同生效条件。

技术进口许可证、技术进口合同登记证，是外贸经营者向海关、外汇、保险、税务等部门办理有关手续的重要凭证。

练习题
EXERCISES

一、单项选择题

1. 技术引进企业准备工作的第一阶段是 （ ）

A. 编制可行性研究报告

B. 将可行性研究报告呈送上级报批

C. 编制项目建议书

D. 编制出国考察计划

2. 可行性研究报告要求的精确度是 （ ）

A. ±15% B. ±20% C. ±30% D. ±10%

3. 被询价方做出报价的基本依据是 （ ）

A. 项目建议书 B. 可行性研究报告

C. 询价书 D. 主管机构的评估决策意见

4. 技术引进询价形式应该是 （ ）

A. 口头形式
B. 简单书面形式
C. 正式询价书形式
D. 任何形式

5. 商务谈判的核心问题是 （ ）

A. 技术条件 B. 技术使用费 C. 产品的种类 D. 保证与索赔

二、多项选择题

1. 正式、完整的询价书应包括的内容是 （ ）

A. 技术引进企业基本情况介绍
B. 代理公司基本情况介绍
C. 技术条件要求
D. 商务条件要求
E. 法律条件要求

2. 对外经营公司调查了解国外技术企业应着重了解 （ ）

A. 企业经营范围、组织机构、规模、资金实力
B. 所属技术领域、技术特长、技术转让经历、转让习惯
C. 经营情况、信誉程度
D. 企业对向中国转让技术的态度和该国政府管制技术出口的政策
E. 企业所在国与我国的政治经济关系

3. 与国外企业商务谈判前，受方应做的准备工作是 （ ）

A. 组织准备
B. 思想准备
C. 拟订谈判计划
D. 拟订谈判方案
E. 拟订谈判原则

4. 中国对限制进口的技术实行技术审查，审查内容是 （ ）

A. 是否危及国家安全或社会公共利益
B. 是否危及人的生命或健康
C. 是否破坏生态环境
D. 是否符合国家产业政策和经济社会发展战略
E. 是否先进、适用

5. 中国实施有管理的自由进口，具体体现在 （ ）

A. 对技术进口主体实行登记管理
B. 对技术进口项目实行分类管理
C. 对技术进口合同实行许可证和登记管理
D. 对技术进口客体实行政策管理
E. 对技术进口国别实行贸易管理

三、名词解释

1. 询价 2. 比价 3. 谈判技巧 4. 谈判方案

四、简答题

1. 对外经营公司发出询价书前应注意哪些问题？
2. 简述中国管理技术进口的基本原则。

3. 收到国外企业报价后，用哪些方法进行比价？
4. 技术引进合同签订后，对外经营公司应办理哪些手续？
5. 技术引进企业选择代理公司应注意哪些问题？

五、论述题

1. 在商务谈判中，受方应遵循哪些基本原则？
2. 商务谈判一般经历哪几个阶段？
3. 双方谈判人员商务谈判中一般采取哪些策略？

第十七章　技术进口合同的履行

学习目标导言

技术引进合同履行（Implementation of the Technology Import Contract），是指技术引进合同生效开始，至合同有效期届满前，在合同有效期内，技术供方和技术受方按合同条款的规定，逐项完成各自承担的责任和义务，并享有合同约定权利的过程。

在这个过程中，合同履行可能一帆风顺，达到合同当事人满意的结果，也可能因当事人主观原因或者客观原因，导致合同履行暂时处于不确定状态，甚至导致合同中止。因此，当事人应该有一定思想准备，在遇到不利于合同履行的事件时，要积极协商，尽快排除不利于合同履行的因素，使合同恢复到正常状态。

技术引进合同履行具有时间长、环节多的特点，合同履行各环节的质量决定引进工作的成败。因此，技术受方必须以合同为依据，切实控制各个履行环节的质量，以保证将引进的技术真正学到手。

技术受方要将引进技术真正学到手，要经过三个环节，即引进技术的“消化—吸收—创新”（Digestion-Absorption-Innovation），在此基础上，进行技术的“自主创新”（Independent Innovation）。这是所有国家技术发展创新的必由之路。第二次世界大战以来，日本、巴西、韩国等亚洲四小龙国家（地区）经济技术的腾飞和崛起，无一不是引进美国、欧洲先进技术并加以创新的结果。现在，中国提倡“自主创新”绝对正确，但是，千万不要放慢引进技术的“消化—吸收—创新”的步伐。技术引进企业要两条腿走路，“自主创新”要加速，引进技术的“消化—吸收—创新”步伐要加快，只有这样，国家的技术发展才能跟上时代前进的节奏，使中华民族复兴之路越走越宽广。

合同履行环节多少，取决于合同标的的性质。例如专利实施许可合同履行环节较少，技术秘密转让合同履行环节最多，也最典型。因此，技术引进企业应以技术秘密转让合同的履行为鉴掌握合同履行的各个环节。

重点难点提示

技术引进合同履行的特点；合同履行的各环节；受方应做的主要工作及应注意的问题；了解引进技术消化吸收创新的重要意义和具体措施，提高自主创新意识和创新精神。

第一节　技术秘密转让合同履行的特点和主要环节

一、技术秘密转让合同履行的特点

（一）合同履行的大量工作在受方所在地，受方负有重要责任

技术秘密转让合同履行过程中，受方从接受技术资料、消化技术资料、实施技术、

接受技术指导、产品考核验收，直至合同有效期届满，大部分工作都是在受方所在地进行的。因此，在合同履行中，受方的工作任务多于供方。

（二）合同履行需有关部门的通力合作

技术引进合同履行过程中，受方虽然承担履行合同的主要责任，但并非受方一个企业承担全部责任。因为从引进技术的出发点考虑，引进技术不仅对引进企业具有巨大财务效果，而且具有广泛的社会效益。因此，技术引进企业需要社会有关企业和部门的大力配合，如政府部门支持；其他企业为受方实施技术进行配套；科研机构、高等院校利用本身的技术资源，参与引进技术消化、吸收和创新工作。这个合作过程不仅可使受方企业受益，也可以使其他企业和部门从中受益。

（三）合同履行的各个环节须紧密衔接，保证各环节的质量

履行合同是一项系统工程，技术资料交付、技术培训、技术指导、试车投产、考核验收各环节必须紧密衔接，其中任何环节不衔接都会影响技术实施的进度。哪个环节的履行质量不合格都会直接影响技术实施的最终结果。

二、合同履行的主要环节

在履行合同过程中，受方应认真掌握各履行环节的进度和质量，遇到问题及时与供方协商解决。

（一）协助供方办理使用费减免税手续

技术引进合同生效后，受方应代供方办理减征或免征使用费所得税的手续。根据国家税务总局、商务部 2005 年 3 月 17 日共同下发的《关于技术进口企业所得税减免审批程序的通知》，凡通过贸易、投资和经济技术合作进口技术，如属于为科学研究、开发能源、发展交通事业、农林牧业生产以及开发重要科技领域技术，其中技术先进、条件优惠的，可以减征或免征所得税。为此，受方应按《通知》规定，协助供方办理所得税减免手续，以鼓励其转让技术的积极性。具体办法是：

（1）由技术供方出具减免税申请函，并向技术受方办理减免税的委托书，委托受方将有关文件随附技术进口合同副本、技术进口合同登记证书等资料向国家主管部门申报；

（2）由审批技术引进项目的主管部门出具减免税建议函；

（3）由受方将所需文件一并交由当地税务部门审查，呈报国家税务总局批准。

（二）技术资料验收

技术资料验收，是指受方对供方提供的技术资料进行数量和质量清查。一方面，检查资料有无短缺、破损及清晰程度。如发现有的资料丢失、短缺或不清晰的，受方应立即通知供方进行补救。供方在接到受方通知后一个月内补寄、重寄或更换。另一方面，检查技术资料的内在质量，确认资料是否正确、可靠、完整和具有时效性。经验收，确认资料完全符合合同规定，受方应以资料确认书形式通知供方。

（三）技术资料的翻译

如果供方提供的资料是外国文字写成的，受方必须将外文资料翻译成中文。翻译的

过程也是熟悉、消化图纸、资料的过程。翻译资料一般由受方负责，由技术部门负责出图，或请专业翻译人员协助。值得注意的是，在翻译过程中，翻译人员应在弄清原意的前提下，再用比较恰当的语言表达清楚，不应使用含混或模棱两可的语言，相同名词应使用统一的译法，我国已有标准译法名词的，应与我国的标准名词术语一致，以免在生产中出现差错。

（四）技术资料的合理转化工作

为使供方提供的技术标准符合受方生产条件和配套要求，受方需要对供方提供的技术资料和技术标准进行合理的更改和转化。一般来说，技术资料和技术标准的更改转化工作主要有：

（1）补设计图。供方提供的图纸往往与受方企业生产用的图纸不一致，如：有的总装图只有外形轮廓，没有配合尺寸及部件隶属关系；有的一图多件。因此，受方要做适当的补图工作。

（2）补加技术条件。供方提供的图纸对某些技术条件标得比较简单，甚至没有标明，可能影响产品性能，受方对一些重要的技术条件必须补足。否则，技术工人就难以掌握施工的技术条件，产品的质量就没有保证。

（3）材料代用。为了使原材料供应本地化，受方选择材料代用是必然的。在这种情况下，受方需要根据基本相似、不影响产品性能和寿命的原则，选用本地材料。如确无代用的材料，受方应先从供方或国外其他供应商购买，逐步实现原材料供应本地化。

（4）标准件、配套件的选用。实施技术过程中，受方需要从协作厂选购标准件、配套件，如协作厂不能提供，受方应自己制图生产。

（5）工艺资料的转化。受方所用加工设备、生产习惯和工人技术水平与供方的不同，供方提供的工艺资料不能完全照用，受方需要按照本身的加工条件修改、补充、编制符合本企业生产条件的工艺资料。

（五）设计联络、技术培训和技术服务工作

1. 设计联络

设计联络，是指受方和供方人员共同对项目初步设计和最终设计方案研究和审定的过程。在研究和审定过程中，受方人员一定要仔细认真，逐项进行检查，发现问题要及时提出并协商一致。否则，将会延迟技术实施进程，导致产品生产出现差错。

2. 技术培训

技术培训，是指受方派出实习人员到供方的工厂、车间或使用转让技术的工厂，实地学习技术实施的知识、技能和具体操作经验。技术培训一般分两个层次进行：第一个层次是培训技术人员，以熟练掌握技术资料；第二个层次是培训骨干技术工人，以掌握实际操作技能和经验。出国培训前，受方应选好人员，做好培训安排，保证培训质量。

3. 技术指导

技术指导，是指供方派遣技术人员到受方工厂提供技术服务，具体解决技术实施中遇到的问题，传授解决问题的知识。为此，受方应对供方派遣技术人员的资格、服务时间、人数、条件、费用加以控制。如有的技术服务人员不能胜任技术服务工作，受方应及时通知供方，要求更换，不能碍于情面，不向供方提出，或派受方自己人员代替。否则，将会造成责任不清，相互推诿。

（六）合同产品的考核验收

合同产品的考核验收，是考核供方是否有效地转让了技术、受方是否熟练掌握技术的有效措施。考核验收过程中，受方人员应与供方人员共同组成考核验收小组，按合同规定的质量标准，对合同产品进行严格的考核。如经考核，产品不符合合同规定标准，受方应与供方及时协商处理的办法。

（七）支付技术使用费

供方提供有关单证后，受方应按合同规定的期限和条件支付技术使用费。但是，在正式支付之前，受方应注意以下几点：

（1）在总付方式下，受方应仔细审查单证是否完整、正确、有效，并应着重审查供方银行开立的保函、技术出口许可证，如不需该项许可证，供方应出具不需该项许可证的证明。审查合格后，再通知指定银行支付应付款项。

（2）在提成支付条件下，双方先按合同规定核实账目，计算应付提成费金额；审查供方提供的发票、汇票、邮运或航寄资料的清单；供方在执行合同中如有过失，如需扣减提成费时，受方应将相应金额扣除，再通知银行将所余金额支付给供方。

（3）在支付入门费的情况下，受方应要求供方出具保函。正式支付时，将入门费从应支付的提成费中扣除。

（4）对外支付使用费时，受方应按国家规定扣缴使用费所得税。如根据税收优惠政策，可以减免供方所得税时，受方应依据供方委托书，代为办理所得税减免手续。

（八）索赔

1. 资料迟交的索赔

供方未能按合同规定的时间提供技术资料时，受方应根据合同规定，于优惠期过后，按迟交周数计算罚款，罚款额最高不超过合同总金额的5%。处以罚金后，供方履行合同责任并不解除。

2. 在考核验收中，合同产品仍未能达到合同规定的技术指标的索赔

少数指标有些差距，但仍属可接受的范围内，一般可以继续执行合同。但应：

（1）按产品质量不合格的程度，比例减少使用费；

（2）按减低性能指标的程度，相应降低提成比率；

（3）由于提供的资料错误，或专家指导错误，造成产品或零部件报废返修的，供方应赔偿受方的直接经济损失；

3. 供方根本性违约，造成合同终止的索赔

（1）迟交资料超过宽限期六周以上，供方仍未提供合同规定的资料的，受方应提出终止合同，并要求退回已支付的技术使用费连同利息。

（2）技术考核结果表明，考核的产品根本达不到合同规定的技术指标，说明所转让的技术根本不成熟，受方应提出终止合同，并要求退回已支付的技术使用费连同利息。

（3）转让技术被第三者指控侵权，受方不能继续使用所转让的技术，导致合同终

止，受方可要求供方退回已支付的全部或部分技术使用费连同利息。

总之，在对外索赔工作中，受方应注意区别情况，在索赔时效内办理索赔，索赔金额应为受方直接经济损失，不宜过分苛求。否则，供方可能拒绝理赔。

第二节　引进技术消化吸收创新的概念、内容及重要性

当前，国与国之间的竞争已从生产力的竞争转为创造与发明的智力竞争，技术创新已成为国家之间较量的主旋律。在这种形势下，世界各国都将技术创新作为国家的长期发展战略。中国国家主席胡锦涛在2012年7月6日全国科技创新大会上讲话强调："到2020年，我们要达到的目标是：基本建成适应社会主义市场经济体制、符合科技发展规律的中国特色国家创新体系，原始创新能力明显提高，集成创新、引进消化吸收再创新能力大幅增强，关键领域科学研究实现原创性重大突破，战略性高技术领域技术研发实现跨越式发展，若干领域创新成果进入世界前列；创新环境更加优化，创新效益大幅提高，创新人才竞相涌现，全民科学素质普遍提高，科技支撑引领经济社会发展能力大幅提升，进入创新型国家行列。"

因此，中国政府部门、技术引进企业要积极行动起来，在引进技术消化吸收再创新方面采取切实有效措施，将引进技术消化吸收再创新工作落在实处。

一、引进技术消化吸收创新的概念与内容

（一）引进技术消化吸收创新的概念

引进技术消化吸收创新（Digestion-Absorption-Innovation of Import Technology）是指引进方从国外引进技术，在使用、消化、吸收，全面掌握引进技术基础上，结合自身条件进一步研发，开发出能独立于原技术的，具有国内、国际先进水平的，质量、性能优于引进技术的新产品或新工艺方法。

（二）引进技术消化吸收创新的内容

1. 中国有关国家机构的规定

根据中国国家经济委员会、财政部、海关总署联合制定的《关于推进引进技术消化吸收的若干规定》（1986年4月10日起执行），引进技术消化、吸收、发展、创新工作包括以下3方面内容：

（1）对引进的产品设计、制造（或生物繁育、栽培）技术、管理方法等软件技术，在掌握其系统设计理论与方法、制造技术、原料配方、工艺流程、技术标准、试验检测以及优质、低耗、高产、安全生产控制方法等技术诀窍的基础上，提高企业的基础管理水平，生产出质量、性能、成本符合预期要求的设备、产品或生物新品种。

（2）对进口的关键设备、产品和元器件、基础件、原材料进行剖析、测绘、设计、试制，基本立足国内，批量生产出质量、性能与原型相同的新设备、新产品、新材料及

相应的工艺装备、检测仪器、仪表。

（3）对引进的技术或进口的设备，在学习掌握的基础上，提高国内科技攻关与技术开发的起点，结合国情发展、创新，开发出具有自己特色、达到国际先进水平的新产品、新设备、新工艺、新材料和生物新品种。

2. 美国经济学家的《经济发展理论》概括的创新内容

美国经济学家熊彼特（Joseph A. Schumpeter）在其《经济发展理论》中，首次提出系统技术创新理论，指出“创新”包括5方面的内容：

（1）制造新产品，即制造出尚未为消费者所知晓的新产品；

（2）采用新的生产方法，即采用在产业部门实际上尚未知晓的生产方法；

（3）开辟新的市场，即开辟国外和那些特定的产业部门尚未进入过的市场；

（4）获得新的供应商，即获得原材料或半成品的新的供应来源；

（5）形成新的组织形式，即创造或者打破原有垄断的新组织形式。

值得注意的是，美国经济学家熊彼特的创新理论所指的“创新”特别强调“实现生产要素和生产条件的一种从未有过的新结合，并将其引入生产体系的技术”，其指的“创新”内容要“从未有过”，这就意味着生产要素、生产条件必须具备“新颖性、创造性、实用性”的条件，应达到“发明”、“创造”水平。

中国主管机构要求的引进技术消化、吸收、创新，是在消化、吸收“已存在技术”基础上，对该技术做出改进和发展。因此，要求企业“引进技术消化、吸收、创新”符合熊彼特所指的“创新”标准，那就不切实际了。

二、引进技术消化吸收创新工作的重要性

（一）引进技术消化吸收创新是技术发展滞后国家赶超工业发达国家的必由之路

历史经验告诉我们，引进技术消化吸收创新是世界各国跻身世界强国的必由之路。特别是国家技术发展水平较低的阶段，企业更应认识引进技术消化吸收创新的重要性。因为引进技术消化吸收创新比原始创新、集合创新花费的时间、资金、人力物力要少，技术风险和商业风险要低。例如，美国的工业发展起步于引进欧洲国家的先进技术；日本经济、技术腾飞起步于引进欧洲和美国的先进技术；韩国、巴西等国家的崛起得益于引进美国、日本和欧洲国家的技术。它们无一不是在引进技术基础上，通过成功地消化吸收创新发展起来的。即使现在，它们仍然不断引进技术。因此，在现阶段，中国企业应着重提高引进技术消化吸收创新的成功率。与此同时，开展原始创新、集合创新，逐步将对外技术依存度从现在的50%降低到30%以下。

（二）技术引进企业的消化吸收创新是其他企业技术发展的促进剂

技术引进企业成功消化吸收创新引进技术，不仅促进引进企业本身发展，而且对其他企业发展也有巨大促进作用。美国经济学家熊彼特指出，“引进技术消化、吸收和创新成果一旦在市场上取得成功，必然会吸引一大批追随者和模仿者，他们就会利用该技术所提供的契机，加速改进本企业的生产技术、生产工艺，或者模仿该技术并加以改

进，直接进行产品生产，从而在企业中引起技术革新的连锁反应，形成引进技术在更大范围内的扩散”。

（三）引进技术消化吸收创新是培养科学技术人才的有效方式

引进技术的最终目的，就是要将他人的技术成果变成自己的技术成果，并实现技术上的跨越。正如日本一位研究技术转让的学者所说，引进某项技术，就是准备以后不再引进该项技术。而要做到这一点，不能靠供方，要靠技术引进企业自己现有的人才，让他们在引进技术消化吸收再创新过程中学习，扩大知识领域，增长才干，成为“以后不再引进该项技术”的专家。例如，印度在引进第一座核能发电站的发电技术时，就制定了一套自力更生战略，对引进外国技术采取了选择、参与、吸收、掌握、发展和创新等循序渐进对策。建设第二座核电站时，印度科技人员就参与到设计、建设和开发过程中，在外国专家指导下，由印度本国科技人员担当起核电站建造、运行、管理的重任。建造第三座核电站时，就由印度自己的专家负责设计、建造和管理，完整地掌握了核能发电技术，并有能力向其他国家出口核电技术、核电设备和核技术产品。在这个过程中，印度组建了4个相当规模的核能研究中心，每年有150多位科学家、学者和技术人员在这些中心进行培训，成为印度发展核能技术的人才培养基地。

事实证明，技术引进对于培养人才，提高人才的技术水平也发挥着重要作用。在中国50～60年的技术引进中，中国工程技术人员在“干中学”、“学中干”，不断加深对国外技术的切实掌握，加速了技术能力的积累，从而由“知其然”过渡到“知其所以然”，由模仿能力的提高过渡到技术创新能力的提高，最终成为具有自主开发能力的技术研发群体。

案　例

近年来，中国“高速铁路”的发展就是最好的例证。中国共产党十六次全国代表大会以后，中国政府有关部门十分重视中国“高速铁路”的发展，2004年1月7日批准了《中长期铁路网规划》，自此，中国开始了发展“高速铁路”的征程。第一步，就是引进有关国家的高铁技术，选择法国阿尔斯通、德国西门子、日本川崎重工等世界最先进的高速铁路设备制造公司，与它们进行了艰苦的谈判，达成了从设计到总装的技术引进合同，同时根据合同派遣中方工程技术人员到对方工厂进行培训。据介绍，仅青岛四方机车车辆股份公司就派遣工艺人员65人次，作业人员骨干182人次。使中国有了第一代‘高铁技术人才”。第二步，国家主管部门、高等院校、科研机构、铁路制造企业组成团队，到国家重点实验室（现代轨道交通实验室、牵引力国家重点实验室等）开展了一场史无前例的引进技术消化吸收创新的大会战。在短短的3年多时间里，就掌握了高铁车辆转向架、电子、轻量车体、交直流传动、网络控制等高铁技术，从设计、制造到运营、管理，全面实现了高铁技术的跨越。培养了自己的高铁人才队伍。第三步，技术创新，在消化吸收国外技术的同时，高铁人才发挥聪明才智，根据中国国情发展出很多新技术，打造了中国高铁品牌，使中国不仅成为世界高铁运营里程最长的国家，还成为世界高铁运行速度最快的国家。从北京出发到广州的2 300多公里路程，以

300～350公里的时速，8个小时即可抵达。这样的速度、这样的技术跨越，充分说明了引进技术消化吸收创新是一条有效的技术发展之路。成为中国迅速弥补国内技术空白、节约研发成本、缩短研发时间、培养新型技术人才、快速提高企业技术水平、增加企业经济效益和社会效益、缩小与工业发达国家技术差距的有效模式。

（四）引进技术消化吸收创新是发展中国技术出口、优化出口商品结构的捷径

1999年初，中国提出了“科技兴贸战略”，该战略明确指出，目前，发达国家和跨国公司掌握着大多数高新技术，企业要学习跨国公司研究开发高新技术及产品的先进经验，搞好新技术的引进、消化、创新工作。利用发达国家的市场和技术优势，进行技术开发、产品设计和市场推广，将高新技术渗透到传统出口产品中，提高出口产品的技术含量和附加值。实践证明，上述方针确实有效地改变了中国出口产品的结构，比较快地从过去出口农产品、原料、资源产品、劳动密集型产品的状况，转变为出口高新技术产品、机电产品、工业制成品、技术密集型产品为主，在出口贸易中，这些产品的出口比重不断提高。

（五）引进技术消化吸收创新是国家建立自主开发体系，全面提高国家科学技术水平、实现技术跨越的跳板

从技术引进的目的方面来看，技术引进包括三个环节：第一环节，引进技术并加以使用，熟练掌握技术的原理和技术秘密，熟练使用设备和功能，制造出合格产品；第二环节，对引进技术消化、吸收和熟练掌握，并加以转化、替代，使企业技术水平、制造能力、产品数量和质量提高到一个新水平；第三环节，引进技术的再创新，即利用所学到的技术知识，结合企业自身的条件和技术人员水平组成创新团队，开发更先进的技术，逐步脱离对供方原有技术的依赖，走自主研发之路。通俗地说，引进的技术就好比是一种食物，吃下去可以解除饥饿，消化和吸收之后转化为热能，热能释放出来去进行技术创新。可以认为第一和第二环节是技术引进的过程，而引进技术再创新才是技术引进的目的。在这个过程中，技术引进企业要熟练地掌握了技术，锻炼了人才，建立了技术开发创新机构和自主开发体系，为进一步全面提高科学技术水平，实现技术自主创新奠定了良好基础。

（六）引进技术消化吸收再创新，是企业掌握核心技术、关键技术的重要阶梯

技术创新，是民族的灵魂，是经济发展的不竭动力，是提升国家自主创新能力和国际竞争力的决定因素。一个国家如果掌握和拥有几项世界领先的技术和产业，就能够将整个国民经济支撑起来。对技术引进企业来说，引进技术的消化、吸收和创新，不仅是技术引进企业学习掌握技术的过程，而且是企业在技术创新过程中催生新技术、建立新产业的阶梯。例如，在20世纪70年代，世界大多数国家还不知道有线电视、个人电脑、生物技术为何物，但20年后，它们都成为国民经济的重要产业部门。但是，先进企业知道，核心技术、关键技术不是一朝一夕可以获得的，也不是可以轻易引进的。它是企业洞察国内外前沿科技、市场需求，抓住时机研究、探索、积累的专利技术和技术秘密的结晶。因此，企业获得核心技术、关键技术不能靠引进技术的创新，而是要靠不断“自主创新”、“原始创新”，走自己的创新之路，力争抢占科技发展的制高点。

第三节 做好引进技术消化吸收创新的具体措施

一、搞好引进技术消化吸收创新工作，企业要克服思想障碍

（一）更新观念，防止企业技术引进步入低层次引进的误区

在相当长的时间内，中国将引进关键设备、生产线、成套设备作为重点，对中国生产力水平提高，解决一些商品主要依赖进口的局面，满足国内生产和人民生活的需要，改造传统产业和建立新兴产业发挥了积极作用。事实证明，一定时期内，政府部门将引进关键设备、生产线、成套设备作为重点是合理的、必要的。

但是，在中国技术水平提高到一定程度之后，中国政府部门和企业仍将引进关键设备、生产线、成套设备作为重点，使企业步入了技术引进的误区。因为在科学技术迅猛发展的形势下，技术更新速度不断加快，技术生命周期不断缩短，国外新一代技术制造的产品不断面世，新引进的技术就会不断受到国外新一代技术和产品的冲击。面对这种情况，中国有关部门和企业如仍然坚持引进、跟踪、模仿当前国际先进技术水平的老路，就会走入低级引进的误区，“造成引进、跟踪、模仿、落后、再引进的恶性循环”。进入21世纪，企业应该转变思想，走引进技术消化吸收再创新之路。同时，“选择具有一定基础和优势、关系国计民生和国家安全的关键领域，有选择地集中力量开展自主创新，实现技术跨越式发展”。否则，对国外技术的依赖局面就不可能根本改变。

（二）增强责任感，克服畏难情绪

在计划经济时期，中国存在政企不分、产权关系不清，企业对引进技术消化吸收再创新的积极性不高。在建立社会主义市场经济过程中，企业又产生了注重短期经济利益，而忽视企业长期发展的倾向，甚至对引进技术消化吸收再创新工作产生畏难情绪，如怕影响企业当前利益，怕得不偿失，怕承担创新风险，怕本企业的创新成果被其他企业模仿、侵权等。这种情绪不仅不利于企业引进技术的消化吸收再创新工作，而且也不利于企业未来的生存和发展。

（三）中国企业要树立长远观点，克服短期行为

引进技术消化吸收再创新工作不是一时一事的短期任务，而是国家和企业增强自主创新能力的有效途径。为此，企业应认清形势、抓住机遇，在技术研发上加大投入，建立、健全技术研发机构，为引进技术消化吸收再创新、提升自主创新能力提供有力的支撑。据统计，目前，中国很多企业尚未建立技术研发机构，研发投资也少得可怜。全国2万多家大中型企业中建有技术研发机构的只占25%，有研发活动的只占30%，投入研发的经费只占销售额的0.39%，不及工业发达国家企业研发投资的1/10。这种局面若不迅速扭转，中国企业不仅不能做好引进技术消化吸收再创新工作，而且更无法提升自主创新能力。

中国改革开放以来，利用了开放政策的有利条件，大量引进外资，建立合资、合作

企业、引进了工业发达国家企业的技术和商标，凭借劳动力成本低的优势，保持了经济高速发展的态势。但是，现阶段，中国经济发展遇到了很大挑战，劳动力成本低的优势减低，产品国际竞争力受到关税、非关税壁垒的抑制。另外，企业技术创新能力薄弱、缺乏自主知识产权、核心技术受制于人等软肋暴露出来，严重影响中国经济的可持续发展。在这种背景下，国家主管领导提出了有所为，有所不为，有选择地开展原始创新、集成创新、引进技术消化吸收再创新的号召，为中国企业指明了方向：在引进技术消化吸收创新基础上，企业应积极开展自主创新工作，提高企业创新能力，以保持国家经济持续高速发展，维护国家经济、政治、军事、国防安全。

二、引进技术消化吸收创新工作的具体措施分析

引进技术消化吸收再创新工作，离不开引进企业与时俱进、更新观念、提高思想认识、落实具体措施。只有各有关部门与企业共同协作、齐心协力、落实具体措施，国家有关部门也为企业引进技术消化吸收创新提供有力支持下才能达到预期的目标。以下就国家有关部门和企业应采取的措施进行归纳：

（一）国家有关部门应采取的具体措施

1. 政府审批技术引进项目要把好技术质量关

引进技术的质量要有严格标准：首先，明确技术的知识产权状况；其次，是否属于《国家鼓励的高新技术目录》范围；再次，是否符合当代技术发展趋势；最后，是否先进、适用。只有对引进技术高标准、严要求，才能为下一步引进技术消化吸收创新工作打下坚实基础。

如果有的审批部门没有把好技术质量关，放任企业将高污染、高能耗的国外已淘汰技术引到国内来，那将祸害无穷，对引进技术消化吸收创新工作将造成极大的伤害。

2. 国家有关部门对企业引进技术消化吸收再创新工作应加强监督管理

（1）国家有关部门审批重大技术引进项目时，应要求企业制订引进技术消化吸收再创新方案，明确目标和进度。并将形成新的生产能力作为对引进技术消化吸收再创新验收和评估的标准。

（2）国家有关部门要组织协调科技、教育、财政、商务、税务、海关、质检、知识产权等有关部门，建立引进技术的消化吸收再创新的协作机制，制定重大产业技术和装备引进政策，并监督重大引进技术的消化吸收再创新工作。

（3）国家有关部门对引进技术项目的消化吸收创新要区别对待。① 对国家鼓励进口的高新技术，特别是列入《国家鼓励高新技术目录》中的高新技术的消化吸收创新要重点扶持；② 对进口的普通技术，消化吸收创新要根据市场需求，可以适当扶持；③ 对进口国外已淘汰技术的，国家有关部门不但不予扶持，还要责令有关企业采取补救措施，要奖惩分明。

3. 金融支持，税收激励

（1）金融支持

国家有关部门要引导并鼓励政策性银行、商业金融机构、国内外法人和自然人对企

业引进技术消化吸收创新工作进行风险投资，国家有关部门给予融资担保或贴息。在2012年7月6日全国科技创新大会上，中国国务院总理温家宝强调："要建立健全财政性科技投入稳定增长机制，完善财政资助、贴息和税收减免政策，鼓励和支持企业增加研发投入。引导金融机构综合运用买方信贷、卖方信贷、融资租赁等方式。"

（2）税收激励

中国税务部门对企业引进技术消化吸收创新所得应加大税前抵扣力度；推进对高新技术企业增值税转型改革；国家对企业重大引进技术消化吸收创新项目，如进口国内不能生产的关键设备、原材料及零部件，要免征进口关税和进口环节增值税等。

4. 优化引进技术的消化吸收创新环境

（1）改变陈旧观念和对国外技术的过分依赖

国家有关部门在大力提倡原始创新、集成创新、引进技术消化吸收创新的同时，应教育人们改变"重引进、轻消化，重使用、轻创新"的技术依赖性。鼓励企业将"中国制造"改变成"中国创造"，激励人们的雄心、勇气和敢想敢干的精神和作风。

（2）要建立科技资源共享机制

国家有关部门要建立信息交流平台。采取横向、纵向信息交流方式，发布国内外技术贸易信息、引进技术消化吸收创新信息、引进国外设备国产化信息、引进技术消化吸收开发的新产品信息等。中国国务院总理温家宝强调："要建立科技资源共享机制，国家支持的科研活动所获得的信息资料，要最大限度地向社会公开。"以此开阔人们的视野，促进企业间的合作与交流。

（3）建立公平开放的市场环境

国家有关部门要建立公平开放的市场环境，使各类企业公平获得创新资源，为企业发展提供有利条件和政策支持，使企业开展国际交流与合作开发，为增强企业创新活动提供公平开放的有利空间。

（4）健全知识产权管理，优化知识产权环境

在全国科技创新大会上，中国国家主席胡锦涛谈到优化创新环境时指出："加强知识产权创造、运用、保护、管理，在全社会进一步形成讲科学、爱科学、用科学的浓厚氛围和良好作风。"中国国务院总理温家宝也指出："加强知识产权保护，建设规范的知识产权市场。"国家领导人的上述指示，对优化知识产权环境特别具有针对性。因为原始创新、集成创新、引进技术消化吸收创新成果都需要知识产权的保护，创新成果的转移转化也离不开良好的知识产权环境。因此，有关知识产权部门一定要建立保护创新成果的长效机制，高度重视执法工作，打击对创新成果的侵权行为，保护创新成果权利人的合法利益，增强企业创新的积极性和内在动力。

（二）企业的具体措施

1. 在开展引进技术消化吸收再创新工作之前，企业应做好可行性研究工作

引进技术再创新工作，是一项机遇与风险并存的工作，创新工作取得成功，有助于企业获得发展的机会。但是，引进技术再创新工作也面临很大的风险，其中有技术风险、商业风险和知识产权风险。因此，企业在开展技术创新工作之前，应以政府产业政策和市场需求为导向，对技术再创新进行利益与风险平衡分析，对投入、产出和主要经

济技术目标进行合理的规划和安排，避免盲目创新造成技术和人力资源的浪费。

2. 企业、有关高等院校和科学研究机构应通力合作，共同做好引进技术消化吸收再创新工作

企业作为技术创新主体，应吸收高等院校和科学研究机构参与重大引进技术消化吸收再创新工作，充分利用其科学技术资源和智慧，形成合力。在各方合作过程中，企业应采取开放、流动、协作的运行机制，发挥参与方各自优势，通过引进技术消化吸收再创新工作，使各方共同受益。中国国务院总理温家宝曾经指出，“要以企业为主导深化产学研结合，企业直接参与市场竞争。……产学研结合，要坚持‘产’为主导，即企业为主导。国家重大科技项目，凡是产业目标明确的，要由有条件的企业牵头组织实施。”

3. 企业应贯彻“以人为本”的精神，充分发挥各类人才的积极性和创造性

企业贯彻“以人为本”的精神，就是要尊重知识、尊重人才、用好人才、尊重创新。首先，企业应培养科技人员“心系国家、求真务实、团结协作、淡泊名利、勇于创新”的精神。其次，企业要完善分配和激励机制，对有突出贡献的人员提供奖励和更大的发展空间。最后，在用人方面，企业应本着“人尽其才”的原则，做到：

（1）给科技人员、骨干技术工人创造更多平等参与的机会，公平对待，发现人才，用好人才；

（2）根据技术创新的特点，提倡百家争鸣，保护不同意见，不求全责备；

（3）建立各种激励机制，鼓励各种人才充分实现其人生价值。

在2012年全国技术创新大会上，中国国务院总理温家宝指出，要“建立开放、竞争、流动的用人机制，鼓励科技人员在企业与科研院所、高等院校之间双向兼职或流动，支持他们创新创业，特别是创办中小企业。健全技术要素参与分配的机制，健全与岗位责任、工作业绩、实际贡献紧密联系的激励机制，使科技人员的创造性劳动获得与其价值相称的收入，得到社会的认可和尊重”。

练习题
EXERCISES

一、单项选择题

1. 技术引进合同履行的地点主要在（　　）

A. 供方所在地　　B. 受方所在地

C. 技术使用地　　D. 技术产品销售地

2. 引进技术消化吸收创新的主体是（　　）

A. 技术引进主管部门　　B. 知识产权管理部门

C. 技术引进企业　　D. 代理技术引进的公司

3. 有权决定给予供方使用费所得税减免优惠的机构是（　　）

A. 受方　　B. 技术引进合同审批机构

C. 地方税务机构　　D. 国家税务机构

4. 引进技术的目的主要是（　　）

A. 提高引进技术的使用效果

B. 提高我国的自主创新能力

C. 提高出口产品的附加值

D. 提高技术引进企业模仿能力

5. 世界各主要国家的发展和崛起都是从________开始的 ( )

A. 引进技术并加以创新　　B. 独立研发技术

C. 模仿外国技术　　D. 依赖外国技术

二、多项选择题

1. 企业做好引进技术的消化吸收创新工作的具体措施包括 ( )

A. 做好可行性研究工作

B. 与有关高等院校和科学研究机构通力合作

C. 依靠企业外人员协助

D. 依靠政府政策支持

E. 充分发挥本企业人才的积极性和创造性

2. 政府协助企业做好引进技术的消化吸收创新工作的主要措施是 ( )

A. 国家有关部门加大资金投入　　B. 金融支持

C. 税收激励　　D. 国家有关部门加强协调管理

E. 政府参与

3. 受方履行技术引进合同中应做的主要工作是 ( )

A. 技术资料验收　　B. 技术资料翻译

C. 技术资料合理转化　　D. 设计联络、技术培训、技术服务

E. 考核验收

4. 国家提出增强自主创新是指 ( )

A. 集成创新　　B. 引进技术消化吸收再创新

C. 理论创新　　D. 原始创新

E. 制度创新

5. 技术引进过程经历的阶段是 ( )

A. 引进并加以使用　　B. 消化吸收引进技术

C. 引进技术再创新　　D. 引进、模仿

E. 提高引进技术国产化率

三、名词解释

技术引进消化吸收创新

四、简答题

1. 技术引进合同履行有哪些特点？

2. 引进技术消化吸收创新的内容。

五、论述题

试述引进技术消化吸收再创新对我国增强自主创新能力的重要性。

第十八章 国际技术贸易中的限制性商业惯例及对策

学习目标导言

在国际贸易中，限制性商业惯例具有普遍性。货物买卖、包销、代理、经销、寄售、招标与投标等商业活动中，都存在各种各样限制性商业惯例。特别是在国际技术贸易中，限制性商业惯例最为突出，表现形式最多。究其原因，其实并不复杂。主要是因为国际技术贸易当事人的关系具有“既合作又竞争”的特点。

（1）“合作”是技术供方向技术受方许可技术使用权的前提，也就是说，双方只有合作才能达成技术转让交易，使双方受益。供方获得技术使用费，受方获得了使用技术的授权，提高了自身的技术水平，获得了使用技术的红利。

（2）技术供方向技术受方许可技术使用权后，双方的竞争就逐步显现出来。具体表现在三方面：

第一，双方同时使用相同的技术，生产相同的产品，在市场上销售相同产品，这就导致双方直接面对面的竞争；

第二，技术受方学会许可的技术之后，在技术上可能“后来居上”，实现技术的跨越，在更高层次上与技术供方竞争；

第三，技术供方对受方使用技术的范围不放心，担心技术受方越权使用技术，甚至担心技术受方擅自允许第三方使用许可的技术。

技术受方这种行为是技术供方所不能允许的，更是技术供方无法接受的。于是技术供方提出一些保护自身利益的限制性规定，其中有些限制性规定存在一定合理性，而有的限制性规定超出了法律允许的范围。

对此，技术受方采用反制措施，抵制这种限制性做法，以致这种限制与反限制斗争越演越烈，不仅影响了技术贸易当事人的合法利益，而且也阻碍了国际技术贸易的顺利发展，影响了发展中国家顺利地获得所需技术。在这种情况下，发展中国家和工业发达国家均相继采取立法措施，严格管理限制性商业做法。联合国专门机构对此也非常重视，1980 年制定了《一套多边协议的控制限制商业惯例的公平原则和规则》，联合国贸易和发展会议草拟了《国际技术转让行动守则（草案）》。世界贸易组织（WTO）通过《与贸易有关的知识产权协议》。世界知识产权组织（WIPO）制定了控制和限制性商业惯例的有关条约，指出限制性商业做法的违法性，并通过各国立法严加控制，以保护国际技术贸易正常秩序和市场公平竞争环境。

重点难点提示

限制性商业惯例的概念、特点、表现和产生的根源；了解世界主要国家管制限制性商业惯例的立法；理解技术引进中可能遇到的限制性商业惯例和应采取的对策。

第一节　限制性商业惯例的概念、特点、表现形式和产生的根源

一、限制性商业惯例的概念

（一）第35届联合国大会通过的《原则和规则》的定义

限制性商业惯例（Restrictive Business Practices）的概念，是第35届联合国大会通过的《一套多边协议的控制限制性商业惯例的公平原则和规则》（简称《原则和规则》）提出的，并对限制性商业惯例做了定义：

限制性商业惯例，是指“凡是通过滥用或谋取滥用市场支配地位，限制进入市场或以其他方式不适当地限制竞争，对国际贸易，特别是对发展中国家的国际贸易及其经济发展造成或可能造成不利影响，或者通过企业间正式或非正式，书面或非书面协议以及其他安排，造成同样不利影响的一切做法或行为”。上述定义是针对所有商业活动的广义定义。

（二）WTO《与贸易有关的知识产权协议》的定义

从国际许可贸易角度，我们应采用WTO《与贸易有关的知识产权协议》（TRIPS）第40条的规定，定义为：

契约许可中对反竞争行为（Anti-competitive Practices）是指：“对可能对技术贸易产生消极影响，并妨碍竞争，阻碍技术转让与传播的反竞争行为应予以控制，成员可以在与本协议的其他规定一致的前提下，顾及该成员的有关法律及条例，采取适当的措施防止和控制这类活动。这类活动包括在许可行为或条件中加入某些限制性商业做法，如独占回授条款、禁止对知识产权的有效性提出异议，或者强迫性的一揽子许可。”

二、限制性商业惯例的特点

（一）实施限制性商业惯例的主体是许可方（企业）

在国际技术许可贸易中，许可方（知识产权权利人）凭借法律授予的独占权和技术上的优势，限制被许可方对技术的利用和发展，要求被许可方单方面承担不合理义务，以达到其保持长期垄断优势，获取超额利润的目的。因此，许可方（知识产权权利人）是实施限制性商业惯例的主体。

国家机构为了维护公共利益或公共政策，也会采取立法措施对许可方的权利加以限制，但国家机构采取的这种限制不属于限制性商业惯例。

（二）限制性商业惯例属于法律所禁止的、不合理的限制

国家技术发展程度不同，对限制性商业惯例的认定标准不同。在制订联合国《国际技术转让行动守则（草案）》讨论中，工业发达国家主张，应以对“竞争”是否有限制作用作为衡量限制性商业惯例的标准，即某种做法对“竞争”起着限制或扭曲作用的，就属于限制性商业惯例，通称“竞争标准（Competitive Standards）”。

发展中国家主张，某种限制是否属于限制性商业惯例，应以该种限制是否阻碍发展中国家经济技术“发展”作为衡量标准，通称“发展标准（Development Standards）”。

竞争标准和发展标准的区别，反映出发达国家与发展中国家的价值取向不同、出发点不同。在国际技术贸易中，发达国家属于技术输出方，技术上处于优势地位，发展中国家属于技术引进方，在技术上处于劣势地位。两者所处地位不同，立场不同，在国际技术贸易中，发达国家的着力点是通过输出技术实现利润最大化。发展中国家的着力点是通过引进技术、发展国民经济，争取经济上的独立，减少对发达国家的依赖。因此，国际技术贸易中存在观点上的差异也是很自然的。

但是，在对待限制性商业惯例问题上，有一点取得了共识，那就是“合理原则”（Principle of Reasonableness），即某种限制是否属于限制性商业惯例，要看限制是否“合理”，其后果是否扰乱市场正常秩序，损害被许可方的利益。因此，不合理限制才属于限制性商业惯例，才属于法律禁止的范围。

（三）限制性商业惯例对被许可方造成或可能造成不利后果

某种限制对被许可方是否造成或可能造成不利后果，是认定某种限制是否构成限制性商业惯例的标准之一。限制性商业惯例导致的不利后果包括现实的、直接的，也包括潜在的。例如在许可合同中，许可方要求被许可方将产品销售给其指定的客户。在合同签订初期，指定客户的后果不一定显现出来。但是，两三年后，被许可方出售产品时，就失去了客户选择权和进入市场的渠道。

三、限制性商业惯例的表现形式

1981年4月10日　联合国《国际技术转让行动守则（草案）》中，认定20种限制性行为属于限制性商业惯例。后来，各国经多轮磋商，对14种限制认定属于限制性商业惯例。这14种限制性商业惯例是：

（一）单方面回授

要求被许可方做出技术改进后，在不给予补偿或承担互惠义务的条件下，将技术改进回授（Grant Back）给许可方或其指定的任何其他企业。

（二）对权利的效力不表示异议

要求被许可方对许可使用的专利或其他工业产权的有效性不得提出任何异议。

（三）独家经营

限制被许可方就类似的或者竞争性的技术或产品签订销售协定、代理协定或制造协定的自由，或者是取得竞争性技术的自由，而这种限制并非是为确保所许可技术的机密性所需要。

（四）限制研究

限制被许可方对转让的技术从事研究发展，或者按当地情况吸收和更改所许可的技术，或者限制被许可方从事新产品、新工艺、新设备的研究和发展。

（五）限制使用人员

要求被许可方使用许可方指定的人员，限制被许可方使用本国或当地的人员。

（六）限定价格

限制被许可方取得技术后所制造的产品或提供有关服务的价格。

（七）限制修改适用技术

限制被许可方按照当地的实际情况更改引进技术，或者禁止被许可方对引进的技术加以革新。

（八）包销协定或独家代理协定

要求被许可方将产品的包销权或独家代理权授予许可方或其指定的代理人。

（九）搭售条款

要求被许可方接受其不需要的额外技术、设备和服务，并将这些限制作为取得所需技术的条件。

（十）限制出口

对被许可方的产品出口实行地区或数量上的控制，或者出口产品价格必须经许可方事先同意。

（十一）共享专利或互授许可协定以及其他安排

要求被许可方与许可方通过订立共享专利或进行交叉许可交易或其他安排。

（十二）限制宣传

限制被许可方对其产品和服务进行广告宣传，或者要求被许可方进行广告宣传要事先征得许可方的同意。

（十三）工业产权期满后的付款或其他义务

要求被许可方为业已期满、终止或无效的专利权或其他工业产权支付使用费。

（十四）协议期满后，限制使用

限制被许可方在技术许可协议期满或终止后继续使用所许可的技术。

四、限制性商业惯例产生的根源

（一）限制性商业惯例产生于许可对象的独占性

众所周知，国际许可贸易是以专利权、商标权或非工业产权技术（技术秘密、计算机软件著作权、集成电路布图设计专用权等）为其交易对象的，其权利人享有法律授予的独占权或专用权。而这种权利是独占的，被许可方通常没有选择的余地。这就使得权利人或其他非工业产权的权利人有可能利用其独占权，或者对技术的实质控制权，依托其技术优势，借口“意思自治原则”（Principle of Autonomy of Will）将不合理的限制性条件加在许可合同中。

（二）限制性商业惯例产生于国际技术市场的特殊性

国际技术市场一直是“卖方市场”，实力雄厚的跨国公司主导着国际技术市场。在这个市场上，发展中国家的公司、企业，或较弱小的企业或产业部门一直处于技术的弱势地位。客观上，为工业发达国家的企业滥用权利，对发展中国家企业施加限制提供了条件。

（三）限制性商业惯例产生于供受双方的利益再分配

在国际技术许可贸易中，许可方将技术许可给被许可方，就必然要给被许可方让出一部分销售市场，或挤占许可方一部分销售市场，导致许可方原有的销售利益受到损失。许可方为了使其利益损失减少到最低限度，就千方百计对被许可方施加种种限制，以保护其自身利益。

（四）限制性商业惯例来源于国家间技术发展不平衡

国家间技术发展不平衡，导致一种"梯子理论"：发展中国家与工业发达国家的关系犹如一个在屋顶上，一个在地面上。工业发达国家为了避免"后来者居上"，就以保护知识产权为名"拆掉梯子"，以保护其与发展中国家的技术差距。将发展中国家长期置于依赖工业发达国家提供的技术的不利地位，造成技术贸易中当事人权利义务表面平等而实质不平等。

第二节 管制限制性商业惯例的立法

在管制限制性商业惯例的立法方面，工业发达国家与发展中国家的做法有所不同，前者大多采用"反竞争法"或"反垄断法"，后者大多采用"技术转让法"，实施行政管理。现将世界主要国家和国家集团的立法情况介绍如下：

一、工业发达国家管制限制性商业惯例的立法

工业发达国家从其本身利益出发，在国内立法上，采取"反竞争法"或"反垄断法"，如美国的"反托拉斯法"，英国的关于限制性商业惯例法（Restrictive Business Practice Act），德国的卡特尔法（Kartel），法国等欧洲大陆国家的竞争法（Competition Law）。这些法律尽管名称不同，但它们的目的都是保护竞争、保护贸易自由和反对垄断，维护市场经济秩序和国家整体经济利益。不过这些法律都未明确规定适用国际许可贸易。

但是，法律不是一成不变的，法律也要适应不断变化的经济环境，并根据新的经济学说进行调整。因此，正如美国学者德雷特勒所著《知识产权许可》一书所说的："法律的发展总是跟随着贸易，反托拉斯法与许可法也不例外。当国际贸易在规模及经济意义上都发展成熟时，反托拉斯法从它的发祥地美国传播到欧洲和日本，并在那里获得了独立的发展。虽然在其他国家称为'反垄断法'或'竞争法'，其实质大体都一样，在所有三种司法管辖之下，这类法律都适用于许可。"

（一）美国的反托拉斯法

美国的反托拉斯法（Antitrust Law），是美国国会多年来制定的有关保护竞争、反对垄断和不公平贸易做法的实体法和程序法的总称。主要由三个法案组成，即 1890 年美国国会通过的《谢尔曼法案（Sherman Act）》、1914 年的克莱顿法案（Clayton Act）和 1914 年的联邦贸易委员会法案（Federal Trade Commission Act）。这些法律是当今反托拉

斯法和反垄断法的基石，并且借助域外司法管辖权而得到适用。该法案没有具体规定允许或禁止哪些行为，但美国法院通过法律解释，确立了合法和非法商业行为的具体规则。为了使反托拉斯法适用许可贸易，美国反托拉斯署对反托拉斯法的适用做过多次调整。

（1）20 世纪 70 年代初期，反托拉斯署宣布 9 类限制性许可贸易行为是本质违法的，称为“九不准”原则。该原则解决了反托拉斯法适用许可贸易的问题。“九不准”的内容是：① 搭售；② 强制性回授；③ 对转售专利产品的限制；④ 独家交易；⑤ 被许可人对再行颁发许可证的否决权；⑥ 强制性的一揽子许可；⑦ 对非专利产品索取专利权使用费，包括销售提成费；⑧ 对专利方法的被许可方销售产品的限制；⑨ 限价。

（2）20 世纪 90 年代，美国司法部反托拉斯署和联邦贸易委员会又联合颁布了《知识产权许可的反托拉斯准则》，简称 1995 年《许可准则》。该《许可准则》认同了知识产权在国内及国际商务活动中的重要性，并设法为许可贸易中的反托拉斯法的适用提供了一些明确的规则，第一次认为值得将许可贸易问题作为独立的主题进行一致的处理。该《许可准则》的目标有两方面：一是改进 20 世纪 70 年代的“九不准”原则；二是提供反托拉斯法适用许可贸易的更严谨、更现实的分析方法。该《许可准则》涉及范围非常广泛，涉及技术转让，有关专利、版权、商业秘密和技术秘密协议，以及集成电路布图设计交易等事务，但未涉及与商标有关的事务。

（二）欧盟的竞争法

欧盟各国存在两套反不公平竞争法，一套是欧盟成员国之间适用的竞争法，另一套是各成员国自行制定的反不公平竞争法。

欧盟竞争法主要反映在“罗马条约”（the Treaty of Rome）第 85 条第 1 款，该款规定，凡损害成员国之间的贸易和旨在或会起到阻碍、限制或恶化欧盟内的竞争的所有企业之间的协议都是不允许的和禁止的。但该项规定并未明确是否适用于工业产权许可，直到 1975 年 12 月 2 日，欧盟部长理事会议决议才明确该款也适用于工业产权许可。

（三）日本管制限制性商业惯例的法律

日本管制限制性商业惯例的法律主要是 1947 年颁布的《关于禁止私人垄断及保持公平贸易方式的法律》（即反垄断法）和 1968 年 5 月 24 日公布的《反垄断法适用于许可协议的施行准则》，该准则第 1 条就明确规定了技术引进合同中构成限制性商业惯例的 10 种表现。

二、发展中国家管制限制性商业惯例的法律

发展中国家从与工业发达国家打交道的切身经验体会到加强对限制性商业惯例的管理对增强反制能力和对外谈判地位的重要性，除指定有关政府机构，或者设立专门机构来加强技术转让合同的管理和监督外，还可以运用法律武器，制定一系列技术转让的法律、法规，以法律手段抵制许可方的限制性商业惯例。下面简单介绍墨西哥、巴西、菲律宾和印度管制限制性商业惯例的立法情况。

（一）墨西哥《技术转让法》

1972年12月28日，墨西哥政府颁布了《技术转让法》，1974年又制定了《关于贯彻技术转让法的实施细则》。该法第6条规定，在许可证协议中全面禁止14种限制性条款。

（二）巴西《技术转让合同注册规范法》

1971年，巴西政府颁布了工业产权法典，成立了国家工业产权局，开始对技术引进合同实行审批制度。1975年又颁布了《技术转让合同注册规范法》。1981年颁布了关于引进计算机技术的条例，逐步地完善了技术引进的立法工作，对技术转让从经济上、技术上、法律上实行全面的管理。

（三）菲律宾的技术管理条例

1978年10月菲律宾总统发布第1520号法令，成立了国家技术转让局，制定了技术管理条例，国家正式对技术转让合同实行全面的审批制度。第1520号法令中第5节C款列举了技术转让中的10条不合理限制性商业惯例，其中有7条是强制性的，条例要求菲律宾的任何公司或企业在引进技术合同中都不准接受不合理的限制性商业惯例，否则合同将不予批准。

（四）印度管制限制性商业惯例的有关法规

从1947年起，印度政府开始对技术引进工作实行管理，建立了合同审批制度。印度对引进合同的审批手续比较复杂，是由科技部、计划部、工业部、财政部等几个政府部门分口管理，提出初步审查意见，然后再报外国投资署归口审批。从立法角度看，印度没有制定一个专门的技术转让法规，而是把技术转让中的一些法律问题分散到有关的专业单项法规中。例如，印度《专利法》第140条规定，许可方不得以任何方式限制引进方采用合同中规定的技术以外的任何工艺技术，或者限制引进方从其他地方购买其所需要的产品或设备。工业发展调整法规定，提成费应以净销售价计算，合同中不得规定最低提成费。许可方不得对引进方的合同产品的出口地区实行限制，合同必须受印度法律的管辖等。

三、关于管制限制性商业惯例的国际条约

（一）联合国《一套控制限制性商业惯例的多边协议的公平原则和规则》（United Nations《Multilaterally Equitable Principles and Rules for the Control of Restrictive Business Practices》）

1.《原则和规则》的目标

（1）保证发展中国家不致妨碍或取消因降低不利于世界贸易、特别是不利于发展中国家贸易和发展的关税或非关税壁垒而应获得的利益。

（2）根据国家的经济和社会发展目标及现有的经济结构，提高国际贸易和发展效率，特别是发展中国家贸易和发展的效率。

（3）保护、促进发达国家和发展中国家的一般社会福利，特别是消费者的利益。

（4）消除跨国公司或其他企业的限制性商业惯例对贸易和发展可能造成的不利条

件，从而尽量扩大国际贸易，特别是发展中国家的贸易和发展方面的利益。

2.《原则和规则》的定义和适用范围

（1）定义

限制性商业惯例（Restrictive Business Practices）是指："凡是通过滥用或谋取滥用市场支配地位，限制进入市场或以其他方式不适当地限制竞争，对国际贸易，特别是对发展中国家的国际贸易及其经济发展造成或可能造成不利影响，或者通过企业间正式或非正式，书面或非书面协议以及其他安排，造成同样不利影响的一切做法或行为。"

"市场力量的支配地位"指一个企业本身或与其他几个企业一起，有能力控制某一业务或服务，或者几类货物或服务的有关市场。

"企业"指从事商业活动的，不论以何种方式创办、控制或拥有的，私营或国有的商号、有限公司、公司、其他社团、自然人或法人，或它们的任何结合，包括它们的分支机构、子公司、附属公司，或直接、间接受它们控制的其他实体。

（2）适用范围

① 本套原则和规则适用于对国际贸易，特别是对发展中国家的国际贸易及其经济发展有不利影响的限制性商业惯例，包括跨国公司的这种限制性商业惯例在内，无论这种惯例涉及一个国家还是一个国家以上的企业，本套原则规则均适用。

② 适用于服务等一切交易。

③ 是针对一切企业。

④ 适用于一切国家和企业，不论在交易、行动或行为中所涉及的当事方为谁。

3. 国家层面的义务

规定一套多边协议的控制限制性商业惯例原则和规则供国家采用，便利国家和地区层面采用和加强这方面的法律和政策。

为了保证本原则和规则公平合理地适用，各国在考虑需要全面适用本套原则和规则的同时，应适当注意到它们的企业无论是否由国家创办或控制，其行为在何种程度上为适用法律或规章所接受，或在何种程度上为国家所规定。

（二）世界知识产权组织（WIPO）《技术转让合同管理示范法》

世界知识产权组织（WIPO）在20世纪80年代颁布了《技术转让合同管理示范法》，该法第305条规定，17种限制性条款不得写入合同中，如果其中任何一条写入合同中，政府主管机构可以要求当事人修改，否则可以对这类合同不予登记。

（1）要求技术受方进口在本国能够以相同或更低价格取得的技术；

（2）要求技术受方支付过高费用（给予与所引进技术应有使用费不相当的使用费）；

（3）搭售条款；

（4）限制技术受方选择技术或选择原材料的自由（但为保证许可产品质量而限制原材料来源的情况除外）；

（5）限制技术受方使用供方无权控制的产品或原料的自由（但为保证许可产品质量而实行这种限制除外）；

(6) 要求技术受方把按许可证生产的产品大部或全部出售给供方或供方指定的第三方；

(7) 条件不对等的回授条款；

(8) 限制技术受方的产量；

(9) 限制技术受方的出口自由（但供方享有工业产权的地区不在此列）；

(10) 要求技术受方雇用供方指定的、与实施许可证技术无关的人员；

(11) 限制技术受方研究与发展所引进的技术；

(12) 限制技术受方使用其他人提供的技术；

(13) 把许可合同范围扩大到与许可目标无关的技术，并要求技术受方为这些技术支付费用；

(14) 为技术受方的产品制定价格；

(15) 在技术受方或第三方因供方技术而造成损害时，免除或减少供方的责任；

(16) 合同期届满后限制技术受方有关技术的自由（但未到期的专利除外）；

(17) 合同期过长（但只要不超过所提供的专利有效期，即不能认为过长）。

第三节 技术许可合同中的限制性商业惯例及应采取的对策

在技术许可交易中，许可方从自身的利益出发，总试图利用其技术转让的有利地位，向被许可方索取更多的回报。同时，以种种方式限制被许可方对技术的利用，以求在较长时期内维持其对技术的垄断和支配地位。对此，应采取怎样的对策呢？

一、利用国家管理限制性商业惯例的法律，据理力争

中国管理限制性商业惯例的法律主要有：

（一）《中华人民共和国合同法》

《中华人民共和国合同法》第 329 条规定："非法垄断技术、妨碍技术进步或者侵害他人技术成果的技术合同无效。"并在第 323 条进一步强调："订立技术合同，应当有利于科学技术进步，加速科学技术成果的转化、应用和推广。"

中国《最高人民法院关于审理技术合同纠纷案件适用法律若干问题的解释》肯定了上述原则，并对"非法垄断技术、妨碍技术进步"的实质和表现做了具体解释。

(1) 限制另一方在合同标的技术的基础上进行新的研究开发，或者限制使用所改进的技术，或者双方交换改进技术的条件不对等，包括要求一方将其改进的技术无偿地提供给对方、非互惠性地转让给对方、无偿地独占或者共享该改进技术的知识产权；

(2) 限制另一方从其他来源获得与技术供方所提供的技术类似或者与之竞争的技术；

（3）阻碍另一方根据市场需求，按照合理的方式充分实施合同标的技术，包括明显不合理地限制技术接受方实施合同的标的技术生产产品或提供服务的数量、品种、价格、销售渠道和出口市场；

（4）要求技术接受方接受并非实施技术所必不可少的附加条件，包括购买非必需的技术、原材料、产品、设备或者服务和接受非必需的人才等；

（5）不合理地限制技术受方购买原材料、零部件、产品或者设备等的渠道或者来源；

（6）禁止技术受方对合同标的技术的知识产权的有效性提出异议或者对提出异议附加条件。

（二）《中华人民共和国对外贸易法》

2004 年 4 月 6 日第十届全国人民代表大会常务委员会修订的《中华人民共和国对外贸易法》第 5 章第 30 条对技术贸易中限制性商业惯例做了如下规定：“知识产权权利人有阻止被许可人对许可合同中的知识产权的有效性提出质疑、进行强制性一揽子许可、在许可合同中规定排他性返授条件等行为之一，并危害对外贸易公平秩序的，国务院对外贸易主管部门可以采取必要的措施消除危害。”

（三）《中华人民共和国技术进出口管理条例》

2002 年 1 月 1 日起施行的《中华人民共和国技术进出口管理条例》第 29 条规定，技术进口合同中不得含有下列限制性条款：

（1）要求受让人接受并非技术进口必不可少的附带条件，包括购买非必要的技术、原材料、产品、设备或者服务；

（2）要求受让人为专利权有效期限届满或者专利权被宣布无效的技术支付使用费或者承担相关义务；

（3）限制受让人改进让与人提供的技术或者限制受让人使用所改进的技术；

（4）限制受让人从其他来源获得与让与人提供的技术类似的技术或者与其竞争的技术；

（5）不合理地限制受让人购买原材料、零部件、产品或者设备的渠道或者来源；

（6）不合理地限制受让人产品的生产数量、品种或者销售价格；

（7）不合理地限制受让人利用进口的技术生产产品的出口渠道。

二、利用对方国家的法律或共同参加的国际公约、条约，说服对方

1. 利用对方国家的法律

世界大多数国家都有管制限制性商业惯例的法律，法律的名称和细节可能不完全相同，在执法的严格程度上有差异。但都是以保护竞争、反对垄断的基本精神为出发点。有关法律可参考上一节。

2. 利用联合国的有关原则和规则

在联合国贸发会召开的国际技术转让行动守则会议上，广大发展中国家明确地指出，限制性惯例是不合理的，是有害于发展中国家的经济发展的，并强烈要求联合国有

关组织采取积极的措施，争取尽快地结束这种不合理的现象。1980 年，《一套多边协议的控制限制性商业惯例的公平原则和规则》经联合国大会正式通过并公布。这些守则或规则尽管法律性质不同，但它们都对限制性商业惯例采取管制和禁止的态度。因此，从事技术引进的有关单位和人员应具备这方面的知识，充分利用联合国有关决议作为理论依据，通过摆事实、讲道理，对许可方提出的不合理要求进行有理、有利、有节的批驳，迫使其放弃或放松限制性条款。事实证明，只要能提出充分、合理的理由，又能依据有关法律和国际公约的有关原则陈说利害，许可方是可以做出让步，放弃或放松某些限制的。

3. 利用《与贸易有关的知识产权协议》的有关规定

WTO《与贸易有关的知识产权协议》第 8 节第 40 条第 2 款明确指出："本协议的规定，不应阻止成员在其国内立法中具体说明在特定场合可能构成对知识产权的滥用，从而在有关市场对竞争有消极影响的许可证贸易活动或条件。如上文所规定，成员可在与本协议的其他规定一致的前提下，顾及该成员的有关法律及条例，采取适当防止或控制这类活动。这类活动包括诸如独占性返授条件、禁止对有关知识产权的有效性提出异议的条件或强迫性的一揽子许可证。"WTO 的上述协议对所有成员都有效。截止到 2013 年 1 月，WTO 有 158 个成员，几乎包括了世界所有主要国家和地区。所以，以 WTO 的《与贸易有关的知识产权协议》作为法律依据更具有说服力。

三、具体分析，区别对待

对许可交易中许可方提出的限制性要求，被许可方应该掌握具体分析方法，确定哪些限制是合理的，哪些限制是不合理的。但是，各国的国情不同，法律制度不同，分析的方法也不同。以下介绍的有欧美、日本等工业发达国家普遍使用的"类选法"、美国《许可准则》使用的"市场 20%，数目五规则"分析法，以及我国使用的以法律为依据的主管机构"裁量法"或"限制与发展平衡法"。用这些分析方法可以确定限制的合理性，并加以区别对待。

（一）类选法

类选法是美国、欧洲、日本这三个主要工业化国家和地区普遍使用的分析方法，这种方法将限制性商业惯例分为三类：

（1）本身不合法（Principles of Itself Illegal）或推定为非法而有待于进一步分析的限制性条款；

（2）为了确定合法性而需要根据合理规则（Principles of Reasonableness）进行详细分析的限制性条款；

（3）本身合法（the Nature of Law Principles）或推定为合法，但有待于进一步分析的限制性条款。

值得注意的是，上述只是一般性原则，各国在掌握的宽严程度上是有差别的。以下举例说明：

例一，"本身不合法"。如在许可贸易中，"搭售"是指许可人要求被许可人接受一项本不需要的知识产权的许可证，或者购买、使用本不需要的产品或服务，以作为得到所需知识产权的条件。美国反托拉斯署和最高法院一直将其视为不合法。后来有人又通过市场支配力，以类似合理性规则分析，以支持基于搭售的滥用抗辩。最后司法机构裁定，仍将搭售视为实质上不合法。

例二，“按合理原则判断”。在许可贸易中，被许可方可能被要求从特定的渠道购买所需的商品或服务，也可能被要求将利用许可技术制造的产品销售给特定的买主，这就是通常所说的独家交易。这种独家交易对被许可方所需的产品或服务和产品的销售渠道施加了直接的限制。这限制了被许可方选择客户的自由和进入市场的路径。这种限制本来是不合法的。但是，从经济角度看，这种限制也有合理性，例如这种限制能加强品牌内竞争，促进整个竞争过程，降低分配和销售费用，给被许可方提供一个可预期的市场。因此，有人认为，这种安排只要不剥夺被许可方“必要的销售便利”，不限定价格，就完全可以用合理性规则来处理。

例三，“本身合法”。在许可贸易中，许可方普遍对被许可人使用技术的领域进行限制，这是因为知识产权通常具有商业意义。例如，一种专利药物在治疗人和治疗动物方面都有用。专利权人可能希望授权两个不同的公司，分别在人类医疗和动物医疗领域使用。司法机关认为这种限制在通常情况下属于本身合法。

（二）“安全地带”分析法（“市场20%，数目五规则”）

在许可贸易中，有人认为，限制性条款只要不是明显地反竞争的，也就是说，不属于那种被指责为“本质违法”的，如限价、瓜分市场等，就可以认为这种限制处于“安全地带”。检验限制性条款是否处于安全地带有两个标准：

（1）许可方和被许可方在市场上的份额不超过整个市场的20%；

（2）相关技术市场上的技术或竞争者的数目，只要市场上存在4项或4项以上独立控制技术（不包括许可技术）的可代替许可技术，或者只要相关技术市场上有4个或4个以上的独立控制技术的单位（不包括许可人），许可协议中的限制就处于安全地带。这种方法被称作“市场20%，数目五规则”分析法。只要许可合同中的限制符合上述标准，就不会影响市场竞争，执行机构就不会质疑许可协议中的限制。

（三）以法律为依据主管机构“裁量法”（限制与发展平衡法）

一般说来，限制性条款按其性质划分可分为两类：一类是直接有损于被许可方国家的主权和经济利益的，对于这类限制性条款，被许可方国家的法律往往有强制性的规定，禁止任何企业接受，有人把这类条款叫作强制性条款（Mandatory Clause），或刚性条款；另一类是被许可方国家的法律没有强制性的规定，即限制如果对被许可方弊大于利，就禁止接受。如利大于弊，则同意接受，人们把这类条款叫作非强制性条款（Non-compulsory Clause）或弹性条款。如墨西哥的《技术转让法》第6条列举了14种限制性条款，其中有6条是强制性的，8条为非强制性的。

《中华人民共和国技术进出口管理条例》规定的7条限制性条款，不准写入许可合同。这就意味着，除了明文规定的7种限制属于禁止的限制性商业惯例，其他未列入禁止范围的，则可以灵活对待。正如中国《对外贸易法》规定：“外经贸主管部门可以采取必要措施消除危害。”其中“可以”就是灵活裁量的表现。

总之，在国际技术许可贸易中，被许可方经常遇到限制性商业惯例，致使谈判中往往由于在某些限制性条款上达不成协议，影响签约成交。因此，在技术引进谈判中，我方既要坚持原则，据理力争，尽可能减少许可方对我方的限制，同时又要熟悉国外对限制性商业惯例的分析方法，吸取其合理部分为我所用。对许可方提出的限制性条件，应采取“既不全盘接受”（Do not Accept）也“不一概拒绝”（Do not Refuse）的态度。这样做是为了方便引进技术，利用引进的技术促进国民经济的发展。同时，避免执法机构花费时间去分析限制的影响和后果。

练习题 EXERCISES

一、单项选择题

1. 实施限制性商业惯例的主体是 （　　）

A. 企业　B. 国家机构　C. 商会　D. 国际组织

2. 国际上，最早颁布管制限制性商业惯例立法的国家是 （　　）

A. 英国　B. 美国　C. 欧盟　D. 巴西

3. 在国际会议上，发展中国家认定限制性商业惯例的标准是 （　　）

A. 发展标准　B. 竞争标准　C. 合理标准　D. 限制标准

4. 限制性商业惯例主要出现在_________合同中 （　　）

A. 技术转让贸易　B. 技术许可贸易　C. 技术服务贸易　D. 技术产品买卖

5. 许可方实施限制性商业惯例的出发点是 （　　）

A. 促进竞争　B. 改善贸易秩序

C. 限制竞争　D. 防止被许可方滥用权利

二、多项选择题

1. 中国管制限制性商业惯例的法律法规主要是 （　　）

A. 中华人民共和国民法通则

B. 中华人民共和国合同法

C. 中华人民共和国对外贸易法

D. 中华人民共和国技术进出口管理条例

E. 中华人民共和国反不正当竞争法

2. 《中华人民共和国对外贸易法》规定 3 种做法属于限制性商业惯例 （　　）

A. 要求被许可方将产品销售给其指定的机构

B. 阻止被许可方对许可合同中的知识产权有效性提出质疑

C. 在许可合同中规定排他性返授条件

D. 强制性一揽子许可

E. 阻止被许可方从其他来源获得与之竞争的技术

3. 美国、欧洲、日本采用类选法将限制性商业惯例分成 3 类，它们是 （　　）

A. 本身不合法或推定为非法

B. 需要根据合理规则进行详细分析

C. 本身合法或推定为合法

D. 详细分析本身不合法或推定为非法

E. 详细分析本身合法或推定为合法

4. 中国技术进口中对限制性商业惯例采取的对策 （ ）

A. 利用国际公约和对方国家法律说服对方

B. 具体分析，区别对待

C. 限制与发展平衡

D. 合理原则

E. 竞争原则

5. 发展中国家与发达国家制定限制性商业惯例的标准是 （ ）

A. 竞争标准 B. 发展标准 C. 合理标准 D. 合法标准

E. 双赢标准

三、名词解释

1. 限制性商业惯例 2. 主管机构裁量法 3. 刚性条款 4. 弹性条款

四、简答题

1. 列举限制性商业惯例的几种表现。

2. 简述产生限制性商业惯例的特点。

3. 列举几个世界性管制限制性商业惯例的条约。

4. 发达国家主张限制性商业惯例“发展”标准的主导思想是什么？

5. 法律、法规规定管制限制性商业惯例的目的是什么？

五、论述题

1. 产生限制性商业惯例的根源是什么？

2. 美国法律界定限制性商业惯例的原则。

第十九章　中国技术出口的基本情况、特点、必要性与对技术出口的管理

学习目标导言

改革开放之前，中国主要以进口技术、成套设备、关键设备为主，以此为基础，建立起中国的工业基础、科学技术基础、技术人才队伍。国家综合技术水平有了很大提高。综合技术水平与工业发达国家的差距大大缩短。国家的一批大型企业积累了技术资产。在这种形势下，中国科研单位、大型企业萌生了出口技术的愿望，于是，国家对外贸易部门积极主动组织，多方调查研究，广泛征求意见，及时向国务院报告有关情况，提出建议．得到国务院领导的批复和支持。自此，各级国有企业，各省、市、自治区政府部门积极行动起来，从建立技术出口工作机构、培训人才入手，到开展技术出口业务较早的发展中国家如拉丁美洲的巴西、墨西哥考察。与此同时，组织培训和广泛宣传，转变一些人“中国无技术可供出口”的陈腐观点。逐步开展了技术出口业务，建立了管理制度，原外经贸部和科技部被确定为管理单位。

自此，中国企业、科研院所开始整理可供出口的技术，为技术出口准备了强大物质基础。此外，科研院所、大专院校等大力开展科学技术研究，涌现了大量科学技术成果。每年获得科学技术进步奖的成果数万项。正如中国国家主席胡锦涛在2012年全国科技创新大会上指出的，“我国已经构建了比较完整的学科体系，拥有丰富的科技人力资源，科技发展具有良好基础，完全有条件发挥自身特色和优势，跟上世界新的技术革命和产业变革步伐。”在这种大好形势下，中国技术出口贸易有了很大发展，技术出口工作逐步走上正轨。

此外，国家主管机构对技术出口加强了管理，促进管理法制化、规范化。因为技术出口具有两面性：一方面，技术出口可以给国家带来经济利益、增强企业市场竞争力，提升国家形象和影响力。另一方面，技术出口也有负面作用，如果管理不善，把关不严，知识产权保护跟不上，也会导致技术成果流失，损害国防安全、经济安全、科技安全。因此，我们要借鉴工业发达国家管理技术出口的经验，做好技术出口项目审查，把好技术出口关。

重点难点提示

中国技术出口的基本情况、特点；发展技术出口的必要性；技术出口管理的基本原则；技术出口管理的主要法律、法规及相关管理措施。

第一节　技术出口的概念、基本情况与特点

一、技术出口的概念、内容及出口条件

（一）技术出口的概念与内容

1. 技术出口的概念

技术出口（Technology Export），是指技术出口经营者，通过贸易、投资或者经济技术合作的方式，依法从中华人民共和国境内向中华人民共和国境外转移技术的行为。

2. 技术出口的内容

根据大连市鼓励技术出口的有关规定，技术出口包括：

（1）专利权转让、专利申请权转让、专利实施许可、注册商标转让和使用许可；

（2）产品研究与开发、生产工艺、方法、配方，经营管理、质量控制等技术秘密转让；

（3）植物栽培、动物饲养和繁殖、菌种培养等技术秘密转让；

（4）工程设计、工艺设计、产品设计、地质勘探、计算机软件设计和编制、技术咨询、技术培训等技术服务。

（二）技术出口条件

1. 技术出口主体合法

技术出口经营者（Technology Export Operator）必须是：

（1）在商务部或其委托机构履行过登记手续的法人或其他组织；

（2）法律、行政法规和国务院主管部门规定不需要登记的法人或其他组织。

2. 出口的技术项目合法

技术出口项目，如属于限制出口的，必须通过主管部门贸易审查、技术审查，获得批准后，发给《技术出口许可意向书》（Letter of Intent for Technology Export License），技术如属于国家秘密技术应根据国家《保密法》及有关规定先进行保密审查，再交由外经贸主管部门和科技部进行贸易审查、技术审查，依法办理出口手续。

3. 出口的技术项目“跨越国境”

《技术进出口管理条例》规定，技术出口是指“从中华人民共和国境内向中华人民共和国境外转移技术的行为”，符合世界贸易组织原则和国际惯例，即“国际性”原则。

二、中国技术出口的基本情况与特点

中国技术出口始于20世纪80年代初，进入90年代发展加快，出口项目和出口金额逐年增加。据统计，从1980年至2001年年底，中国企业对外共签订技术出口合同11 000项，合同总金额近500亿美元。技术出口的发展大体经历了5个阶段：

（一）探索阶段（1980—1985 年）

1. 探索阶段的基本情况

由于国家技术基础不断增强，引进技术和成套设备消化、吸收和创新取得进展，国内科研成果数量不断增加，成果商品化速度加快。企业发展技术出口的愿望迫切。在这种形势下，一些企业自发地进行了技术出口尝试。例如：中国种子公司向美国西方石油公司出口了水稻杂交技术；首都钢铁公司向卢森堡、英国、美国分别出口了高炉喷煤粉技术和顶燃热风炉技术；东方仪器公司向瑞士霍夫曼·罗氏公司转让了 VC 二步发酵法技术等。

2. 探索阶段的主要特点

（1）无计划、无组织，纯属自发性质；

（2）没有管理部门和管理法规与管理政策；

（3）出口金额很小，每年约 1 000 万美元左右；

（4）出口的项目多为新技术、新工艺等软件技术。

（二）起步阶段（1986—1989 年）

1. 起步阶段的基本情况

从 1986 年开始，技术出口项目和出口金额逐年增加，1986—1989 年，技术出口额分别为 2 042 万美元、1 亿美元、2 亿美元、8. 9 亿美元。技术出口逐步走上正轨。

2. 起步阶段的主要特点

（1）技术出口规章开始建立

1986 年，中国国务院批转了外经贸部和国家科学技术委员会《关于开拓国外技术市场，加强技术出口管理的报告》，并确定上述两个部委为技术出口的归口管理部门。此后，两部委联合制定了一系列技术出口政策，如技术审批和合同审批权限与审批程序，以及鼓励技术出口的优惠政策等。从此，中国技术出口工作逐步走上了有管理、有章可循的新阶段。

（2）国家各部委和省、直辖市、自治区、计划单列市相继组建了技术出口管理机构，一些公司被授予技术出口经营权

在国务院批转了两部委报告之后，国家各部委、直属机构和各省、自治区、直辖市、计划单列市开始建立技术出口管理部门。同时，外经贸部授予一些外贸进出口公司和工贸公司技术出口经营权，为发展和扩大技术出口做了必要的组织准备。

（3）从转变人们思想观念入手，两部委积极开展普及技术出口知识和宣传活动

在开展技术出口工作初期，国内有些人对中国的技术出口潜力缺乏了解，认为中国技术比较落后，没有什么技术可供出口。针对上述情况，两部委举办了各种培训班，普及技术出口业务知识，转变人们的思想，为推动技术出口进行思想准备。

此外，两部委积极开展了对外宣传活动，组织和举办了各种技术推介会。如“香港中国工业技术出口交易会”、“深圳中国技术出口交易会”、“北美技术交易会”和“亚洲技术交易会”等。与此同时，两部委还组织技术出口考察团，到一些技术出口起步较早的发展中国家，如巴西、阿根廷、墨西哥等，调查了解其技术出口情况和技术出口政策，帮助国内企业建立业务联系，开拓技术出口渠道。

（4）技术出口国别和出口方式向多元化发展

技术出口工作之初，中国主要向少数工业发达国家出口少量新技术、新工艺。随着技术出口工作的开展，除出口软件技术外，还增加了向发展中国家出口一些工业实用技术、成套设备、技术服务等。

（三）初级阶段（1990—1997 年）

1. 初级阶段的基本情况

1990—1997 年，中国企业对外共签订技术出口合同 6 269 项，合同总金额 203 亿美元，与起步阶段相比，出口项目和成交金额均大幅度增加，标志着技术出口步入了一个新的发展阶段。

2. 初级阶段的主要特点

（1）技术出口走上了法制化的轨道

1990 年，国务院批准了由原外经贸部和国家科委制定的《技术出口管理暂行办法》，该办法的颁布与实施，标志着国家技术出口和成套设备出口工作走上了法制化的轨道。

（2）技术出口速度明显加快

1995 年，技术和成套设备出口的增长幅度首次超过了一般贸易出口的增长幅度，增幅为 57.7%，超过一般贸易出口 34.8 个百分点。

（3）成套设备出口在技术出口中的比重不断增加

1995 年，以成套设备为载体的技术出口占技术出口总值的 94%。

（4）技术出口市场进一步扩大

这一时期，中国企业对工业发达国家的技术出口稳步增长，对发展中国家和地区的技术出口发展较快，对东南亚、西亚及中国香港等地区发展最快，到 1997 年，技术出口的国别（地区）已增加到 110 个。

（四）发展阶段（1998—2005 年）

发展阶段可分为两个时间段：1998—2001 年时间段和 2002—2005 年时间段。

1. 1998—2001 年时间段技术出口的基本情况与特点

（1）1998—2001 年技术出口的基本情况

1998 年，中国企业共签订技术出口合同 2 500 项，合同总金额 66.87 亿美元。1999—2001 年技术出口合同总金额分别为 75.46 亿美元、85.65 亿美元和 32.00 亿美元。

（2）1998—2001 年技术出口的主要特点

① 发展中国家仍是中国技术出口的主要市场；

② 高技术产品和技术带动设备出口增长较快；

③ 以技术作为投资，建立海外企业取得新进展；

④ 科研院所获得技术出口经营权，为技术出口增强了后劲；

⑤ 技术出口主体主要是国有企业和民营企业。

2. 2002—2005 年时间段技术出口的基本情况与特点

（1）2002—2005 年技术出口的基本情况

在这一时期，中国对外贸易形势发生了 3 个变化，一是中国成为世贸组织（WTO）

的正式成员；二是2003年3月外经贸部与商业部合并为商务部；三是“科技兴贸”战略实施进入第二阶段。在这种形势下，中国技术出口的侧重点转向高技术产品出口，2002—2004年，高技术产品出口平均年增长率为52.7%，占对外贸易出口的比重从17.5%增加到27.9%。2005年，高技术产品出口进一步增长，出口额达2 183亿美元，占外贸出口的比重上升到28.6%。

（2）2002—2005年技术出口的主要特点

①“科技兴贸”战略有效实施；

② 高技术产品出口强势增长，扩大了对外贸易规模；

③ 高技术产品出口促进了国内产业结构升级；

④ 企业国际竞争力进一步增强。

（五）技术出口进入迅速增长的新阶段

1. 2006—2010年的技术出口基本情况

（1）技术出口基本情况的评价

2006年以来，“中国技术出口进入快速增长的新阶段，技术出口主要集中在美国、日本和中国香港，占中国技术出口的50%以上。技术出口地区以东部沿海地区为主。技术出口数量不多，金额不大”（资料来源：商务部服务贸易司，2012年12月）。这一评价主要是指软件技术出口业绩不突出。

（2）国际经济合作带动技术出口

中国的技术出口主要侧重以设备、工程承包、油田开发服务、水电建设、卫星发射服务、计算机软件外包、劳务输出等带动技术出口。这部分技术出口规模应该是十分可观的。如果从这个角度来考察，技术出口情况还是发展不错的。

（3）技术出口发展大有可为

中国技术出口发展大有可为的原因主要是，拥有大量的技术出口资源：

① 自新中国成立以来，经过60多年的技术引进，特别是1979年以来，中国对外共签订技术引进合同8万多项，合同总金额2 000多亿美元。“十五”计划期间，对外签订技术引进合同3.5万多项，合同总金额730多亿美元。这样大规模的技术引进，大大提高了中国企业的技术水平。

② 企业经过引进技术消化吸收创新，提高了自主创新能力，形成了完整的科研体系、产业体系和人才队伍，为发展技术出口奠定了坚实基础。

③ 中国企业自主研发取得了大量技术成果，有不少成果获得了自主知识产权。

据国家知识产权局统计，截止到2011年年底，我国发明专利拥有量69.7万件，每万人发明专利拥有量达到2.37件。2011年，国家知识产权局受理3种专利申请（发明、实用新型、外观设计）163.3万件，授权96.1万件。受理专利合作条约（PCT）申请17 473件。有力地推动了新兴产业的发展，培育了知识产权优势企业，促进了国民经济增长方式的转变，提升了企业参与国际经济合作的能力和水平，为技术出口开辟了更加广阔的前景。

在这个基础上，中国企业积极开展技术出口工作，不断扩大技术出口规模，增强技术在国际市场上的竞争力，为实现国际贸易强国的目标做贡献。

2. 软件技术出口情况（见表19.1）

表19.1 我国软件技术出口情况 （亿美元）

年份	2006	2007	2008	2009	2010
项目	收入和增幅	收入和增幅	收入和增幅	收入和增幅	收入和增幅
计算机信息服务	29.6 60.8%	4 3.34 752 46.9%	6 2.52 062 43.9%	65.0 4..0%	92.6 42.1%
专利权、特许权使用费	2.1 30.6%	34.2 634 67.5%	5.70 536 66.5%	4.0 -29.9%	8.3 93.4%
技术咨询	78.3 47.2%	11.580 582 47.8%	181.408 66 56.6%	186.00 2.5%	227.7 22.3%

资料来源：中国商务年鉴2006—2010。

三、中国发展技术出口的必要性

（一）充分利用现有技术资源，获得更大的比较利益

技术对于国家和企业来说，无疑是宝贵的资产，然而这种资产不是一成不变的，随着时间的推移，这种资产的价值会逐步降低，直至变得一文不值。因此，无论国家还是企业均应将技术资产按时间价值加以区分，在保存技术储备的前提下，将成熟的工业化技术、衰老期的技术、本国不具备实施条件的技术出口到国外，以获得相应的报酬，扩大技术出口规模。

（二）发展技术出口，促进产业结构性调整，增强国民经济可持续发展能力

发展高新技术，促进产业结构调整已成为国民经济可持续发展的关键因素之一。纵观世界经济结构性调整的总趋势，可以发现，经济全球化和高技术化、生产要素大规模跨国流动、产业资本大规模跨国投资、企业大规模跨国联合、高新技术产业迅速崛起、传统产业高技术改造已成为当代各国经济发展的主流。面对这种形势，中国企业应充分认识经济全球化和高技术化带来的冲击和机遇，面对挑战，抓住难得的良好机遇，加快国民经济结构性调整，尽快融入经济全球化和高技术化的大潮之中。为此，国家和企业应该以发展技术出口和高技术产品出口为契机，带动境外投资和国民经济结构性调整。

（三）发展技术出口，有效实施“科技兴贸”战略

“科技兴贸”战略，是继市场多元化战略、以质取胜战略、大经贸战略之后，对外经济贸易发展的又一重要战略。“科技兴贸”战略包括两方面内容：第一，大力推进高技术产品出口；第二，运用高新技术改造传统出口产业，提高传统出口产品的附加值，

促进企业自主开发和技术创新，带动高新技术产品出口。

（四）发展技术出口，减少贸易摩擦

根据世贸组织贸易规则，当前关税壁垒虽有所减弱，但非关税壁垒、技术性贸易壁垒却花样百出，中国出口商品受到国外反倾销调查日益增多，对商品出口造成不小的冲击，而发展技术出口或以境外投资方式带动技术出口，就成为回避技术性贸易壁垒，减少贸易摩擦，开拓国际市场和保护已有市场的重要手段。

（五）发展技术出口，加速国内技术成果商品化

发展技术出口是促进技术成果商品化的最佳途径之一。中国每年涌现大量技术成果，但商品化率较低，据统计，我国技术成果转化率仅为15%～20%，商品化率仅为5%。而技术出口要求的技术是商品化技术、产业化技术。因此，发展技术出口可以加速技术成果商品化、产业化，实现国内外资源的有效配置，带动成套设备、产品、技术服务进入国际市场，使我国产业结构升级，经济增长方式、科学技术发展步入良性循环的轨道。

第二节　中国主管部门对技术出口的管理

一、中国管理技术出口的基本原则

（一）有管理的自由出口

《中华人民共和国对外贸易法》第4条规定，"国家准许货物与技术的自由进出口。但是，法律、行政法规另有规定的除外。"也就是说，技术出口一般是自由的，但并非完全自由。世界任何国家都不允许技术自由出口，因为完全自由出口不符合国家的根本利益。因此，各国在提倡技术自由出口的同时，又都以专门法规或行政措施的形式对技术出口加以管理。

（二）技术出口项目实行分类管理

《中华人民共和国对外贸易法》第16条、第17条规定，按技术出口项目对国家外交、外贸、科技政策以及人类和动植物健康的影响，技术出口项目分为禁止出口、限制出口和自由出口。技术出口项目分类的目的主要是：

（1）维护国家安全、社会公共利益和公共道德；

（2）保护人的健康、安全，保护动物、植物的生命、健康；

（3）实施与黄金或者白银进出口有关的措施；

（4）有效保护国内供应短缺或者可能用竭的自然资源；

（5）考虑输往国家（地区）的市场容量；

（6）防止出口秩序出现严重混乱；

（7）建立和加快建立国内特定产业；

（8）保护农业、牧业、渔业产业；

（9）保障国家金融地位和国际收支平衡；

（10）依照法律、行政法规的规定，其他需要限制或者禁止出口的；

（11）根据我国缔结或者参加的国际条约、协定的规定，其他需要限制或者禁止出口的。

（三）国家鼓励成熟的产业化技术出口

产业化技术（Industrial Technology）（特别是成熟的产业化技术），是指脱离了实验室阶段的，具有专业化、规模化、市场化的，在生产中广泛应用的技术。中国经过几十年的建设，产业化技术资源丰富，技术比较成熟，国内配套比较完备，国外需求较多，有利于技术出口的发展。

另外，发展技术出口还要鼓励广泛的国际合作。中国商务部、科技部联合发布的《关于鼓励技术出口的若干意见》指出：

（1）支持科研机构到境外研发业务。鼓励大学和科研机构通过承接境外研究业务，培养科技人才，提高研发能力，开拓国际市场。

（2）鼓励科技型企业“走出去”。鼓励和支持科技型企业通过对外投资、承包工程、技术与知识产权入股等方式开展对外合作业务，鼓励科技型企业并购国外高新技术企业，设立境外研究机构带动技术和服务出口。

（3）加强国际技术合作。发挥全球经济合作、多边、双边国际会议等磋商机制的作用，将多边、双边技术合作与援外、对外投资、承包工程等结合起来。在推进与发达国家合作的同时，加强与发展中国家的合作，全面推进国际经济技术合作。

二、中国对技术出口的法制管理

中国为了保证技术出口的健康发展，制定了一系列法律、法规。主要有：

（1）《中华人民共和国对外贸易法》和《中华人民共和国技术进出口管理条例》，两者是管理我国技术出口的主要法律、法规。此外，在其项下外经贸主管部门还制定了一些具体管理办法。

（2）《禁止出口限制出口技术管理办法》。《禁止出口限制出口技术管理办法》是根据《中华人民共和国对外贸易法》和《中华人民共和国技术进出口管理条例》，由原外经贸部、科技部以 2001 年第十四号令发布，2002 年 1 月 1 日起施行。该《办法》具体规定了限制出口技术和禁止出口技术的审查标准和具体管理程序。《办法》是为了加强政府对技术出口的调控权，增加管理的透明度，进一步促进技术自由出口。《办法》包括立法依据和目的、适用范围、管理机关、规范技术出口经营者和管理者的行为，明确对限制出口的技术实行许可证管理，以及国家保密技术的出口规定等。

（3）《国家秘密技术出口审查规定》，1998 年 10 月 30 日由科学技术部、国家保密局和原外经贸部发布。

（4）《中国禁止出口、限制出口技术目录》，由原外经贸部和科技部于 1998 年联合发布。《目录》包括 48 类 183 个技术名称的近 600 条禁止出口和限制出口的技术。《目录》不是一成不变的，它会随着国内外政治、经济和科技发展情况而调整。

三、对技术出口的行政管理程序

（一）填写技术出口申请书

技术出口经营者准备出口技术时，应填写技术出口申请书（Applicable Letter of Technology Export）。

（1）限制出口的技术及相关产品，应填写《限制出口技术申请书》（Application for Restricting the Export of the Export Technology，简称申请书 A）；

（2）临时限制出口的技术及相关产品，应填写《临时限制出口技术申请书》（Application for Temporary Restricted the Export of Technology Export，简称申请书 B）。

（二）报送商务主管部门

技术出口经营者填写申请书 A 或申请书 B 后，应及时报送商务主管部门。

（三）贸易审查、技术审查和保密审查

商务主管部门自收到（申请书 A 或申请书 B）之日起 30 个工作日内，会同科技部对技术出口项目进行贸易审查和技术审查，并决定是否准予许可。

（四）审查的标准

1. 贸易标准

（1）是否符合国家对外贸易政策，并有利于促进外贸出口；

（2）是否符合国家产业政策，并有利于促进国民经济发展；

（3）是否符合国家对外承诺的不出口义务。

2. 技术标准

（1）是否危及国家安全；

（2）是否符合国家科技政策，并有利于技术进步；

（3）是否属于成熟的产业化技术，并能带动大型和成套设备、高新技术产品的生产和经济技术合作；

（4）实验室技术，鼓励首先在国内开发，转变为产业化技术后再出口，国内暂时不具备条件转化应用的，应在国家利益不受损害并取得知识产权有效保护的前提下方可出口；

（5）技术是否成熟、可靠，并经过验收或鉴定，未经验收或鉴定，须要求经生产实践证明。

3. 保密标准

（1）有利于国家安全；

（2）有利于国家的科学技术进步；

（3）有利于保持国家科学技术在国际上的领先地位；

（4）有利于维护国家国际经济竞争力和市场占有率；

（5）有利于发挥国家科学技术的经济效益和社会效益。

（五）批准技术出口申请

技术出口经营者的出口申请获得批准后，由商务主管部门颁发统一印制的《中华

人民共和国技术出口许可意向书》（Letter of Intent for Technology Export License of the People's Republic of China）；《技术出口许可意向书》有效期为1～3年，技术出口经营者应在有效期内开始工作。在办理出口信贷、保险等业务时，要凭《技术出口许可意向书》办理。

对没有取得《技术出口许可意向书》的限制技术出口项目，任何单位和个人都不得对外进行实质性谈判，不得做出有关技术出口的具有法律效力的承诺。

（六）合同管理

技术出口经营者签订技术出口合同后，应持以下资料到商务管理部门办理《技术出口许可证》或《技术出口登记证》。

1. 出口技术属于限制出口技术的，应持以下资料：

（1）《技术出口许可意向书》；

（2）技术出口合同副本；

（3）技术资料出口清单（文件、资料、图纸等），设备出口清单和有关产品出口清单；

（4）签约双方法律地位的证明文件。

商务主管部门收到上述资料后，审查合同真实性，如未发现问题，颁发《技术出口许可证》（Technology Export License）。

2. 出口属于自由出口技术的，技术出口经营者应办理合同登记，并提交下列资料：

（1）技术出口合同登记申请书；

（2）技术出口合同副本；

（3）签约双方法律地位的证明文件。

商务主管部门收到上述资料后3个工作日内，颁发《技术出口合同登记证》（Technology Export Contract Registration Certificate）。

3. 技术出口合同生效

（1）出口技术属于限制出口技术，技术出口合同自出口许可证颁发之日起生效。

（2）出口技术属于自由出口技术，合同自依法成立时生效，不以登记为合同生效条件。

《技术出口许可证》和《技术出口合同登记证》是技术出口经营者办理外汇、银行、海关、税务等业务的凭证。

四、鼓励技术出口的政策措施

为了保持对外贸易稳定增长，优化出口结构，促进国家技术出口快速发展，提高技术出口在对外技术贸易中的比例，商务部、科技部联合发布了《关于鼓励技术出口的若干意见》，提出了鼓励技术出口的政策措施。

（一）财税政策

充分利用相关外贸支持政策支持技术出口。居民、企业通过技术出口实现的技术转让所得，按照税法有关规定，享受免征或减征企业所得税优惠。

（二）金融保险支持

制定符合技术出口企业特点和实际需要的信贷产品和保险险种。

（1）支持技术出口企业开展知识产权质押贷款业务，解决企业尤其是科技型中小企业融资困难；

（2）利用质押贷款贴息专项基金，降低企业融资成本；

（3）鼓励保险公司为技术出口，特别是附带成套设备的技术出口提供收回保障、呆账追收服务和保险项下的融资便利，简化理赔手续，加快理赔速度，化解企业收回风险，加快企业资金周转速度。

（三）贴息支持

为保证外贸稳定增长，转变外贸发展方式，优化出口结构，促进技术出口，财政部、商务部对技术出口给予贴息支持。

1. 贴息范围

（1）技术出口贴息的概念

技术出口贴息（Technology Export Subsidies），是指中央财政对企业出口技术以贴息的方式给予支持。

（2）贴息支持的技术

贴息支持的技术，是指专利权转让、专利申请权转让、专利实施许可、专有技术转让或许可、技术服务、软件技术及相关信息服务出口，不包括《中国禁止出口限制出口技术目录》所列的出口技术。

2. 企业申请贴息要求

（1）申请单位属于在商务部“技术进出口信息管理系统”上登记过前一年实际出口额的技术出口企业，或在商务部“服务外包及软件出口信息管理系统”中登记过的前一年实际出口额的软件及相关信息服务出口企业；

（2）申请单位在近三年内无违法违规行为，未拖欠应交还的财政性资金；

（3）申请贴息的出口技术应当在前一年的1月1日至12月31日期间取得银行出具的收汇凭证，且技术出口的收汇额在10万美元以上（含10万美元）；

（4）当年已获得相同性质的其他中央财政专项资金支持的项目不得申报。

练习题
EXERCISES

一、单项选择题

1. 中国技术出口起始的年代是20世纪 （　　）

A. 60年代　　B. 70年代　　C. 80年代　　D. 90年代

2. 中国技术出口走上法制化轨道的标志是 （　　）

A. 颁布《技术出口管理暂行办法》

B. 颁布《对外贸易法》

C. 颁布《技术进出口管理条例》

D. 颁布《国际秘密技术出口审查规定》

3. 中国管理技术出口的基本原则 （ ）

A. 完全自由出口
B. 有管理的自由出口
C. 有限制的自由出口
D. 法律法规另有规定的自由出口

4. 我国对限制出口的技术的管理方式是 （ ）

A. 许可证管理
B. 配额管理
C. 登记证管理
D. 原产地管理

5. 中国对自由出口的技术的管理方式是 （ ）

A. 配额管理
B. 合同登记备案管理
C. 许可证管理
D. 原产地管理

二、多项选择题

1. 中国技术出口项目分类管理，分类是 （ ）

A. 自由出口
B. 禁止出口
C. 保密技术出口
D. 限制出口
E. 国家安全技术出口

2. 技术出口经营者取得《技术出口许可意向书》后，才可以办理 （ ）

A. 对外实质性谈判
B. 对外联系
C. 签订技术出口合同
D. 联系银行、税务、海关
E. 对外询价

3. 限制出口的技术要经过的审查包括 （ ）

A. 保密审查
B. 贸易审查
C. 技术审查
D. 技术出口经营者资格审查
E. 技术出口合同真实性审查

4. 对限制出口技术贸易审查的要点是 （ ）

A. 是否符合我国对外贸易政策，并有利于促进外贸出口
B. 是否符合我国行业出口政策，并有利于促进民族工业发展
C. 是否符合我国对外承诺的义务
D. 是否符合我国的法律法规
E. 是否符合我国的发展战略

5. 对限制出口技术贸易技术的要点是 （ ）

A. 是否危及国家安全
B. 是否符合我国的科技政策
C. 是否符合我国的产业政策
D. 技术是否成熟可靠并经过鉴定
E. 保证国家不受损害，在国外取得有效保护

三、名词解释题

1. 技术出口经营者　2. 技术出口　3. 产业化技术　4. 技术出口贴息

四、简答题

1. 中国技术出口初期有哪些特点？
2. 中国鼓励哪些类型的技术出口？

3. 中国有哪几种管理技术出口的法律、法规？
4. 技术出口经营者出口限制的技术须履行哪些手续？
5. 通过国际合作扩大技术出口有哪些措施？

五、论述题

1. 试述发展中国技术出口的必要性。
2. 中国有哪些鼓励技术出口的政策措施？

第二十章　中国技术出口业务环节与出口合同拟订

学习目标导言

中国技术出口业务起步较晚，在管理上主要根据《中华人民共和国对外贸易法》和《中华人民共和国技术进出口管理条例》。技术出口具体业务由技术出口经营者自己负责。因此，技术出口业务环节与合同拟订并不特别规范。本章的内容是根据业务部门的一般做法归纳起来的，希望大家在学习中多研究管理技术进出口的法律、法规。

技术出口合同的拟订比较复杂，由于技术进口业务开展比较早，业务人员对技术进口合同比较熟悉，但技术出口业务开展比较晚，业务人员对技术出口合同拟订比较陌生，因此，业务人员拟订技术出口合同时，要特别注意所处的地位和立场，既要坚持公平交易，又要注意保护我方的利益，特别要防止我方技术权益的流失。

重点难点提示

选择技术出口项目的标准；《技术出口许可意向书》的取得和作用；技术出口方式；选择技术出口市场应了解的内容、选择客户的条件；拟订技术出口合同的基本原则；技术项目的知识产权保护。

第一节　技术出口的业务环节

技术出口业务环节，是指技术出口经营者从事技术出口必须做的主要工作。介绍技术出口业务环节的目的，是使读者掌握技术出口业务流程，做好技术出口工作。技术出口业务的环节主要是：

一、正确分析现有技术资源，筛选可供出口的技术项目

技术资源，是技术出口的物质基础，企业或研究机构缺少技术资源自然谈不上技术出口，可是拥有技术资源也不等于都可以出口。因此，技术出口经营者在考虑技术出口时，首先要根据国家的有关法律、法规规定的选择标准，选择适合出口的技术项目。选择的标准有：贸易标准、技术标准和保密标准。

二、对选就的技术项目报批

技术出口经营者选好技术出口项目后，应该根据技术项目的类型填写技术出口申请文件：

（1）属于自由出口的技术，填写《技术出口合同登记申请书》。

（2）属于限制出口的技术及相关产品，填写《中国限制出口技术出口申请书》。

（3）属于国家规定的保密技术，按照国家有关规定申请保密审查。审查以后，再按技术出口项目类型填写《技术出口申请书》。

（4）禁止出口的技术，不得出口。

国务院有关主管部门收到技术出口申请后，属于限制出口的技术，自收到之日起30个工作日内做出批准或不批准的决定。申请经批准的，主管部门发给《技术出口许可意向书》（Letter of Intent for Technology Export License）。据此，技术出口经营者就可以自行开始技术出口工作，或者选择有技术出口经营权的公司，委托其办理技术出口工作，包括对外调研、考察、联系、初步询价等。

三、技术出口经营者的内部准备

正式对外联系之前，技术出口经营者应做好内部准备工作，准备工作的内容包括：

（一）办理委托

企业或科研机构如没有技术出口经营权，就需要委托有技术出口经营权的公司代理对外商务工作。目前，委托的做法有两种：

第一种，按一定的价格将技术卖给有技术出口权的公司，由该公司自担风险、自负盈亏，对外开展工作；

第二种，与有技术出口经营权的公司签订代理协议，委托其代理出口。代理协议应明确规定双方的权利、义务，代理费金额，代理的权限，责任和风险划分等。

（二）选择出口方式

技术出口经营者应根据技术项目的性质、水平、研制程度、经济效益等多种因素，确定合适的技术出口方式，包括许可方式、转让方式、技术服务方式、单独或与设备买卖结合方式，以及直接投资方式、建立合资或独资企业方式、经济技术合作方式等。

（三）人员与物质准备

人员准备，是指培训工程技术人员、对外商务人员、法律人员、技术服务人员，提高他们的业务能力、外语能力，以适应在国外工作的需要。因为技术出口合同开始履行后，技术出口经营者作为许可方或供方需要履行合同义务，如提供技术资料、培训受方人员、到受方工厂进行技术指导等，如派遣的工程技术人员技术水平不高，不能胜任技术指导工作，会影响工作进度，引起受方不满。

物质准备，是指技术实施过程中，技术受方要求购买与实施技术配套的机器设备、原材料、零部件等。供方有根据要求供应的义务。因此，供方必须事先做好物资准备，以免措手不及，临时安排，影响合同履行。

（四）撰写必要的宣传材料

开展技术出口业务之前，技术出口经营者应准备必要的宣传资料介绍企业的基本情况，包括企业的所在地、联系方式、业务范围、技术专长、技术转让的经历，做过的技术项目和经济效果等，将这些内容印成单页或多页的醒目的宣传材料。并向国内外商务机构、企业散发，以扩大影响，吸引国外企业与我方建立业务关系。

（五）编写技术说明书

技术说明书，是出口方拟出口或可能出口技术的说明。其从形式到内容应该符合技术出口惯例，应简明扼要，避免泄露关键技术内容。其内容一般包括：技术的基本特征、最低限度的技术数据、简单图纸、法律地位和经济效益等。

四、对外联系

在做好内部准备工作的基础上，技术出口经营者即可以开始对外联系，选择拟出口的市场和客户。

（一）选择出口市场

技术市场，是指集技术买卖、技术中介和技术信息交换等多种功能的、按行业分割的市场结构。在这种市场结构中，企业、技术出口经营者可以选择拟出口的国家、产业部门和相关企业以及交易对象。为此，技术出口经营者应该有的放矢地对技术出口市场进行调查了解，调查了解的内容主要是：

（1）技术产品的供求情况和满足程度；

（2）市场需求的技术和技术水平；

（3）技术产品的销售前景，在目标市场的使用价值。

技术出口经营者选择技术出口市场，应根据全方位、多元化和有重点的原则，努力开拓国际市场。根据技术的性质、水平、产品需求，将发展中国家、东南亚国家、中东国家、非洲国家和地区作为主攻方向。

（二）选择客户

技术出口经营者调查了解客户实力、信誉，是提高技术出口成功率、减少商业风险的有效途径。调查了解的内容主要是：

（1）企业的规模和法律性质；

（2）企业当前使用的技术、技术水平和主要生产的产品；

（3）生产经营状况、财务状况和信誉程度；

（4）对引进技术的消化吸收能力和组织盈利性生产的能力等。

五、初步谈判

技术出口经营者选择了目标客户后，就应积极与客户进行实际接触，就有关技术问题、商务条件交换意见，探讨对该技术的需求及市场前景，深入了解客户获得技术的愿望和能力，选择交易成功可能性大的客户，作为进一步联系与合作的对象。

六、实质性谈判

实质性谈判分为技术谈判和商务谈判。技术谈判侧重在合同中的技术条件，如技术主题、范围、人员培训、技术指导、资料、产品质量保证、考核验收等。商务谈判侧重商务条件的谈判，如使用费的构成、支付与清算、付款担保、违约责任等。技术谈判是商务谈判的基础，双方只有在技术条件上达成一致，才有助于商务谈判的顺利进行。

七、签订合同

在主要条款达成一致的前提下，技术出口经营者就应拟订合同草本。并根据合同草本与对方逐字逐句进行推敲，使条款中的各项权利、义务取得平衡，最后形成完整的技术出口合同。

八、合同报批

技术出口合同经双方法人代表或其授权人正式签字后，技术出口经营者应依据国家法律法规进行合同报批。属于限制出口的技术，申领“技术出口许可证”（Technology Export License）；属于自由出口的技术，办理“技术出口合同登记证”（Registration Certificate of Technology Export）。

“技术出口许可证”和“技术出口合同登记证”，是技术所有者或代理公司履行合同，办理外汇、银行、税务、海关等相关手续的必备文件。

第二节　技术出口合同的拟订

一、拟订技术出口合同的概念与基本原则

（一）技术出口合同的概念

技术出口合同（the Technology Export Contract），是指技术出口经营者通过贸易、投资、经济技术合作等方式，将技术转移给中华人民共和国境外的法人、其他经济组织所签订的有约束力的书面文件。

（二）拟订技术出口合同的基本原则

1. 站在许可方立场，保护技术所有者的利益

从国外引进技术时，企业是被许可方。在技术出口时，技术出口经营者成为技术许可方。这种贸易地位的转变就决定着技术出口方立场的改变，考虑问题角度的改变。因此，技术出口经营者拟订技术出口合同时，在遵循技术转让交易一般原则的前提下，应合理维护技术所有人的应得利益。

2. 加强对被许可方国家法律、惯例的了解

技术出口合同的履行不同于技术引进合同的履行，其履行地主要在国外，即在被许可方所在国，这就不可避免地涉及该国或该地区的知识产权法、劳动法、税法以及技术实施中的种种问题。因此，技术出口经营者必须了解被许可方国家的相关法律和惯例，才可能对发生的法律风险和商业风险加以防范。

3. 加强商业和技术风险评估，避免产生得不偿失的财务效果

技术出口经营者从事技术出口的目的，是扩大出口规模，增加国家外汇收入，彰显国家的技术实力。为此，技术出口经营者应认真对商业和技术风险进行评估，防止产生直接经济损失。例如，发生侵权诉讼，导致诉讼费的损失；支付方式选择不当，导致使用费损失；税费条款不当，导致税费负担过重等。

二、技术所有者对代理公司的授权

在技术所有者委托有技术出口经营权的公司（以下称受托方）代理出口的情况下，技术所有者（以下称委托方）须向受托方授权。授权时，技术所有者必须注意：授权应在权限范围内；向受托方说明其拥有技术的类型、权利性质、范围，权利的法律状况；并将上述情况明确写在委托代理协议中。这一点非常重要，因为这将是未来合同的标的。以下以技术所有者准备出口专利技术为例，说明权利的几种情况：

（一）共有专利权

共有专利权，是指两个或两个以上的人共同研制某项技术，经申请获得专利后，专利权由所有研究人员共有，即共有专利权。共有专利权的特点是，专利权整体为所有研制人员共同拥有，但每个研制人员根据贡献又只能拥有其中的部分权利。在这种情况下，委托方请求受托方代理对外出口业务时，必须是全部权利人都同意，才可以通过委托代理协议，授权受托方代理技术出口业务。换言之，受托方接受委托前，必须先弄清权利人协商的情况，如权利人都同意，受托方才可以接受代理出口业务。如果共同权利人，未达成一致意见，受托方不能接受代理出口业务，以免被卷入权利人纠纷之中。

（二）基本专利权和从属专利权

技术发明分为基本发明和改进发明。基本发明，是指原创性的技术发明，获得专利后称为"基本专利"。改进发明，是指发明人参考或依据保护期尚未届满的基本专利研制出的技术发明，经申请又被授予专利权，称为"从属专利"。根据专利法的规定，从属专利的实施如需以基本专利的实施为前提，从属专利权人实施专利应事先征得基本专利权人的同意。如其将技术使用权许可他人，也必须事先征得基本专利权人的同意，或须向基本专利权人支付一定的费用。否则，从属专利权人委托受托方出口技术，基本专利权人很可能指控从属专利权人侵权，还可能将受托方卷入法律纠纷中。

（三）专利权和专利申请权

专利权和专利申请权均可以许可或转让他人，但两者的法律地位是不同的，专利权被授予后，除非因侵权指控，被知识产权部门宣布无效，否则专利权的有效性不会发生变化。但是专利申请权法律地位是不确定的，即存在专利申请被批准或不被批准两种可能性。一旦出现不被批准的情况，将影响技术的继续实施。因此，代理协议必须列明，在专利未被批准时委托签订的合同应如何处理。

（四）职务发明与非职务发明专利

依据中国《专利法》的规定，技术发明分为职务发明和非职务发明。职务发明，是指发明人执行本单位的任务，或者主要是利用本单位物质技术条件所完成的发明创造。职务发明创造申请专利的权利属于发明者所在单位，申请被批准后，该单位为专利权人。非职务发明，是指发明人在本职工作以外，完全是利用自己的时间、资金、工具、设备等物质技术条件所做出的发明，其专利申请权属于发明人本人，申请被批准后，该发明人为专利权人。

从法律角度，职务发明和非职务发明专利权的归属是十分清楚的。但值得注意的是，根据中国《专利法》的规定，职务发明人与其所在单位可以签订合同，约定专利权归属。这就需要受托方接受委托时，弄清是否存在这种约定。此外，职务发明人也有的隐瞒所在单位，以自己的名义擅自委托出口的情况，受托方接受委托时也应该要求委托方说明。

（五）专利的类型

根据我国《专利法》的规定，技术发明分为：发明、实用新型和外观设计。发明人和设计人经申请，被批准授予的专利包括三种：发明专利、实用新型专利和外观设计专利。三种专利的权利范围和保护期限不同，受托方接受委托时，应该要求委托方说明专利权的具体类型。

（六）专利权和专利申请权与技术秘密一起转让

专利权和专利申请权与技术秘密一起转让的情况，在国际技术贸易中很普遍，在合同条款拟定时应分别表述。

三、专利实施许可和技术秘密转让合同条款的拟订

在技术出口业务中，为了提高专利技术的实施效果，专利实施许可合同往往包含技术秘密的转让。因此，我们以下将两者结合在一起进行说明。

（一）对国外被许可方的授权

受托方在弄清委托方权利状况的基础上，与国外被许可方签订专利实施许可合同（包含技术秘密转让），向国外被许可方授予技术使用权（以下受托方改称许可方或供方），许可方授权的内容主要包括：

1. 授权范围

授权范围，是指许可方授予被许可方专利实施权的范围。发明和实用新型专利的实施权包括制造、使用、许诺销售、销售、进口五项。外观设计专利的实施权包括制造、销售、进口三项。许可方对外授权时，权利范围必须与代理协议的规定一致。被许可方如要求获得权利超过委托代理协议权利范围时（如要求获得“分许可权”），受托方应征得委托方同意后，再行授权。

2. 授权性质

授权性质，是指授予被许可方使用权的程度。授权的基本形式有3种：独占使用权、排他使用权和普通使用权。授权性质决定对许可方的约束性和风险程度。因此，许可方一般应授予被许可方普通使用权（不包括分许可使用权），或者授予排他使用权，不应贸然授予独占使用权。因为独占使用权不仅排斥第三方，而且在合同有效期间和约定地域范围内，也排斥许可方使用该技术或销售该技术产品的权利。即使被许可方同意支付较高的技术使用费，许可方授予独占使用权也应权衡利弊，防止因小失大。

3. 使用权的限制

（1）使用技术的领域

使用技术的领域，是指被许可方利用许可技术制造合同产品的范围。一般来说，被

许可方希望将技术用在所有的产品上。因为从商业的角度看，被许可方如只用于一种产品的生产，其所获效益较低。如用于多种产品生产上，其所获效益将大大提高。但是，在技术使用费不变的情况下，被许可方使用技术的范围越广，对许可方越不利。因此，在合同中应明确规定，被许可方使用该技术制造产品的范围超过合同规定范围将构成违约，甚至可以追究其侵权责任。

（2）使用技术的地点

使用技术的地点，是指被许可方使用技术的工厂。被许可方使用技术的工厂应具体列明工厂的名称和地点，如×国×工厂，以防止被许可方越权许可其他工厂使用技术，造成技术的扩散。

（3）产品销售地域

产品销售地域，是指被许可方利用许可技术制造的产品销售的国家或地区。产品销售地域直接关系许可方自己产品的销售，如许可的地域范围过大，会挤占许可方自己产品的销售市场，影响其预期利益。因此，在确定销售地域时，许可方必须列明产品销售的具体国家和地区，切不可使用笼统地域概念，如北非地区、中东地区等。否则，将给许可方造成无法挽回的损失。

以上所述是专利实施许可合同的授权条款。技术秘密转让合同的授权条款表面上与其十分类似，但实质上有所不同。其不同点主要是：第一，技术秘密的权利不是法律授予的权利，是技术秘密所有者通过保密获得的控制权；第二，授权的性质，供方授予受方的权利多为普通使用权，因为供方对技术秘密控制权不具有绝对独占性；第三，授予权利的范围只限于使用权、制造权、销售权，或者包括分许可权，但无禁止进口权。

（二）计价与支付方式的选择

在国际技术贸易中，使用费的计价与支付方式有三种：总付、提成支付和入门费与提成支付相结合。对许可方来说，三种支付方式对其获得技术使用费的早晚与风险程度是不同的：第一，总付方式最安全，收到技术使用费的时间也最早；第二，提成支付，以被许可方实施技术的经济效果为基础提取使用费，这种方式对许可方风险最大，收到使用费的时间也最晚；第三，入门费与提成支付相结合方式，在合同生效后不久，许可方就可以收到一笔入门费，确保其有一定的使用费收入。

因此，许可方选择支付方式的顺序应该是：首选总付方式；其次选择入门费与提成支付相结合方式；最后在不得已的情况下，选择提成支付方式。

（三）税费条款

根据国际技术贸易惯例，来源于被许可方的使用费收入，许可方有在当地缴纳所得税的义务，即从源所得税。因此，许可方必须事先了解当地的所得税率，避免因纳税过多而收益甚少，甚至亏损。因此，许可方应当在不违反被许可方国家的税法的前提下，采取一些措施，如在合同中规定许可方纳税的最高限度，被许可方政府征收的与合同有关的税费由许可方负责缴纳，最高不超过合同金额的×%，超过部分由被许可方缴纳，以将许可方税费负担控制在合理的范围内。

（四）保密条款

专利实施许可合同中包括技术秘密时中应订立保密条款，并且根据国际惯例，可以将被许可方保密责任贯穿于整个交易过程，从前期接触、合同谈判、签订合同、合同履行，甚至延续到合同有效期届满之后若干年，以防止技术流失。

1. 合同签订前的保密工作

在双方初步接触和谈判过程中，许可方不可避免地要向被许可方披露一些技术内容，以增加对被许可方的吸引力。但同时也增加了技术秘密泄露的风险。因此，许可方除严格控制介绍的技术内容外，还应要求被许可方对披露的技术内容承担保密义务。

具体做法是，双方签订保密协议，规定被许可方对披露的技术内容承担保密义务。如果其违反协议，许可方可援引“缔约前过失原则”，要求被许可方赔偿损失。保密协议的内容通常包括：

（1）对从许可方获得的技术情报予以保密，不经许可不得利用和扩散；

（2）被许可方支付一定数额的保证金，该保证金可以从被许可方应支付的技术使用费中扣除；

（3）如未能签订合同，许可方所提供的技术情报应予以退回或销毁；

（4）如被许可方违反保密协议，保证金不予退回，并追究违约责任。

2. 合同有效期内的保密责任

合同有效期内，被许可方的保密责任以保密条款的方式规定。保密条款的内容包括保密范围、保密措施、保密期限、泄密的责任和补救办法等。

3. 合同有效期届满后的保密责任

合同有效期届满时，如转让的技术秘密仍未被外界所知悉，也未被新技术所替代，许可方可以要求被许可方再承担一段时间的保密义务，即将保密期限延长至合同有效期届满后若干年。

（五）技术保证条款

在专利实施许可包括技术秘密转让的合同中，合同应订立技术保证条款，以维护被许可方利益。同时，技术保证条款也是许可方承担技术风险程度的标准。该条款拟订的妥当与否，直接关系着双方的利益，特别是关系被许可方获得技术的使用效果，以及许可方承担的风险。因此，在拟订技术保证条款时，许可方必须注意以下问题：

（1）技术标准必须实事求是，并留有余地，切忌使用宣传性语言，如“国际先进水平”、“技术一流”等似是而非的词语；

（2）技术指标应简明、准确，列明主要技术参数、检测方法等，次要的技术参数尽可能省略，以免弄巧成拙，授人以柄；

（3）许可方接受委托，订立包括技术秘密的专利实施许可合同时，许可方订立保证条款应征求委托方的意见。必要时，应请委托方在技术保证条款上附签，切不可自作主张。在许可方收购出口时，技术保证条款应与收购合同规定相一致，最好留有一定余地。

（六）专利侵权条款

专利实施许可合同都规定侵权条款，在合同有效期内发生侵权事件，由许可方承担经济和法律责任。实际上，许可方对合同有效期内发生的侵权情况及其后果是很难预料和把握的。因此，在技术出口合同中，许可方应力争不订立侵权条款。或者规定与被许可方联合处理侵权问题，或者规定被许可方协助处理侵权纠纷，以便借助被许可方的力量，使侵权问题顺利解决。

（七）索赔条款

在专利实施许可包括技术秘密合同中，许可方违约情况多于被许可方。为使责任有一定限度，许可方应采取一些保护性措施，如设法将索赔风险计算在技术使用费之内。在被许可方提出索赔时，许可方应该依据惯例进行合理理赔，避免因索赔造成技术出口经营亏损。

1. 违约索赔的范围

根据国际惯例，被许可方索赔范围仅限于许可方违约所造成的直接损失，不包括间接的、后果性损失。

2. 延迟履行

延迟履行，多表现为技术资料延迟交付，按国际惯例，许可方延迟交付资料，应规定宽限期，宽限期之后，每延迟 1 周，按合同总价的一定百分数支付罚金。罚金最高不超过合同总价的 5% 。

（八）争端的解决

在合同履行过程中，双方发生分歧甚至争端是难免的。但是，解决分歧或争端时，双方应首先友好协商解决，或通过专家、仲裁机构进行调解。如协商或调解不成，再通过仲裁。如果通过仲裁解决争端，双方应事先订立仲裁协议并提交仲裁申请。如合同中订立仲裁条款，许可方应争取将仲裁地点规定为中国，由中国国际商会仲裁委员会仲裁。如果被许可方执意不肯接受在中国仲裁，可以选择在被诉方国家仲裁，或在第三国仲裁。

第三节　技术出口成果在国外的知识产权保护

一、技术出口成果在国外知识产权保护的重要性

（一）防止技术出口的负面影响

技术出口的意义和必要性已如上述，但是，技术出口也有消极方面，即增加了出口成果被侵犯或扩散的风险。因此，技术出口经营者必须注意对出口成果知识产权的保护。否则，科技人员辛勤劳动的成果可能会被外国企业无偿占有，造成许可方技术成果的流失。

（二）防止技术出口造成对相关产品出口的危害

技术出口直接关系着相关产品出口，例如，出口技术涉及商标使用，而商标未在国

外注册，可能被当地商人抢注，如果出现这种情况，就会造成使用该商标的出口商品被反控侵权，导致该产品出口遇阻，或者导致该商品无法向有关国家出口。

（三）技术成果在国外获得知识产权保护，是技术出口的必要条件

地域性是知识产权的特点之一，出口的技术成果如果只在国内拥有知识产权，而在被许可方国家不拥有有效的知识产权，就难以签订以权利为基础的许可合同，即使勉强签订了这类合同，合同也不会受到当地的法律保护。特别是遇到侵权情况，许可方根本无法与第三者交涉或诉讼。

（四）防止不法外商对技术成果（发明、商标、技术秘密、集成电路布图设计等）抢先申请专利、注册、登记

在国外，发明申请专利、商标申请注册、集成电路布图设计进行登记，是受法律保护的必要条件。如果许可方出口技术成果，不及时进行专利申请、商标注册、集成电路布图设计登记，就可能被不法外商将技术成果抢先申请、注册、登记。这样许可方不但失去了技术成果受保护的机会，而且也失去了技术出口的条件。

二、在国外寻求知识产权保护的形式

当前，中国技术成果需要寻求国外知识产权保护的，主要有专利技术、商标、计算机软件、集成电路布图设计、技术秘密、商业秘密等。

（一）商标的保护

在产品出口或签订商标使用许可合同前，技术出口经营者应该在被许可方国家依法办理商标注册，或根据《商标国际注册马德里协定》进行商标国际注册。在国外办理商标注册，手续简便，费用也不高。如商标国际注册，商标所有者可通过国家知识产权局转呈世界知识产权组织国际局办理。

（二）专利的保护

出口专利技术，技术出口经营者应根据国家《专利法》提出专利申请，或者直接办理专利国际申请，在被许可方国家取得有效专利权。如果技术出口经营者未在被许可方国家获得专利权，签订专利技术出口合同，应根据《专利法》，凭技术出口许可证或技术出口登记证向国家知识产权部门办理登记手续，如果转让专利权，要办理专利人变更手续。

（三）计算机软件、集成电路布图设计的保护

出口计算机软件、集成电路布图设计，技术出口经营者应该根据被许可方国家保护的专门法规办理登记手续。尽管计算机软件登记不是受保护的条件，但其是对抗第三者侵权的有力证据。对集成电路布图设计而言，登记或首先商业化使用是获得法律保护的必要条件。但有的国家规定首先商业化使用也需要办理登记。在规定的期限内不登记，也不能获得专用权，不能获得法律保护。

（四）商业秘密与技术秘密的保护

商业秘密与技术秘密一般通过《合同法》、《反不正当竞争法》、《秘密信息法》予以保护。在实践中，主要是通过合同的保密条款要求被许可方承担保密义务。

三、技术成果的国外知识产权保护应注意的问题

如上所述，技术成果在国外寻求知识产权保护，主要是根据成果的法律性质，采用最有效的保护方法。大部分技术成果国外知识产权保护的手续比较简单，只有专利技术在国外的专利保护涉及的问题最复杂。以下仅以专利技术在国外的保护为例，说明应注意的有关问题。

（一）充分估计成果获得有关国家专利保护的可能性

根据《保护工业产权巴黎公约》的专利独立原则，成员国授予成员国国民专利权是依据各成员国国内法，成员国对技术成果授予专利权彼此无关。因此，在国外寻求技术成果专利保护时，技术发明人应了解：

（1）有关国家对外国人申请专利权是否实行国民待遇原则；

（2）有关国家判定专利侵权的标准；

（3）有关国家解决专利侵权的途径、程序和费用；

（4）专利的类型及保护的标准；

（5）专利权的限制等。

（二）费用问题

在国外申请专利，申请者要考虑费用标准、种类和专利代理费等费用。国外专利机构收费一般都比国内高，如美国，普通专利申请费至少 8 万～10 万美元。专利申请如果不顺利，申请人的花费将更多。因此，在申请专利之前，申请者应了解有关国家的收费标准和各项费用支出，以免申请过程不顺利，陷入进退两难的境地。

（三）在国外寻求技术成果专利保护，应选择有利时机

申请者取得国外专利权后，应尽快对外签订许可或转让合同。因为专利权有固定保护期，权利人如果长期找不到国外被许可方或受让方，致使专利权超过保护期限，将白白支付专利申请费等各项费用。因此，申请者在国外寻求专利保护前，应该首先选好有潜力的市场、客户，在有成交机会时，提出专利申请。

练习题
EXERCISES

一、单项选择题

1. 负责项目技术审查的机构是　（　　）

A. 科技部　B. 商务部

C. 国家知识产权局　D. 国务院

2. 国家鼓励出口的技术是　（　　）

A. 实验室技术　B. 特有的工艺技术

C. 即将淘汰的技术　D. 成熟的工业化技术

3. 为获得技术出口经营者资格，应向商务主管部门办理　（　　）

A. 审批手续　B. 登记或备案手续

C. 执业手续　D. 工商登记手续

4. 出口属于限制性技术要填写 （ ）

A.《中国技术出口申请书》

B.《中国限制出口技术申请书》（A）

C.《中国限制出口技术申请书》

D.《中国限制出口技术申请书》（B）

5. 技术出口经营者选择支付方式应首选 （ ）

A. 提成支付方式

B. 入门费与提成支付方式相结合

C. 总付方式

D. 现金支付方式

二、多项选择题

1. 技术成果在国外寻求专利保护应注意的问题是 （ ）

A. 估计成果获得国外专利保护的可能性

B. 估计成果获得有关国家专利保护的必要性

C. 估计成果获国外专利保护所花的费用

D. 选择成果获得专利保护的时机

E. 选择成果专利保护的类型

2. 未获经营权的技术所有者出口技术的方式是 （ ）

A. 将技术卖给技术出口经营者

B. 委托技术出口经营者代理出口

C. 委托外贸部门代理出口

D. 委托审查技术出口项目部门

E. 委托商务部代理出口

3. 选择技术出口市场应调查了解下列基本情况 （ ）

A. 技术产品在市场的供求情况和满足程度

B. 市场需求的技术和技术水平

C. 技术产品的销售前景，在目标市场的使用价值

D. 市场的地理位置

E. 市场的管理水平

4. 出口技术属于自由出口技术时，合同登记要提供的资料 （ ）

A. 技术出口合同登记申请书

B. 技术出口合同副本

C. 签约双方法律地位证明文件

D. 技术出口许可意向书

E. 技术出口申请书

5. 技术出口经营者是指获准登记备案的 （ ）

A. 法人　　B. 其他组织　　C. 个人　　D. 商会

E. 协会

三、名词解释

1. 技术出口合同　2. 成熟的工业化技术　3. 技术出口经营者

四、简答题

1. 简述技术出口项目分哪几类？

2. 简述技术出口成果在国外知识产权保护的必要性。
3. 简述拟订技术出口合同的基本原则。
4. 选择技术出口客户的标准有哪些？
5. 出口技术贸易审查有哪些具体内容？

五、论述题

1. 试述出口专利技术如何分清专利权的法律状况？
2. 技术成果在国外申请专利权要注意哪些问题？

参考文献

1. 吴汉东. 知识产权法. 第六版. 北京：中国政法大学出版社，2012.

2. 陶鑫良. 专利技术转移. 北京：知识产权出版社，2011.

3. 吴贵生. 技术引进与自主创新. 北京：知识产权出版社，2010.

4. 徐红菊. 国际技术转让法学. 北京：知识产权出版社，2012.

5. 商务部. 中国商务年鉴（2006—2012）.

6. 科技部. 中国科技统计年鉴（2005—2012）.

7. 田力普. 全国知识产权工作取得的新进展. 国家知识产权局，2011.

8. 商务部. 提高技术引进消化吸收再创新能力//商务部. 中国服务贸易发展报告，2008.

9. 王有明. 欧洲知识产权法律环境研究. 2011 年更新版. 深圳知识产权局.

10. 闵森. 主要国别知识产权法规汇编及涉华案例库. 2011 年更新版. 联合国工业发展组织中国投资促进办事处.

11. 朱雪忠. 对外贸易中的知识产权风险评估方法研究. 武汉：华中科技大学，2010.

12. 李顺德. 美国知识产权法律环境研究. 2011 更新版. 深圳知识产权事务中心.

13. 郑成思. 知识产权法. 第二版. 北京：法律出版社，2003.

14. 吴汉东，胡开忠. 走向知识经济时代的知识产权法. 北京：法律出版社，2002.

15. 刘春田. 知识产权法. 北京：中国人民大学出版社，2000.

16. 张今. 知识产权新视野. 北京：中国政法大学出版社，2000.

17. 孟勤国. 物权二元结构论. 北京：人民法院出版社，2002.

18. 薛红. 网络时代的知识产权法. 北京：法律出版社，2000.

19. 汤宗舜. 知识产权的国际保护. 北京：人民法院出版社，1999.

20. 陈传夫. 高新技术与知识产权法. 武汉：武汉大学出版社，2000.

21. 娄勤俭. 大力实施知识产权战略，努力提高产业技术创新水平. 电子知识产权，2005（11）.

22. 郑璇玉. 创新与知识产权保护. 电子知识产权，2005（12）.

23. 商务部. 世贸组织与当代国际知识产权贸易的发展. 商务部网站.

24. 陈昌柏. 自主知识产权理论及其实践意义. 科技与法律，2001（2）.

25. 常晓村. 新时期实施科技兴贸战略要有新思路. 商务部网站.

26. 科技部. 国家中长期科学和技术发展规划纲要（2006—2020 年）的若干配套政策. 科技部网站.

27. 杨才然. 创新：知识产权与中国现代化. 电子知识产权，2005（7）.

28. 许红峰．技术合同案例评析．北京：知识产权出版社，2003.

29. 黄晖．驰名商标和著名商标的法律保护．北京：法律出版社，2001.

30. 张晓都．专利实质条件．北京：法律出版社，2001.

31. 路甬祥．创新与未来．北京：科学出版社，1998.

32. 朱卫卫，周冰心．中国知识产权大案实录．北京：专利文献出版社，1998.

33. 王景川．实践“三个代表”重要思想 积极实施知识产权战略 为全面建设小康社会而努力奋斗．国家知识产权局，2004.

34. 刘萍. 版权条约在我国的理解和适用. 知识产权，2006 (1).

35. 朱谢群. 软件知识产权保护模式的比较. 学术论坛，2005 (4).

36. ［美］得雷特勒. 知识产权许可（上、下）. 王春燕等，译. 北京：清华大学出版社，2003.

37. ［美］翁政文. 缔造成功：21 世纪企业竞争与生存方略. 北京：商务印书馆，2001.

38. ［美］多罗西·伦纳德·巴顿. 知识与创新. 北京：新华出版社，2000.

39. ［美］加里·哈梅尔，C K 普拉哈拉德. 竞争大未来. 王振西，译. 北京：昆仑出版社，1998.

40. Peter Drahos. A Philosophy of Intellectual Property. Dartmouth Publishing Company Ltd. 1996.

41. Farok J Contractor. Licensing in International Strategy. London: Greenwood Press, 1985.

42. Jay Dratler, Jr. Law of Intellectual Property. Law Journal Seminars Press, 1991.